广东华侨史文库

民国粤人赴澳大利亚留学档案全述

（珠三角其他县市卷）

粟明鲜　编著

SPM
南方传媒　广东人民出版社

·广州·

图书在版编目（CIP）数据

民国粤人赴澳大利亚留学档案全述. 珠三角其他县市卷 / 粟明鲜编著. —广州：广东人民出版社，2022.1

（广东华侨史文库）

ISBN 978-7-218-15425-1

Ⅰ.①民…　Ⅱ.①粟…　Ⅲ.①留学教育—教育史—档案资料—汇编—广东—民国　Ⅳ.① G649.296.5

中国版本图书馆 CIP 数据核字（2021）第 243806 号

MINGUO YUEREN FU AODALIYA LIUXUE DANG'AN QUANSHU · ZHUSANJIAO QITA XIANSHI JUAN

民国粤人赴澳大利亚留学档案全述·珠三角其他县市卷

粟明鲜　编著　　　　　　　　　　　版权所有　翻印必究

出 版 人：肖风华

策划编辑：王俊辉
责任编辑：李永新
装帧设计：奔流文化
责任技编：吴彦斌　周星奎

出版发行：广东人民出版社
地　　址：广州市大沙头四马路10号（邮政编码：510199）
电　　话：（020）85716809（总编室）
传　　真：（020）85716872
网　　址：http://www.gdpph.com
印　　刷：广州市人杰彩印厂
开　　本：787毫米×1092毫米　1/16
印　　张：27.25　字　　数：420千
版　　次：2022年1月第1版
印　　次：2022年1月第1次印刷
定　　价：88.00元

如发现印装质量问题，影响阅读，请与出版社（020-85716808）联系调换。

《广东华侨史文库》是《广东华侨史》编修工程的组成部分

由《广东华侨史》编修工作领导小组办公室资助出版

《广东华侨史文库》总序

　　广东是我国第一大侨乡，广东人移民海外历史久远、人数众多、分布广泛，目前海外粤籍华侨华人有3000多万，约占全国的2/3，遍及五大洲160多个国家和地区。

　　长期以来，粤籍华侨华人紧密追随世界发展潮流，积极融入住在国的建设发展。他们吃苦耐劳、勇于开拓，无论是东南亚地区的产业发展，还是横跨北美大陆的铁路修建，抑或古巴民族独立解放战争以及世界反法西斯战争，都凝聚着粤籍侨胞的辛勤努力、智慧汗水甚至流血牺牲。时至今日，越来越多的粤籍华侨华人政治上有地位、社会上有影响、经济上有实力、学术上有成就，成为住在国发展进步的重要力量。

　　长期以来，粤籍华侨华人无论身处何方，都始终情系祖国兴衰、民族复兴、家乡建设。他们献计献策、出资出力，无论是辛亥革命之时，还是革命战争年代，特别是改革开放时期，都不遗余力地支持、投身于中国革命和家乡的建设与发展。全省实际利用外资中近七成是侨、港、澳资金，外资企业中六成是侨资企业，华侨华人在广东兴办慈善公益项目超过3.3万宗、捐赠资金总额超过470亿元，为家乡的建设发挥了独特而巨大的作用。

　　长期以来，粤籍华侨华人充分发挥桥梁纽带作用，致力于促进中外友好交流。他们在自身的奋斗发展中，既将优秀的中华文化、岭南文化传播到五大洲，又将海外的先进经验、文化艺术带回家乡，促进广东成为中外交流最频繁、多元文化融合发展的先行地，推动中外友好交流不断深入、互利合作不断拓展，成为世界和平与发展的友好使者。

可以说，粤籍华侨华人的移民和发展史，既是中国历史的重要组成部分，更是世界历史不可缺少的亮丽篇章。

站在中华民族更深入地融入世界、加快实现伟大复兴中国梦的历史关口，面对广东全面深化改革开放、奋力实现"三个定位、两个率先"总目标的使命要求，中共广东省委、广东省人民政府决定编修《广东华侨史》，向全世界广东侨胞和光荣伟大的华侨历史致敬，向世界真实展示中国和平崛起的历史元素，也希望通过修史，全面、系统地总结梳理广东人走向世界、融入世界、贡献世界的历史过程和规律，更好地以史为鉴、古为今用，为广东在新形势下深化改革开放、加快转型升级、进一步当好排头兵提供宝贵的历史经验，形成强大的现实助力和合力。

编修一部高质量的《广东华侨史》，使之成为"资料翔实、观点全面、定性准确、结论权威"的世界侨史学界权威的、标志性的成果，是一项艰巨的使命，任重而道远。这既需要有世界视野的客观立场，有正确把握历史规律的态度和方法，有把握全方位全过程的顶层设计，更需要抓紧抢救、深入发掘整理各种资料，对涉及广东华侨史的各方面重大课题进行研究，并加强与海内外侨史学界的交流，虚心吸收国内外的研究成果。作为《广东华侨史》编修工程的重要组成部分，编辑出版《广东华侨史文库》无疑十分必要。我希望并相信，《广东华侨史文库》的出版，能够为广东华侨华人研究队伍的培育壮大，为广东华侨华人研究的可持续发展，为《广东华侨史》撰著提供坚实的学术理论和基础资料支撑，为推进中国和世界的华侨华人研究做出独特贡献，并成为中国华侨华人研究的重要品牌。

是为序。

广东省省长 朱小丹

2014年8月

前　言

　　中国向西方学习的留学潮，始于中国近代洋务运动时期。而自那时起，广东，尤其是珠江三角洲各市县，就一直是这一留学潮的领先者。

　　档案资料表明，中国近代大规模留学潮，发端于十九世纪七十年代，亦即始于清朝官派的赴美留学计划。根据这项计划，从一八七二年到一八七五年，清政府每年向美国派送了三十人的小留学生，前后达一百二十人，史称"留美幼童"。而检视这一百二十名留美幼童的籍贯，可以发现他们中来自广东一省者，竟有八十四人之多，即占了其全部留学人数的百分之七十，而又以香山（中山）县为最。另外有二十二名籍贯为江苏的孩童，占百分之十八。其余的孩童，则分别零星地来自下列四省：浙江八人，安徽三人，福建二人，山东一人。①

　　然而，清朝的上述留学计划进行不到十年，因种种阻碍与非难，竟半途夭折。但是前往西方的道路已经打通，"师夷之技长以制夷"的理念已在中国生根发芽。向外国学习，已成为中国社会变革的一项动力。由是，自晚清起，中国人出洋留学渐成浪潮，如清末的留学日本热、民国初年的赴法勤工俭学、北伐时期的苏联留学热、民国不同政府时期的官派赴欧美留学等，一波接一波，延绵不绝。不过，上述所列种种留学热潮多为官派性质，大多须先通过官方的考试，且以青少年为主，通常都是去读中学和大学。事实上，

---

① 钱刚、胡劲草著：《大清留美幼童记》，当代中国出版社，2010年。

1

在上述过程中，还有大批的赴外留学，是属于自费性质的。

民国时期，这种自费性质的赴外留学行为已遍及全国，但仍以广东省为最。盖因自近代开始，前往北美大陆和大洋洲讨生活并最终定居于当地之粤省民众日盛，引得众多具有条件之家庭纷纷顺应留学潮遣送子女前往这些国家尤其是英语国家留学；同时继承了晚清官派留美幼童的传统，许多家庭送去国外留学者也都是幼童——亦即我们现在所说的"小留学生"。

目前国内关于民国时期赴外留学的研究，所涉及的中国人自费前往留学之目的地，多集中在东洋和欧美，鲜少涉及大洋洲地区（主要是澳大利亚）。[①]即便是已经由广东省侨务部门组织出版的该省侨乡地区之华侨史志，有关民国时期前往大洋洲地区的自费留学史实，亦多付之阙如。[②]即或坊间有某个家族中人赴澳大利亚留学之传闻，也难以载入史书，主要原因在于，中国当地与此相关之档案十分难觅。然在民国初期（二十世纪一十至三十年代），广东赴澳留学实有数百人之众，俨然生成中国赴澳留学潮流的第一波。

在过去数年间，笔者对澳大利亚国家档案馆所藏的相关档案资料进行了检索查阅，结果表明，民国时期，主要是北洋政府（包括广州军政府时期）以及南京国民政府时期，有相当一大批的广东学子（主要是少年儿童），曾在二十多年的时间里，相继赴澳留学。此种留学以就读小学和中学为主，其后，一些人也在澳就读商校、技校或大学。这些到澳大利亚留学的年轻人，大多出自珠江三角洲，尤集中在当时的香山（后改称中山，现中山市和珠海市）、四邑（台山、新会、开平、恩平）、惠阳、高要、东莞、增城等地。从澳大利亚现有的档案所显示出之留学生籍贯来看，他们以来自香山县、新

---

① 有关研究近代以来中国人留学东西洋的课题及其成果，可以参阅实藤惠秀：《中国人留学日本史》，北京：三联书店，1983年；陈学恂、田正平主编：《中国近代教育史汇编——留学教育》，上海：上海教育出版社，1991年；舒新城：《近代中国留学史》，上海：中华书局，1933年；李喜所、刘集林等：《近代中国的留美教育》，天津：天津古籍出版社，2000年；刘晓琴：《中国近代留英教育史》，天津：南开大学出版社，2005年；林子勋：《中国留学教育史(1847—1975)》，台湾：华冈出版有限公司，1976年；魏善玲："民国前期出国留学生的结构分析(1912—1927)"，《华南农业大学学报(社会科学版)》，2012年第1期。

② 比如，1996年广东人民出版社出版之《广东省志·华侨志》，恰恰就是缺少侨乡的出国教育方面之记述。

宁（台山）县、新会县和开平县者最多。澳大利亚学者迄今尚未有利用这些档案，对这段历史予以整理和开展研究，因而将这些档案资料收集整理，就有助于我们了解二十世纪上半叶的澳大利亚华人生存状况及他们的子女在澳读书学习情况。

实际上，这些来澳留学的珠江三角洲少年儿童，其父辈（包括父亲、叔伯、舅舅、兄长等）大多都是第一代移居澳大利亚之华人，基本上是自十九世纪中叶淘金热始至二十世纪初先后奔赴澳大利亚淘金和做工，于澳大利亚联邦成立之前后定居于这块土地上的广东人。[1]有鉴于第二次世界大战之前在澳大利亚谋生和定居的华人籍贯这一特点，从而造成了民国时期赴澳留学生来源地亦主要是上述地区这一现象。这些来自珠江三角洲的小留学生，之所以于此时前来澳大利亚留学并形成一股潮流，皆肇因于一九〇一年澳大利亚联邦成立后正式推行歧视和排斥亚裔尤其是华人移民的"白澳政策"（White Australia Policy）。[2]由于"白澳政策"的实施，中国人要想进入澳大利亚，就有许多障碍。而正是这种障碍，导致二十世纪初年后在澳华人数量急剧下降。根据澳大利亚人口统计资料，随着澳大利亚联邦的建立，在澳之华人逐渐减少，如一九〇一年，在澳华人总计有两万九千二百六十七人，此外还有中国人与欧裔婚配而生之混血者（被称为"半生蕃"）三千零九十人；一九一一年，华人有两万两千七百五十三人，加上混血者二千零十九人；十年之后的一九二一年，华人减至一万七千一百五十七人，加上混血者三千六百六十九人，总计也就只剩下两万人左右；到一九三三年，华人总数更降至一万零八百四十六人，再加上混血者三千五百零三人，共剩不到一万五千人。[3]这些能留澳继续打拼的华人，大都是取得长期或永久居留权

---

① 关于早期粤人赴澳谋生及定居的著述，可参阅亨利·简斯顿著、杨于军译：《四邑淘金工在澳洲》，北京：中国华侨出版社，2010年；梅伟强、关泽峰：《广东台山华侨史》，北京：中国华侨出版社，2010年。

② 关于澳大利亚自一九〇一年联邦成立之后便开始实施的"白澳政策"及其对在澳华人之影响，可参阅：John Fitzgerald，*Big White Lie: Chinese Australians in White Australia*，Sydney：University of New South Wales，2007。

③ Population of Chinese in Australia，NAA：A433，1949/2/8505（此处的"NAA"是指澳大利亚国家档案馆宗卷，其后为其宗卷号，下同）。

者，包括少数已入澳籍之华人，比如来自香山县的欧阳南（D. Y. Narme）[1]和来自新宁县的刘光福（William Joseph Liu）[2]。这些留在澳大利亚的华人，在二十世纪初年之后生活普遍地稳定下来，收入有了一定的保障，他们陆续回国成亲，生育后代。但囿于"白澳政策"，绝大部分澳大利亚华人只能将妻小留在中国。[3]同样是由于"白澳政策"的限制，那些得以长期居留在澳，甚或是在澳大利亚联邦成立之前已入澳籍之华人，其在中国婚配的妻室及他们在中国出生的后代皆非澳籍，也不能自由前往澳大利亚团聚，子女教育也就成为他们（包括在澳之华人以及他们在中国的亲属）十分关注的一大问题。拼搏奋斗多年后，若稍有积蓄，申请将其子女以及子侄辈接到澳大利亚留学读书，便是解决此项问题的一个途径。经由此径，一方面使其子女及子侄辈能有机会在澳大利亚接受正式的西方教育，学得英语及一技之长，回国后无论是经商创业还是从军入仕都可占据相当优势；另一方面，于子女赴澳留学期间，他们也正好一尽家长监护之责，增进父子或父女之情；随着其子女和

---

[1] 欧阳南，生于一八九〇年，但未及十岁就在十九世纪末年来到澳大利亚发展，二十世纪二十年代便在雪梨华社中极为活跃，是当地著名华商。澳大利亚国家档案馆中有关欧阳南的宗卷，见：David O'Young Narme [Chinese - arrived Sydney per SS EASTERN，1899. Box 36]，NAA：SP11/2，CHINESE/NARME D O。但另一篇文章显示，欧阳南是香山县南朗麻子村人，十八岁随叔父赴澳谋生，后创设安益利行(On Yik Lee & Co.)，批发中国药材，是最早在雪梨开金山庄的香山人，此后又兼营机器洗衣店(见陈迪秋："澳洲香山华侨对孙中山领导的革命运动的贡献(二)"，载《中山侨刊》第93期[2011年4月1日]，第32页)。根据澳洲档案，安益利公司由来自广东省香山县的华商李益徽(William Robert George Lee)等于十九世纪末在雪梨开创，后由其子李元信(William Yuison Lee)继承并成为大股东，于一九一三年二月十八日在鸟修威省工商局正式注册。详见鸟修威省档案馆保存的十九世纪末二十世纪初在该省工商局登记的工商企业注册记录：https://search.records.nsw.gov.au/permalink/f/1ebnd1l/INDEX1817337；但到一九二二年，该公司重组，李元信退出，由欧阳南、林祥等人接管成为股东，并在当年七月十日在鸟修威省工商局正式注册，显示其董事会的变更，详见同上：https://search.records.nsw.gov.au/permalink/f/1ebnd1l/INDEX1817338。据此，所谓欧阳南创设安益利公司的说法并不正确，只能说在一九二十年代初重组该公司时，他成为主要股东。

[2] 黄昆章："澳洲华人领袖刘光福"，《华侨华人历史研究》1989年第3期；另见：Barry McGowan，"Liu，William Joseph (1893-1983)"，in *Australian Dictionary of Biography*，Vol. 18，(MUP)，2012。

[3] 二十世纪初澳大利亚限制居澳华人携带妻子入境的最著名一例，是来自广东省开平县的潘巍(Poon Gooey)携妻入澳案。潘妻经其夫力争，于一九一〇年获入澳半年签证，后因在澳生育二女而延签，于一九一三年被澳洲政府遣返。该案成为澳洲限制华人尤其是中国妇女入境之最佳证据。详见Kate Bagnall，A legacy of White *Australia*：Records about Chinese Australians in the National Archives，in http://www.naa.gov.au/collection/publications/papers-and-podcasts/immigration/white-australia.aspx#section14，visited on 17:25，30/1/2016。

子侄辈之年龄增长，英文能力及知识技艺提高，以及社会阅历增长，他们也可为自己在澳之生意与事业拓展增添帮手，如为具备留澳条件之子女申请长期居留澳大利亚，以继承生意和事业。根据已经检索到的澳大利亚档案资料显示，这些粤省小留学生来澳大利亚入学的年龄，大多在十至十七岁之间，还有年龄在七八岁甚或更小者；他们在澳留学的时间跨度，少仅数月，多则长达十年以上，甚至还有因太平洋战争爆发而滞留时间更长者。

当然，中国学子要成功地赴澳留学，其先决条件须有政策的制定与颁行，方可办得入澳签证。澳大利亚此前是英国殖民地，虽然于一九〇一年建立了澳大利亚联邦，成为英国的自治领，但其外交事务仍由宗主国负责，因此，大清国直到光绪三十四年（一九〇八年）方才于澳大利亚设立总领事馆。首任总领事梁澜勋次年抵达澳大利亚后，就已经听到了华社的强烈呼声，要求协助办理居澳华人在中国之子女及亲属来澳留学事宜，为此，梁总领事便开始准备就此与澳大利亚当局商讨，以解决中国学生来澳留学之签证问题。但他未及着手进行，就于宣统二年（一九一〇年）离任。接替他职位的是唐恩桐总领事，到任不及半年，因水土不服于次年五月奉调回国，也来不及处理此事。随后，黄良荣接任大清国最后一任驻澳大利亚总领事。他从一九一一年下半年开始行动，就此问题与澳大利亚当局反复磋商达成草案。此后，中华民国驻澳大利亚的头两任总领事曾宗鉴和魏子京持续不断地与澳大利亚政府相关部门进行了几近十年的马拉松式的谈判（期间因第一次世界大战而导致谈判工作停顿），最终于一九二〇年达成了中国学生入境留学的备忘录，亦即《中国留学生章程》。

根据这个章程，中国学生入境澳大利亚留学的条件如下：

一、中国男女学生持中国外交机构所发给之具中英二种文字的护照，并由在华相关出境地之英国领事签证，或由在澳大利亚境内中国总领事馆发给之护照并由内务部核发签证者，准允入境。护照上应贴具持有人之近照，并详列其性别、年龄、财政担保来源、拟在澳留学之年限与欲读课程，以及留学地点及住所。

二、学生抵澳后，按规定无需"免试纸"。[1]其签证有效期为十二个月，如需展签，在签证期满前，须通过中国总领事馆向内务部长提出申请。

三、学生抵澳后，应立即向中国驻澳总领事馆登记，如住址和学习计划变更，应及时知照之；而中国总领事馆对此亦应及时知照内务部，以随时保持其对这些学生信息之知情。

四、学生在抵澳后，应立即提供给内务部两位担保其在澳留学之澳大利亚居民或商号之姓名（或名称）与地址，他们应为该生在澳留学提供财政资助，并保证其在学成后如期返回中国。

五、学生入境后，须就读政府认可之正规学校，修读正式课程，并可由内务部长特批进行实习、替工或接受技术或其他特别的培训，但不能打工挣钱以支撑其在澳之生活。

六、学生在签证期满之后，应按规定返回中国。

七、内务部长保留对上述章程之解释权，并可根据情况对违规者取消其签证。[2]

该章程于一九二一年正式实施，主要由中国驻澳大利亚总领事馆主导学生护照和入澳签证的申请和办理。当年，仅该馆就发出一百多份学生护照，可见赴澳留学之踊跃，形成了中国人赴澳留学的首波浪潮。[3]但随着中国留学

---

① Certificates of Exemption from Dictation Test (英文简写成CEDT，亦译为"听写测试豁免证明"或"免试纸"，当时的华人也称之为"回头纸")。听写测试(Dictation Test)是澳大利亚联邦成立后实施排斥亚裔移民之"白澳政策"(White Australia Policy)最重要组成部分，于一九〇一年开始实施，一九五八年终止。根据一九〇一年澳大利亚第一次联邦议会通过的《移民限制法案》(The Immigration Restriction Act)的核心内容语言测试法案规定，移民官员可使用任何一门欧洲语言，对有意申请移民入境者进行一项五十个单词的听写测试；如未能达标，则有权拒绝其入境。其主要针对者，即为华人。而听写测试豁免证明则是发给那些非欧裔之澳大利亚居民(长期居民或永久居民)因短期出境澳大利亚使用，作为返回证明。该项证明也给予那些非欧裔获准入境澳大利亚经商、留学及探亲之人士，与签证类似。

② Chinese merchants and students：Conditions governing entry into Australia，NAA：A2998，1951/2130。

③ 根据档案记载，在上述章程实施之前，即二十世纪二十年代之前的清末民初时期，澳大利亚已经接受了部分中国留学生入读各类学校，但人数不多，申请亦不规范，不似二十世纪二十年代之后形成一波浪潮。而且此前这些来自广东省的中国留学生中，有些人其实是澳大利亚本地出生的第二代华人，也被列入外侨学生(中国留学生)之类别。详见Chinese students at Australian Universities，NAA：A1，1910/1811；Photographs of Chinese Children admitted for education purposes，NAA：A1，1920/7136；Yu Wing Educn Ex/cert Education Exemption Certificate，NAA：A1，1917/13767；Application for permission for Gock Bow to enter the Commonwealth for 3 years for Educational purposes，NAA：A1，1911/11687。

生陆续抵澳，在他们留学澳大利亚的过程中逐渐暴露出一些问题，包括学生来澳之年龄以及学籍的管理，学生的出勤率及学费，还有英语学识能力等，而后者直接关系到这些来澳留学的中国学生与本地学生一同上课时，能否听得懂授课内容以及是否能跟得上课程学习进度等问题。事实上，有的中国小学生抵达澳大利亚时，年仅五岁。另一方面，上述章程没有规定中国留学生来澳就读学校的性质，故大部分入读之当地学校皆为公立，这就意味着他们可与当地学生一样享受免费教育，但这是致力于推行"白澳政策"之澳大利亚当局及主流社会所不愿意提供给亚裔人士的福利。此外，来澳留学生与其担保人或监护人之间的关系也受到明确限制，亦即要限于在澳华人之子女或其子侄辈，方才符合入境之条件。为此，澳中二国通过澳大利亚内务部与中国驻澳大利亚总领事馆商讨修改章程中的年龄限制，于一九二四年达成初步意见后，修订了《中国留学生章程》并于一九二六年中正式实施。其主要的变化在于：（一）对来澳学生年龄设限，即最低为十岁，最高为二十四岁。对在澳留学最高年龄设限，旨在强调，在澳中国学生于年满二十四岁之后，必须结束学业返回中国，不得滞留。对十岁至十三岁之学子，申请时不要求有英文基础，惟须有家长陪同来澳；但对十四岁至十七岁之学子，申请时须具备基本的英文学识能力；十九岁以上者则不能再读中学，须进入技校、商学院或工学院等专门学校或大专学院入读。（二）来澳留学生只能入读政府认可之私立学校，同时要提供拟入读私校接纳该生之录取函，以作凭据。① 由是时始，中国学生皆循此《中国留学生章程》修订新规，申请来澳留学。

上述《中国留学生章程》的修订，实际上也是澳大利亚政府在推行其"白澳政策"的过程中，于入境细节上进一步强化对来澳中国留学生的限制和管理。至一九三〇年年底一九三一年年初，由中国驻澳大利亚总领事馆发出的学生护照就已超过六百份，尽管其中或有部分护照发出后被澳大利亚内务部拒签，但中国政府驻相关省份如广东和江苏之外交部特派交涉员公署以及北洋政府外交部等机构同期也签发了一定数量的护照并获得当地英国使领

① Chinese students - Conditions of admission to Australia，NAA：B13，1926/26683。在该章程修订前，来澳之中国留学生既可以入读政府所办之公立学校，也可以进入私立学校或教会学校。事实上，大部分来澳留学生是注册入读公立学校，如此，在学费上便可节省一大笔开销。

馆的签证（澳大利亚当时仍由英国代为负责其对外事务，由英驻各国之使领馆代办所有赴澳签证），因而这十年间，最终来澳留学的人数实不低于六百。自一九三〇年起，有鉴于现行在澳实施的中国学生留学章程仍有若干值得争取改进之处，中国学子来澳留学的利益尚待更周全之维护，中国驻澳大利亚总领事馆再次与澳大利亚政府协商，对其中的一些条款做出了调整，主要是将无需英文知识的年龄限制提高到十四岁，[①]甚至酌情提高到十五岁，从而使更多的中国学生可以规避英语要求成功来澳留学。调整后的一九三〇年留学章程共十一条，其内容如下：

一、中国学生自十岁至十九岁者可以来澳留学。

二、学生在澳年龄以至二十四岁为限。

三、学生在澳之时须专事读书，按时到校授课，不得兼营他业或帮助工作。

四、学生到澳后须入经澳内务部认可之私立学校，不得入公立学校。

五、学生一切费用均由其父母或保护人完全担任。

六、学生自十四岁至十九岁者须识初等英文方能来澳，因到澳时须经税关考试。

七、学生自十岁至十五岁来澳依从其父母者，可向本馆领取护照。此项学生无需英文知识，惟学生之生期年龄须准确，因华人曾于某年回国，澳洲税关有案可稽，不可稍事含糊。

八、凡有请发留学护照者应将下列各项寄交本馆：

（甲）学生相片四张，三寸四寸皆可；

（乙）填单两张，由请照人填写签押；

（丙）声明书汉文英文各一张，由请照人及担保人填写签押；

（丁）私立学校声明承允收容该生之函件。

九、凡有学生年满十四岁来澳留学而非依从其父母者，除（八）条所述各项以外，另需下列两项：

（甲）该生曾在中国何校读书，英文程度如何，应由该校校长来函
证明；

---

① 详见：Chin Loon Hee-Student passport [1cm]，NAA：A433，1949/2/8534。

（乙）该生亲笔抄写英文一张。

十、学生若迁移住所或拟转入他校时，担保人应立即报告总领事馆。

十一、学生来澳留学，每届十二个月为一时期；若拟继续留学时，应在该期届满以前函达总领事馆，并须附来该生在学校之成绩表。[①]

自此之后，中国总领事馆在处理中国学生来澳留学之护照与签证申请时，就一直按此章程办理。到了一九四二年，因澳大利亚与中国成为共同抗击日本军国主义侵略之盟国，上述章程因战事而自动停止实施。战后，尽管还有一些来自中国的赴澳留学申请，但数量已不多，其方式有了很大的变化，同时中国的国内形势也发生了翻天覆地的变化，可以说，此后的中国学子赴澳留学进入了一个新的时期。

因此，将澳大利亚现存涉及民国时期广东珠江三角洲各县来澳留学人士之档案收集整理，实具有重大的历史与现实意义：一方面，可填补这些地方学子赴澳留学史以及民国时期华侨史的空白；另一方面，也可追溯这些早期粤人学子之踪迹，如有可能的话甚或循迹查访他们学成回国之后在家乡的成就，充实广东侨乡对外教育交流的历史，丰富当地的人文内涵。

要言之，这些涉及广东珠江三角洲各县赴澳小留学生的档案，主要文字为英文（仅护照申请表附有中文），涵盖了申请中国护照、入境签证、离境日期以及在澳期间之学习（包括转校情况）等方面的文件，涉及澳大利亚内务部、海关、公立及私立（包括教会）学校、中国总领事馆，及中国学生护照的请照者、担保人和澳大利亚境外之学校，后者主要是为请照者提供英语学识能力证明。形式上基本是一位学生一份宗卷，时间跨度从二十世纪初到三十年代，小部分延拓到四十年代。由于这些小留学生居澳时间的长短不同，其档案的内容亦简繁不一。这些档案显示，绝大部分人在获得签证后皆来澳留学，他们无论是否完成在澳学业最终都回国或他往，只有很少人得以不同方式留居下来。其中也有小部分的档案，其内容是被拒签的申请材料，以及虽然获得入境签证，但申请者最终因各种原因并未入境者。

上述档案资料，大多保存在位于首都堪培拉（Canberra）的澳大利亚国家

---

① 见Wong Choy - 1. Inquiry to movements 2. Exemption of the Commonwealth for son，NAA：A1，1930/9357。注：此项章程译件系中国驻澳大利亚总领事馆抄件原文。

档案馆（National Archives of Australia）。但鉴于早期珠江三角洲的中国移民分散定居于澳大利亚的各个州，依次是新南威尔士州（New South Wales）、维多利亚州（Victoria）、昆士兰州（Queensland）、南澳大利亚州（South Australia）、西澳大利亚州（Western Australia）、塔斯马尼亚州（Tasmania）以及北领地（Northern Territory），因此，在澳大利亚国家档案馆设于上述各州及领地之分馆里，也藏有部分相关档案。比如，来自香山（中山）县的小留学生的档案，除了堪培拉的澳大利亚国家档案馆收藏的最多之外，还在悉尼（Sydney）、布里斯本（Brisbane）和墨尔本（Melbourne）的分馆里也有相当多的收藏，因为当年香山籍的华人主要就集中在新南威尔士州、昆士兰州和维多利亚州。根据笔者数年来陆续收集和访寻之结果，初步的估算这些档案中所涉及的上述时期广东赴澳小留学生人数，如前所述，已知者达六百多人，或会更多，因为目前澳洲国家档案馆尚有许多早期的宗卷未整理上架（上线），无从查阅。

如果以民国时的县一级单位来计，这些档案以涉及香山（中山）县和新宁（台山）县者为最，各超过一百多个宗卷；其次则为新会县、开平县及珠江三角洲其他县市。

为此，笔者根据历年从上述档案馆中搜集的中国留学生档案，将其分门别类予以整理后，以每个宗卷所涉及的留学生个体的资料，考证真伪，撰写成篇，始成这套《民国粤人赴澳大利亚留学档案全述》。

搜集、整理、考证、编著和出版这套书之目的，旨在利用澳大利亚现已公开的档案宗卷资料，将中国人第一波赴澳留学潮如实地反映出来，为读者了解一百年前中国侨乡各界人士之教育观，以及当时留学之形态，提供依据；同时，也为研究中国侨乡教育和文化交流的学者，提供第一手的资料，以供作进一步研究参考之用。

粟明鲜

二〇一六年七月十八日初稿

二〇一九年十一月十一日修订

澳大利亚昆士兰州布里斯本

目 录

1

凡　例

一、本书是利用澳大利亚国家档案馆（包括其主馆及各州分馆）典藏的有关民国时期中国赴澳大利亚留学生（基本上以广东人尤其是来自珠江三角洲各县者为主）的档案宗卷，经整理和研究，并利用和参照澳大利亚的相关档案和报刊等文献，予以考证与甄别，据实撰写而成。

二、本书所涉及的年代主要是自二十世纪初年开始，少量是在清末时期（亦即二十世纪一十年代末期），多集中在二十世纪一十和二十年代，进入三十年代人数减少，尤其是在四十年代因太平洋战争爆发，自中国赴澳留学之人数就极少了，但因受战事滞留等种种原因，仍有部分档案涉及战时和战后年份。

三、书中涉及之澳大利亚地名之中译名，以当时赴澳留学生护照申请表上所填之中译名及当时澳大利亚华人的通译为准，可切实反映那个时代中国人之澳大利亚印象，本书会在其后附上英文原名。比如，Sydney，现在译为"悉尼"，但当时澳大利亚华人咸称之为"雪梨"，护照申请表上亦如此填写，故行文中亦使用此称呼。本书后附有中英文译名对照表，以备检索查对。

四、书中之中国留学生人名，以护照申请表及护照为准；对于其中部分使用英文名字者，尽可能地对照译音还原成中文名；但如果无法还原中文，则照录，以使其保持原有形态。

五、书中涉及之中国留学生的籍贯或出生地，皆以其中国护照申请表上所填写者为准。如果没有写明，部分通过考证后可以追溯其原籍，如果无法判断追溯，只能付之阙如。其中或有错漏者，除非常明显者，已经作者在行文中通过注释或其他形式指出外，余皆请识者指正为荷。

六、本书所涉及之民国时期（即便是清末赴澳留学，学成回国也已经进入民国时期）珠江三角洲相关县市学生之赴澳留学，因时间先后不一，年龄跨度也大，申请赴澳留学的时间与实际抵达时间亦相差甚大，有的达三年之久甚至时间更长。在每篇文章的排序上，无论是从其申请赴澳或者是抵澳日期甚至是按姓氏笔画排序，以反映这一时期的留学情况，皆有不甚完备之处。为此，本书以这些留学生的出生日期为据，将每篇文章依次排列，一方面便于检索，另一方面亦希望借此展示珠江三角洲地区学子赴澳留学之秘辛。

七、民国时期中国留学生入澳留学的学校，当时有相应的中文译名，有的学校还有几个不同的中译名，本书在行文中则根据护照申请者所填，照录其中译名，以保持原生态。

八、本书有关年代和金额，基本上使用中文数字，以便统一。

九、中国学生当时赴澳之交通工具，基本上是蒸汽轮船，只有少部分是双桅帆船，分属不同国家和公司，有些船只原来就有中文船名，日本轮船名也有固定汉字，澳大利亚之船只基本上有固定中译名，故书中行文涉及船只名时，尽可能还原其中文名或中译名。

十、本书在整理和考订每一位赴澳留学生的在澳学习、生活甚至打工经历时，亦尽可能地将担保或资助其赴澳留学之父辈商铺企业经营范围与性质作一简介，并附上相关档案出处，为有意于研究二十世纪上半期及其之前的在澳华人商业及其网络关系等相关问题提供线索。

十一、根据已经查阅到的档案文件，本书系列将分为六卷，即《中山卷》、《台山卷》、《新会卷》、《开平卷》（原广东省四邑各县本应各自独立成卷，因与恩平县相关之档案阙如，目前只能有这三卷；而鹤山县[现已改县为市]目前归入江门市管辖范围，成为现在的五邑之一；因在澳大利亚档案馆中目前只找到一份鹤山县赴澳留学生的档案，无法独立成卷，故将其归入《开平卷》）、《东莞、增城、惠阳卷》（简称《东增惠卷》）和《珠三角其他县市卷》。

十二、尽管是以还原历史为原则，因资料线索所限，仍或有疏漏错讹之处，此皆编著之责任，尚祈赐教更正。

本卷说明

　　本卷是《民国粤人赴澳大利亚留学档案全述》系列之《珠三角其他县市卷》。本卷主要是根据澳大利亚国家档案馆所藏之档案资料，将清末民国时期，除广东省中山县、东莞、增城、惠阳三县邑及四邑（台山县、新会县和开平县）之外，珠江三角洲的其他县市（包括香港）赴澳留学的档案宗卷资料作一整理，并对其中的一些问题加以甄别和考证，编写成篇，以供参考。

　　虽然本卷所涉之个体主要是珠江三角洲的其他县市（包括香港），但某些留学人员因种种原因，经追溯并考证，可以判断其所属籍贯应是某个县邑甚至村镇，但因无法最后确认，故仍将其划入本卷之中。此外，还有个别留学人员在档案中根本就没有说明省籍，在无法确定的情况下，也仍然将其归类到本卷中。需要说明的是，本卷中有部分留学生的籍贯，通过申请或担保他们前来留学的亲戚长辈及相关人员的材料，最终是可以被确认属于广东省某具体的县邑，比如新宁（台山）、新会、香山（中山）等。之所以未将这些归入单列的上述县邑各卷的档案全述中，主要的考量在于：其一，这些档案大多涉及在二十世纪初年，即清末的最后几年及民国成立的最初几年；其二，其籍贯主要依据于对其父辈及亲友来源地之考证推理而成，因此将其归入本卷中；其三，这些被确认籍贯的留学生，在最终被甄别出来时，其他各卷已经编辑就绪处于付印之中，因而就将其归入本卷。

　　本卷所涉及的留学年份，始自清朝末年，主要集中于二十世纪一十到二十年代，少量的始自二十世纪初年，亦即清末民初，即主要集中于《中国留学生章程》实施之前的十几年间，这也是本卷相较于其他各卷之最大特点。但亦有少数留学生因在澳留学时间长，后来又改变身份，即从留学签证改为工作签证，得以继续留在澳大利亚发展，其档案所涉及之年份直到二十世纪四十年代末。因档案中的每一个个体宗卷基本上涉及一名留学生，个别的则是兄弟俩，故本卷基本上按照这一分类整理、考证、甄别及撰写；并在起止年份上也基本与档案宗卷所涉及者同步，即从其递交护照申请表到其最终回国或档案终止。

本卷档案涉及的县市较多，难以根据县邑来判断赴澳留学者所就读之区域分布；但总体而言，仍然是去乌修威省（New South Wales，新南威尔士州）的雪梨（Sydney）和域多利省（Victoria，维多利亚州）的美利滨（Melbourne）者居多，只有少数人去到了昆士兰省（Queensland）、西澳省（Western Australia）和南澳省（South Australia）。

尽管本卷涉及的县市较多，但还是有部分县市留学者人数相对集中。为此，在行文排列上就从这些人数相对集中且县市确定者开始，并且也是按照出生年份依次编排；而对于那些尚无法确定县市之留学人员，则全部按照出生年月排列。需要特别说明的是，本卷中涉及的香港出生或是从香港去往澳大利亚的留学人员，大多数通过中国驻澳大利亚总领事馆或者中国广东省政府外事机构出面申办手续而前往，只有少数人是通过港英政府出具证明而到澳大利亚留学。因此，本卷也就将其作为一个群体收入。

这些档案宗卷与其他几卷相比，其申请护照和签证材料中的中文信息较少，甚至都无法判断持有者的中文姓名，这大大增加了考证和甄别的难度。另外一个现象是，还有许多在二十世纪一二十年代的赴澳留学生，因信息较少，可以看到其出入境记录，但无法找到其如何申请留学签证以及在何处并进入什么类型的学校入读的信息，以及他们的最终去向，只好放弃将其收入本书之中。造成上述查证困难的主要原因，是目前澳大利亚国家档案馆中有关清末到民国时期中国留学生的档案资料库目录仍然很不完备，还有一些档案尚未做好索引备查，故许多已知的赴澳留学生之人名尚无法在数据库目录中检索得到。

相信随着时间的推移，澳大利亚国家档案馆的数据库将会进一步充实完善，在今后将陆续可以查找和检索到更多的相关档案资料。本书只是迄今可以从澳大利亚档案馆里搜集和检索到的有关早期珠江三角洲其他县市籍留学生的一个汇集。今后如果还能发现更多的与此相关的档案资料，则可以考虑再编续集，供研究早期侨乡出国留学和教育文化交流的人士参考。

二〇二〇年二月二十九日

刘熙祖

高要马安村

现有档案显示，一九○二年十二月二十日出生的刘熙祖（Lau Hi Cho，也写作Hi Jo），高要县马安村人。在一九二一年澳大利亚实施《中国留学生章程》开放中国学生赴澳留学之前，他一直在肇庆府的官办学校读书，显示出其家族有一定的经济背景。

这份档案缺少一些资讯，主要是因为护照栏目的资讯不明，导致赴澳留学监护人的信息缺失。一九二一年六月二十一日，时年即将届满十九岁的刘熙祖去广州，向军政府外交部特派广东交涉员公署申请赴澳留学护照，准备去雪梨（Sydney）读三年书，目的是进一步提高自己的英语能力。为了支持他赴澳留学，他的堂兄Tang Kap（唐佳，译音）承诺每年供给他膏火一千银元，作为在澳留学期间所需的学费和生活费等各项开支；而刘熙祖在澳大利亚的监护人，则是在雪梨亚力山打区（Alexandria）布达尼路（Botany Road）上经营家具厂的Ah Chang（阿昌，译音）。[①]阿昌此时已届六十三岁，显然是刘熙祖的亲戚

---

① 在澳大利亚档案馆找不到相匹配的阿昌英文名字的独立宗卷，但检索当地中文报刊，则可以看到高要邑的何彬扬于一九一○年之前便在雪梨开设有一木厂，名为"何昌记"。详见"要邑筹办肇城平糶"，《广益华报》(The Chinese Australian Herald)，一九一○年九月十七日，第一版。而何彬扬也在一九一四年至一九一六年成为澳洲鸟修威雪梨中华商务总会(Chinese Chamber of Commerce of New South Wales，该会后来简称为鸟修威中华总商会)第二届和第三届理事会理事。见："Chinese Chamber of Commerce of New South Wales - List of office bearers"，in *Australian National University Archives*，http://hdl.handle.net/1885/11483。从这些记载来看，何昌号就是由何彬扬经营，即便还有其他股东，他们也是次要的，不占主导地位。也就是说，何昌号就代表何彬扬，反之亦然。因此，这位阿昌，极有可能就是何彬扬。

长辈，负责安排其在澳留学事宜。[①]当时的特派广东交涉员由广州培正学校的校董李锦纶兼任，他是在美国出生的第二代赴美台山人，在美国读完大学后回到中国服务，对出国留学的年轻人很支持，当天就给刘熙祖签发了出国护照，并去到沙面的英国驻广州总领事馆，为他拿到了赴澳入境签证。

刘熙祖拿到护照和签证后，立即跟香港永安公司的亲友联络，由其代为订购船票，安排赴澳行程。待一切安排妥当后，他便赶往香港，乘坐中澳船行经营的来往香港和澳大利亚之间的"域多利"（Victoria）号轮船，于七月二十二日抵达雪梨入境。刘熙祖的长辈阿昌和其家具厂的搭档一起去到海关将他接出来，安排他住进了布达尼路上的厂房里。

正如刘熙祖本人在申请护照和签证时所说的，他来澳大利亚留学的目的是提高自己的英语能力，因此，抵达雪梨后，他没有立即选择进入哪间名校读书，而是打听到他所居住区域的隔邻花打噜区（Waterloo）有一位专做家教的澳人韦德丽夫人（Mrs C. Whitely），其教学有方，英语文化和知识丰富，遂从八月开始便拜在其门下，专事英语语法和写作等方面的练习。由此可见，此前在肇庆府读书时，刘熙祖就学过英语，只是听、说、读、写等方面都有待提升；而经过半年左右的强化训练，他的英语能力大为提高。

一九二二年二月七日，刘熙祖正式注册入读圣公会在杜里奇希区（Dulwich Hill）创办的三一文法学校（Trinity Grammar School）读中学。因其已经具备相当的英语能力，因而在该校的学习未遇到什么困难，学校对其在校表现和学业成绩都十分满意。尽管如此，他只在这里读了四个月，到五月底学校放假便退学，随即转学进入库郎街公学（Crown Street Public School），继续读中学课程。该校位于沙厘希区（Surry Hills），毗邻唐人街，无论上学还是进城都很方便。他在这里读了一年半的中学课程，直到一九二三年年底学期结束退学，其在校表现和学业成绩一仍其旧，颇受老师和校长好评。

---

① Hoo Chan，Louie Ock Man，Tommy Fook，Hing Yee，Louie Sing，Ah Chang，Ah Sung，Wong Jo，Fay Nam and See Shong [Certificate Exempting from Dictation Test - includes left hand impression and photographs] [box 24]，NAA：ST84/1，1908/11/91-100.

左为一九二一年六月二十一日，广州军政府外交部特派广东交涉员李锦纶给刘熙祖签发的护照英文部分（中文部分及签证部分缺失）；右为刘熙祖在雪梨的监护人阿昌在一九〇八年十二月十日从雪梨移民局获得的回头纸。

从一九二四年新学年开始，结束中学课程的刘熙祖升学进入雪梨城里的斯多德与霍尔斯商学院（Stott & Hoare's Business College），选修商科课程和打字。此时，他的英语沟通能力已经不成问题，用英文书写课程作业也已经得心应手，而且因为词汇量和语法都没有什么问题，打字速度也很快。在该学院短短半年的课程，他就受到了任课教师的好评。

仅仅在斯多德与霍尔斯商学院读了半年书，刘熙祖修完预定课程后便提前结业。一九二四年七月八日，他在雪梨港口登上载其来到澳大利亚留学的同一艘轮船"域多利"号，挥别留学三年的澳大利亚，径直返回中国。这一年，刘熙祖将满二十二岁，他的留学档案也到此中止。正如他在申请护照时所言，他计划来澳留学三年，而从其入境到离境，只差两个星期就正好满三年；从在澳留学这三年的成果来看，他也确实达到了提高英语能力的目的。

档案出处（澳大利亚国家档案馆档案宗卷号）：

Cho，Lau Hi（aka Jo，Hi）- Canton Students passport，NAA：A1，1924/20125

苏观庆

高要黎槎村

一九〇三年十月十一日出生的苏观庆（Sue Quing Hing），广东省高要县黎槎村人。

黎槎村是颇具特色拥有七百年历史的古村，因其呈八卦形状，依岗而建，结构整齐，地势天成，图案优美，暗藏洛书河图玄机。蔡氏和苏氏为村中大姓，有"九里一坊"之称，也是当地著名的"华侨村"。[①]苏观庆之父名叫苏鳌（Sue Goe）。因目前澳大利亚国家档案馆和州一级档案馆皆无法查阅到与他相关的宗卷，难以获知他是何时来到澳大利亚的。但根据这份档案透露出来的零星线索，大体可以推测，苏鳌约在十九世纪末时，就与乡人结伴，漂洋过海来到澳大利亚讨生活，最终于鸟修威省（New South Wales）的雪梨埠（Sydney）哈里斯街（Harries Street）四百四十七号开有一间名叫Willi Latin的商铺。显然，他在这里站稳了脚跟，经济上有了一定的保障。

一九二一年三月二十六日，苏鳌以监护人的身份，向中国驻澳大利亚总领事馆提出申请，以其所经营之上述商铺作保，为其十八岁的儿子办理赴澳留学所需的护照和签证，允诺每年供给苏观庆膏火完全责任镑（亦即足镑），保证负担其子在澳学习和生活之全部费用。位于雪梨杜里奇希区（Dulwich Hill）的三一文法学校（Trinity Grammar School）由英国圣公会主

---

① 陈焕明："高要——九里一坊黎槎村"，载"肇庆文艺网"：http://www.zqszwhy.com/zq/ShowArticle.aspx?ArticleID=506。

办、学风严谨、学生素质好，虽然创立时间不长（一九一三年设立），但短短几年间便表现卓越，名气已经越来越大，苏鳌便希望将儿子安排进入这间教会学校就读。

中国总领事馆接到上述申请后，很快就按照程序给予了审理。五月十九日，中国驻澳大利亚总领事魏子京为苏观庆签发了一份赴澳留学护照，号码是43/S/21；一个星期后，澳大利亚内务部也在护照上钤印了入境签证章。随后，中国总领事馆按照苏鳌的意见，将护照寄往香港的真光公司，由其负责转交给护照持有人苏观庆并安排赴澳事宜。接到上述护照获批消息后，在中国已经做好赴澳准备的苏观庆，立即通过真光公司预订好船票，然后从家乡赶到香港，拿到护照后，便由此乘坐中澳船行经营的"获多利"（Victoria）号班轮，于当年九月二十日抵达雪梨。

在父亲的店铺安顿下来并经两个星期左右的时间熟悉周围环境之后，苏观庆便按照父亲此前的安排，于十月四日正式注册入读三一文法学校。在这里，他遇到比他早一个月左右抵达雪梨的出生于香山县竹秀园村的郭就（Joseph Gock），[①]他是永安公司创办者郭氏兄弟的家乡子侄，正好比他早三天注册入读同一间学校。由是，苏观庆就与来自香山县比他小一岁的郭就成为校友，一同在该校接受教育。看起来，苏观庆在来澳之前显然就已经接受过英语教育，具备了一定的英语基础，而且也可能在中国就读完了中学，对于所修课程显然都能够应付，老师对其在校表现及各科学业的成绩都表示满意。他在此读了约一年的时间，到次年八月二十四日学期结束，便离开了该校。

从一九二二年十一月一日开始，苏观庆获准升读位于雪梨城中的斯多德与霍尔斯商学院（Stott & Hoare's Business College）。他在这里修读了两年课程，直到一九二四年十二月底学期结束后，他才离开这间商学院。在校期间，学习主动，成绩优异，各方面表现良好。校长还特别表扬他，说他用打字机打字已经非常熟练。一九二五年二月新学期开学后，苏观庆转学到雪梨

---

① Gock, Joseph - Chinese student on passport, NAA: A1, 1925/22531.

东部的兰域预科学院（Randwick Preparatory College）就读预科课程，准备升读大学。但过了一年，他又于一九二六年三月重返斯多德与霍尔斯商学院读书。

虽然重返斯多德霍尔斯商学院后苏观庆的学习成绩依旧良好，但却出现了一个问题：旷课和缺勤严重。据商学院院长报告，仅从四月到八月间，他就缺勤长达五十天，理由是他生病了。但澳大利亚内务部觉得上述解释有猫腻，遂于九月份指示雪梨海关对此展开调查。很快，经海关稽查人员一番访问和调查，真相大白：他根本不是什么生病，而是在这段时间里，一是以请病假或逃学的方式，去到雪梨西部奥本区（Auburn），帮其因生病需要休养的堂兄或表兄照看其开设在该地的杂货铺，长达几个星期；二是他与几位来自中国的留学生及朋友结伴，终日待在位于雪梨城中鸟修威雪梨中华留学生会的会馆里聚会玩耍，无所事事，消磨时光。此时刚好是中国驻澳大利亚总领事魏子京正在按照惯例为苏观庆申请办理一年一度的签证延期，但内务部鉴于他逃学、撒谎、不遵守入境留学条例等严重违规行为，于一九二六年十月五日决定，不再为其核发延期签证，随后发函中国总领事馆，要求通知这位中国学生即刻停止入学，尽快离境。

对此，苏观庆知道自己理亏，也不能申辩，而到此时他也已经年满二十三岁，距离澳大利亚准允中国学生留学的最高年龄二十四岁的时间也不多了，即便他想方设法再展签一年，但始终也无法在澳大利亚继续多待下去，遂决定"走为上"。一九二七年一月十五日，他告别父亲，在雪梨港口搭乘"吞打"（Tanda）号班轮，驶往香港，返回中国，结束了在澳大利亚五年多的留学。苏观庆的留学档案也到此中止。

而此时其家乡高要所邻近的广东省城广州，正是国民革命高涨之地，机会与危机并存。苏观庆回国后是进入政府机构，抑或自己经商，甚至是趁着省港大罢工所带来的对工商业的影响，前往香港经商或向其他方面发展，均不得而知。所有这些，就都有待于国内进一步的资料披露了。

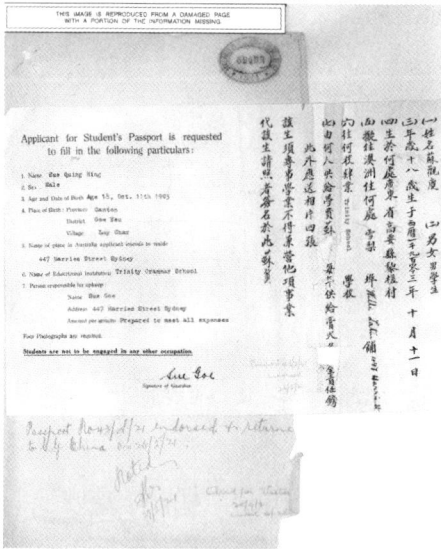

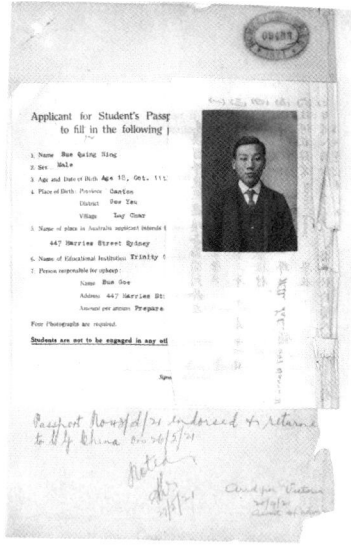

　　左为一九二一年三月二十六日，苏鳌所填之学生护照申请表（中英文），向中国驻澳大利亚总领事馆申办儿子苏观庆赴澳留学手续；右为申请表背面所附苏观庆照片。

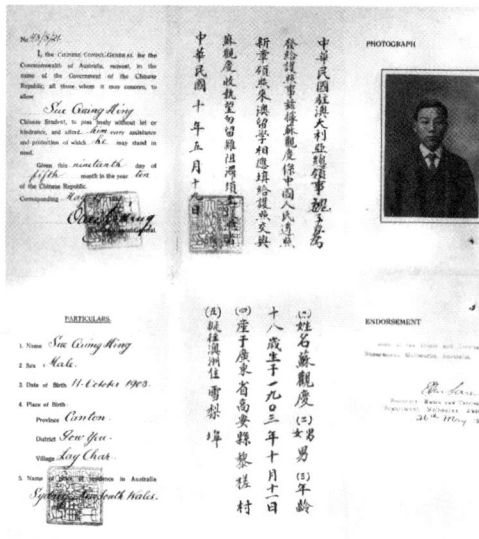

　　一九二一年五月十九日，中国驻澳大利亚总领事魏子京为苏观庆签发的中国学生护照。

档案出处（澳大利亚国家档案馆档案宗卷号）：

Hing，Sue Quing - Student passport，NAA：A1，1926/16208

吴进福

高要赤水塘村

　　吴进福（Ung Jang Fook）生于一九〇六年二月十三日，高要县赤水塘村人。他的伯父吴松秀（Chun Sow，以Harry King之名行于世）是一八六八年出生，三十岁时（即一八九八年）只身奔赴澳大利亚，追寻发财致富之梦，最终定居于雪梨（Sydney），在库郎街（Crown Street）上开设一间杂货铺，就以自己的名字作为店名，即"松秀"（Harry King）号。他含辛茹苦，奋斗经年，终于小有所成，十二年后方才得以回国探亲。[①]与此同时，他也积极参与当地华人社区的活动，以争取华人利益。比如，当一九一三年澳洲鸟修威雪梨中华商务总会（Chinese Chamber of Commerce of New South Wales，该会后来简称为鸟修威中华总商会）成立后，他就因资产达到要求，获准加入成为会员。[②]

　　一九二一年年中，鉴于侄儿吴进福已经十五岁，吴松秀在与国内的兄弟商量后决定将其办理来澳大利亚留学，遂先将侄儿的英文名字也改为George King，以便看起来跟自己通常所用之英文名Harry King相一致，然后再以父亲的名义，填表向中国驻澳大利亚总领事馆申办吴进福的赴澳留学护照和签证。他以自己经营的"松秀"号商铺作保，允诺每年供给膏火五十镑作为侄儿的所有留学费用，想将他安排进入雪梨文法学校（Sydney Grammar

---

① Harry King，NAA：SP42/1，C1910/4364.
② 见："Chinese Chamber of Commerce of New South Wales - List of office bearers"，in *Australian National University Archives*，http://hdl.handle.net/1885/11483。

School）就读。中国总领事馆很快就审理完申请，八月廿二日，魏子京总领事给吴进福签发了一份护照，号码97/S/21，并在四天后也从澳大利亚内务部那里为他拿到了签证。随后，按照流程，中国总领事馆将此护照寄往中国交由吴进福接收。

经过大半年的准备，最主要的是结束了在国内的学校课程之后，十六岁的吴进福去到香港，与一位赴澳经商的广东商人结伴，搭乘"衣时顿"（Eastern）号轮船，于一九二二年六月二十一日抵达雪梨。吴松秀去到海关将侄儿接出关后，就将他安置在自己的店铺里。

在抵澳一个多月后，内务部从此前接到的吴松秀提交的申请材料中，找到他为侄儿联络入读的是雪梨文法学校，便在八月十六日致函上述学校，想了解吴进福入境一个多月之后的在校表现与学习情况。但学校的答复是，学生名录中没有这样一位中国学生，建议内务部去位于北雪梨的雪梨圣公会文法学校（Sydney Church of England Grammar School）查找。不过，内务部派人去到这间学校询问时，发现他并不在这里就读，而是从七月一日开始，注册入读位于杜里奇希区（Dulwich Hill）的三一文法学校（Trinity Grammar School）；但他只是在这里读了两个月，到八月底就退学了。随后，内务部只有通过雪梨警察局，到十月底，才在位于兰域区（Randwick）的商务中学（Commercial Intermediate High School）找到了从九月五日就注册入读的吴进福。

从不断转学的情况来看，吴进福在赴澳留学之前已经学过一段时间的英语，并具备了相当的程度，因而他选择就读的都是名校，且都是中学课程；而从他赴澳时的年龄看，显然是在国内已经读完了初中，方才赴澳留学。由是，在选定了商务中学之后，他没有再转学，而是就此读了下来，直到一九二四年的年中学期结束。在这段时间里，可能得力于他的英语基础，因而应对各科学业并不困难，老师对其学业的评价是"优异"，其在校的表现也令人满意；只是因为吴松秀这段时间里身体不好，老是生病，他也就只得以儿子需要侍候病中父亲的名义从学校请假，累计达一个月左右的时间，一方面在家侍候伯父，另一方面也代为照看一下其商铺。①尽管如此，这并没有影响到他的学业进度，仍然表现优秀。

一九二四年七月八日，十八岁的吴进福结束了在商务学校的课程，告别伯父吴松秀，在雪梨港口登上驶往香港的"获多利"（Victoria）号轮船，返回中国家乡。他在澳留学整整两年，读完了选修的中学课程。

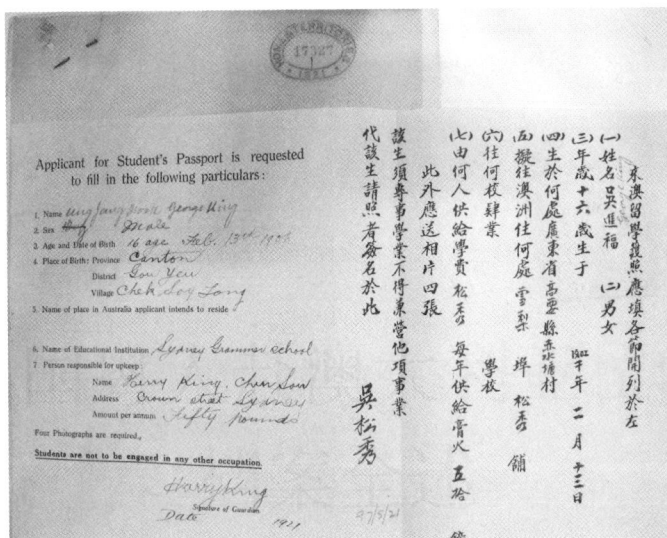

一九二一年，吴松秀以父亲的名义，填表向中国驻澳大利亚总领事馆申办吴进福的赴澳留学护照和签证。

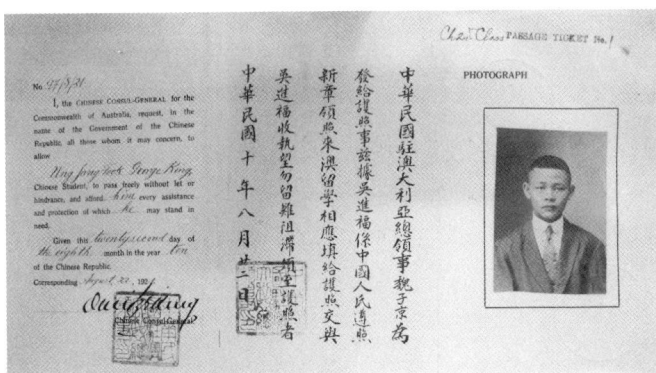

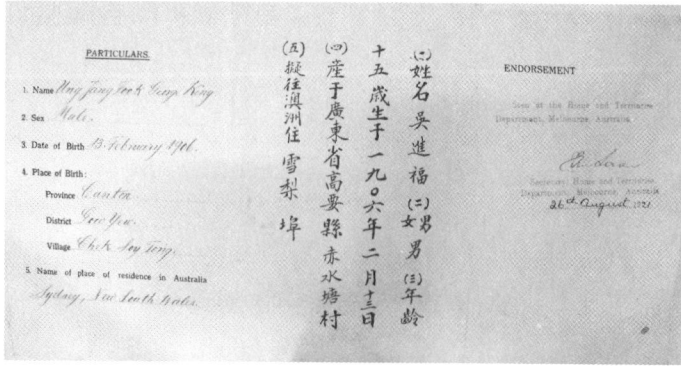

一九二一年八月廿二日，魏子京总领事给吴进福签发的中国学生护照。

档案出处（澳大利亚国家档案馆档案宗卷号）：

Fook，Ung Jang（aka King，George）- Students passport，NAA：A1，
1924/20127

陈联芬

高要马安村

陈联芬（Chun Len Fun），生于一九〇九年三月十三日，高要县马安村人。他的父亲早在十九世纪末二十世纪初年便赴澳谋生，在靠近雪梨埠（Sydney）西面的莱契德区（Leichardt）开设一间水果商铺，名为"栗利"（Luck Lee）。[1]此后，他便以此店名作为自己在澳大利亚对外联络所用之名，而其真正的中文姓名则无从得知。

一九二二年九月二日，栗利备好材料，填上申请表，向位于美利滨（Melbourne）的中国驻澳大利亚总领事馆申请儿子陈联芬赴澳留学所需的护照和签证。他以自己经营的"栗利"水果店作保，允诺每年供给膏火约一百镑，作为儿子留学所需之费用，要将他安排进入靠近唐人街和中央火车站的一间私校——包以德商学院（Boyd Business College）念书。中国总领事馆接到申请后，足足耽搁了半年才予以审理。一九二三年四月二十六日，魏子京总领事给陈联芬签发了号码为251/S/23的中国学生护照，第二天也从澳大利亚内务部拿到了入境签证，然后便按照流程，将其寄往中国交由陈联芬的家人代为接收。

陈联芬家人经过近一年时间的联络与安排，找好了同行赴澳的旅伴

---

[1] Luck Lee [includes 2 photographs showing front and side views，left finger and left and right thumb prints；and "Certificate Exempting from Dictation Test" with photograph showing front and side views and left hand print] [box 214]，NAA：SP42/1，C1928/1394.

和监护人之后，再为其订好船票，然后将其送往香港，由此搭乘"岭南"（Lingnan）号轮船，于一九二四年三月十九日抵达雪梨。栗利在其朋友暨同乡亦即"和兴记"（War Hing & Co.）商行东主Samuel Warley（陈赞华）的陪同下，①将儿子陈联芬从海关接出来后，将他安顿在位于唐人街里的海港街上之"和兴记"商行住下，以方便其上学，并委托Samuel Warley充当其代理监护人。

抵达雪梨后，十五岁的陈联芬并没有进入父亲此前为他联络好的包以德商学院就读，而是从五月十九日开始，进入同样是设在唐人街附近的英华学校（Chinese School of English）读书。他在这里各方面都表现良好，看起来学业也没有碰到什么障碍，显然是在赴澳之前已经具备了一定的英语学识能力。只是他在此读了半年后，到年底学期末放假时便从英华学校退学了。一九二五年新学年开学时，他便从一月二十七日开学的第一天起，转学进入库郎街公学（Crown Street Public School）读中学。在此后的两年半时间里，他在这间学校的表现都令人十分满意，每季度的校长例行报告，都称赞其学业优异，是学校里不可多得的好学生。

可是，就是这样一个各方面都表现优秀的留学生，却突然于一九二七年五月二十七日学校放假后，就再也没有返回学校念书。对此，学校深感奇怪，不知是何原因导致其退学。万般无奈之下，校长遂于八月二十九日将此情况报告给内务部，并猜想他可能转学到另外一间学校就读去了。内务部接

---

① 陈赞华(Samuel Warley)是高要人，生于一八七〇年，一八八八年抵达澳洲发展，定居于雪梨，开办"和兴记"商铺，收获颇丰。一九一三年澳洲鸟修威雪梨中华商务总会(Chinese Chamber of Commerce of New South Wales，该会后来简称为鸟修威中华总商会)成立后，他是首批会员，并于次年当选第二届理事会理事。见："Chinese Chamber of Commerce of New South Wales - List of office bearers"，*in Australian National University Archives*，http://hdl.handle.net/1885/11483。此外，在澳大利亚国家档案馆，也有他在一九一三年申请妻小从中国前来探亲的一份档案。见：Ah Jang Hor See and 3 children Fook Choy，Qwok Hoy and Qwok Way [correspondence concerning with application by Samuel Warley [also known as Sam Warley and S Warly] for admission of his wife Ah Jang Hor See and children Fook Choy，Qwok Hoy and Qwok Way，into the Commonwealth] [includes 6 photographs showing front and side views；Certificates Exempting from Dictation Test and left and right thumb prints for Sam Warley] [includes 2 photographs showing front and side views of Ah Jang Hor See] [correspondence concerning exemption status of subjects] [box 390]，NAA：SP42/1，C1939/1332。由此可见，陈赞华应该是陈联芬的宗亲长辈。

到报告后，未有及时对此做出回应，因为中国留学生的此类不辞而别的事不时发生，他们已经见怪不怪。直到过了三个多星期，内务部秘书才致函雪梨海关，请其派人核查一下这位中国学生到底去了什么学校。海关人员先是去到海港街上的"和兴记"商行找到陈赞华，向其询问陈联芬的去向，方才得知这位中国青年已经离开他这里达两个月之久；随后，周围有知情者告诉海关人员，陈联芬目前流连于雪梨华埠的几间赌场，终日与来自增城县比他小一岁的留学生黄进鸿（Wong Ching Hung）[1]厮混在一起。十月十一日，海关将上述情况呈报给内务部。内务部此前刚刚决定对黄进鸿采取遣返措施，现在见到陈联芬也步其后尘，整日流连于赌场番摊之间，已经与其学生身份严重不符，遂于十月二十三日致函中国总领事馆，指出其行为已经严重违反《中国留学生章程》的规定，要求将他也一并遣返。

由于内务部的遣返令，黄进鸿被海关执法部门扣押，并已在十月十九日被强行送上驶往香港的"太平"（Taiping）号轮船离境。陈联芬被好友如此遣返回国的遭遇所震慑，知道了违规的严重后果，加上没了伴，无法在外鬼混，就急急忙忙于十月七日去到英华学校，向校长戴雯丽小姐（Miss Winifred Davies）求情，准其入读该校。戴校长的学校事实上主要就是依靠中国留学生来维持，同时陈联芬刚来雪梨时首先入读的也是她这间学校，故很乐意接受其入学。但当他在十一月接到中国总领事馆要求其尽快离境的通知后，知道错已铸成，无法挽回，遂决定将余下的课程读完，直到这一年的年底学期结束，方才退学。

一九二八年二月十八日，十九岁的陈联芬在雪梨港口登上"太平"号轮船，结束了近四年的留学生活。而他的父亲栗利，也陪着他一起回国。[2]至于他此后是否再回来澳大利亚继续经营水果店，因再找不到此后与其相关的档案宗卷，不得而知。

---

[1]　Wong Ching HUNG - Chinese student，NAA：A1，1927/2279.

[2]　Ah Sung，Lun Soy，Luck Lee，Boon Gy，Low Gun，Ah Mow，Sow Yee，Jung Ah，Lum Hop and Yip Jun [Certificate Exempting from Dictation Test - includes left hand impression and photographs] [box 203]，NAA：ST84/1，1928/443/81-90.

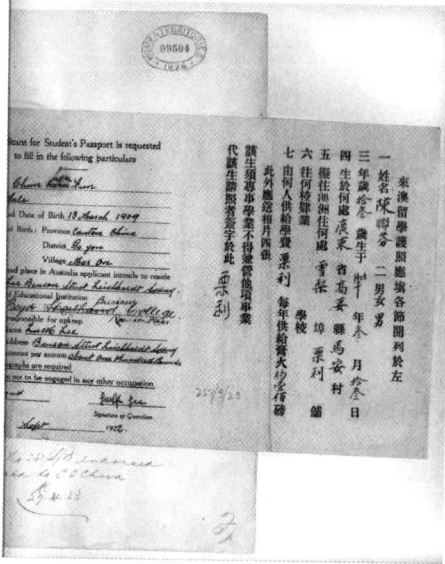

左为一九二二年九月二日，栗利向中国驻澳大利亚总领事馆申请儿子陈联芬赴澳留学所需的护照和签证填写的申请表；右为一九二三年四月二十六日，魏子京总领事给陈联芬签发的中国学生护照。

档案出处（澳大利亚国家档案馆档案宗卷号）：

Chun Leu FUN - Students passport，NAA：A1，1927/4063

李瑞图

高要澄湖村

　　李瑞图（Lee Shoy Too），生于一九一〇年三月十五日，高要县澄湖村人。父亲是一八六〇年出生的李趋（Lee Chue）。大约在一八八一年，李趋就远渡重洋，进入澳大利亚的昆士兰省（Queensland）发展，在该殖民地的内陆乡村闯荡四年之后，定居于该地首府庇厘士彬（Brisbane），与人合股开设一间商行，名为"安合泰记"（On War Tai & Co.），并且在当地娶妻，生有一子一女。[1]但不幸的是，其女殁于一八九七年，妻与子也在一九〇〇年左右相继去世。为此，在澳大利亚联邦成立之后，他于次年（一九〇二年）获得了在澳永久居留权，便返回高要家乡探亲，重新娶妻生子。[2]李瑞图便是他返乡探亲再婚后所生之子。自儿子李瑞图生下来之后不久，李趋留下妻小在乡，又只身重返庇厘士彬挣钱养家。[3]此后，他于二十世纪一十年代中期由此

---

[1] Certificate of Domicile for Lee Chue, a merchant from Brisbane - includes photographs, NAA：J3115，29.

[2] Application for Certificate of Domicile for Lee Chue, a merchant from Stanthorpe, NAA：BP342/1，10422/571/1902；Certificate Exempting from Dictation Test (CEDT) - Name：Lee Chue - Nationality：Chinese - Birthplace：[unstated] - departed for China In January 1903，returned to Brisbane per EMPIRE on 20 June 1910，NAA：J2483，42/79.

[3] Chue，Lee - Nationality：Chinese - Alien Registration Certificate No 49 issued 24 October 1916 at Fortitude Valley，NAA：BP4/3，CHINESE CHUE LEE.

迁到雪梨（Sydney）发展，①合股进入由邑人陈赞华（Samuel Warley）开设在中国城海港街（Harbour Street）九十九号的"和兴记"（War Hing & Co.）商行，担任该商行的会计。

一九二二年四月二十日，李趋填表递交给位于美利滨（Melbourne）的中国驻澳大利亚总领事馆，为十二岁的儿子李瑞图申办赴澳留学护照和签证。他以自己工作的"和兴记"商行作保，答应每年供给膏火大约一百镑充作儿子留学之开支，要将他办来雪梨，进入位于城里必街（Pitt Street）上的基督圣会书馆（Christ Church School）念书。但李趋递上去的申请跟当时大部分同类申请一样，都因中国总领事馆要把精力放在与澳大利亚内务部商讨修订去年开始实施的《中国留学生章程》中的有关条例，致审理工作受到延误，直到差不多一年后，到一九二三年四月十一日，中国总领事魏子京方得以签发一份号码为249/S/23的学生护照给李瑞图；两个多星期后，即同月二十七日，澳大利亚内务部也批复了李瑞图的入境签证，在护照上钤盖了签证印章。

在家乡的李瑞图家人接到由中国驻澳大利亚总领事馆寄来的护照后，很快便通过在香港的金山庄代理为其找到赴澳旅程的同行监护人，然后办妥船票，将他送往香港，搭乘"衣时顿"（Eastern）号轮船，于一九二三年九月二十日抵达雪梨。李趋将儿子接出海关，住进了在海港街上的和兴记商铺里。

而在得知儿子即将抵埠的消息之后，李趋便先在九月十六日就去到基督圣会书馆替十三岁的李瑞图办理了注册入学手续。但在李瑞图抵埠后，李趋并没有马上将儿子送入学校读书，而是先让其利用两个多星期的时间熟悉周围环境，到十月八日，才将他送到书馆去上学。在这里，他与来自惠阳县的中国留学生曾振声（Jan Sang）为同学。虽然李瑞图的在校表现还算得上令人

---

① Key Hue, Gee Sam, Yuck Chong, Fong Dong, Jimmy Ah Sing, Yet Hing, Lee Chue, Yick Lung, Sun Kock and Fong Leong [Certificate Exempting from Dictation Test - includes left hand impression and photographs] [box 91], NAA：ST84/1，1915/182/91-100；Din Wing, Yee Chung, Yin Hee, Ah Poy, Ah King, Lee Chue, George Hoy, Jimmy Chum or Jimmy Sing and Ah Ching [Certificate Exempting from Dictation Test - includes left hand impression and photographs] [box 163], NAA：ST84/1，1923/357/81-90；Chue, Lee - Nationality：Chinese - Alien Registration Certificate No 49 issued 24 October 1916 at Fortitude Valley，NAA：BP4/3，CHINESE CHUE LEE.

满意，但该书馆因学生人数少以及教会经费难以支撑，维持到一九二四年四月十七日复活节假期，便宣布正式关闭。为此，该校的所有学生不得不选择转到其他学校念书，李瑞图也不例外。经一番比较和选择，到五月五日，他最终入读克利夫兰街公立中学（Cleveland Street Intermediate High School），仍然与曾振声一同上学。[①]由此可见，在来到澳大利亚留学之前，他已经对如何适应英语环境有所准备，即其家人已经将他送入学校接受过英语教育多年，从而具备了一定的英语学识能力，可以应对相关的学科作业。由是，他在这里一直读到年底学期结束，表现优异。

一九二五年新学年开始后，十五岁的李瑞图再次转学，进入炮台街公立学校（Fort Street Public School）就读。在这里，他给老师的印象极佳：衣着整洁，举止有度，学习勤奋，聪颖好学，求知欲旺，成绩优异。具体地说，其英文的写作进步最大，英语口语操说也很流利，数学则是班上最优。他在这间学校也是读了一年，顺利地完成了初中课程。

从炮台街公立学校初中部毕业之后，在圣诞假期到次年新学年开学前的这段时间里，李瑞图想利用假期挣外快，就去到克利夫兰街上一间华人开的水果店打工。但很不巧，他刚好被海关稽查人员看见。按照《中国留学生章程》的规定，中国学生是不能打工的，严重违反者将会被取消留学签证，遣返回国。为此，在接到海关的报告后，内务部秘书于一九二六年二月二十六日指示海关，请其核查李瑞图是否仍在打工，首先要对其予以警告；如果再不注册入学，将立即采取行动，将其遣返回国。李瑞图本来就不打算读高中，而是想直接进入斯多德与霍尔斯商学院（Stott & Hoare's Business College）读商科课程，因此，在接到海关的警告之后，他立即于三月六日注册入读这间商学院，选修打字、簿记、英语精读和通用教育等课程。内务部见其知道进退，也就不再追究，但对其校内校外动态极为关注。

李瑞图以其良好的英语能力和聪颖好学的劲头，在商学院的课程学习中

---

① 详见：Jan SING - Students passport，NAA：A1，1927/11793。曾振声即曾生，是抗战时活跃于广东省东江地区著名的中共领导下的东江纵队司令员。

应对自如，游刃有余。但在上半年他的出勤报告上，却出现了三十五天的额外假期。内务部接到商学院的报告后，不知他这额外的假期是干什么去了，而内务部当时最严防中国学生的事情就是利用留学签证打黑工。因此，内务部秘书在六月二十二日发出指示，要求海关核查此事。两个星期后，海关稽查人员了解到了所谓额外假期的真相：李瑞图这段时间里的所谓额外假期实为旷课，一是去了利物浦区（Liverpool）的一家华人经营的果菜园帮工一个星期，二是其余时间都在克利夫兰街水果店里帮工。对此，海关人员再一次对其发出严重警告，表示如果继续这样旷课，等待他的就是遣返回国。李瑞图经此警告，自然不敢再掉以轻心，遂回到商学院正常上课。尽管如此，内务部对他的行为还是不放心，于八月七日致函中国总领事馆，将其旷课之事原原本本告知，并请对方也关注此事。内务部表示，一旦李瑞图再次被发现有这样的旷课行为，那就再也不会姑息了。

了解到内务部对自己的态度和特别关注之后，此时也正好到了一年一度由中国总领事馆为其申请留学签证展延之时，李瑞图便趁此机会从斯多德与霍尔斯商学院退学，转学进入雪梨文法学校（Sydney Grammar School）念高中课程。鉴于他的在校表现正常，学习成绩仍然优异，最主要是他自此再也没有出现旷课，内务部也就高抬贵手，批复了中国总领事馆所代理的展签申请。而李瑞图便在这间学校一直读到次年四月，到复活节假期学校放假才退学。

一九二七年四月二十二日，十七岁的李瑞图告别父亲，到雪梨港口登上驶往香港的"太平"（Taiping）号轮船，离开了留学三年半的澳大利亚，回返家乡，他的留学档案到此中止。而他在澳所读的高中课程实际上也只是念了半截，因他没有申请再入境签证，表明他此去将回国完成所需的中学课程，由此再行规划其人生。

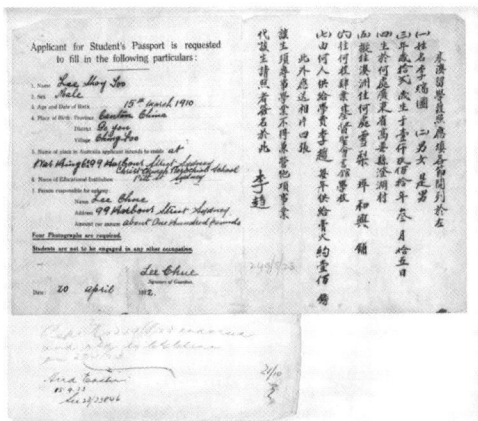

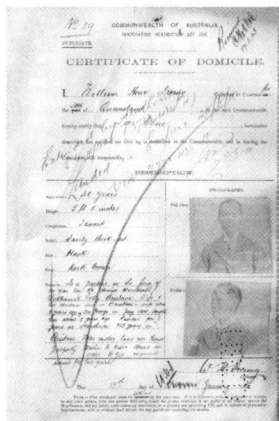

左为一九二二年四月二十日，李趋填表申办十二岁的儿子李瑞图之赴澳留学护照和签证；右为一九〇二年，李趋申请获得的澳大利亚永久居留证书。

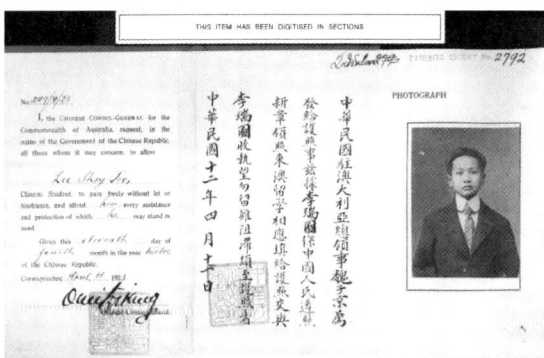

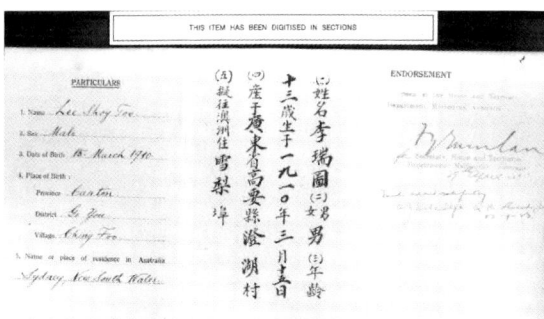

一九二三年四月十一日，中国驻澳大利亚总领事魏子京给李瑞图签发的学生护照。

档案出处（澳大利亚国家档案馆档案宗卷号）：

Too，Lee Shoy – Education，NAA：A1，1926/3851

吴福荣

高要禄兰村

吴福荣（Hong Fook Wing），高要县禄兰村人，一九一〇年八月五日生。他的父亲吴灿廷（Hong Can Ten），又名吴炼（Hong Ling），根据档案，他于一九〇四年赴澳谋生，进入雪梨（Sydney），[1]在花哋噜（Waterloo）区加盟邑人所创办的一间家具厂及门市，名"俊豪木业"（John Hoe Cabinet Maker & Furniture Manufacturer），[2]经过十余年奋斗，成为股东。[3]

为了把即将年满十三岁的儿子办来雪梨读书，一九二三年四月十六日，吴灿廷准备好材料，填写申请表，递交给位于美利滨（Melbourne）的中国驻澳大利亚总领事馆，为其申领留学护照和签证。他以参与经营的俊豪木业作

---

① Hong Ling [chinese - arrived Sydney per EASTERN，1904. Box 32]，NAA：SP11/2，CHINESE/LING HONG.

② 该家具厂由高要人冼俊豪(John Hoe)在十九世纪末创办。冼俊豪生于一八六七年，于一八八一年便来到雪梨发展。他在十九世纪九十年代前后便创办了这间木业，成为雪梨华社首屈一指的家具厂，并陆续将其兄弟及亲戚等召来，协助他将生意做大做好。他也在那一时期便获得永久居留权，并且在结婚后把太太也带来雪梨；澳大利亚联邦成立之年(一九〇一年)时生下一女，四年后也获得永久居留权。见：John Hoe and Jessie Hoe，NAA：SP42/1，B1905/1863。而在一九一〇年前后，冼俊豪在雪梨华社都非常活跃。见："华商集议"，载雪梨《东华报》(Tung Wah Times)一九一〇年七月二十四日，第三版。

③ 进入二十世纪一十年代后，冼俊豪退居幕后，该木业由其兄弟冼培坤(Pui Kwan Hoe)及同乡亲戚吴氏兄弟(Hong Foy，Hong Lue，Hong Ling)陆续接手担任股东和经理，该木厂于一九一六年四月二十六日重组并重新在鸟修威省(New South Wales)工商局登记注册，吴灿廷由此跻身成为股东。详见鸟修威省档案馆(NSW State Archives & Records)所藏该省二十世纪初工商企业注册记录：https://search.records.nsw.gov.au/permalink/f/1ebnd1l/INDEX1807311。

保，允诺每年供给儿子膏火足镑，作为其学费和生活费，要将他安排进入花哨噜皇家学校（Waterloo Public School）就读。中国总领事馆收到申请后，花了四个多月左右的时间审理，直到九月五日，总领事魏子京才给吴福荣签发了一份学生护照，号码330/S/23；三天后，澳大利亚内务部也通过了签证审核，在护照上钤盖印了签证章。随后，中国总领事馆按照流程，将护照寄往中国，交由护照持有人收讫，以便其收拾行装，尽快赴澳留学。

不过，吴福荣的家人还是经过大半年的准备和联络，才为他找到旅途中的监护人，同时也联络上新会县同样是赶赴雪梨留学的黄彩新（Toy Sun Wong Lip），结伴同行。[1]随后，他们由各自的家人约好在香港会合，再一同搭乘"圣阿炉滨士"（St. Albans）号轮船，于一九二四年五月二十二日抵达雪梨入境。[2]父亲吴灿廷将他从海关接出来后，安顿在其位于花哨噜区的铺子里。

在休整了两个星期并熟悉了周围环境之后，十四岁的吴福荣按照父亲此前的安排，于六月三日正式注册入读花哨噜皇家学校。他给老师的印象是：循规蹈矩，举止有度，总是想把事情做好。因在赴澳之前他就被家人送往香港读了几年书，故抵澳时已具备了一定的英语学识能力，在学业上并没有碰到很大的困难，加上他天资聪颖，理解力和领悟力都很强，各方面表现都很令人满意。他在这里总共读了两年半的书，一直到一九二六年年底学年结束，他也修完了该校的小学课程。

从一九二七年新学年开始，吴福荣升学进入马士科特区（Mascot）的园丁路初级技校（Junior Technical School，Gardener Road）就读，仍然保持以前的那种学习态度，被学校视为遵守校规的好学生，而且十分勤奋，对各种技术课程极感兴趣，用心揣摩，成绩优异，很受老师喜爱。经过两年的学习，他在该校通过了各科考试，于一九二八年年底顺利毕业。

一九二九年一月二十九日，吴福荣升读位于欧提摩（Ultimo）区的中

[1] Toy Sun Wong Lip - student passport，NAA：A1，1929/3660.
[2] Hong Fook Wing [includes 2 photographs showing front view and left and right thumb prints] [box 163]，NAA：SP42/1，C1924/5333.

央技校（Central Technical School）。该校附属于欧提摩工学院（Technical College，Ultimo），提供高中性质的技术课程，吴福荣在这里的表现一仍其旧，颇受好评。一九三〇年新学年刚刚开学没有几天，他便从二月十一日开始进入达令赫斯特区（Darlinghurst）的一间车行工作，当实习生，直到六月三日结束，再重返学校正常上课。

尽管在实习期间吴福荣仍然坚持夜间去学校上课，但其实习并没有事先向内务部申请报备，按照《中国留学生章程》的规定，这属于违规行为。好在事后中国总领事馆为其陈情，表示这是因为他所学专业需要实习，不得不为之，只是因为没有报备而深表歉意；加上学校也为他说好话，认为他一直都是努力学习成绩优异的学生，且实习也确实是课程要求的一部分，学校也为未能事先与内务部沟通而表示歉意，希望不要为此为难这位优秀的学生。内务部见有多方说情，且该学生也确实各方面表现都令人满意，也就不为己甚，继续像以前那样为他核发展签。于是，吴福荣便在回到学校后一个月，顺利通过考试，结束了所学课程。

自一九三〇年七月十四日开始，吴福荣升学进入设在雪梨城里的都市商学院（Metropolitan Business College）念书，选修簿记、英语精读、打字和速记等商科课程。在这间学院，他读了一年，也由此给自己取了一个英文名，叫做菲利普·荣（Phillip Wing），以便能更好地融入当地学生中间。在学期间，他的各科学业都很优异，尤其是速记的速度，可达每分钟七十个单词以上，显示出他总是想把每件事情都做到最好的认真态度。

一年之后，完成了商学院课程，二十一岁的吴福荣便挥别父亲，于一九三一年八月十九日从雪梨港口登上驶往香港的"太平"（Taiping）号轮船，回返家乡。他总计在澳大利亚留学七年，属于学成而归。

一九二三年四月十六日，吴灿廷填写的申请表，向中国驻澳大利亚总领事馆申领儿子吴福荣赴澳留学所需的护照和签证。

一九二三年九月五日，中国驻澳大利亚总领事魏子京给吴福荣签发的学生护照。

档案出处（澳大利亚国家档案馆档案宗卷号）：

Hong Fook Wing Student's Passport，NAA：A1，1931/5495

刘 三

高要白土村

刘三（Lau Sam），又名域打刘三（Victor Lau Sam），生于一九一三年八月十五日，高要县白土村人。申请刘三赴澳留学的刘华甫（Wah Poo），虽然是以他的监护人名义出现，但档案中也没有说明他与刘三的关系。通常来说，当时申办孩子赴澳留学的人都应是其在澳之父辈；但在二十世纪二十年代上半期之前，也有少数叔叔伯伯或者舅舅申请其子侄辈甚至兄长申请小兄弟前来澳大利亚留学的事例。因此时由中国驻澳大利亚总领事馆负责护照的签发及入境签证的预评估，只要在这里获得通过，澳大利亚内务部基本上会予以批复。

根据其他相关的档案显示，刘华甫不是刘三的父亲，极有可能是他的伯父。刘华甫大约生于一八六八年，早在十九世纪末年（大约是在十九世纪八十年代或者九十年代初）就从家乡来到澳大利亚发展。他从昆士兰（Queensland）最北部的港口谷当（Cooktown）埠入境，随后便在该埠及当时位于白马河（Palmer River）畔的矿镇——梅镇（Maytown）之间做生意，最终定居于谷当埠。①他在此开设一间杂货铺，名为"协安记"（Hip On & Coy），售卖日用杂货与蔬果，生意兴隆，家境殷实。随后，他回国娶了一八八〇年出生在梅镇的阿芬（Helena Ah Fun），后者是在五六岁时跟随父

---

① Wah Poo of Cooktown，Qld - birthplace：Canton，China - departed Cooktown，Queensland on the Australian 1 June 1905，NAA：J2482，1905/48.

亲返回中国乡里，在国内长大。阿芬在一九〇四年曾返回谷当埠跟丈夫住了一年后回国，[1]然后于一九一二年又去到谷当埠住了六年，一九一八年再返回中国。[2]上述档案资料显示，一九一三年刘三在国内出生时，刘华甫夫妇皆身在谷当埠，可见刘三并非他们的儿子。而阿芬在谷当埠所生的儿子，则按照刘华甫在澳大利亚所使用之英文名字的习惯，将Wah Poo（华甫）作为姓氏，儿子就叫做庇得华甫（Peter Wah Poo）。[3]其在姓名的拼写上，也与刘三（Lau Sam）不同，这也再次表明刘三并非刘华甫的儿子。由此推测，刘三很可能是刘华甫在国内的弟弟的儿子。

刘华甫在一九一八年年底陪着妻儿返回中国探亲，在家乡住了四年后，于一九二三年二月十四日再返回谷当埠。[4]可能在家乡探亲时便已跟刘三的父母商定，要将侄儿办来澳大利亚留学。于是，经过一番准备，待刘三年满十周岁后，刘华甫便在当年八月十九日填好申请表，递交给位于美利滨（Melbourne）的中国驻澳大利亚总领事馆，为刘三赴澳留学申办护照和签证。他以自己经营的"协安记"商铺作保，允诺每年供给膏火一百一十镑给刘三作为留学期间的开销，要把他送到昆士兰谷当皇家学校（Cooktown State School）就读。

接到申请后，中国总领事馆并没有及时审理，而是将其搁置了一年半左右。事实上，同一时期递交上来的同类留学申请，都受到不同程度的耽搁，这可能与这段时间里中国总领事馆与澳大利亚内务部商讨修订《中国留学生章程》有关，因为自其实施以来暴露出一系列的管理上的问题，内务部希望收紧条例，而中国总领事馆则希望为中国留学生争取多一些权益，多方交涉

---

① Application for the re-admission of Wah Poo's wife, Melina (Ah Fun), NAA：A1, 1912/17072.

② Certificate Exempting from Dictation Test (CEDT) - Name：Helena Wah Poo (of Cooktown) - Nationality：Chinese - Birthplace：May Downs, Queensland - departed for Hong Kong per CHANGSHA on 6 November 1918, NAA：J2483, 263/17.

③ Certificate Exempting from Dictation Test (CEDT) - Name：Peter Wah Poo (of Cooktown) - Nationality：Australian born Chinese - Birthplace：Cooktown - departed for Hong Kong per CHANGSHA on 6 November 1918, NAA：J2483, 263/15.

④ Certificate Exempting from Dictation Test (CEDT) - Name：Wah Poo - Nationality：Chinese - Birthplace：Canton China - departed for Hong Kong per CHANGSHA 6 November 1918 returned Cairns per ST ALBANS 14 February 1923, NAA：J2483, 335/052.

往返，耗时费力。直到一九二五年三月十三日，这份申请才获得审理，当天由中国总领事魏子京给刘三签发了号码为425/S/25的中国学生护照；五天后，内务部也为其批复了入境签证。

在中国家乡收到由中国驻澳大利亚总领事馆寄来的护照之后，刘三的家人又经过一年半左右为他找到同行的监护人，才为其订妥船票，从香港搭乘"太平"（Taiping）号轮船，于一九二六年九月三十日抵达昆士兰北部重镇坚市埠（Cairns）。在九月二十七日该船进入澳大利亚水域的第一道关口珍珠埠（Thursday Island）时，刘三被上船检查的卫生防疫人员查出罹患了疥癣，好在感染程度较轻，当即就在船上给予治疗。待三天后抵达昆士兰北部重镇坚市时，已经大体痊愈，准予入关。刘华甫从海关将其接出来，带回谷当埠，将其安排住进了他创设经营的"协安记"商铺里。因他本人很快就要再次回国探亲（次年一月离境），①走之前有许多事儿需要办理，无暇顾及这位侄儿，便将刘三托付给阿伟（Willie Ah Wee）负责照顾。阿伟是刘三的堂兄，生于一八八二年，十九世纪九十年代末由刘华甫从家乡带到澳大利亚发展，跟着叔父一起经营"协安记"商铺；他因来得较早，得以成为澳大利亚的永久居民。②

刘三抵达澳大利亚之时，正好是《中国留学生章程》修订条例于一九二六年七月开始实施之后。按照新条例，在此之后来到澳大利亚留学的中国学生，一是最低年龄限制在十周岁，最高到二十四周岁；二是皆须入读需要缴纳学费的私立学校，而不能再像此前那样可以入读公立学校；三是如果年龄超过十三周岁（随后不久调整为十四周岁），须提供英语学识能力证明。但是，在一九二六年上半年之前获得护照和签证的中国学生，则不受此项规定的限制。为此，内务部特别在一九二五年至一九二六年上半年获签的

---

① Certificate Exempting from Dictation Test (CEDT) - Name：Wah Poo - departed for Hong Kong per TANDA 25 January 1927 returned Thursday Island per TAIPING 30 May 1933，NAA：J2483，514/63.

② Certificate Exempting from Dictation Test (CEDT) - Name：Willie Ah Wee - Nationality：Chinese - Birthplace：Canton - departed for China per TAIYUAN on 30 December 1906，returned to Cairns per EASTERN on 21 April 1910，NAA：J3136，1906/132.

中国学生护照上注明："执此护照之学生因经中国总领事与内部大臣商定准其来澳读书不照新章规定之年龄及须有英文程度之资格。"刘三此时虽然刚刚满了十三周岁，但因持有内务部去年核发的入境签证，自然无须提供英语能力证明，而且仍然可以按照其伯父刘华甫原先的安排，进入公立学校性质的谷当皇家学校读书。

从一九二六年十月十一日开始，十三岁的刘三正式注册入读谷当皇家学校。在来澳大利亚之前，刘三学过一点英语，但会话还比较困难。进入学校后，他表现得很勤奋，也很守规矩，虽然短期内还无法完全听懂课程，但因努力学习，在语言上表现出了极大的进步，一年后就可以应付相关的课程作业了。他在这间学校里读了三年，英文写作也有了很大的提高。

一九二九年十月，十六岁的刘三结束了在谷当皇家学校的课程，挥别伯父和堂兄，赶到坚市，于当月二十六日搭乘路过该埠的"太平"号轮船，驶往香港回国。他总计在澳留学三年，完成了小学课程。离开时，他没有告诉中国总领事馆，也没有知会内务部，更没有提出申请再入境签证，表明他的离境回国是一去不复返，此后澳大利亚的海关记录中也再找不到他的名字。

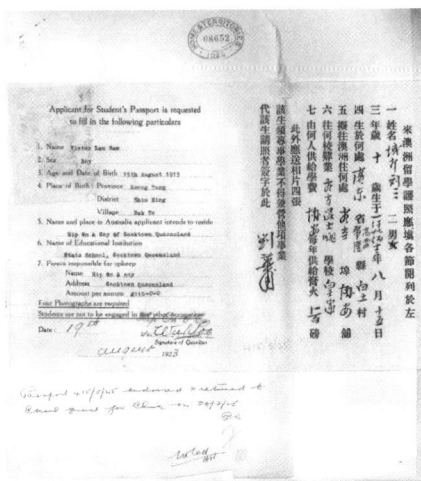

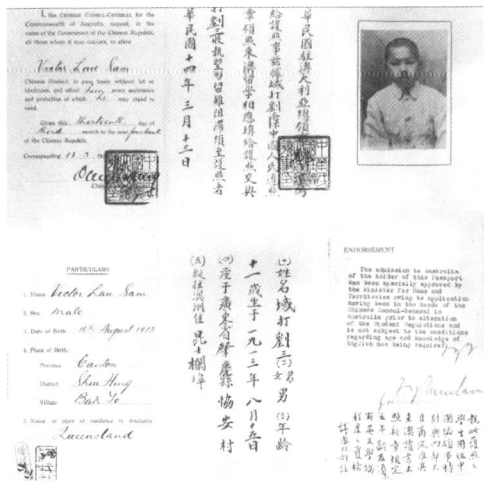

左为一九二三年八月十九日，刘华甫以监护人名义填好申请表，向中国驻澳大利亚总领事馆申办域打刘三的赴澳留学护照和签证；右为一九二五年三月十三日，中国总领事魏子京给域打刘三签发的学生护照。

左为刘华甫一九〇五年三十六岁时获得的永久居民证书；中为一九一八年（时年三十七岁）刘华甫夫人阿芬申请的回头纸；右为一九〇六年阿伟申请的回头纸。

档案出处（澳大利亚国家档案馆档案宗卷号）：

Sam，V Law - Student passport，NAA：A1，1928/9083

钟能宽

高要龙剑村

钟能宽（Chung Nung Hoon，又写作Jong Nung Fung），生于一九一五年六月五日，高要县龙剑村人。据本宗卷档案显示，他的父亲名叫钟桂馨（Kwai Hing），约在一八九七年奔赴澳大利亚谋生，于昆士兰（Queensland）登陆入境，最终选择在该省的北部重镇汤士威路埠（Townsville）落脚，后在该埠的威时燕区（West End）前街（Front Street）开设一家商铺，名为"桂兴记"（Kwai Hing）。[①]

一九二七年八月一日，钟桂馨为申请儿子赴澳留学，递表向中国驻澳大利亚总领事馆申领其护照和入境签证。他以自己经营的"桂兴记"商铺作保，承诺每年供给儿子钟能宽膏火四十镑作为其留学的全部费用，要将儿子办来汤士威路的卡示力学校（St. Mary's Convent School）读书，为此，早在七月十一日，他就从该校校长那里为儿子拿到了录取信。

中国驻澳大利亚总领事馆接到申请后，很快便审理完毕。八月二十六日，总领事魏子京给钟能宽签发了一份中国学生护照，号码488/S/27。随后，

[①] 虽然在澳大利亚国家档案馆里找不到与钟桂馨相关的宗卷，但可以在地方报刊上发现他经商的踪迹。汤士威路埠英文报纸就曾经报道过，一九二八年年初他的"桂兴记"被当地人偷窃抢劫，而导致当地法庭对犯事者严惩。见："West End Hold Ups: Defendants in Court", in *Townsville Daily Bulletin*，Saturday 18 February 1928，page 7. 而在澳洲华文报纸上，他的名字是与其店铺名相一致的，即叫做钟桂兴。见："第十三期汤市威炉埠各华侨认股芳名"，载雪梨《东华报》(Tung Wah Times)一九二一年十一月十二日，第三版。

他将申请材料和护照一起送交澳大利亚内务部，为十二岁的钟能宽申请入境签证。为表明钟桂馨具备相当的财力，可以负担其子赴澳留学的费用，魏子京总领事在给内务部的公函中，采信了钟桂馨在财务担保书中的说法，强调他的"桂兴记"商铺价值达一万二千镑，希望内务部尽快审核，发放签证给钟能宽。按照《中国留学生章程》有关十三岁以上来澳留学者需要提供英语学识能力证明的规定，因钟能宽刚刚年满十二岁，故无须提交此类材料。

尽管中国总领事馆对钟桂馨提交的申请显得胸有成竹，但内务部仍然是按照既定的程序，对监护人和财政担保人的资格等相关资讯予以审核。九月六日，内务部秘书致电昆士兰海关，请其协助核查。因钟桂馨居住在汤士威路，昆士兰海关便责成当地的海关办公室就近核查。汤士威路海关对当地商人比较熟悉，自然也包括这些华商。虽然钟桂馨在当地并没有什么不良记录，但调查显示，这项他从一九二六年十二月六日接手经营的生意并非像其自己所说的有那么大的价值。通过海关稽核人员的访谈和寻查，钟桂馨本人表示并不清楚自己商铺的存货价值多少，而其店铺每月的营业额则大约是在一百五十至二百五十镑之间。此外，他在任何一间银行也都没有存款；不仅如此，他还借贷了四百镑的外债，其中三百镑是借自本地的卡明斯与坎贝尔公司（Messrs Cummins & Campbell Ltd.）。自其开展生意至今，钟桂馨已经向卡明斯与坎贝尔公司赊账达五百五十三镑，从另外一家公司赊账七十镑，并且一直都拖延付账。有鉴于此，卡明斯与坎贝尔公司已经拒绝再赊账给钟桂馨，认为其财务信用极不可靠。对此，海关稽核人员一致认为，钟桂馨的财务状况并不理想，甚至还可能比较糟糕。至于其与儿子出生年份较为接近的出入境记录，海关查到他自一九一四年八月十日离境回国探亲，到一九一六年十月二十九日返回澳大利亚。钟能宽是在钟桂馨回国探亲后的十个月左右出生，他们之间的父子关系显然是没有任何疑问的。九月二十一日，待问题都核查清楚之后，汤士威路海关将结果报告给了内务部。

内务部接到报告后，经过几位不同层级官员的协商评估，咸认钟桂馨财务状况不稳，难以承担其子赴澳留学所需费用。十一月二十四日，内务部秘书复函中国总领事魏子京，以上述理由拒绝了钟能宽的留学签证申请。魏总

领事接到拒签信后，将其转发给钟桂馨，但未见到后者有任何回应。可能是
意识到自己的财务困难，钟桂馨无法对此拒签提出申诉，其子的赴澳留学计
划只好搁浅，这份档案也就到此中止。

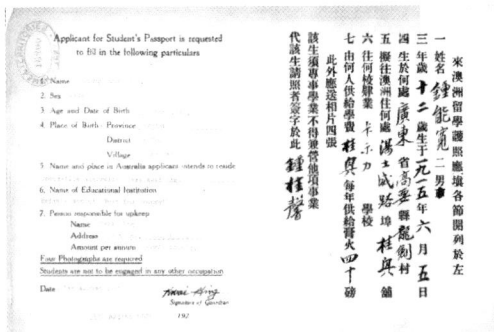

一九二七年八月一日，为申请儿子钟能宽赴澳留学，钟桂馨递表向中国驻澳大利亚总领事馆申领
其护照和入境签证。

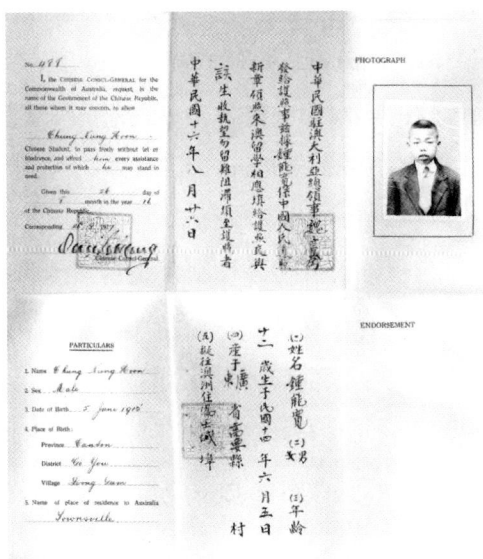

一九二七年八月二十六日，中国驻澳大利亚总领事魏子京给钟能宽签发的中国学生护照。

档案出处（澳大利亚国家档案馆档案宗卷号）：

Chung Nung HOON - Student passport，NAA：A1，1927/16800

何伯宽

高要旺洞村

　　何伯宽（Hall Park Foon），生于一九一七年八月十六日，高要县旺洞村人。他的父亲何旺（Hor Wong，又写作Hor Tong或Hor Yen Way），[①]一八七一年五月二十五日生，十八岁（一八八九年）时便漂洋过海来到澳大利亚寻梦。[②]他从雪梨埠（Sydney）口岸入境，随后在鸟修威省（New South Wales）这块英国殖民地的不同地方打拼，最终落脚于雪梨，在亚力山打区（Alexandria）布达尼路（Botany Road）二百零二号开设果蔬杂货商铺，整个生意的价值八百镑，就以他的名字命名，叫做"何旺记"（Hor Tong & Co.）。与此同时，他也加入开设在雪梨唐人街上的一家名叫"永丰记"（Wing Fung & Co.）的商行，在该商行设在鸟修威省中央海岸的鸟加时埠（Newcastle）西区的分行"瑞丰记"（Shue Fung & Co.）担任经理。[③]为此，一方面自营商铺（有自己的员工代为管理），另一方面也替人管理一间分公司，两份工作，有良好收入。直到一九一〇年，也就是在澳大利亚立下脚

---

① Hor Tong [also known as Hor Yen Way] [includes 5 photographs showing front and side views and left and right thumb prints] [box 260]，NAA：SP42/1，C1930/10773.

② Charles Hor Wong [Chinese - arrived Sydney，1889. Box 44]，NAA：SP11/2，CHINESE/WONG CHARLES HOR.

③ Wing Fung & Co Administration of Chinese Clerk，NAA：A1，1931/8918；Wing Fung and Company - Suspected traffic in Chinese stowaways，NAA：A1，1927/21809.

跟，并略有积蓄之后，他才得以返回家乡，娶妻生子，开枝散叶。①

一九二七年，当时何旺正在中国探亲。他眼见儿子何伯宽就要满十周岁，而自己也即将结束探亲，考虑到此时澳大利亚实施的开放中国学生赴澳留学的政策，如果先为儿子申办好学生护照和签证，正好可以在返回澳洲时将其一并带上，让其去到那里读书。于是，七月八日，他以监护人和财政担保人的身份，具结财政担保书，填上申请表格，向中国驻澳大利亚总领事馆申办儿子何伯宽赴澳留学的手续。他以自己经营的"何旺记"商铺作保，允诺每年提供儿子膏火包足镑（他认为每年一百镑的学费和生活费已经封顶，亦即"包足"之意），作为其在澳之各项开销；至于安排儿子进入什么样的学校读书，他也早就胸有成竹，准备让他就读花打噜皇家学校（Waterloo Public School）。

中国总领事馆接到申请后，发现其中所提的花打噜皇家学校是公立性质的，按照一九二六年中实施的《中国留学生章程》修订条例，在此之后赴澳的中国留学生皆须入读收费的私立学校之规定，遂致电仍在国内探亲的何旺，就此事与其沟通，并因此要求他重新为儿子选择一间私立学校。七月十八日，位于雪梨唐人街附近的英华学校（Chinese School of English）校长戴雯丽小姐（Miss Winifred Davies）接到中国总领事馆的咨询后，立即表示愿意接收何伯宽入读该校，并当天就手写一封录取函，寄往中国总领事馆备案。八月二十六日，待审查完所有这些申请，确信所有信息无误之后，中国总领事魏子京便给何伯宽核发了一份中国学生护照，号码487/S/27，并在当天也将该护照连同申请材料一起寄送澳大利亚内务部，为这位中国小留学生申请入境签证。

在接到材料后，内务部立即启动程序，对该项申请予以审理。九月六日，内务部秘书按照流程发文给雪梨海关，指示其对何旺的财务状况和出入境记录予以核查并提出报告。海关先派出稽核人员去到唐人街的"永丰记"

---

① Ah Poy，Chun Yee，Ah Ho，Hor Tong，Way Choy，Lee Chong，Lung Jack，George Choy and Lee Chung [Certificate Exempting from Dictation Test - includes left hand impression and photographs] [box 40]，NAA: ST84/1，1910/48/1-10.

商行，确认何旺是其在鸟加时埠分行的经理，也核查了他所拥有并经营的"何旺记"之相关记录及纳税情况，得知其具备了良好的财务状况。其后，海关再从出入境记录中找出最接近其子出生年份的何旺回国探亲记录是：一九一四年三月十八日从雪梨搭乘"太原"（Taiyuan）号离境，[①]一九一八年七月四日乘坐日轮"丹后丸"（Tango Maru）回到雪梨。[②]其子是一九一七年出生，这段时间何旺都在中国，距其回到家乡探亲已逾三年，完全符合探亲生子的规律，由是，他们之间的父子关系毋庸置疑。而何旺本人现在仍待在家乡探亲，在中国时间已逾三年，因为海关记录表明，早在一九二四年三月十二日，他就在雪梨坐上"圣柯炉滨"（St. Albans）号轮船离境回国。[③]待核对完上述记录后，海关便于十月五日将结果呈报给内务部。

既然所有的核查结果都有利于何旺，表明其子完全符合赴澳留学的条件，他本人也符合监护人和财政担保人的规定，内务部秘书遂按照规定，于当年十月二十七日批复了入境签证，在何伯宽的护照上铃印了签证章。当天，他便通过正常的邮寄渠道，将此护照退还给中国总领事馆，由后者按照流程转寄给在仍在中国家乡等待护照的何旺本人。

但这份档案到此中止。此后，在澳大利亚国家档案馆里，未见到任何与何伯宽入境留学的信息。而一直在国内等待并接到护照的何旺，则在一九二八年只身回到澳大利亚，并没有与儿子同行。[④]也许，让儿子赴澳留学只是作为父亲的愿望，但作为其子或许因为年纪太小，或许因为他的母亲难

---

① Hor Tong，Ah Zuay，Low Jew，Sam Mooi，Lee Soon，Chong Lee，Gar Soon，Coon Loy，Harry Ah Goon and Nazam Deen[Certificate Exempting from Dictation Test - includes left hand impression and photographs] [box 73]，NAA：ST84/1，1914/149/91-100.

② Budda Singh，Puttoo，Lacca Singh，Chung Fong，Hor Tong，King Chung，Lee On，Ah Ching，Kin Lee and Yee Go [Certificate Exempting from Dictation Test - includes left hand impression and photographs] [box 114]，NAA：ST84/1，1918/244/41-50.

③ Wong Him，Hor Tong，Ah Ping，Ah Tow，Ah Hon，Gook Jong，Lin Tin，Ah Sue，George Buck and Kum Chin [Certificate Exempting from Dictation Test - includes left hand impression and photographs] [box 167]，NAA：ST84/1，1924/374/41-50.

④ Hor Tong，Wee Poy，Ah See，Koo Kin，John Gog Gum，Foon John，George Hoy，Kum Choy，Yee Sue or Low Poey and Mew Ah See [Certificate Exempting from Dictation Test - includes left hand impression and photographs] [box 206]，NAA：ST84/1，1928/446/91-100.

舍不愿意让其赴澳，最终此事不了了之。因为此后不久何旺又再次回国，比如在一九三〇年回国探亲，①也没有继续办理儿子出来澳大利亚留学之事；而到一九三九年时，他仍然是只身返回。②看来，并不是所有的孩子都愿意去到一个陌生的地方读书和生活。也许对于何伯宽来说，在澳经商的父亲依旧给了他在家乡优渥的生活及接受良好教育的环境，就这样在熟悉的环境里成长，也一样可以达成目的。

一九二七年七月八日，何旺填表向中国驻澳大利亚总领事馆申办儿子何伯宽赴澳留学的相关手续。

---

① Hernam Singh，George Chin Mook，Mahomed Shuncar or Jimmy de Varn，Wong On，Mew Yun，Wong Kew，Ah Wun，Hor Tong and Kong Shee [Certificate Exempting from Dictation Test - includes left hand impression and photographs] [box 225]，NAA：ST84/1，1930/486/31-40.

② Hor Wong – Naturalisation，NAA：A659，1939/1/13498；Charles Hor Wong [Chinese - arrived Sydney，1889. Box 44]，NAA：SP11/2，CHINESE/WONG CHARLES HOR.

左为护照申请表背面所贴的何伯宽照片；右为一九三九年九月二十八日何旺申请的外侨证。

档案出处（澳大利亚国家档案馆档案宗卷号）：

Hall Park FOON - Student passport，NAA：A1，1927/16801

显荣、亚昭兄弟

高要宋龙村

出生于一九一八年二月十五日的显荣（Hin Wing）和出生于一九一九年六月二十六日的亚昭（Ah Chew）是兄弟俩，皆高要县宋龙村人。①事实上，显荣和亚昭只是他们的名。从档案所透露的情况判断，他们显然应该姓汤，因档案中据称为其父者，名叫汤凌（Hong Ling），②约在一九〇四年从家乡高要县去到澳大利亚发展，最终落脚于雪梨（Sydney）。③

但在档案中，以父亲和监护人的名义提出申办显荣和亚昭赴澳留学手续者，则分别是广德（Quong Duck）和石珍（Sack Jan）。与此相关的档案宗卷显示，广德和石珍都是在一八九四年左右便从家乡高要县来到澳大利亚发展，进入鸟修威省（New South Wales），充任菜农和果农，最后定居

---

① 从互联网上搜查高要县村落名录，未找到有宋龙村，只有蟠龙村。但同属于肇庆的四会县则属下有一村名"龙宋村"，村名倒过来了，且该村距高要县有一定距离，很显然与本文中所指之宋龙村无关。

② 本档案的宗卷里并没有提供Hong Ling的中文名，这里的中文名字是根据译音判断。鉴于高要与四邑毗邻，许多姓氏事实上也分布在高要和四邑。二十世纪二十年代有几位台山县赴澳留学的汤姓学生如汤良(Leong Hong)、汤侃(Foong Hong)、汤亚悦(Hong Ah Yet)，其姓氏汤的英文写法便是"Hong"，与Hong Ling的姓氏"Hong"一致，故在此文中判断"Hong"为"汤"姓。前面提到的赴澳留学的吴福荣(Hong Fook Wing)的父亲吴灿廷(Hong Can Ten)，又名吴炼(Hong Ling)，其后面名字的英文名与本文相同，但鉴于吴炼从事的是木业，而本文的Hong Ling从事种植业，可能是英文同名而已，但同名显然不是同一个人。见：Hong Fook Wing Student's Passport，NAA：A1，1931/5495。

③ Hong Ling [Chinese - arrived Sydney per EASTERN，1904. Box 32]，NAA：SP11/2，CHINESE/LING HONG.

于雪梨。广德在雪梨南部的洛克岱区（Rockdale）租地种菜，也有一个果菜铺，叫做"俊豪"号（Sam Loong & Co.）；[①]而石珍则于雪梨城中卫廉大街（William Street）一百五十号开设一间果子铺，名为"积臣果子铺"（C. Jackson & Co.），售卖新鲜蔬果及日用杂货。[②]

一九二九年十月三十一日，广德填妥申请表，出具财政担保书，以监护人亦即父亲的名义，向中国驻澳大利亚总领事馆申领十一岁的儿子显荣赴澳留学所需的护照和签证，他以自己的"俊豪"号商铺作保，允诺每年提供膏火一百镑作为显荣的留学费用。同日，石珍也以同样的形式，向中国驻澳大利亚总领事馆申请十岁的儿子亚昭赴澳留学所需护照和签证，他也以自己经营的"积臣果子铺"作保，承诺每年可以提供膏火一百镑给儿子，作为其留学的所有费用。在提交的申请表上，他们都明确表示，要将各自的儿子送入位于雪梨唐人街附近的英华学校（Chinese School of English）读书，因为该校在很大程度上属于语言补习性质，外带一些正式的中小学课程，比较适合未曾念过英语的中国留学生就读。

当时，中国驻澳大利亚总领事馆刚刚从美利滨（Melbourne）迁址到雪梨，因而递交申请材料便比较方便。在递交申请材料时，广德与石珍得知，尽管他们已经表示要将两个儿子送入私立学校念书，但还需要获得上述学校的录取信，中国总领事馆方才可以审理其申请，为此，二人赶紧去找到英华学校校长戴雯丽小姐（Miss Winifred Davies），后者于十一月六日出具了同意显荣和亚昭到该校入读的录取信，并立即将其送交给中国驻澳大利亚总领事馆。中国总领事馆在此之前已经初审完了上述申请材料，一俟收到英华学校的录取信，总领事宋发祥便立即给亚昭和显荣分别签发了号码为561和562的中国学生护照；然后，他将这些申请材料汇总，一起送交澳大利亚内务部，

---

① Quong Duck [also known as Quin Duck] [includes 2 photographs showing front and side views and left and right thumb prints] [box 130]，NAA：SP42/1，C1921/7979；Quong Duck [application by subject for the admission into the Commonwealth of his son，Hin Wing] [box 243]，NAA：SP42/1，C1929/9760.

② Sack Jan [application by subject for the admission into the Commonwealth of his son，Ah Chew] [box 243]，NAA：SP42/1，C1929/9762.

为这两位中国小留学生申请入境签证。

内务部接到申请材料后，自然是按照流程进行审理。十一月十一日，内务部秘书发函给雪梨海关，请其协助核查广德和石珍的财务状况及进出澳大利亚海关的记录，作为内务部批复申请的依据。接到指示后，海关的动作迅捷，四个星期便获得了结果。

根据海关的调查以及对广德和石珍的直接询问，得知了真相：二人坦承，显荣和亚昭都不是他们的儿子，而是其生意伙伴汤凌之子，因后者不便自己出面，故请他们代为申请。广德此前确曾有三次回国探亲的记录，分别是一九○八年十一月五日至一九一四年六月二十二日、一九一六年十一月十五日至一九二一年八月二十日、一九二四年二月十二日至一九二七年四月六日，如果把显荣当成自己的儿子申请来澳留学，其出生年份跟广德第二次探亲在国内所待的时间是吻合的，可以说得过去；但石珍却无法像他这样去证实亚昭是其儿子，如果这个谎再扯下去，恐怕会危及他们各自在澳大利亚的利益。于是，当面对海关稽查人员的询问时，他们明白无法掩盖此事，只好如实回答。但海关人员进一步核查汤凌的出入境记录，发现他此前虽然也回国了三次，分别是一九一四年六月至一九一六年四月、一九二一年十月至一九二二年十一月及一九二七年四月至一九二八年三月，但显荣和亚昭的出生年份距其第一次回国探亲的日期太远，显然这两个孩子与汤凌根本就不具备生物学意义上的父子关系。经海关人员再次当面询问汤凌，他才如实告知，两个孩子实为其侄儿，他们的父亲都是其嫡亲兄弟，但从未来过澳大利亚，只是想通过他这位伯父申请这两个孩子来此接受西方教育。

搞清楚真相之后，海关人员觉得他们这是在合谋欺骗澳大利亚政府，即便他们的财政状况完全可以支撑这两个孩子的来澳留学与生活费用，也是违反规定的，遂于十二月九日将结果详细报告给内务部，并且也将其对此事的处理意见明确写上。内务部秘书接到报告后，也对海关的上述态度十分认同。十二月二十日，他复函中国总领事宋发祥，以申请者出具假证明、企图欺骗为由，拒绝了显荣和亚昭的留学签证申请。

宋发祥总领事接到拒签信后，方才了解到事情的真相，自然知道事不可为，遂将此结果转告了代理护照申请的广德和石珍。而后者和他们的合伙人汤凌对此结果早就有了心理准备，自然也不再作申辩，接受此项拒签决定。显荣和亚昭的赴澳留学梦就此中断。

　　按照当时的情况，如果汤凌以伯父的名义直接申请两个侄儿赴澳留学，事实上也是可能成功的。在一九二六年中《中国留学生章程》新规实施之前，很多这样的例子；而在此之后，也有人以伯父名义申请侄儿前来，得以成功，比如来自中山县的梁云洲（James Leong），就在一九三七年成功地将侄儿梁少鳣（Leong Sue Chen）申请来澳留学。[1]可见，只要循正规途径，条件合适，成功的可能性是很大的。

一九二九年十月三十一日，广德以父亲的名义，填表向中国驻澳大利亚总领事馆申领十一岁的显荣赴澳留学所需的护照和签证。

---

① Leong Sue Chen – student，NAA：A2998，1952/2.

一九二九年十月三十一日，石珍以父亲的名义，填表向中国驻澳大利亚总领事馆申领十岁的亚昭赴澳留学所需的护照和签证。

一九二九年十一月六日，中国驻澳大利亚总领事宋发祥分别给亚昭（左）和显荣（右）签发的中国学生护照。

档案出处（澳大利亚国家档案馆档案宗卷号）：

Ah Chew - student passport，NAA：A1，1929/10175

Hin Wing - student passport，NAA：A1，1929/10176

蔡 华

高要槎岗村

蔡华（Choy Wah），一九二二年十一月二十二日出生，广东省高要县槎岗村人。蔡华的父亲蔡乐（Choy Lock）大约出生于一八七六年，在十九世纪末二十世纪初前后，便跟随乡人奔赴澳大利亚寻找发财致富的机会。他从雪梨（Sydney）入境，干起了高要人在澳大利亚营生的最拿手生意——当菜农。蔡乐在马特拉围区（Matraville）与其他六位乡人合股租了十英亩的土地，作为菜园，取名为"Yee War Garden"（怡和菜园），他是其中最大的股东，占股价值二百五十镑。①

一九三八年十月，侵华日军突然从惠州大亚湾登陆，迅即攻占广东省城广州。自上一年七七事变中国进入全面抗战后，广东省一直是大后方，此时也变成了一个直接抗敌的战场，成为抗战前线。蔡乐对此时正在读中学的儿子蔡华所面临之处境极为担忧，遂决定将其办来澳大利亚留学，以便其能完成学业。为此，当年十二月十二日，他填好申请表及财政担保书，递交给位

---

① Choy Lock [includes 6 photographs showing front and side views and left and right thumb prints] [issue of CEDT's in favour of subject] and Choy Wah [application by Choy Lock [Jock and Lok], for admission of his son Choy Wah, into the Commonwealth] [box 430], NAA：SP42/1，C1940/4213. 据鸟修威省(New South Wales)工商局有关二十世纪初该省工商企业登记注册记录，怡和菜园正式注册的日期是一九一八年十月二十二日，但在登记的三位原始股东里，蔡乐并不在名单之中。他可能是此后才加入，或者是在登记前便已入股，但没有列入登记股东名单中。见鸟修威省档案馆(NSW State Archives & Records)记录：https://search.records.nsw.gov.au/permalink/f/1ebnd1l/INDEX1837794。

于同城的中国驻澳大利亚总领事馆，向其申领儿子蔡华的赴澳留学护照和签证。他以自己所参与经营耕种的"怡和菜园"作保，允诺每年供给学费和生活费一百镑，作为儿子来澳所需之开支，要将其安排进入位于雪梨唐人街附近的英华学校（Chinese School of English）就读，为此，三天前他就与校长戴雯丽小姐（Miss Winifred Davies）联络，拿到了同意接收其子入学的录取信。

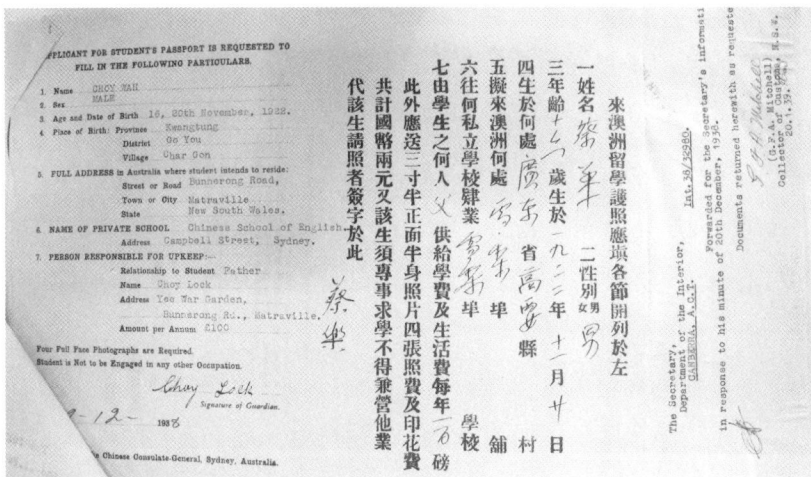

一九三八年十二月十二日，蔡乐填好申请表及出具财政担保书，向位于雪梨的中国驻澳大利亚总领事馆申领儿子蔡华的赴澳留学护照和签证。

按照《中国留学生章程》规定，十四岁以上欲留学澳洲之中国学生，须提交英语学识能力证明。鉴于此时蔡华已经十六岁，自然也在此规定之列。但蔡乐在提交申请材料时，一时间并无法提供此项证明。原因是目前中国因抗日战争影响所及，许多学校处于不稳定状态；而此时日军占领广州后，波及周围县市，一时半会儿也无法跟相关学校获取上述证明。为此，蔡乐在递交申请时，便将困难告知保君建总领事，并向其保证儿子此前已经学过多年英语，已经具备了基础的英语学识能力。他希望中国总领事在代其子申请入境签证时，特别向澳大利亚内务部说明情况，希望将此事作为特殊案例处理，即先核发签证，待其子抵达澳洲入关时，再由移民官员当场测试其语言能力，以确定其是否符合条件，这样就可以节省许多时间。对此，保总领事深以为然。次日，他便致函内务部秘书，附上申请材料，将情况一一说明，请其特事特办。

内务部确实也没有耽搁多久，十二月二十日便指示海关核查蔡乐的相关情况。一个月后，海关便完成了相关核查工作，将结果呈报内务部。调查结果显示，蔡乐的菜园确实经营得不错，很有前景；此外，他本人还在其邑人同乡陈赞华（Samuel Warley）开办在中国城的"和兴记"（War Hing & Co.）商行里存有三百五十四镑存款作为股金，显示出其财务状况很好，加上他待人和气，邻里关系佳，没有不良记录，在当地警务部门眼中，他是一个守法公民。而从海关记录来看，此前蔡乐共有五次回乡探亲：首次是在一九〇六年至一九〇八年；[①]第二次是一九一四年一月五日至一九一六年一月二十六日；第三次是一九二二年二月二日至一九二三年七月六日；第四次是在一九二四年二月二十日至一九二七年二月二日；[②]第五次则是一九三二年五月二十一日至一九三四年一月二十一日。[③]由此可见，蔡华是其第三次回国探亲的结果，他们之间的父子关系完全成立。

内务部秘书接到报告后，见相关核查项目完全符合规定，加上保君建总领事的免除英语学识能力证明的建议也是可以接受的，只是附加条件，即如果在入关的英语测试时不合格则须原船返回出发地。因此，一九三九年二月二十二日，他便批复了蔡华的入境签证申请。保总领事接到批复通知后，于二月二十七日签发了一份号码为437828的学生护照给蔡华，再将其寄交给内务部，后者在三月二日将签证章钤印在护照上，退还给中国总领事馆，由后者按照蔡乐的意见直接将其寄交到香港指定的金山庄，再交由在中国的蔡华接收并负责安排其赴澳行程。

然而，蔡华的档案到此中止。从档案中未有他的护照这一情况来看，该

---

① Ah Hee、Choy Lock、Ah Him、Sue Sum、Ah Shaw、Chun Gok、Sun Hoon、Ah Sing、James Hongue and Eliza Hongue [Certificate Exempting from Dictation Test - includes left hand impression and photographs] [box 12]，NAA：ST84/1，1906-401-410.

② Ah Hum、Louey Gon、Taka Singh、Nehal Singh、Yee War、Peter Leong Lew、Honey Loon、Why Mow、George Dow and Choy Lock [Certificate Exempting from Dictation Test - includes left hand impression and photographs] [box 167]，NAA：ST84/1，1924/373/31-40.

③ Berkar Ali Khan、James Gee Way、Jimmy King、George Hoy、Lay Sang、Ah Loong、Yet Hin、Choy Lock、Ah Bun and Chung Lee [Certificate Exempting from Dictation Test - includes left hand impression and photographs] [box 231]，NAA：ST84/1，1932/492/51-60.

护照确信已经如期寄出，只是此后澳大利亚海关并没有任何他入关的记录。显然，由于此时广东已经处于抗日战争的前线，道路阻隔，通信中断，而蔡华本人的情况也可能发生了变化，因而计划中的赴澳留学也就只得搁浅。

一九〇六年十二月三日，三十岁的蔡乐申请的回头纸，准备回乡探亲。

档案出处（澳大利亚国家档案馆档案宗卷号）：

Choy Wah - Students Ex/c，NAA：A1，1938/32980

余　瑞

高要（村名未知）

　　余瑞（Yee See）生于一九二五年，出生的具体月份与日期不详，而且具体是哪个村之人氏亦不可知。他有一个在澳大利亚经商的伯父，名叫苏达才（Tart Choy）。[①]因此，余瑞只是他的名，实际上他应该姓苏，全名应该是苏余瑞。苏达才大约是一八七五年出生，澳大利亚档案馆中有关他最早的返回中国探亲的记录是一九〇三年。[②]根据十九世纪末二十世纪初年赴澳发展的广府人通常都是在那里打拼至少三五年甚至更长一段时间之后方才得以有点积蓄回国探亲的特点，苏达才显然是在十九世纪九十年代便从家乡来到这块土地谋生，寻找机会发展。他选择定居的地方是雪梨（Sydney），最终在雪梨中国城里的德胜街（Dixon Street）四十九号加入由邑人陈赞华（Samuel Warley）早在十九世纪末就已开设的"和兴记"（War Hing & Co.）商铺，[③]成为股东。

---

① 据澳洲鸟修威中华总商会职员名录，其名写作"苏达材"，作为第十五届(一九四〇年)总商会执行委员。见："雪梨中华商会职员履历册"，藏Chinese Chamber of Commerce of New South Wales，Noel Butlin Archives Centre，Open Research Library，Australian National University，https://openresearch-repository.anu.edu.au/handle/1885/11483。

② Chue Tart Choy [also known as Chue Tart，Cheue Tart Choy，Tart Sun and Tartson] [includes 8 photographs showing front and side views；Certificate of Registration and left and right thumb prints] [issue of CEDT's in favour of subject] [box 359]，NAA：SP42/1，C1938/1088.

③ 和兴记因董事会重组，有许多股东替换，在一九一七年七月二十五日向鸟修威省(New South Wales)工商局重新登记注册。见鸟修威省档案馆(NSW State Archives & Records)的记录：https://search.records.nsw.gov.au/permalink/f/1ebnd1l/INDEX1835816。

　　一九四一年是中国进入抗日战争最艰苦卓绝的一年，中国军队陷入了与侵华日军的苦斗和缠斗之中，日军对两广沿海进行封锁作战，也使得当地民众生活更加困苦。此时在澳大利亚的华人，自然十分关注家乡亲人的生活和安全以及孩子的教育，总是想方设法伸手相援。这一年七月三十日，苏达才以监护人的名义填上申请表，具结财政担保书，递交给中国驻澳大利亚总领事馆，要把已经十六岁的侄儿余瑞申请到雪梨华英学校（Chinese School of English）读书，为此，他早在二天前就从该校校长戴雯丽小姐（Miss Winifred Davies）那里拿到了给余瑞的录取信。他以自己参股经营的"和兴记"商铺作保，承诺每年供给余瑞膏火一百二十镑，作为其学费和生活费，希望尽快将其办来雪梨留学。

　　中国驻澳大利亚总领事馆此时位于雪梨。总领事保君建接到申请后，发现其信息和其他资料都有不全之处，比如余瑞的具体出生日期不明，申照人也没有提交他的照片。但经与苏达才沟通后，他意识到苏达才此时无法提供这些信息和照片，一方面是他不记得侄儿的具体出生的月份与日期，另一方面也在于此时中国在战争影响下，即便想获得照片和信息也有诸多障碍，困难重重。此外，保总领事最关注的一点是，以十六岁的年龄来澳大利亚留学，按照规定须具备基础的英语学识能力，不知余瑞是否具备这个条件。对此疑问，苏达才表示，他所了解的是，他的这个侄儿此前在学校已经读了好几年的英语，他敢保证余瑞具备了这个条件，只是鉴于现在中国的恶劣环境，他很难在短期内拿到侄儿具备英语学识能力的证明。为此，他恳请总领事跟澳大利亚内务部协商，先给予其侄儿核发入境签证，待其抵澳时海关可当场对他进行英语测试，他确信侄儿能够通过这个测试。如果通不过，那就接受现实遣返回国。作为一名资深外交官，保总领事对目前中国国内的形势十分了解，也理解在澳华人急于将家乡子弟办来安全国度接受教育的良苦用心，因此，对于苏达才陈述的理由全部予以接受。于是，八月八日，他便致函内务部秘书并附上这份申请材料，并在函中将上述理由重复一遍，希望内务部能尽快核发签证，以便余瑞能尽早来澳留学。

　　内务部秘书接到申请后，非常理解也十分重视，毕竟中国目前处于战时状态，学子们随时都有可能因战火而失学。他于八月十四日发文到雪梨海关，指示其尽快核查苏达才的财政状况。海关接获指示后立即行动，在当地警察的协助配合下，五天后便将核查结果呈报上来。根据走访调查显示，作为"和兴记"股东，苏达才已参与商行经商达二十年之久，他在该商行中的股份价值为五百镑，目前担任该商行经理，领取五镑的周薪，再加上年底还有分红。由此可见，他的财务状况极为稳定。此外，他经商有道，为人谦和，邻里关系好，买卖有信誉。

内务部接到报告，认为苏达才符合监护人的条件，其财政担保能力也毋庸置疑，遂于九月三日复函保君建总领事，批准了余瑞的入境留学签证申请，但特别强调要在其入境时通过移民官的英语测试，此签证方才有效。保总领事接到公函后自然很高兴，九月八日便签发了一份没有照片的学生护照给余瑞，号码为1014229。九月二十六日，内务部在接到保总领事寄来的这份护照后，也在上面钤印了签证章。

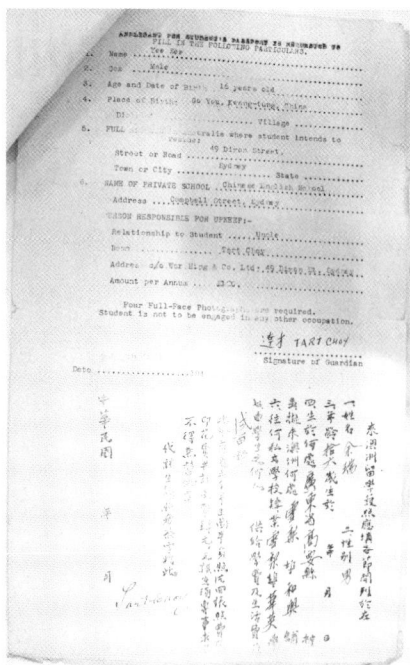

左为一九四一年七月三十日，苏达才为申办侄儿余瑞赴澳留学手续，向中国驻澳大利亚总领事馆递交的申请表，为余瑞申领护照和签证；右为一九〇八年八月二十八日，三十三岁的苏达材为回中国探亲申请的回头纸。

按照惯例，在中国家乡收到这份没有照片的护照后，护照持有人应该携带照片入境，到时再由中国总领事馆将其贴在护照上，然后再交给内务部保管这份护照。但遗憾的是，余瑞的档案到此中止，此后也未见澳大利亚海关记录中出现其名字。显然，从当时的形势来判断，他已经无法按照原定计划赴澳留学。因为仅仅两个月之后，十二月八日，日本海军突袭美国太平洋海军基地珍珠港，太平洋战争爆发，香港也在当年的圣诞日被日军占领；战端一开，从香港到澳大利亚的航路就此中断。即便护照顺利地送到余瑞的手中，并且他也已经安排好了赴澳行程，面对因战争带来的这种灾难，此时也无计可施。检视这份留学档案，也不见护照的踪影，足以显示出该护照已经按照流程寄往中国，但持有人余瑞是否收到则不得而知，而且事实上他当时也已经无法赴澳。

档案出处（澳大利亚国家档案馆档案宗卷号）：

Yee Sea - Student exemption [9 pages]，NAA：A433，1941/2/2199

苏奥国

高要宽郊村

　　苏奥国（Harold Tong），生于一九二七年三月二十三日，高要县宽郊村人。他的父亲Chue Tong（苏同，译音）是一八九九年就从中国家乡奔赴澳大利亚发展，在雪梨（Sydney）登陆入境，[①]随后定居该地，在亚力山打区（Alexandria）的布达尼路（Botany Road）二百六十八号开设一家水果杂货店，名为"和泰公司"（War Tiy & Co.），资产价值六百镑。

　　一九三八年十月，侵华日军从大亚湾登陆，随即攻占广州，珠江三角洲周围县市就直接暴露在日本侵略军的炮火之下，民众生命受到威胁，日常生活陷于困顿，孩子的教育也大受影响。对于祖居地因战火所受到的影响，在澳华人十分关注，尤其是学龄儿童的教育更是他们希望能协助解决的一个大问题。作为父亲，苏同觉得儿子苏奥国转年就要年满十二岁了，在这兵荒马乱之际，深感不能把儿子的教育给耽误了，他就决定要将其办理来到澳大利亚留学。于是，一九三九年二月七日，他以监护人的名义填上申请表，具结财政担保书，以他经营的和泰公司作保，向中国驻澳大利亚总领事馆请领苏

---

① Chue Tong [Chinese - arrived Sydney，1899. Box 42]，NAA：SP11/2，CHINESE/TONG CHUE。此处的 "Chue" 字，似应为姓氏 "苏"，与前面的高要籍学生余瑞(Yee See)的伯父苏达才(Tart Choy)档案中出现的姓氏 "Chue" 是一致的。见：Chue Tart Choy [also known as Chue Tart，Cheue Tart Choy，Tart Sun and Tartson] [includes 8 photographs showing front and side views；Certificate of Registration and left and right thumb prints] [issue of CEDT's in favour of subject] [box 359]，NAA：SP42/1，C1938/1088。而余瑞的留学档案，见：Yee Sea - Student exemption [9 pages]，NAA：A433，1941/2/2199。

奥国的赴澳留学护照和签证。

中国总领事保君建接到申请后，发现有两个项目未有填妥，遂立即与苏同联络。一是他每年可以供给膏火的数额，很快便得到苏同的答复，谓可提供足镑作为儿子的学费和生活费；二是安排苏奥国进入哪一间私立学校，对此，苏同也立即找到位于花吨噜区（Waterloo）的加美乐山圣博德兄弟会书院（Patrician Brothers' Convent，Mt. Carmel），从校长那里拿到了儿子的入学录取信。待上述两个问题解决，保总领事便将该申请材料汇总，附上公函，于二月二十四日寄送澳大利亚内务部，请其为苏奥国核发入境签证。

一九三九年二月七日，苏同填写的申请表，为儿子苏奥国的赴澳留学向中国驻澳大利亚总领事馆请领其护照和入境签证。

内务部接到申请后，也反应积极，但一切皆按照程序进行审理。三月三日，内务部秘书致电雪梨海关，请其协助核查苏同的品行、财务状况及出入境记录，为其最终批复与否提供依据。海关的工作效率还算很高，两个星期后，就将调查结果呈交给了内务部。根据他们的调查和访谈，苏同确实是和泰公司的东主，该商行现有的存货价值就超过一千镑，他每周的收入也不下七镑。也就是说，这属于比较稳定可靠的财务状况。而根据警务部门及邻里反映，自在雪梨定居以来，苏同没有不良记录，为人谦和，买卖公道，值得信赖。从海关的出入境记录来看，在过去居澳的近四十年中，苏同总计只回国探亲两次：第一次是一九一八年一月二十五日至一九一九年一月十八日，[1]这就意味着直到此时，他才得以在国内娶妻生子，开枝散叶；第二次是一九二五年七月三十一日至一九二七年四月十一日。[2]也就是说，当苏同结束第二次探亲准备回返澳大利亚时，其子苏奥国已经出生，毫无疑问，他们之间具有生物学意义上的父子关系。

既然财务状况稳定，担保不成问题，海关出入境记录也显示出苏同的回国探亲与其子的出生日期相吻合，而根据《中国留学生章程》有关十四岁以上赴澳之留学生须提供英语学识能力证明的规定，也因苏奥国此时刚满十二岁，并无须遵照此项规定。所有的这些项目核查结果都表明，这位中国小留学生完全符合赴澳留学的条件。于是，四月五日，内务部秘书批复了入境签证申请，并通知了保君建总领事。后者见签证评估通过了，便于四月十九日给苏奥国签发了一份中国学生护照，号码是437850，然后将其寄交内务部。五月二日，内务部在护照上钤印了签证章。由是，此次护照和签证的申请和审理完美结束。

在接到从内务部退还的护照后，中国驻澳大利亚总领事馆便按照流程，将其寄往中国苏奥国的家乡或者香港的指定地址，交由护照持有者的家人或者是代理洋行接收，以便让苏奥国尽快赴澳留学。但该档案到此中止。在这份档案宗卷里，未能找到上述学生护照，显然其已送达中国，以后亦未能在澳大利亚档案中找到这位中国留学生入境的任何信息。显见因战争阻隔，苏奥国最终未能前来澳洲读书。

档案出处（澳大利亚国家档案馆档案宗卷号）：

Harold Tong - Student exemption [10 pages]，NAA：A433，1939/2/16

---

[1]　Ah Gow，Yow Yee Lay，Lan Yean，Lie Yee，Gum Wah，Duck Doo or Hack Hooey，Ah Hum，Zuan York，Choy Min or Ah Bin and Chue Tong or Chew Tong [Certificate Exempting from Dictation Test - includes left hand impression and photographs] [box 111]，NAA：ST84/1，1918/241/1-10.

[2]　James Ah Yen or Ah Yen，Sundar or Sunderah，Rama or Ramie，Ghulam Rasoul，Karam Box，Ottam or Oolam Singh，Gunga Singh，Surgen Singh，Oye Quin and Chue Tong [Certificate Exempting from Dictation Test - includes left hand impression and photographs] [box 180]，NAA：ST84/1，1925/396/31-40.

蔡清华

高要肇庆市

　　蔡清华（Choy Ching Wah），生于一九三〇年八月十八日，高要县肇庆市人。他的伯父蔡文粹（Ah Young）生于一八七八年，早在一八九六年便来到澳大利亚，在此之后一直都在雪梨（Sydney）附近发展，做着家乡高要人祖传之技艺纯熟的种菜生意，因而在一九〇一年澳大利亚联邦成立前便成为当地永久居民。到一九三〇年时，他在雪梨靠近机场的布达尼湾（Botany Bay）南部的科格拉区（Kogarah）与另外一位名叫Chan Hon（陈汉，译音）的同乡合股租地，投资经营一大块菜园农场，名为"新生和园"（Sun Sing Wah Garden，或写为Sun Sang War & Co.），由他担任经理。[①]

　　因家境殷实，蔡清华自学龄起便在肇庆市接受正规的新式教育；在太平洋战争爆发前，他还被家人送到香港，进入一间双语学校念初中，由此开始学英语，只是因为战争中断了他的在港学业。一九四二年香港被日军占领后，他被迫返回了家乡肇庆。一九四六年九月，在家人的安排下，蔡清华用英文手书一函致中国驻澳大利亚雪梨总领事馆，表达要去那里留学的愿望，并以此信作为其已具备了初步的英语学识能力的证明。根据家族里协商的结果，他的伯父蔡文粹为此采取了行动。在为侄儿从雪梨华英学校（Chinese

---

① 　Young，Ah，NAA：SP1122/1，N1957/6897. 此外，在雪梨华文报刊中，一九〇五年因当地华人参与拒约运动，踊跃捐款，其中有"蔡元粹"参与捐款的记载，很有可能这位蔡元粹与蔡文粹是兄弟。也许，蔡清华便是蔡元粹之子。见："澳洲拒约"，载雪梨《东华报》(Tung Wah Times)一九〇六年一月六日，第五版。

School of English）校长戴雯丽小姐（Miss Winfred Davies）那里拿到了入学录取信后，蔡文粹便以监护人和财政担保人的身份，以自己参与经营的"新生和园"作保，允承每年供给膏火一百二十镑作为侄儿来澳留学期间所需之学费和生活费，于当年九月的最后一天，填具申请表格，具结财政担保书，备齐相关材料，向中国驻雪梨总领事馆申办蔡清华的赴澳留学护照和签证。

中国驻雪梨总领事馆接到申请后，很快就走完了审核程序。十月五日，总领事吴世英行文澳大利亚移民部，附上蔡清华的申请材料，为其请领留学签证。按照签证审理流程，需要核查财政担保人的财务状况。经过许多次的公文往返及相关部门大半年的拖延，移民部最终通过海关税务部门得知，蔡文粹的"新生和园"菜地每年租金为八十二镑，上一个财政年度的年收入有六百九十六镑，扣除其他费用和纳税，净收入就有二百三十镑。就这一行业来看，其财务状况良好，前景也不错。蔡文粹有两个儿子，分别名Gay Choy 和Wai Choy，[①]现在跟他一起住，都入读位于科格拉区的圣母兄弟会中学（Marist Brothers' High School），目前长子即将高中毕业，次子则读到初中最后一年。经过与蔡文粹进一步的沟通和了解，如果蔡清华来澳后，当然是与他们同住在菜地旁边的房子里，他会先是去城里的华英学校念书，主要是提高其英语能力，然后就转学，进入他的两个堂兄弟就读的圣母兄弟会中学就读。待所有的核查事项都显示出蔡文粹符合监护人和担保人的要求，移民部方才于一九四七年五月十四日通过了签证预评估。五月二十三日，中国驻雪梨总领事吴世英给蔡清华签发了号码为360178的中国学生护照；六天后，移民部也正式将签证核发给了这位中国青年学子。随后，中国驻雪梨总领事馆便按照蔡文粹的指引，将护照寄往中国指定地点交由护照持有者接收。

半年之后，经一番准备，最主要也是将当年在国内的在学课程结束之后，蔡清华便于当年年底从香港搭乘太古洋行船队经营的驶往澳洲的客轮

---

① 在澳大利亚国家档案馆里未能查找到他们二人的入境记录。只有一份Gay Choy的外侨登记证，显示他出生于一九二七年三月十六日，是在一九四〇年九月以学生身份从中国来到澳大利亚念书，只是无法找到他的留学档案，无法记述。可见，蔡文粹亦跟当时绝大多数华人一样，是回国娶亲生子的。见：Gay Choy [Chinese - arrived Sydney per NELOON? September 1940. Box 20]，NAA：SP11/2，CHINESE/CHOY GAY。

"山西"（Shansi）号，于一九四八年一月十二日抵达雪梨。海关移民局官员当场对其测试，证实蔡清华确实具备了初步的英语能力，遂得以顺利通关。

根据戴雯丽校长的报告，自入境之后，蔡清华便注册入读她主持的那间华英学校，主要是补习和提高其英语能力，其选修的课程也包括了中学科目，总计需时两年左右，他每天保持出勤，在校表现令人满意。由是，他以认真努力的态度，在这间学校一直读到了一九五〇年年底，实际上是读满了三个学年。

一九五〇年十一月二十四日，蔡文粹以"新生和园"此时已由他独家经营、目前人手不足为由，申请仍在上学读书的侄儿蔡清华进入其菜园协助工作，因为到上一财政年度，其菜园年收入已达两千五百二十镑，急需增加人手，不然难以应对日渐增加的市场需求。移民部接到申请后，经内部几个层级的部门讨论，认为蔡文粹是澳大利亚永久居民，有权在需要时雇佣更多的职员协助其经营菜园，因而在一九五一年二月七日正式批复即将届满二十一岁的蔡清华从学生签证转为工作签证；到当年十月，因菜园生产及市场需要，再将其有效期延至次年六月三十日。

蔡清华就此结束了留学生活，留在了雪梨，跟随伯父充当菜农，一起经营菜园。而在此过程中，移民部也在与其他部门的往返公义里不知是有意还是无意地逐渐将蔡文粹当成了蔡清华的父亲。蔡清华的档案到一九五七年后便没有了记录，也许是将其转到了其他的宗卷里，只是目前无法根据他的名字找到后续的这份宗卷。根据从这段时间起大部分留在澳大利亚的中国学生以及做工人员，都开始陆续向移民部申请并获得永久居民资格，然后入籍的情况来判断，蔡清华显然也走的是同一条路。

左为蔡文粹以监护人和财政担保人的身份，于一九四六年九月卅日填表向中国驻雪梨总领事馆申办侄儿蔡清华赴澳留学护照和签证；右为一九四八年一月十二日，蔡清华搭乘"山西"号班轮从香港航抵雪梨，入关时填写的登记卡和提供的照片。

蔡文粹的长子亦即蔡清华的堂兄Gay Choy在一九四五年所获的外侨登记证，上面显示出他在一九四〇年九月从中国来到澳大利亚读书。

档案出处（澳大利亚国家档案馆档案宗卷号）：

Choy Ching Wah，NAA：A2998，1952/2969

龚梦妮（莫妮卡·龚）

香港

　　十九世纪中叶，澳大利亚的域多利（Victoria）淘金热出现时，最早召唤广东四邑地区人士前往该地淘金和发展的人，是一八二六年出生的新宁（台山）人雷亚妹（Louis Ah Mouy）。一八五一年，雷亚妹以契约劳工身份从新加坡前往域多利的首府美利滨埠（Melbourne）等地做工；次年，他进入金矿区工作，惊悉当地金矿丰富，遂将信息通告家乡亲友，结果成千上万的四邑人包括珠江三角洲其他县邑的广府人蜂拥而至，形成了中国人前来澳大利亚的淘金潮。而雷亚妹也是在域多利的四邑人中最早的致富者之一，是当地著名华商，并成为美利滨四邑会馆的发起人，声望卓著。[①]

　　雷亚妹不仅商业成就高，社会名望大，其开枝散叶的能力也强，家庭人口众多，生有八子三女，雷美好（Mee How Ah Mouy）是他最小的儿子，在兄弟姐妹中排行第十一。雷美好一八八七年四月二十六日生于美利滨，一直在当地接受教育，获得大学文凭，[②]是域多利省首位华人建筑设计师。因深受父亲影响，从少年时期开始，雷美好便积极参与华人社区的公益活动。一九

[①] Ching Fatt Yong，"Ah Mouy，Louis (1826–1918)"，*Australian Dictionary of Biography*，National Centre of Biography，Australian National University，http://adb.anu.edu.au/biography/ahmouy-louis-2872/text4099，published first in hardcopy 1969，accessed online 18 January 2020.

[②] "As RMIT celebrates its 130-year history of design，technology and enterprise，we take a look back at some of the gems found in the RMIT Archives Collection"，https://www.rmit.edu.au/news/all-news/2017/jun/looking-back-on-130-years-of-rmit-life.

〇六年，他与当时域多利的首位华裔大律师麦锡祥（William Ah Ket）[1]联手，共同发起成立中澳会馆（Sino-Australia Association），冀期促进中澳两国之间的相互沟通与了解，以及促进在澳华人参与当地社区的事务和事业的发展。一九一二年，该会馆解散，雷美好便与麦锡祥前往北京，代表域多利省华人参加中华民国建立后的首次国会选举。[2]其后，雷美好去到香港，在此邂逅时年十六岁的莫妮卡·龚（Monica Kung，也写成Monica Moonie Kung[龚梦妮，译音]）。莫妮卡一八九六年九月三十日出生于香港的一位化工厂厂主与商人之家，后就读于香港意大利婴堂（Italian Convent School），可说是家世显赫，教育良好。雷美好由此在香港待了三年，深深地爱上了莫妮卡。

坐在藤椅上的莫妮卡（courtesy of Chinese Museum（Museum of Chinese Australian History）

一九一五年二月六日，莫妮卡向港英当局申请赴澳留学，预期三年，目的地是美利滨，由后者负责代向澳大利亚外务部申请入境签证。因外务部迟迟没有对此申请做出回应，四月一日，年近九十岁的雷亚妹派遣长子去到位于同城的外务部秘书办公室，直接交涉此事，请其核发莫妮卡的留学签证，并允诺全权担保以及负责其全部学杂费用，也保证她此次前来的目的就是接受更高层次的教育。虽然此时莫妮卡仍然被澳大利亚当局视为在香港的中国居民，但当外务部秘书确认了她的目的之后，当天便核准这位具有英国属土臣民身份的中国学生三个月的临时签证，并说明待其入境后选好了入读学

---

[1]　麦锡祥的生平简历，详见：John Lack，"Ah Ket，William (1876–1936)"，*Australian Dictionary of Biography*，National Centre of Biography，Australian National University，http://adb.anu.edu.au/biography/ah-ket-william-4979/text8267，published first in hardcopy 1979，accessed online 7 June 2020。

[2]　有关雷美好的生平简历，详见"Ah Mouy，Mee How (1887 - 1977)"，http://www.chia.chinesemuseum.com.au/biogs/CH00671b.htm。

校，方才正式核发给她正常的一年期留学签证。

当雷家人为莫妮卡的入境问题与外务部秘书直接交涉之时，雷美好与他心爱之人已经在从香港驶往澳洲的航海途中。四月十二日，他们乘坐的"山亚班士"（St. Albans）号轮船抵达美利滨港口。入境后，莫妮卡也住进了雷亚妹家族在美利滨内城濒临海湾的中园区（Middle Park）的豪宅之中。

抵埠十天后，莫妮卡正式注册入读位于中园区隔邻的卫斯理女书院（Wesley Ladies College）。由于在香港就一直接受英语教育，没有语言障碍，她在卫斯理女书院的学习很顺利，举止言行都很具大家闺秀风范，且聪颖勤奋，书院对其学习成绩非常满意。因此，从七月份起，外务部再核发给她九个月的展签，这样和刚入境时的三个月加在一起，就正好是一年的签证。到次年四月十一日，外务部再延长其留学签证十二个月。就这样，莫妮卡在卫斯理女书院一直读到该年年底学期结束。

从一九一七年新学年开始，莫妮卡转学进入开设在美利滨城里的泽口商学院（Zercho's Business College）就读，选修簿记、打字和速记等当时的热门课程。此时，原先由外务部管理的外侨事务已经转交内务部接手，当后者从海关等部门那里确认莫妮卡的转学以及她在商学院的各项表现都令人满意之后，在当年四月中旬批复了她的又一年留学签证展延。[①]

而这一年的十二月一日，是雷家择好的良辰吉日，二十一岁的莫妮卡正式嫁给三十岁的雷美好。婚礼很隆重，在美利滨的圣公会所属之圣彼得堂举行，由华社著名牧师张卓鸿的长子James M.A. Cheong主婚。而此时已经九十一岁的雷亚妹仍然健在，他看到了自己所有的孩子在澳成家立业，开枝散叶。

婚后不久，雷美好便于十二月十七日致函内务部秘书，为新婚妻子申请在澳永久居留权。他认为，莫妮卡是香港居民，虽是中国人，但属于英国属土臣民，一旦嫁给他这个在澳出生的澳大利亚公民，是完全可以有权获得在澳永久居留的。内务部秘书在此之前刚刚接到泽口商学院提交的例行报告，显示莫妮卡为准备婚礼，此前已经缺勤达三个星期。按照内务部执行的标

---

① Monica M Kung - extension of exemption certificate，NAA：B13，1917/9553.

准，是不允许外侨在澳留学期间结婚的；此外，如此旷课，也被视为违反留学条例规定。因此，当接到雷美好的申请后，内务部秘书立即复函，质问他为何莫妮卡不遵守她此前提出赴澳留学时的诺言，因为她当时向澳方申请以及后来雷家代为申请都做出保证，此行只以留学为目的。换言之，内务部秘书认为她是以留学为借口，而以结婚为最终目的。为此，雷美好的申请就被内务部秘书一口拒绝。

情急之下，雷美好求助于美利滨德高望重的天主教罗便臣神父（The Rev. G. C. Robinson）。一九一八年一月十七日，后者亲自去到内务部秘书办公室说情。他表示道，雷美好的家庭一直都有功于美利滨社区，他本人也服务于政府，在市政厅充当建筑设计师，职位也很高尚；他曾经因欧洲大战也想加入澳大利亚帝国军队赴欧参战，只是因体检不合格而无法入伍，痛失机会。他举出此例，意在说明雷美好作为澳大利亚国民，一直都在想方设法为国服务，在国家需要时，想方设法要尽一个公民的义务。此外，他也强调，莫妮卡是英国臣民，一直沐浴着西方文化，享受着文明教育，当局应该要考虑她与雷美好已经结婚的事实，而准允其居留下来。尽管如此，内务部秘书仍然是借内务部长的口，以部长认为不能开这个头为由，拒绝了这项说情。

雷美好见内务部秘书不予通融，心中不忿，再找到澳亚循道公会域多利分会秘书长亨利·沃若牧师（Rev. Henry Worrall）求助。沃若牧师对其遭遇十分同情，决心鼎力相助。他因与时任澳大利亚总理比利·休斯（William Morris[Billy] Hughes）相熟，遂于二月二十三日给他写了一封长信，告知此事原委，也附上雷美好和莫妮卡的陈情信，望其能成人之美。毕竟神职人员的影响力大，其意见起了很大的作用。三天后，总理将此信转交给内务部秘书，嘱其酌情处理。在这种情况下，内务部秘书自然不能再无视雷美好的请求，便于三月一日将新婚的两人请到办公室面谈，进一步了解其诉求。随后，他将此情况向内务部长作了详细汇报，请其最后决定。内务部长见总理也十分关注此事，加上雷家在美利滨也算得上是名门望族，此外还有基督教和天主教的领袖人物也都站出来为他们说话，觉得兹事体大，也就顺水推舟，于三月六日撤销此前的拒签决定，准允莫妮卡从此可以留居澳大利亚。

由是，雷美好以不懈的努力，终于将妻子留在自己身边。

定居澳大利亚后不久，莫妮卡便为雷美好生下了儿子斯坦利（Stanley Ah Mouy）。一九二二年十月，雷美好和莫妮卡夫妻俩带着儿子斯坦利从美利滨搭船前往香港探亲度假，次年七月再举家返回美利滨。[①]从此，莫妮卡便长居澳大利亚，与夫婿活跃于美利滨华人社区，并最终加入澳籍。

莫妮卡的留学档案到此中止。

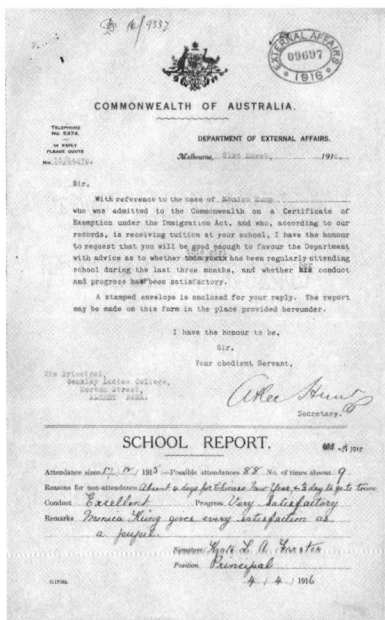

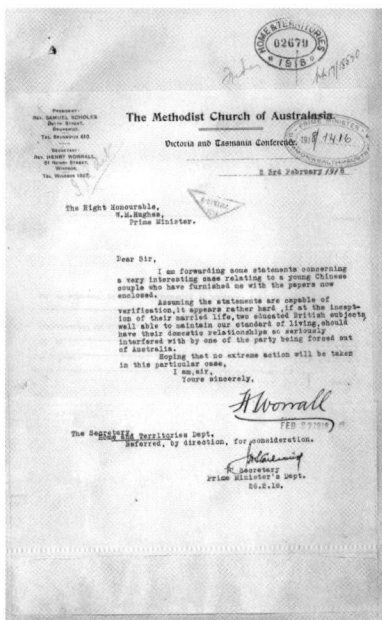

左为一九一六年四月四日，卫斯理女书院院长给外务部秘书的例行报告，说明莫妮卡在校表现和学业都十分令人满意；右为一九一八年二月二十三日澳亚循道公会域多利分会秘书长亨利·沃若牧师（Rev. Henry Worrall）给时任澳大利亚总理比利·休斯（William Morris Hughes）写信，请其出手相助，让雷美好之妻莫妮卡能留居澳大利亚。

档案出处（澳大利亚国家档案馆档案宗卷号）：

M.M. Monica Moonie Kung （M. Ah Mouy）Ex/c，NAA：A1，1922/13754

---

① Minica Ah Mouy - Application for Certificate for Exemption from Dictation Test，NAA：B13，1922/18734；Mee How Ah Mouy and wife Monica Ah Mouy，son Stanley - Left for China per SS Eastern 2.10.1922 - Returned Melbourne per SS Victoria 30.7.1923，NAA：B13，1923/15625.

陈 华

香港

  陈华（Chun Wah）大约生于一九〇二年年初，自称是在香港出生。因他的档案缺失了一部分，而档案中有时候也称他是来自中国（广东省），由是，只能推测其父辈在十九世纪后半期去到香港，他得以出生在香港。可是按照中国人常说的籍贯故里，他们又常常自称是广东人，因为其父辈原本就是近期从珠江三角洲或者四邑地区来到这里发展，只是因档案中对此没有过多涉及，无法得知他是广东省何邑人氏，且陈姓又属于广东大姓，分布极广，更难以根据姓氏去判断其籍贯何处。

  在这份档案中，没有披露陈华的父亲的情况，也没有说明其父是否早年便去到澳大利亚发展，但提到他的一位伯父名叫Henry Fine（亨利·范，译音），[①]早在一八七九年前后便已从广东家乡奔赴澳大利亚发展，此后一直在雪梨（Sydney）埠定居，于福斯特小筑区（Forest Lodge）开设店铺，经营果蔬和日用杂货，只是档案中没有给出其商铺的具体名称。但在档案文件中也特别说明，因其诚信公平，邻里关系融洽，其商铺每年营业额超过两千镑。由此亦可看出，其商铺的规模还不算小。跟许多早期来澳并站稳脚跟的中国人一样，Henry Fine也在澳大利亚联邦建立之前便已在鸟修威省（New South Wales）入籍，并且在澳成家，其妻小与他都住在雪梨（如果其妻不是由他在

---

① 无法得知其确切的中文名的英语拼法，也就无法根据其拼音写出相近的中文名译音。而在澳大利亚国家档案馆，用其西化的英文名也查找不到与其相关的任何档案线索。

澳大利亚联邦成立之前便从中国带出来的话，就有可能是当地土生华女或者西妇）。该档案也曾提到，Henry Fine还有一位兄弟，此时住在距雪梨约五百公里的鸟修威省东北部的冈尼达埠（Gunnedah），也在那里经营一家商铺，看起来是跟他差不多时间一起来到澳大利亚发展的，只是没有对其情况作进一步的介绍，无法得知其姓名及更多详情。

一九一〇年年底到一九一一年年初之交，鉴于侄子陈华即将届满九岁，Henry Fine就想将他从广东家乡办来雪梨读书，与他的孩子一同上学，让他们一起入读福斯特小筑公立学校（Forest Lodge Public School）。由此可见，陈华或者是在香港出生后，便被家人送往广东家乡，在那里接受教育。于是，Henry Fine便向澳大利亚外务部申请侄儿陈华的入境签证，希望准允其来澳留学五年时间。外务部通过海关对申请者的情况作了一番了解后，认为他符合监护人和财政担保人的条件，遂于一九一一年一月九日批准了申请。得到外务部的正式批文后，Henry Fine立即致电广东的家人，由他们通过在香港的金山庄及在广东家乡的联号商铺，向官府领取护照，寻获帮带之人于旅途中予以照料。待一切安排妥当之后，家人便将陈华送往香港，在此搭乘前往澳大利亚的"奄派"（Empire）号轮船，于当年十一月八日抵达雪梨。随后，陈华便在伯父的安排下，正式入读福斯特小筑公立学校。

由此，陈华一直在这间学校读了五年书。抵澳前他未曾学过英语，但进入新的环境后，能直面挑战，很快就适应了这里的学习环境，一年后便已学得一口流利英语，并在其后的几年里都学习用功，是该校成绩最佳的学生之一。到一九一六年年底学期结束，他成功地通过考试，从这间学校小学毕业。虽然此前外务部批准他入澳留学的期限是五年，但在签证到期时，其伯父Henry Fine再向外务部申请准允他继续读中学，经外务部会同鸟修威省教育厅协商，同意接受他继续留在澳大利亚读书。

可是，因其他学校的学位紧张，一九一七年新学年开学后，陈华无法进入正式的完全中学读书，便进入雪梨城里的纪聂技校（Glebe Technical School）读中学课程。他在这里同样是聪颖好学，成绩优异，并且为自己取了一个英文名，叫做Arthur（亚瑟）。学校对他的评价是：勤学好问，立志成为一名土木工程师。一九二〇年年底，他通过了初中考试，顺利升入高中课程，并在一九二三年年底从该校毕业，获得高中毕业文凭。次年年初，他也顺利地通过了大学入学考试。

一九二四年新学年开始，陈华获准入读雪梨大学（Sydney University），进入工程学院念书。虽然他在大学里也仍然像以前那样用功，但学习成绩就有所下降，加上大学对各科作业和考试都卡得很严，到二年级时，他有几门课考试没有通过，按照学校的要求，只能重读。尽管此时他已过了二十四岁，但内务部仍然批复其伯父Henry Fine的申请，每年核发给他展签。完成了三年级专业课程后，从一九二八年开始，陈华便进入实习阶段。他先在鸟修威省公路局实习半年，然后再去水务局实习十二个月。从一九三〇年开始，他才返校进入其专业课程的最后一年学习。到年底，他顺利地通过了毕业考试，完成了在雪梨大学的全部课程学习，获得了一个土木工程学士学位。此时，他已经年满二十八岁了。由是，他成为雪梨大学的第一位从中国前来留学的毕业生。由于他所创下的这一记录，《雪梨晨锋报》（Sydney Morning Herald）曾在一九三一年五月二日对其毕业做出过报道。①

在一九三一年上半年，陈华参加完了雪梨大学的毕业典礼，也利用这段时间对全澳的商业情况进行了一番考察，随后，就按部就班地购好船票，准备按规定返回中国。可是在临走之前，他却在七月九日给内务部长写信，想要申请重返澳大利亚的入境签证。他在信中表示，要回中国开设公司，建立起与雪梨联络的通道，进口澳大利亚的产品，为此，他需要不时地来往中国与澳大利亚之间，以便更好地开展进出口的业务。他还特别说明，因他是在香港出生，因而具有英国属土公民身份，这样也便于他来往两地做生意。走之前，他已经在雪梨注册成立了一间公司，名叫"东方出口公司"（Orient Export Company），位于约克大街（York Street）十四至十六号，并与雪梨当地六家公司谈妥，与之签署了在中国代理其产品的合同（具体公司名称

---

① 参见："Mr. A.C. Wah, First Chinese Graduate in Engineering", *Sydney Morning Herald*, Sat 2, May 1931, p. 14。

为：Bamford & Chapman，W. Belchin Ltd，The Felt & Textile Company Ltd，Ludowici & Son Ltd，J. E. Cornell，G. Millar），此外，还有两家公司也正在考虑当中；与此同时，他也与美利滨（Melbourne）的几家有兴趣开拓中国市场的公司接洽过，相关的合作意向都很明显，有关合同的细节也正在草拟之中。在信中，陈华进一步说明道，他的计划是将公司总部放在雪梨，将上海和香港作为市场的桥头堡，将澳中之间的贸易联系夯实打牢。为此，他吁请内务部长能认同他的这个计划，核发多次往返的入境签证给他，以利推动澳中贸易的发展，将澳大利亚产品推介到中国的庞大市场。

内务部长接到陈华的申请信后，指示海关对上述事项予以核实。后者通过一个星期的时间，对上述公司一一查询，确认他们与陈华签署合同的事实。但是，根据澳大利亚与中国政府的协定，要以商人身份进入澳大利亚，必须先向中国政府申请到商务护照（由此亦显示出澳大利亚内务部并未将其视为英国属土臣民，而仍然视其为中国公民），然后必须以经销商的身份进出口澳大利亚的产品，并且需要达到一定的数额，同时该商人还需在海关缴纳规定数额的保证金，方才可以准允留在澳大利亚从事商务活动。据此，内务部秘书于七月十七日复函陈华，将意见告知，并特别强调，内务部长只有在他将条件都满足之后，方才批复其商务签证。

显然，陈华上述计划只是个人设想，要付诸实施，则困难重重。可能他也知道要真正获得商务签证，必须要在香港和中国内地建立起实质性的贸易网络，然而这不是他短期内可以做到的，并且他也从未涉及过商务贸易，目前仅是纸上谈兵而已，因而只得接受这个现实，待日后条件成熟再议此事。于是，他按照预定计划，在七月二十二日告别伯父Henry Fine一家，到雪梨港口登上驶往香港的"彰德"（Changte）号轮船，返回中国家乡。

从入境到离境，陈华在澳大利亚留学总计二十年时间，完成了小学、中学和大学的各项课程，获得了工学学士学位，成为雪梨大学的第一位中国毕业生，算得上是完整地接受了澳大利亚的教育，属于学成而归。而此后澳大利亚未曾见到他再入境的信息，可能回国后形势有变，他的澳中贸易计划不得不随之变更。

一九一一年十一月八日，陈华抵达雪梨、登陆澳洲时在海关留下的手印和照片。

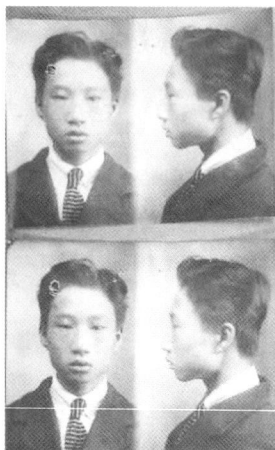

一九二〇年，陈华在雪梨读中学时期的照片。①

---

① Photographs of Chinese Children admitted for education purposes，NAA：A1，1920/7136.

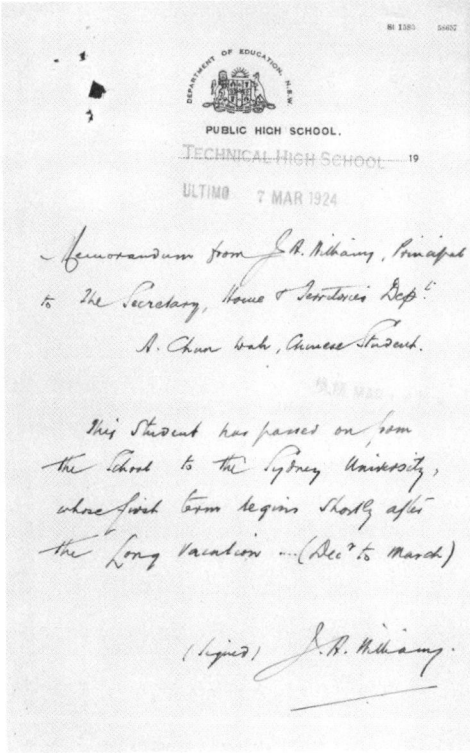

左为一九二四年三月七日，乌修威省教育厅公立中学处出具的陈华通过大学入学考试被雪梨大学录取的证明；右为《雪梨晨锋报》（Sydney Morning Herald）一九三一年五月二日对陈华成为雪梨大学的第一位从中国前来留学的毕业生之报道及照片。

档案出处（澳大利亚国家档案馆档案宗卷号）：

Chun Wah educational exemption certificate，NAA：A1，1931/1485

甄鎏满

香港

　　甄鎏满（Loo Moon），一九一〇年五月十二日出生于香港。因其留学档案中与之相关的监护人和财政担保人资料缺失，无法得知当年是何人于何时为其申领赴澳留学护照和签证。从档案中涉及的线索找到的资料显示，一九二一年，甄鎏满所要去的留学地点，是他省（Tasmania）西海岸的小镇石翠崀（Strahan）。提出申请他入澳留学的监护人是Jack Kong（或者写成Jack Kong Guning），在这个临海小山镇经营乡村小店铺或者果蔬店，名为Soo Kee & Co.（"苏记"商铺），希望将当年十一岁的他申请到当地的公立学校留学读书，便于就近照顾。这位Jack Kong可能是他的父亲，或者是其叔伯或舅舅这一类别的长辈，因涉及此人的资料是另一份档案，故无法确定他们之间确切的关系。[①]接到申请后，中国驻澳大利亚总领事按照程序予以审理，到十月廿五日，由总领事魏子京给他签发了一份号码为115/S/21的中国学生护照；十一月十六日，澳大利亚内务部也批复了他的入境签证。按照当时的规定，在香港出生者，即成为英国属土臣民，前来澳大利亚留学不需经过中国总领事馆为其办理护照，而应向港英当局申请办理入境护照。但不知为何，澳大利亚内务部并未对此流程提出异议，中国总领事馆也如常审理，此

---

① KONG，Jack‐Nationality：Chinese‐Form of Application for Registration as an alien，NAA：A396，KONG J. 根据这份档案，Jack Kong是一八八二年八月十五日在中国出生，一九〇〇年三月进入澳大利亚发展，定居于石翠崀镇，开设一家商铺。

后也任由中国总领事馆代理其留学签证之展延申请并予以批复。

收到邮寄而来的留学护照后，甄鋈满并没有及时启程赴澳，而是拖延了将近三年时间，长到十四岁了，才从香港搭乘"山亚班士"（St. Albans）号轮船，于一九二四年八月二十七日抵达美利滨（Melbourne），再由此转乘跨海渡轮前往他省首府好拔埠（Hobart）上岸。陪着他一路航行并为其办理入关手续的监护人，是在他省中部大埠兰市屯（Launceston）圣约翰斯大街（St. Johns Street）上开店经营的Ah Geo（亚佐，译音），[①]根据海关的说法，他们是一路从中国前来澳洲的。或许这个信息可以解释尽管甄鋈满是在香港出生，但仍然被视为由中国总领事馆负责申办护照和签证的中国公民，可能他虽然是在香港出生，但却是在广东家乡长大的。而根据其姓氏在广东省主要集中于四邑地区来判断，他的家乡应该是在四邑，其父辈很可能在十九世纪末年到香港发展，他便得以在该地出生。从这个时代台山县的几位甄姓族人都是来他省留学读书的情况看，[②]甄鋈满的原籍极有可能就是台山县。

在内务部保存的记录中，甄鋈满将要入读的学校是石翠崀公立学校（Strahan State School）。在他入境两个多月后，内务部秘书便据此去函该校，想知道他的在校表现。可是，当年十一月二十日，该校的复函却表示压根儿就没有这样一个学生；而在过去几年里，该校事实上也从未接收过任何中国学生入读。因不得要领，内务部转而在年底向中国总领事馆询问甄鋈满的去向。待到一九二五年二月初，中国总领事馆反馈回来的信息是，总领事馆写给原本在接到甄鋈满申请护照时的联络地点即上述Jack Kong所开设之"苏记"商铺的信件，最终也给退了回来，上面写着"查无此人"。随后，内务部通过他省海关，最终找到携带甄鋈满入境的亚佐，方才得知他现在入

---

① 在澳大利亚国家档案馆里无法找到任何与Ah Geo相关的档案宗卷，故无法判断他与甄鋈满之间的关系。

② 详见澳大利亚国家档案馆所藏下列留学档案：Gin Ack - Student passport [1cm]，NAA：A1，1927/21107（甄德，新宁[台山县]）；Gin Hoi - student passport，NAA：A1，1929/7178（甄海，新宁[台山县]）；Kim，Ham - Student's passports，NAA：A1，1925/24465（谭锦，新宁[台山县]，担保人亦姓甄）；Gen Ack Leong - Student exemption，NAA：A433，1941/2/2630（甄德亮，台山县）；Gin Yook - Chinese student's passport，NAA：A1，1924/27291（甄煜，台山县）；Kum，Yum - (Canton) students passport，NAA：A1，1926/5240（甄锦，台山县）。

读的是皇后镇中央公立学校（Central State School，Queenstown）。该镇同样位于他省西海岸，距石翠崀镇没有多远。

该校校长提交的报告显示，十五岁的甄銮满虽然正常出勤，但因之前根本就没有学过英语，导致他很难与人沟通；虽然经过半年多的学习，显示出来了一些进步，仍然需要给予他更多的辅导，才能使其跟得上学习的进度。根据报告，学校是这么做的，甄銮满也确实努力配合，表现良好。到了一九二六年年底，校长在报告中表示，这位中国学生已经突破了语言的障碍，可以流利地与人交谈，加上他确实认真刻苦学习，也参与学校组织的各项活动，包括课外活动，显示出他基本上融入了当地学生群体当中，各方面进步很大，只是在算术课程上尚有一些困难，但学校已经对他进行了额外辅导，他由此取得了长足的进步。为此，内务部在过去的两年里，皆按照规定，批复了他的展签申请。①

但甄銮满只在皇后镇中央公立学校读了两年半的时间。从一九二七年新学期开始，学校便发现他没有来上学，据说是去了雪梨（Sydney），遂向内务部报告了其去向。还好，在离开他省之前，他把去到雪梨的联络地址告诉了海关，即位于佐治大街（George Street）六百七十一号的中澳贸易公司（China Australian Trading Co.）。可是到五月中旬，当内务部辗转通过雪梨海关去到上述公司找到其负责人时，得知他确实是在年初就从他省来到雪梨，但并没有住在公司里，而是住进他的兄长Geen Foon（无法在澳大利亚国家档案馆里找到同名的宗卷，无法得知其在澳具体情况）在欧田模（Ultimo）区位于哈里斯大街（Harris Street）上的物业里。只是他的兄长在二月底去了美利滨，甄銮满并没有跟着一起去，但也由此与公司失去了联络。在随后的近两个月时间里，内务部通过各种渠道包括中国驻澳大利亚总领事馆寻找这位十七岁的青年，最后是在七月八日，雪梨海关的稽查人员从其原先在哈里斯大街的邻居那里打听到了甄銮满的消息：事实上他哪里也没有去，还是待在

---

① Loo Moon (Chinese) ex "St. Albans" - Issue of Certificate for Exemption from Dictation Test，NAA：B13，1926/8245.

雪梨，只是在兄长去美利滨后，他搬到了唐人街上的德信街（Dixon Street）二十一号；然而，在这半年左右的时间里，他没有进入任何一间学校念书，而是每天流连于雪梨城里的几间赌馆番摊，浑浑噩噩，无所事事。甚至当海关稽查人员最终找到他并当面询问他时，他都对上述行为供认不讳。

经过半年的努力，动用了大量的人力和物力资源，在这位学生的签证有效期即将到期之前，才找到了失去联络的甄鎏满，而且还是这样一个严重违反中国留学生条例的状况。由是，内务部长对此结果十分愤怒，遂于七月二十五日签发遣返令，分发中国驻澳大利亚总领事馆和海关，要求将甄鎏满即刻遣返回中国。

海关在接到遣返令后，很快就找到甄鎏满，将其扣押起来，然后寻找最近一艘离港赴香港的班轮。一九二七年八月十七日，海关将甄鎏满送上"太平"（Taiping）号轮船，遣返回国。海关通过轮船代理公司为甄鎏满所订船票的费用为十四镑十先令，则由海关交给其兄长支付结账。甄鎏满的留学档案也到此中止。

从申请赴澳留学，到离开澳大利亚，其间时长达六年；但从其入境澳大利亚到被遣返，仅差十天就满三年。在这差不多三年的留学时间里，甄鎏满真正在校读书也只有不到二年半；而在这段时间里，所有学校的报告都显示出他是刻苦用功的学生，语言能力和学习成绩也可圈可点。至于他最后半年里判若两人地流连于赌馆番摊间，事实上也是当时的留学生因脱离了监护人的监管，而在青春反叛期出现的普遍问题。

一九二一年十月廿五日，中国驻澳大利亚总领事魏子京给甄鎏满签发的中国学生护照。

一九二六年三月十八日，皇后镇中央公立学校校长有关甄鎏满在校表现及学习成绩的报告。

档案出处（澳大利亚国家档案馆档案宗卷号）：

Moon，Loo - Student passport，NAA：A1，1926/15259

刘北惠

香港

民国三年（一九一四年）十二月十日，刘北惠（George Buck Way Lowe）据称出生于香港。他的父亲名叫刘瀚生（Hung Sing，或者是Low Hoy[刘海]），^①当时在昆士兰省（Queensland）北部重镇坚时埠（Cairns）开设有一间商行，名为"合昌号"（Hop Chong & Co.）。^②

从澳大利亚国家档案馆现有的检索系统，查不到与"Hung Sing"相关的信息；但考虑到当时许多在澳华人行世之名就与其商铺名相一致这一情况，则可以找到两条与来自坚时埠"合昌"之名相关的出入境记录。^③根据这些档案记录可以推测，这位"合昌"（可推测即刘瀚生）大约出生于一八七九年或者一八八〇年，可能未到弱冠之年便在十九世纪末从广东来到澳大利亚的

① 按照当时国人取名带字的习惯，"名"和"字"的含义应是有一定关联的，亦即"海"是名，"瀚生"是字。

② 合昌号最早出现在坚时埠当地报纸上，是一九一六年下半年成为昆北地区爱国捐的捐赠者之一。见："Northern District Pariotic Fund"，*Cairns Post*，21 November 1916，p. 6。

③ 档案记录的时间分别为一九一七年至次年和一九二八年至一九三〇年。见：Certificate Exempting from Dictation Test (CEDT) - Name：Hop Chong (of Cairns) - Nationality：Chinese - Birthplace：Canton - departed for China per TAIYUAN on 16 November 1917，returned to Cairns per SS TAIYUAN on 13 November 1918，NAA：J2483，218/32；Certificate Exempting from Dictation Test (CEDT) - Name：Hop Chong - Nationality：Chinese - Birthplace：Canton - departed for Hong Kong per TAIPING 21 December 1928 returned Cairns per TANDA 31 March 1930，NAA：J2483，457/70；Certificate Exempting from Dictation Test (CEDT) - Name：Low Hoy (of Cairns) - Nationality：Chinese - Birthplace：Canton - departed for China per ST ALBANS on 24 September 1919，returned to Townsville per CHANGSHA on 27 December 1920，NAA：J2483，268/75。

昆士兰谋生，抓住机会在坚时埠开设了自己的店铺，适时经营进出口货品贸易。就当时在澳经商的华人而言，经营进出口贸易，通常都是通过香港的洋行代理，或者在自己的生意做大或有能力时，在香港设立自己的分行或分公司。或许缘于此，他得以在回国结婚后将家小安置在香港。这实际上也是当时在澳经商华人的普遍做法。

当儿子刘北惠长到九岁时，澳大利亚实施《中国留学生章程》已过了二年，已经有几百名居澳华人将其在华之子女申办来澳留学，为此，刘瀚生认为是将其子办理来澳读书的时候了。于是，一九二三年下半年，他填表向中国驻澳大利亚总领事馆提出申请，办理儿子赴澳留学护照和签证。他以自己经营的"合昌号"商铺作保，允承每年供给膏火一百五十镑作为儿子在澳留学费用，要将他送入坚时埠士低士姑芦坚时童子小学校（Boy's State School，Cairns）念书。中国总领事馆经一番审理，批复了上述申请。当年十二月二十日，中国总领事魏子京给刘北惠签发了号码为366/S/23的中国学生护照；当月二十八日，澳大利亚内务部也按例为他核发了入境签证。第二天，中国总领事馆便将护照寄往香港。

经过大半年的联络安排，找到了旅程中的监护人之后，十岁的刘北惠在香港被家人送上"太平"（Taiping）号轮船，于一九二四年十月二十八日抵达坚时。父亲刘瀚生将其接出海关，住进他的"合昌号"店铺中。十一月三日，他正式注册入读士低士姑芦坚时童子小学校，在这里读了半年左右，学校对他的评价是各方面表现令人满意。

一九二五年五月二十六日，刘北惠从上述学校退学，前往坚时北部一百多公里以外的道格拉斯港（Port Douglas），于六月一日转学到该埠的道格拉斯港公立学校（Port Douglas State School）念书。从当年九月份学校提供的报告来看，他虽然对各门功课的学习都很努力，但迄今操说英语仍无法连贯，表明尚需进一步的努力和提高。一年后，学校的报告显示，他的各门功课都很好，英语口语已经很流利，也跟班上的同学一起玩各类游戏，参加各种不同类型的活动，包括体育活动，进步很大。到一九二七年，他除了作文还需要花些力气赶上课程进度之外，其他的各门功课都表现良好，尤其是算术突出；此外，他对网球和足球的兴趣盎然，总是跟同学玩在一起。就这样，他在这间学校一直读到一九二八年年底学期结束。

转眼就到了一九二九年年初，十四岁的刘北惠没有等到新学年开学，而是于当年一月二十一日赶到坚时埠，登上驶往香港的"天吇"（Tanda）号轮船，告别父亲，返回家乡。走之前，他没有通知中国总领事馆，也没有告诉内务部，更没有申请再入境签证。根据当时许多在澳华人的通常做法，也许他的父亲是将其送回香港，在那里再接受中英双语教育。

根据另外一份档案资料显示，到一九三四年十月一日，二十岁的刘北惠从香港搭乘"太平"号轮船，再次抵达坚时，进入父亲的"合昌"号商铺工作。[1]由此直到一九四八年十二月七日，他从雪梨（Sydney）搭乘飞机返回香港。[2]如果这是他自战前重返澳大利亚后再时隔十四年回港探亲，通常情况下是在战后拿到较长期限比如五年的工作签证，然后申请回港处理私事之举。

刘北惠的档案到此中止。至于他此后是否重返澳大利亚，因无法找到进一步的档案资料，无从知晓。

---

[1] Buck Way Lowe [Chinese - arrived Cairns per SS TAIPING，1 Oct 1934. Box 34]，NAA：SP11/2，CHINESE/LOWE BUCK WAY.

[2] Lowe George Buck Way (Liu Pe Hui) - Chinese - arrived 1 October 1934 in Cairns aboard TAIPING - departed 7 December 1948 from Sydney aboard Airflight，NAA：BP210/2，LOWE G；Buck Way Lowe [Chinese - arrived Cairns per SS TAIPING，1 Oct 1934. Box 34]，NAA：SP11/2，CHINESE/LOWE BUCK WAY.

左为一九二三年（具体日期不明），刘瀚生填表向中国驻澳大利亚总领事馆提出申请，办理儿子刘北惠赴澳留学护照和签证；右为一九一九年，昆士兰海关给刘瀚生（Low Hoy）颁发的回头纸。

一九二三年十二月二十日，中国驻澳大利亚总领事魏子京给刘北惠签发的中国学生护照。

档案出处（澳大利亚国家档案馆档案宗卷号）：

Lowe，G Buck Way - Student passport，NAA：A1，1928/9729

赵开基

香港

在早期赴澳的华人中，儿子直接使用父亲的名字作为姓氏，是比较常见的事。一九一五年正月十五日在香港出生的赵开基（Leslie Hocktien），便是一例。事实上，其父所用之名字才是真正的赵开基（Chew Hock Tien，或者写为Chew Kocktien），其子的全名事实上是以父亲的名字"开基"（Hocktien）为姓，前面加上一个通用的英文名即可。因此，细究小赵开基的名字，按照现在的译法，可译为"莱斯利·开基"。为了便于叙述以及将父子俩的名字区别开来，本文中将父亲之名称之为"老赵开基"，而其子则称为"小赵开基"或"莱斯利"。

老赵开基出生于一八五三年十月二十三日，[①]从他的档案上记载来看，因没有详细写明是哪个县，只知道他是出生在广东省。一八七五年四月十五日，他乘坐从香港起航的蒸汽船"庇厘士彬"（Brisbane）号抵达澳大利亚昆士兰（Queensland）的谷当埠（Cooktown），随后便一直在昆士兰做工经商，最终定居于谷当，在该埠夏洛特街（Charlotte Street）上与人合股开设一家商行，名为"广裕荣"号（Kwong Yee Wing & Co.），经营日用土特产

---

① 赵开基的这一出生日期是他在一九〇五年申请入籍时所填写者，只是这次申请被拒。详见：Chew HOCKTEIN – Naturalization，NAA：A1，1905/1322。但在八年后，他继续申请入籍，其出生日期则少写了一年，变为一八五四年出生。见：Chew Hock-Tien，Naturalisation，NAA：A1，1913/1022。从他在二十世纪初年便申请加入澳籍一事看，他应该早在十九世纪末便已取得在该地之永久居民资格。

品和果蔬等，他是大股东和商行实际控制人。在澳大利亚拼搏了二十年后，他再次结婚，于一八九八年从家乡娶一较他年轻二十六岁名叫Mon Que（满姑，译音）的吴姓女子，将其带到了谷当埠。[1]两年后，她在香港为老赵开基生下一女儿，名为Ah Moy Hocktein（亚妹，译音），然后再带着女儿回到澳大利亚与丈夫生活在一起。[2]根据老赵开基自己在一九一三年申请加入澳籍时的说法，他还有另外三个儿子，当时是与他们的母亲居住在广东家乡。[3]由此可见，满姑显然是他五十多岁之后回国娶的二房或者填房，前者则是正房。其子莱斯利出生的年份是在他提出入籍申请后，翻查澳大利亚国家档案馆中现存的满姑档案，并没有她在此前后出入境的记录，显然莱斯利非满姑所生。[4]而根据老赵开基此前有关其正房与其三个儿子都住在广东家乡的说法，那就使得我们可以推测，莱斯利之得以在香港出生，则极有可能是他在香港又另娶一偏房所致，因其在一九〇五年申请入籍时曾经写道，他于一年前曾经再婚，即又再娶有一房。在十九世纪末二十世纪初，根据中国的乡俗，一个有身家有能力的男人娶有几房妻妾属于正常之事。就当时赴澳发展的第一代中国移民来说，将正房和偏房安置在家乡或者香港，而将其中一房太太携带到澳大利亚生活定居，亦有先例。比如，十九世纪六十年代从广东省新宁（台山）县和乐村来到殖民地域多利（Victoria）淘金重镇大金山品地高埠（Bendigo）发展并定居开设"新德源"（Sun Ark Goon）号商铺的东主雷道海（Louey O'Hoy），在十九世纪八十年代时，就将大房安置在家乡而将二

---

① May Hocktien [Chinese - arrived Cooktown per TAIYUEN，c. 1898. Box 25]，NAA：SP11/2，CHINESE/HOCKTIEN M。到达澳大利亚之后，满姑也从夫姓，将英文名改为May Hocktien（或者May Hocktein)。从赵、吴都是新会县和香山(中山)县的大姓来看，赵开基的籍贯极有可能是新会县或者香山(中山)县。

② Certificate Exempting from Dictation Test (CEDT) - Name：Ah Moy Hocktein (of Cooktown) - Nationality：Chinese - Birthplace：Hong Kong - departed for China per TAIYUAN on 23 December 1918，returned to Thursday Island per ST ALBANS on 16 May 1920，NAA：J2483，263/10。

③ [Chew Hock-Tien，Naturalisation，NAA：A1，1913/1022。

④ 在小赵开基的档案中，护照申请表上的监护人和护照请领者是"赵吴氏"，亦即赵开基太太满姑，而没有写明是其母亲。由此可见，小赵开基并非其亲生。见：Leslie Hocktien - student passport，NAA：A1，1929/3651。

房申请来到澳洲与他共同生活，并在此养育了六个子女。[①]

到儿子莱斯利长到七岁，到达当时中国进入正规学校接受教育的年纪，老赵开基便开始考虑将其安置在何处读书更为合适。鉴于澳大利亚在一九二一年实施《中国留学生章程》，开放教育给居澳华人申办其在华子女前来留学，只要财政状况可以支撑，其他条件也合乎要求的话，通过中国驻澳大利亚总领事馆申办赴澳留学护照和签证即可。于是，一九二二年三月八日，老赵开基由其夫人赵吴氏出面担任监护人，向中国驻澳大利亚总领事馆申领莱斯利的中国学生护照和留学签证。她以丈夫的"广裕荣"号商行作保，允诺每年供给膏火六十镑作为莱斯利的学费和生活费，希望将他安置在谷当埠士的学校（Cooktown State School）就读。

中国总领事馆接到申请后，审理显得比较拖沓。直到大半年之后，亦即在当年十一月十五日，总领事魏子京方才给小赵开基签发了一份号码为198/S/22的中国学生护照；六天之后，澳大利亚内务部也批复了其签证申请，在护照上钤盖了入境签证章。按照当时的澳大利亚规定，凡英国属土的臣民申办来澳大利亚留学，应由港英政府核发证件，而非通过中国总领事馆办理手续。可是，在这个护照申办过程中，中国总领事馆似乎并没有将小赵开基视为英国属土臣民，而澳大利亚内务部显然也没有对此提出异议，原因不得而知。[②]

---

① 详见：O Hoy – naturalisation，NAA：A712，1882/W1225；O'HOY Louey：Nationality - Chinese：Date of Birth - 8 September 1836：First registered at Bendigo，NAA：MT269/1，VIC/CHINA/OHOY LOUEY；Mrs Louey O'Hoy - application for Certificate of Exemption from Dictation Test[10 pages][Item also contains 4 photographs]，NAA：B13，1918/19506；O'Hoy，Jan - Student passport，NAA：A1，1928/6720。

② 三年后(一九二五年)，出生于香港的陈兆添(Chin Sue Him)，在中国总领事馆为其签发了学生护照而来到澳大利亚，但在次年其申请学生签证展延时，就遭到了内务部的反对，剥夺了中国总领事馆为其申办签证的权利。当时的情况是：虽然陈兆添是英国属土臣民，但其父以其原籍为广东省台山县六村(秀塾村)为由，代其向中国总领事馆申领了中国学生护照。但澳大利亚内务部后来发现了上述出生地与管辖权的不同导致的身份差异，而拒绝由中国总领事馆为其申请签证展延。按照规定，他应该由其监护人和财政担保人向当地海关缴纳一百镑的保证金，每年由海关为其申请核发展签。详见：Chin Sue Him – student，NAA：A1，1929/4641。但此次小赵开基的护照和签证申请，皆由中国驻澳大利亚总领事馆全程负责，或许与老赵开基的中国人外侨身份有关。也就是说，即便他的子女声称是在香港出生，也仍然被视为家乡是广东的中国人。

拿到签证后，中国总领事馆按照流程将护照寄往香港。经家人半年左右的安排，小赵开基得以从香港搭乘"获多利"（Victoria）号轮船，于一九二三年五月十日抵达昆士兰北部的重要港口坚市（Cairns）。老赵开基提前去到坚市，将儿子接出海关后，便搭乘当地长途巴士将他带到谷当埠。

原本老赵开基是打算让儿子入读谷当埠士的学校，事实上他在海关办理儿子出关手续时，也是这样向海关移民局官员表示的。可是不到十天，他就将儿子再次送回到坚市，为其注册入读坚市公立学校（Cairns State School），并从五月二十一日开始正式去学校上课。之所以要这样安排，是小赵开基的同父异母姐姐亚妹此时在坚市埠Chiu Chong（徐昌，译音）的商铺里工作，可以对他予以照顾；此外，相对于经济日益衰落与人口逐渐减少的谷当埠，坚市人口较多，学校教学质量也较好。

从学校提供的报告来看，在进入澳大利亚之前，小赵开基未曾学过英语；经半年左右的学习，他尽管在与人沟通时尚不能用语言完整表达自己的意思，但却已基本上能明白别人的意思，达到了他这个年纪的学生所能达到的通常语言要求，而且其算术课程表现最佳。由此可见，年龄小（入澳时年仅八岁），接受新的语言能力强，是其较快就学好英语的一大关键因素。一年半之后，他的英语已经跟本地学生无异，在学习上特别刻苦，也遵守校规，与人为善，颇受老师好评。他总计在该校读了两年。从一九二五年下半年开始，他转学进入坚市男校（Cairns Boys School）。在这里，他仍然保持以前的学习态度，认认真真地又读了三年。

一九二八年下半学年开始，小赵开基转学进入圣莫尼卡书院（St. Monica's School）读中学，仍然一如既往，学习成绩令人满意。不过，他在此只是读了一年，到一九二九年下半年，便转学到圣母兄弟会书院（Marist Brothers School）继续念中学课程，同样是学习成绩优异。

在过去几年的留学过程中，中国总领事馆每年按例为其向内务部申领展签，皆未遇到任何麻烦。一九三〇年五月，又到了例行申领展签之时，只是这次中国总领事宋发祥在五月二十一日致函内务部秘书时，不是为小赵开基申请下一年度的展签，而是在函中告之这位年仅十五岁的中国留学生想在今年下半年回中国探亲（或许他虽在香港出生，但仍然是回到广东乡下长大，由此或许可以进一步解释，何以中国总领事馆将他视为公民并为其办理护照和申请签证的原因），希望内务部核发给他再入境签证，以便他结束探亲后重返澳洲完成学业。内务部以往一直都接获学校报告，了解到小赵开基品学兼优，其申请也合情合理，故十天后便批复了上述申请。

　　在结束了上半年的中学课程后，小赵开基于一九三〇年七月二十六日在坚市登上驶往香港的"吞打"（Tanda）号轮船，回家乡探亲。他的留学档案到此中止。没有迹象表明，他此后在结束探亲后返回了澳洲，以完成学业。但七年后他曾向澳大利亚内务部提出申请，以其父亲商铺替工的身份重返澳大利亚工作，①获准后便从香港搭乘"彰德"（Changte）号轮船，于一九三八年十月三十一日抵澳。②只是自此后，在澳大利亚国家档案馆里，再未能找到与他相关的档案宗卷。换言之，他最后是留在了澳大利亚抑或回去香港或者广东家乡，则无从知晓。

左为一九一八年亚妹（Ah Moy Hocktein）的回头纸；中为满姑（May Hocktein）一九一八年的回头纸；右为一九二六年满姑的回头纸。

---

① Leslie Hocktein [also known as Hockstien] [correspondence concerning application for re-admission to the Commonwealthfor subject] [box 359]，NAA：SP42/1，C1938/925.
② Leslie Hocktein [also known as Leslie Hock Tein] [includes Certificate of Exemption and left and right thumb prints] [arrived ex CHANGTE in Sydney on 31 October 1938] [correspondence concerning permission to enter the Commonwealth for subject] [box 375]，NAA：SP42/1，C1938/5913.

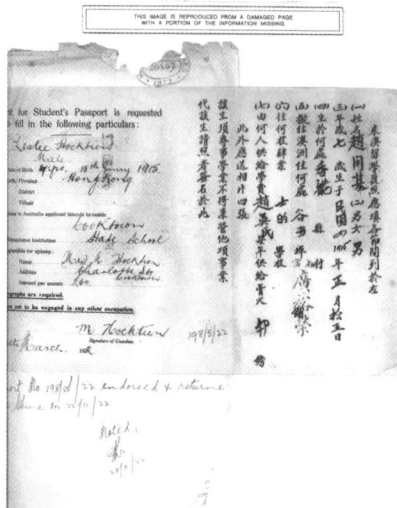

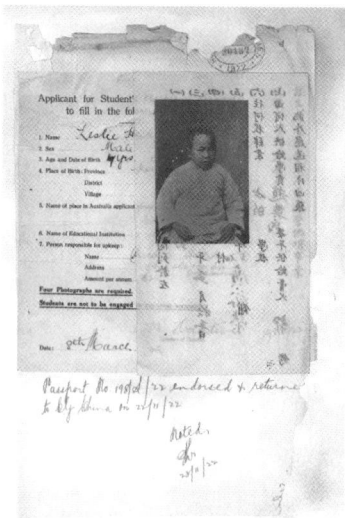

一九二二年三月八日，老赵开基由其夫人赵吴氏出面担任监护人，向中国驻澳大利亚总领事馆申领小赵开基（莱斯利）的中国学生护照和留学签证。

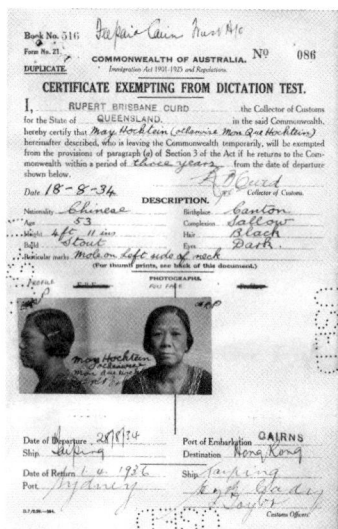

左为一九二二年十一月十五日，中国驻澳大利亚总领事魏子京给小赵开基签发的中国学生护照；右为一九三四年满姑的回头纸。

档案出处（澳大利亚国家档案馆档案宗卷号）：

Leslie Hocktien - student passport，NAA：A1，1929/3651

阮兆伦

香港

　　一九一八年十月廿一日出生在香港的阮兆伦（Un Shiu Lun），其叔父
名阮其苏（Un Ki So）。后者于一九三一年二月八日从香港搭乘"太平"
（Taiping）号轮船抵达雪梨（Sydney），入境澳大利亚，[①]是应聘去到美利
伴（Melbourne）城里的罗苏街（Russell Street）一百七十七号的"美珍"号
（Mee Chun & Co.）商行担任会计和襄理。美珍号是美利伴的华商老字号，
靠近唐人街（亦即小博街[Little Bourke Street]），其大股东亦即该商行董事
会的董事长，是一八六四年二月二十一日出生在广东省新会县小泽村的梁协
（Leong Hip），他于一八八五年左右跟随乡人的步伐，来到澳大利亚谋生，
最终定居于美利伴。[②]该商行主营新鲜蔬果、进口中国土特产，包括茶叶和生
姜等，还在香港开设有分行。[③]按照当时居澳华人商行都是从海外申请自家子
弟和亲戚前来协助经商的惯例，阮其苏显然应该是梁协亲戚中的子侄辈。而

[①]　Wong Fook，Gee Wah [also known as War]，Soo Chong，Ah Lim，Jimmy Hung，Goon Hee，
　　Sue Turn，Rose Choy York and Louey Fook，Louey Gee，Lee Ack [issue of CEDT's in favour of
　　subject]，Wing Young [permitted to land] Mrs Lim Garn [also known as Lum Gum]，Su Chong，
　　Lin Sing [permitted to land after issue of CEDT] [arrived ex TAIPING in Sydney on 8 February 1931]
　　[includes 11 Chinese passengers for transhipment and enroute to New Zealand] [includes Wong King，
　　Ah Yow，Charlie Lang，Ah Tan [issue of CEDT's in favour of subjects]，Un Ki So，Ah Leong and
　　Leong Hip for Melbourne] [box 336]，NAA：SP42/1，C1937/548.
[②]　HIP Leong：Nationality - Chinese：Date of Birth - 21 February 1864：First registered at Russell
　　Street，Melbourne，NAA：MT269/1，VIC/CHINA/HIP LEONG.
[③]　Leong Hip on false naturalization certificate，NAA：A1，1917/15568.

根据广东南雄县珠玑巷首批南迁姓氏来看，其中就有梁、阮二姓，且最初落脚地皆为冈州（亦即新会），然后散布于四邑等地。由此可以推测的是，原本梁、阮二族在新会就有亲戚关系，在香港割让给英国成为殖民地之后，阮其苏的父辈便移居该处发展，但与梁氏之间的亲戚关系仍然得以保留，甚至可能还更加密切，因为梁协的美珍号商行在香港之分行，极有可能就是与阮家有极大的关系，甚至也可以说，其分行可能就是由两家合作经营。由此也可以推断，按照中国人通常所表示的籍贯地来说，阮兆伦应该属于新会人，或至少是四邑人。

自一九三一年六月开始，梁协便向澳大利亚内务部申办一九一五年十一月十一日出生的孙子梁求益（Leong Kow Yick）前来美利伴留学事，到次年二月十一日获准了入境签证。[①]此时的梁求益是在香港的一间中英双语学校念书，获得赴澳签证后便束装待发。阮兆伦早在三年前就入读香港最负盛名的皇仁书院（Queen's College），此时在这间中英双语学校已经读到七年级，具备了相当的英语读写能力，英翻中的能力已经很不错。他的父亲得知梁求益正在申办赴澳留学签证，进展顺利，也动了让儿子赴澳留学的念头，并且希望他和梁求益一起去，正好可以做个伴。于是，在得知梁求益拿到了赴澳留学签证之后，他便电告在美利伴的弟弟阮其苏为其侄儿办理相关手续。

阮其苏接到兄长的指示后，便以监护人和财政担保人的身份，于梁求益获准入境签证的次日，立即填表递交给中国驻澳大利亚总领事馆，申领侄儿阮兆伦的护照和留学签证。鉴于他此时任职于美珍号商行，而且在其中也有股份（再次证实了阮家与梁家的密切关系，尤其是在经商贸易方面），价值达七百镑，因此，他便以美珍号商行作保，并且请梁协为他这位表侄孙阮兆伦赴澳留学之财政担保人背书。鉴于梁求益选择入读的学校是位于美利伴东城的基督兄弟会书院（Christian Brothers' College），阮其书便也与之取得联络，并于当天拿到了该书院愿意接受阮兆伦入读的录取信。中国总领事陈维屏接到申请后，完成了初步审核，就于当年三月七日致函内务部，为阮兆伦

① Leong Kow Yick - Students Ex/C，NAA：A1，1937/867.

申请留学签证。

内务部接到申请后，发现《中国留学生章程》并不适用于阮兆伦，因为他是在香港出生的，属于英国属土臣民，按照现行条例，只要满足财政担保条件，就可以获得签证批准赴澳留学，无须中国总领事馆为其签发护照。而对于内务部的许多官员来说，他们与美珍号商行打交道几十年，对该商行情况很熟悉，尤其是对梁协的财政状况及经商之道和在社区的口碑等，都有很好的印象并记录在案；加上该商行也从事进出口贸易，而且刚刚才批复了梁协孙子梁求益的赴澳留学签证，因此，就无须通过正常程序再去对阮其苏的财政能力等情况予以审核，便于三月二十三日正式批复了阮兆伦的留学签证，并将此决定分别知照中国总领事陈维屏和美珍号襄理阮其苏。由是，这就意味着中国总领事馆无须为阮兆伦签发学生护照，而由当地海关根据内务部的签证批复号32/2195对其入境予以放行即可。只是不知为何，后来他每年的签证展延申请，仍然是由中国驻澳大利亚总领事馆负责为其向内务部提出，而内务部也接受这一做法，并没有像一九二五年对待在北领地（Northern Territory）的首府砵打运埠（Port Darwin）留学的陈兆添（Chin Sue Him）之学生签证展延那样，完全拒绝中国总领事馆插手，而由其监护人每年按时直接向海关申办。[1]

在香港的阮兆伦接到叔父阮其苏的电报，告知一切手续皆已为其办妥之后，就会同年长他三岁的梁求益订妥船票，并由后者作为其航程中的监护人（由此可见，二人显然是表亲关系），于一九三二年五月中旬在香港一同搭乘驶往澳大利亚的"太平"号轮船，于六月十二日抵达美利伴港口。美珍号商行董事长梁协亲自去到海关，将两个孙辈接出，再将其安排住进了他所拥有的商铺宿舍里。

从当年七月四日开始，阮兆伦就跟着表兄梁求益一起，正式入读基督

---

[1] 详见：Chin Sue Him – student，NAA：A1，1929/4641。陈兆添出生于香港，是英国属土臣民。其父以其原籍为广东省台山县六村(秀塾村)为由，代其向中国总领事馆申领了中国学生护照并赴澳留学。但澳大利亚内务部后来发现了上述出生地与管辖权的不同导致的身份差异，而拒绝由中国总领事馆为其申请签证展延。按照规定，他应该由其监护人和财政担保人向当地海关缴纳一百镑的保证金，每年向当地海关提出申请，并由后者为其核发展签。

兄弟会书院。在香港皇仁书院三年多的学习，显然为他打下了良好的英语基础，使他在学校的学习显得很轻松，各科学习成绩都很优异，加上香港的双语学校的校规与澳大利亚的相差不大，他各方面都很适应，为此，无论是在学习成绩和勤奋努力等方面，院长都认为他是当地学生的榜样。就这样，他在这间书院埋头读了近两年的书。从一九三四年五月份开始，因表兄梁求益转学进入苏格兰书院（Scotch College）念书，阮兆伦也跟着一起转学，由此一直读到次年五月份该学年第一学期结束，无论是学习还是在校表现，同样备受好评。

　　一九三五年五月中旬，因美珍号商行出入口贸易的需要，负责日常业务的阮其苏被派往中国办理相关的业务。为此，他为侄儿阮兆添办理了退学手续，让其从美利伴赶赴雪梨，于六月十二日搭乘"利罗"（Nellore）号轮船离境，返回香港。[1]临走之前，未满十七岁的阮兆添将行程通知了中国驻澳大

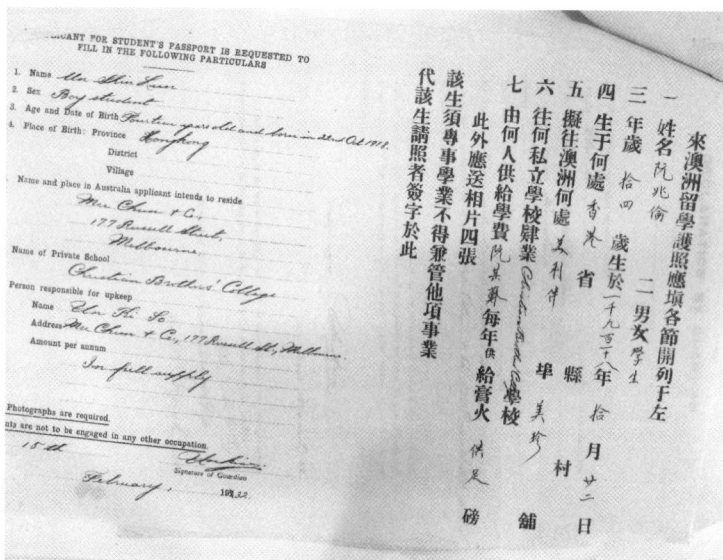

一九三二年二月十二日，阮其苏填表向中国驻澳大利亚总领事馆申领侄儿阮兆伦赴澳留学的中国护照和留学签证。

---

[1] Un Ki So ex "Taiping" February 1931 - Departure per "Nellore" (Sydney) June 1935，NAA：B13，1935/16276；Un Shiu Lun and Un Ki So "Taiping" June 1932 - Departure per "Nellore" (Sydney) June 1935 [includes 2 photographs]，NAA：B13，1935/16277.

利亚总领事馆，并由后者知会内务部和海关，但没有提出再入境签证，这就意味着来澳留学整整三年的这位留学生，将会回到香港继续完成学业。

一九三二年三月二日，阮其苏为申领侄儿阮兆伦赴澳留学的中国护照和留学签证而填写的财政担保书，后面还有"美珍"号老板梁协作为保人的签名。

档案出处（澳大利亚国家档案馆档案宗卷号）：

Un Shiu Lun，NAA：A1，1934/1169

卢倬文

香港

卢倬文（Chapman Lo），一九三〇年一月二十六日出生于香港，其父名为卢积荣（Fredrick Lew Ah Tong）。在澳大利亚档案馆里找不到卢积荣在二十世纪二十年代之前的记录，根据这份档案得知，他大约在十九世纪末二十世纪初从广东家乡赴澳发展，早在二十世纪二十年代之前便已加入澳籍，他一直在昆士兰省（Queensland）北部重镇坚时埠（Cairns）经商，是一家专营花果及杂货的商铺东主，店名为"同生号"（Tong Sing & Co.）。[1]在一九四〇年七月到一九四一年六月的财政年度里，该店的年营业额达一万二千镑，显示出该商号生意兴隆，卢积荣财政状况良好。

一九四一年六月二日，卢积荣以监护人和财政担保人的身份填表，向中国驻澳大利亚总领事馆申办儿子卢倬文赴澳留学的护照和签证。他具结财政担保书，但在承诺每年供给膏火一览里留下空白。按照当时的惯例和一般人的理解，没有填写亦即意味着供给膏火足镑，即全额保障。根据当时规定，赴澳留学的中国学生必须入读私立学校，他当时联络的是圣奥古斯丁书院（St. Augustine's College），也获得了该书院院长给他儿子的录取信。

中国总领事馆在接到申请后，花了三个星期左右对其进行前期审理。按

---

[1] Lew Ah Tong Frederick（Tong Sing），NAA：A367，C80191. 同生号最早出现在当地报纸报道中是一九二八年九月二十七日，显示该商号获当地法庭颁发农场及其产品的的销售执照。这表明同生号是在二十世纪二十年代开设，因在此年代之前的报道中未见其踪影。见："Lisensing Court"，*Cairns Post*，27 September 1928，p. 4。

照当时规定，在香港出生的华人属于英国臣民，理论上应在当地申办赴澳留学护照和签证，当然需要文件证实其英国臣民身份。或许中国总领事馆只是将其视为居住在香港的中国公民，因而毫不犹豫地为其办理护照和签证。或者卢积荣也是像许多当时的居澳华人一样，虽然获得在澳永居权甚或入籍，但仍然被澳大利亚政府视为外侨，其中一些人便把家小安置到了香港，而他们的家人也仍然被视为中国公民。无论是哪一种情况，中国总领事馆都积极回应其要求并提供必要的协助。六月二十六日，总领事保君建致函澳大利亚内务部秘书，附上卢倬文的申请资料，为其申领留学签证。

而内务部接到申请后，显然也与中国总领事馆同样的心思，并没有将其视为英国臣民，仍然按照中国人的待遇予以审理。通过核对，证实监护人和财政担保人卢积荣个人品行无瑕，其财务状况足以支撑留学所需的全部费用，可是，内务部从海关报上来有关他的出入境记录中发现了问题。根据记录，卢积荣此前总共出境去中国探亲二次；与卢倬文出生最接近的那次，是一九二二年十二月二十一日从坚时乘坐路过的"圣阿炉滨士"（St. Albans）驶往香港，到一九二八年六月二十九日搭乘"彰德"（Changte）号轮船再回到坚时。可是在卢倬文的申请表上，写明其出生日期是在卢积荣返澳后过了一年半的日子，这无论从哪个方面讲，他都不应该是后者之子，当然也就不符合中国学生赴澳留学的条件：即入境签证申请者与监护人和担保人不具备生物学上的父子关系者，比如系领养关系，则拒绝签证。据此，内务部于八月一日复函中国总领事保君建，拒绝了入境签证申请。

保君建总领事深感诧异，马上与卢积荣查证此事。后者方才意识到自己犯下了粗心的大错，在计算民国纪年与公元年份时误将一九二九年写成了一九三〇年，事实上其子出生在申请表所填的一年之前，距其结束探亲返回澳大利亚仅仅半年而已。也就是说，他是在得知其妻怀孕之后方才返澳的。他恳请保总领事为其更正这一错误，并希望内务部接受其粗心大意所造成的这一错误带来的困惑，仍然本着基督慈悲为怀的精神，为其子核发入境签证。保总领事随即于八月四日致函内务部秘书，将上述情况见告，请其重新审核，为这位十二岁的中国小留学生入境开放绿灯。内务部秘书因长期处理中国留学生签证，已经处理过诸多这类因计算失误而导致的错写出生日期事件，对此表示理解，接受了保总领事的解释，于八月十五日批复申请。保总领事接函后大喜，六天后便签发了一份中国学生护照给卢倬文，号码是1014220，然后立即送交内务部，后者在六天之后钤盖入境签证印章于护照之内页，再将其退回给中国总领事馆，由后者负责将其寄交给护照持有人。

中国总领事馆接到护照后，立即按照卢积荣的指引将其寄往香港，以期卢倬文尽快束装前来。毕竟其父在这个时候申请儿子赴澳留学，最大的一个原因就在于，自一九三七年开始的中国全面抗日战争，如今已经进入最艰难困苦之时；而日军南进夺取南洋的意图亦越来越明显，香港也已经处于随时会被其攻占的危险之中。照理说，在上述严峻的形势下，卢倬文也应该尽快乘船前来。可是，显然是因为联络旅途中之监护人陪同前来一事耽搁了一点时间的缘故，导致他到这一年年底都未能抵达，而这一耽搁就是五年。因为就在一九四一年十二月八日，日本海军突袭美国在夏威夷珍珠港的海军基地，太平洋战争爆发，海路遮断，澳大利亚也随即对日宣战。由是，即便卢倬文已经订好了船期，也已经无法按期赴澳，只能等待战争结束。

一九四五年八月十五日，肆虐侵略亚洲而疯狂一时的日本投降，太平洋战争结束。随后，此前繁忙的香港到澳洲的航路得以恢复，原有船务公司的客轮陆续恢复运营。一九四六年二月七日，中国驻雪梨总领事馆致函澳大利亚移民部，请其重新核发卢倬文的留学签证。因此时卢倬文已年过十六周岁，按照留学条例，他需要具备初步的英语学识能力，方才符合核发签证的要求，为此，雪梨总领事馆随后也补充了一份他在今年二月份用英文书写的给在坚时埠父母索钱以支付学费的信（这封信的内容显示出他的母亲此时也在澳大利亚，协助父亲经营商铺），显示出他此前已经入读香港历史最为悠久的华人英语学校——圣保罗书院（St. Paul's College），作为他已经就读英语课程具备一定英语能力的证明。移民部翻查此前内务部移交过来的记录，加之上述材料也都证明卢倬文仍然符合来澳留学的条件，遂于四月二十四日批复了申请。五月十日，中国驻雪梨总领事馆重新为这位留学生签发了一份新的学生护照，号码为335840，移民部也在六月十八日为他核发了入境签证。随后，为迎接卢倬文的入境，移民部将上述批复决定函告昆士兰海关，并送交卢积荣作为备考，为这位中国学生的赴澳留学做好了应有的准备。

可是，卢倬文的档案就此中止。在澳大利亚国家档案馆中，再也查找不到此后与其入境相关的记录。或许因种种缘故，他最终没有来澳留学，而是留在香港完成学业；也有可能他以另外的名字入境，目前无法寻觅得到。

左为一九四一年六月二日，卢积荣以监护人和财政担保人的身份填表，向中国驻澳大利亚总领事馆申办儿子卢倬文赴澳留学的护照和签证；右为中国总领事保君建于一九四一年八月四日致函内务部秘书，解释卢倬文年龄计算错误的原因，请其重新核发签证给这位小留学生。

档案出处（澳大利亚国家档案馆档案宗卷号）：

Chapman Lo - Student exemption，NAA：A433，1946/2/942

梁惠标

香港

梁惠标（Wai Pui Leong），生于一九三二年元月廿五日，据报是在香港出生，但另一份档案中所存他在首次抵达雪梨（Sydney）而填写的入境登记卡上，又写着其出生地是广东省。[1]以往有很多例子表明，澳大利亚政府对上述出生地看得比较重，因为在香港出生，就意味着是英国属土臣民，中国驻澳大利亚使领馆就无权发放护照和代为办理签证事宜。比如香港出生的陈兆添（Chin Sue Him），于一九二五年由中国总领事馆代为申请展签时，就遭到了澳大利亚内务部的强烈反对，最终中国总领事馆只得放弃代其申办签证事宜。[2]但在这份档案中，澳大利亚移民部似乎并不在意，未就其所填写的出生地之不同而提出任何异议。

他的哥哥梁惠基（Wai Kei Leong）是多年前持商务签证从中国来到雪梨的商人，在第二次世界大战结束后成为位于市中心罗街（Rowe Street）四十九号专营进出口贸易的李梁兄弟进出口行（Lee & Leong Brothers Ltd.）的经理，他在公司中占股百分之十五。因其来澳日久，现在所获得的签证期

---

①　Leong，Wai Piu born 1916 - nationality Chinese - arrived in Sydney on CHANGTE [no arrival date stated]，NAA：BP9/3，CHINESE LEONG W P.

②　详见：Chin Sue Him – student，NAA：A1，1929/4641。当时的情况是：虽然陈兆添是英国属土臣民，但其父以其原籍为广东省台山县六村(秀塾村)为由，代其向中国总领事馆申领了中国学生护照。但澳大利亚内务部后来发现了上述出生地与管辖权不同导致的身份差异，而拒绝由中国总领事馆在次年为其申请签证展延。按照规定，他应该由其监护人和财政担保人向当地海关缴纳一百镑的保证金，每年经由其监护人向当地海关提出申请，并由后者为其核发展签。

限也较长，是五年一签，有效期至一九五四年九月三十日。同时，他具有永久居留权，为此，其妻与两个孩子都在雪梨跟他住在一起。他的公司因专做澳洲产品的出口生意，营业额较大，从一九四六年六月三十日至一九四七年十二月三十一日的一年半时间里，就达六万三千镑，显见其业务量广大，经济实力比较雄厚。[1]

一九四八年九月十四日，梁惠基以监护人和财政担保人的名义，具结财政担保书，以自己经营的李梁兄弟进出口行作保，允诺每年供给膏火二百镑，作为十六岁的弟弟梁惠标在澳留学期间所需的各项开销，填表递交给中国驻雪梨总领事馆，为他申领赴澳留学护照和签证。为了表明在填表申领护照之时其弟梁惠标已经具备相当的英语学识能力，早在一个月前，梁惠基便让弟弟手书一函给澳大利亚联邦移民部，表明他目前是在香港名校——岭南书院刚刚就读高中课程，陈述其相关学历，阐明其赴澳留学之目的是为了在英语环境下完成中学学业，然后进入澳大利亚的大学念科学或者医学课程，以便让移民官员据此来判别其真实的英语能力。而在递表申领护照之四天前，梁惠基也去到位于雪梨西部斯特拉斯菲尔德（Strathfield）区的圣博德书院（St. Patrick's College），从院长那里为弟弟拿到了录取信。

因中国驻雪梨总领事馆与李梁兄弟进出口行位于同城，梁惠基就直接将申请材料送到总领事馆。总领事吴世英检视所有申请材料都齐备后，当天便发函给移民部，并附上这些材料，为梁惠标申请签证。按照流程，移民部须对留学签证担保人的情况予以核查，并着重调查其财务状况是否可以负担签证持有者来澳后的学费和生活费。经一番调查，证明与梁惠基填写的情况无误，移民部遂于十月十二日通过了这份签证的预评估。据此，十月二十五日，吴世英总领事为梁惠标签发了一份号码为428079的中国学生护照，寄往移民部待签。此后又整整过了一个月，移民部才在这份护照上钤盖了入境签证印章，然后再退回给中国驻雪梨总领事馆，由后者按照流程将其送交给护照持有者。与此同时，移民部也于同月二十五日通过外务部电报澳大利亚驻

---

[1] Wai Piu Leong – Student，NAA：A433，1950/2/1049.

港贸易专员公署，知会已为梁惠标核发了入境签证，供其备案。

早就准备好赴澳的梁惠标，一经拿到护照和签证，立即订妥十二月二日离港的"彰德"（Changte）号轮船船票，登船赴澳，于同月二十日航抵雪梨入境，开始其留学生涯。因此时已到了圣诞节的前夕，正好是学校放假期间，他便利用这段时间好好休整。

左为一九四八年九月十四日，梁惠基填表向中国驻雪梨总领事馆申领弟弟梁惠标的赴澳留学护照和签证；右为一九四八年十二月二十日，梁惠标乘坐从香港启程的"彰德"号轮船抵达雪梨后入境时填写的入境卡及其照片。

然而，梁惠标并没有去原本兄长为他联络好的圣博德书院念书，而是在一九四九年新学年开学后，北上昆士兰省（Queensland），选择注册入读天主教在庇厘士彬（Brisbane）主办的基督兄弟会书院（Christian Brothers' College，St Joseph's Nudgee，该书院又简称为纳吉书院[Nudgee College]），选修该书院的大学预科课程。[1]从该书院这一年年底提供给移民部的学生报告来看，他的学习成绩良好，在校表现优秀；此后一年，他仍然

---

① Leong Wai Piu - Nationality：Chinese - Arrived Sydney on S.S. Changte 20 December 1948，NAA：BP25/1，LEONG W P CHINESE.

保持着良好的记录。由此显示出，赴澳前在岭南书院的学习，为他打下了良好的基础。

梁惠标的档案到此中止。不知道他此后是否如愿地进入大学读书，以及如果读完大学后是留在了澳大利亚抑或是回返香港发展。

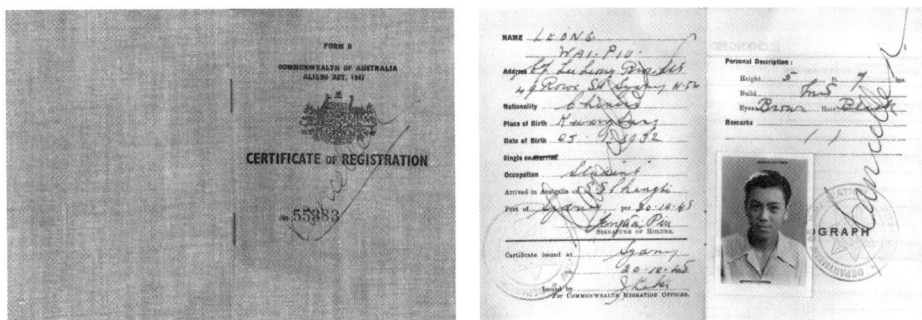

一九四八年十二月梁惠标入境后申领的外侨证。

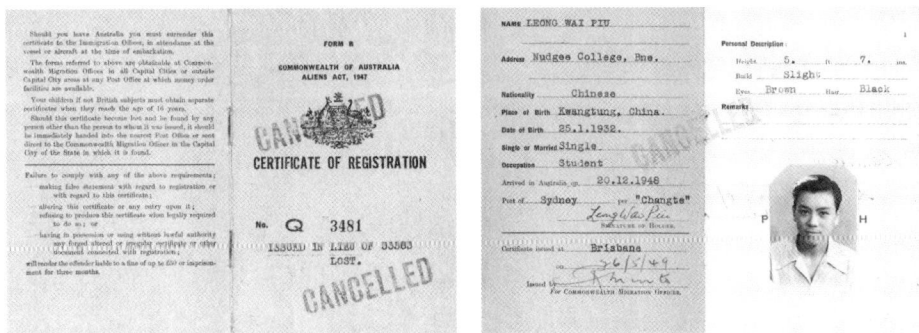

一九四九年十二月梁惠标重新申领的外侨证。

档案出处（澳大利亚国家档案馆档案宗卷号）：

Wai Piu Leong – Student，NAA：A433，1950/2/1049

彭忠汉

香港

　　彭忠汉（Pang Chung Hon），据报于一九三五年十一月六日出生在香港。可是认真计较起来，他的原籍应该是广东省台山县广海镇龙安里，因为他的堂哥彭自谦（Pang Jee Him）①和堂姐彭慧贞（Pang Wai Ching）②在二十世纪三十年代申请赴澳留学，所填籍贯亦即出生地便是上述村庄。而其堂哥和堂姐的父亲彭洪湛（Pang Hung Jarm），亦是他的伯父，便是他此次申请赴澳留学的监护人和财政担保人。

　　彭洪湛早在一九二三年五月十四日便来到了澳大利亚，当时是以工作签证入境。③因其父早年于十九世纪末赴澳，最终在雪梨（Sydney）华埠矜布炉街（Campbell Street）八十号与人合股开设了一间"新兴栈"商行（Sun Hing Jang & Co.），④主营进出口贸易（经营中国土货）。他通过父亲的申请，来到这间商行做簿记，协助父亲经商。随后，父亲可能以年老要回中国探亲为由，成功地申请到将彭洪湛留下来，代其经营这间商行；其后，他便成为该

---

① Pang Jee HIM - Students passport，NAA：A1，1930/11432.

② PANG，Wai Ching [Nancy Pang] - Student exemption certificate，NAA：A433，1940/2/841.

③ Hung Jarm Pang [Chinese - arrived Sydney per SS VICTORIA，March 1926. Box 37]，NAA：SP11/2，CHINESE/PANG HUNG JARM [1].

④ 彭洪湛之父彭丽川在十九世纪末与人合股创办新兴栈，到一九〇三年一月二十八日因重组董事会，由八名股东组成，彭松是主要股东，正式在鸟修威省(New South Wales)工商局登记注册。见鸟修威省档案馆(NSW State Archives & Records)保藏之该省二十世纪初工商企业登记注册记录：https://search.records.nsw.gov.au/permalink/f/1ebnd1l/INDEX1824636。

商行的经理。他除了在一九二五年至一九二六年离开过雪梨回国探亲，随后就一直待了下来，也趁机把夫人从国内申请过来探亲，住在一起。由此，他年复一年地申请延签，和家人一起留在了雪梨。可是到了第二次世界大战结束之后，彭洪湛将部分新兴栈商行股份转让他人，自己退居进出口生意的幕后，转而经营餐饮业，在佐治大街（George Street）六百五十一号开设"新中国"餐馆（Modern China Café）。

当彭忠汉年过十二岁后，家里人便打算让他赴澳留学，商之于他的伯父彭洪湛，由其作为侄儿的监护人和财政担保人。为此，一九四八年七月十五日，彭洪湛具结财政担保书，从中英学校（Chinese School of English）校长戴雯丽小姐（Miss Winifred Davies）那里拿到了录取信，填表向中国驻雪梨总领事馆申领侄儿彭忠汉的留学护照和签证。他以自己经营的新中国餐馆作保，承诺每年供给膏火七十五镑，作为侄儿在澳留学期间的学费和生活费等各项费用，希望能尽快准允彭忠汉来澳留学。

一九四八年七月十五日，彭洪湛填表向中国驻雪梨总领事馆申领侄儿彭忠汉的赴澳留学护照和签证。

中国驻雪梨总领事馆接到申请后，很快便进行了审理。四天后，总领事吴世英拟就公函，附上彭忠汉的申请材料，寄送到位于首都堪培拉（Canberra）的澳大利亚联邦政府移民部，为这位小留学生请领赴澳留学签证。在核实了彭洪湛拥有上述两个不同性质的生意并且财务状况良好，以及确认彭忠汉未满十四岁而无须提供英语学识能力证明之后，移民部于八月十日正式批复了彭忠汉的签证申请。八月十八日，吴世英总领事给这位小留学生签发了一份中国学生护照，号码是428041。到这个月底，移民部最终在送交上来的彭忠汉护照上钤盖了签证印章，然后再交回给中国驻雪梨总领事馆，由后者将护照寄交给香港金山庄并负责为彭忠汉安排赴澳行程。

收到护照和签证后，彭忠汉的家人经半年左右的联络和准备，才于一九四九年二月下旬将他送上从香港驶往澳洲的轮船"山西"（Shansi）号，于三月十日抵达雪梨。从此后的文件上看，彭忠汉在雪梨总计读了两年书，但未说明是入读原先联络好的中英学校，还是选择到其他的学校念书。

到一九五一年三月，移民部得知，自新学年开始后十五岁的彭忠汉便再也没有去学校念书，经调查后获悉，他是打算返回中国而没有重返学校注册入读。虽然在提出赴澳申请时，彭忠汉申报是出生于香港，按理说作为英国属土臣民，理应自行在香港申请赴澳签证，无须通过中国总领事馆请领护照和签证，但澳大利亚移民部当时似乎并不在意，似乎是将香港视为广东省下属的一个特别地区对待，因而接受中国总领事馆递送的申请材料，并按照程序予以审理并核发入境签证，并在随后的两年间，也批准中国驻雪梨总领事馆代其提出的展签申请。现在彭忠汉提出要返回中国，但要经过香港，他还需要申请进入香港的签证以及过境的住宿等等。而要办理这些手续，就已说明他实际上并非英国属土臣民，仍然是中国公民身份，从而表明中国总领事馆事实上是在认真履行其自身的职责。此后，经过澳大利亚移民部与英国驻澳专员公署之间长达三个多月的交涉与公牍往返，后者终在七月四日给彭忠汉签发了入境香港的签证，有效期为三个月。因彭忠汉的留学签证是一年一签，从其入境之日起算，故其签证早在今年三月十日到期。由于英国驻澳专员公署办理的签证过程较长，澳大利亚移民部还特为彭忠汉展延半年签证，有效期到九月十六日止，以期符合相关的入境与移民程序。

待一切手续完毕以及离境准备就绪之后，一九五一年八月十四日，彭忠汉在雪梨港口登上驶往香港的"太平"（Taiping）号轮船，按计划回返中国。他的留学档案到此中止。

虽然彭忠汉总计在澳大利亚待了将近两年半的时间，但真正在校读书的时间只有两年。

档案出处（澳大利亚国家档案馆档案宗卷号）：

Pang Chung Hon – Student，NAA：A433，1950/2/2867

陈淑仪

广州

　　本文的主人公陈淑仪（Sook Yee，后来叫做Anne Sook Yee，或Ann Chun Tie），无论是出生日期还是出生地都有几个不同记录。要说清楚上述问题，要先从其祖父陈泰（Chun Tie）说起。

　　根据档案，陈泰是广东人，具体哪个县份未有披露。他大约出生于一八五五年，早在十九世纪八十年代前后，便在澳大利亚东北部昆士兰（Queensland）的淘金大潮中抵达该地发展，后定居于昆士兰北部的一个小镇柯罗屯（Croydon）；[1]他在一八九五年之前，便以自己赴澳前是作为香港居民而具有英国属土臣民身份为由，而得以成功申请加入澳籍。也就在这一年的十一月二十二日，其子左治陈泰（George Chun Tie）在上述小镇出生，也同样是以其作为英国属土臣民身份而具澳大利亚昆士兰永久居民身份。一九一二年年底，十七岁的左治陈泰返回广东家乡探亲，一住就是六年，这其中自然包括在家乡恶补中文及当地传统习俗。而更重要的是，在二十一岁（一九一六年）时，他于广州与一位女子结婚；到一九一八年八月廿一日，他们的女儿陈淑仪出生在省城广州的河南（即现在的海珠区）。就

---

[1] Certificate Exempting from Dictation Test (CEDT) - Name：Chun Tie - Nationality：Chinese - Birthplace：Canton - [certificate unclaimed and cancelled]，NAA：J2483，39/73. 陈泰大约死于一九二四年，根据澳大利亚国家档案馆记录，这一年是他获得免试纸的最后一年。见：Certificate Exempting from Dictation Test (CEDT) - Name：Chun Tie - Nationality：Chinese，NAA：J2483，384/1.

在女儿出生后不久，他于当年十一月结束了在中国的探亲活动，返回澳大利亚，在昆士兰北部的重镇汤士威路（Townsville）埠入境，随后便迁居到茅里堰埠（Mourilyan）居住。这是位于昆士兰北部两大重镇汤士威路和坚市（Cairns）之间的烟力士非炉埠（Innisfail）南边的一个小镇，他在这里开设一间杂货果蔬商铺，就此脱离父亲和家族，自立门户。

一九二六年一月四日，左治陈泰的妻子在广州病逝。鉴于他在广州无直系亲属，女儿此时只得由其母亲的亲属照料，左治陈泰便想将女儿办理来澳大利亚居住，由自己照看并让其在此接受教育。一九二七年一月五日，他委托一家汤士威路的律师行向海关提出申请，希望准允他将女儿陈淑仪从中国接来与他同住。他表示，目前自己在澳还是单身，但经济条件好，可以为女儿提供较好的居住与教育条件。如果其女儿获准来澳，那么，她的奶奶将会在近期回中国探亲，待其返回时便可携带孙女一起前来。可是，内务部长在接到经海关转交来的申请后，于二月四日给予断然拒绝。[①]

既然用亲属团聚的理由无法让女儿获得签证来澳，只好另行设法。一九三二年四月十八日，左治陈泰以监护人和财政担保人的身份，填表向中国驻澳大利亚总领事馆申办女儿陈淑仪前来汤士威路留学。他以自己在茅里堰镇的住宅及他的兄弟在汤士威路埠的生意作保，允诺每年可供给膏火五十镑，作为女儿在澳留学期间的学费和生活费及其他相关的费用，要将她办来入读位于汤士威路的士匹列学校（St. Patrick's College）念书。可能是为了避免年满十四岁之后的中国学生赴澳留学必须提交英语学识能力证明，在提交的申请表上，左治陈泰将女儿的年龄改小了一年，即将其出生日期改写为一九一九年八月廿一日。

中国总领事馆接到申请后，很快便对其予以审理。四月二十一日，总领事陈维屏将审理过的上述申请材料寄送澳大利亚内务部，为这位小留学生申请入境签证。通过昆士兰当地警察部门约一个月左右的核查，内务部了解到，在茅里堰镇经商的左治陈泰为人平和，财务状况良好，无不良嗜好，此

---

① George Chun Tie，Sook Yee Chung Tie，Que Fa Chun Tie，NAA：J2773，18/1927.

前只回去中国探亲一次，于一九一八年十一月返回澳大利亚，即在距其报称女儿的出生日期之前约九个月的时间，这可以视为他在造成妻子怀孕之后便返回澳洲，理论上他们之间的父女关系是成立的。此外，据其自己承认，他在与陈淑仪母亲结婚期间，还在中国有另外一个妻子，只是没有说明是否有子女，同时他也特别强调，其本人目前在澳大利亚还没有再婚。之所以将女儿放在汤士威路读书，一是因为这里公私学校多，便于选择；二则是因为他的兄弟在那里经商，另外两个兄弟和两个姐妹也在该埠工作，便于照顾。

事实上，内务部也翻出五年前左治陈泰申请女儿赴澳的档案，发现陈淑仪的年龄较现在申请材料上的年龄大了一岁，但考虑到没有超过有关中国学生年满十四周岁需要提供英语学识能力证明的规定，未予计较。最终，因各项核查结果都满足中国学生赴澳留学的条件，内务部便于六月二十四日通过了签证预评估。六月二十七日，中国总领事陈维屏便给陈淑仪签发了一份号码为122520的学生护照；三天后，内务部也将签证印章钤盖在护照上。

待所有手续办理完毕，左治陈泰便要求中国驻澳大利亚总领事馆直接将女儿的护照寄给他本人，他再将其交给自己的小妹妹玛丽陈泰（Mary Chun Tie）保管，由她携带回中国。后者因早已计划返回中国探亲，遂于当年十月二十一日在汤士威路埠登上路过的"天咤"（Tanda）号轮船，驶往香港，进入中国探亲，到广州见到自己的侄女。在中国结束了半年左右的探亲后，玛丽陈泰便带上侄女陈淑仪去到香港，在此搭乘"彰德"（Changte）号轮船，于一九三三年五月二日抵达汤士威路埠港口。左治陈泰提前赶到海关，将女儿和妹妹一起接了出来。[①] 入关时，移民局官员按例对她进行语言测试，显示出陈淑仪已具备初步的英语沟通能力。由此表明，由于有父亲寄钱回去接济，她在广州念书期间应是就读教会学校或者是私立的精英学校，已经学过几年英语，打下了一定的英语基础。

在汤士威路休整了两个月并熟悉周围环境之后，十五岁的陈淑仪方才于

---

① Certificate Exempting from Dictation Test (CEDT) - Name：Mary Chun Tie - Nationality：Chinese [Australian born] - Birthplace：Croydon - departed for Hong Kong per TANDA 21 October 1932 returned Townsville per CHANGTE 2 May 1933，NAA：J2483，498/54.

七月十七日正式入读士匹列学校。一入学，她便给自己取了一个英文名，叫做Anne（安），全名按英语顺序成了Anne Sook Yee（安·淑仪）。由于她此前就念过英语，有相当的基础，因而在学校的学习很顺利，每次学校的例行报告都显示，无论是学业还是操行，她的表现都令人满意。她以良好的状态与学习成绩在这间教会学校一直读到一九三五年。

一九三五年四月二日，在士匹列学校按照规定向内务部提供了一份例行报告后，陈淑仪的留学档案戛然中止。以她的入境名字查找整个澳大利亚国家档案馆目录及检索系统，无法找到此后与其相关的出入境记录线索。但可以推测的是，她的父亲以及整个家族都在澳大利亚，且具有这里的公民或永久居民身份，同时，她的父亲早在一九二七年便想将其办理来澳成为永久居民，待她入境后，这种想法肯定不会放弃，而且会采取进一步的行动。

幸运的是，在澳大利亚国家档案馆里，有一份以"安·陈泰"（Ann Chun Tie）为名的档案宗卷，是这位安女士从香港乘坐"彰德"号轮船于一九三八年九月三十日抵达汤士威路入境后的外侨登记卡。根据卡上的记载，安·陈泰是拿着工作签证入境的，是来汤士威炉埠南边不远的霍姆希（Home Hill）镇的一间商铺当店员。从登记卡上所贴的照片与上述前来留学的陈淑仪护照照片对照来看，她实际上就是已经长大成人的陈淑仪。只是她将出生日期改为一九二一年八月廿一日，与其父十一年前首次申请其赴澳定居时提供的年龄相差了整整三岁。由于中国女孩子在二十岁上下这个年龄段，三年的差距，从相貌上是不怎么能让人看得出来，大体可以蒙混过关。此外，她也将其出生地改为了香港。至于她或者她的家人是否为此而搞到了一张香港出生纸，就不得而知。[1]

由此可以推测的是，一九三五年后，陈淑仪结束了在汤士威炉的留学生涯，在父亲的安排下，去到了香港。事实上，此时其家族中的叔伯辈已有在香港发展者，比如他的叔叔沾士陈泰（James Chun Tie）二十世纪三十年代便

---

[1] CHUN TIE Ann - Nationality：Chinese - Arrived Townsville per Changte 30 September 1938，NAA：B78，CHUN TIE/A.

在香港工作。① 很有可能，她的父亲便由此安排她先去到香港，或读书，或工作。待其在澳安排妥当，比如其家族中有人将店铺开设到其他地方并有所发展而需要增添人手时，再将她以帮工的名义申请来澳。从上述登记卡是重新在一九四〇年二月所申请而核发的情况来看，她此后还会继续申请续延。而次年底爆发的太平洋战争，则成了她留在澳大利亚的一大机会。因为战争扩大，澳大利亚全民动员，她的几个叔伯或堂兄弟等家族成员都在此前后应征加入澳军对日作战，② 她也就可能在澳结婚生子，并且也可能利用这个战争而导致的澳大利亚对所有盟国滞留在这个国家的成员提供三年临时签证的机会，留在了澳大利亚，并最后加入澳籍。③

一九三二年四月十八日，左治陈泰以监护人和财政担保人的身份，填表向中国驻澳大利亚总领事馆申办女儿陈淑仪前来汤士威路留学。

---

① James Chun Tie - British Passport - Commonwealth of Australia [For more information on item contents，see item note]，NAA：BP343/11，A160899.

② CHUN TIE CHARLES THOMAS：Service Number - Q112285：Date of birth - 24 Feb 1921：Place of birth - TOWNSVILLE QLD：Place of enlistment - AYR QLD：Next of Kin - CHUN TIE THOMAS，NAA：B884，Q112285；CHUN TIE ARTHUR：Service Number - Q111157：Date of birth - 03 Apr 1920：Place of birth - HONG KONG，CHINA：Place of enlistment - TOWNSVILLE QLD：Next of Kin - CHUN TIE，NAA：B884，Q111157；CHUN TIE FRANCIS：Service Number - Q218288：Date of birth - 28 May 1905：Place of birth - CROYDON QLD：Place of enlistment - HOME HILL QLD：Next of Kin - CHUN TIE DOROTHY，NAA：B884，Q218288.

③ Chun Ing Lai also known as A Chan Tie，NAA：J25，1982/15794.

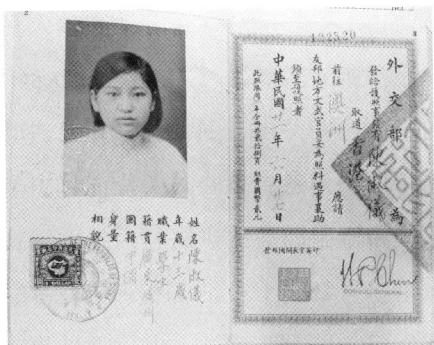

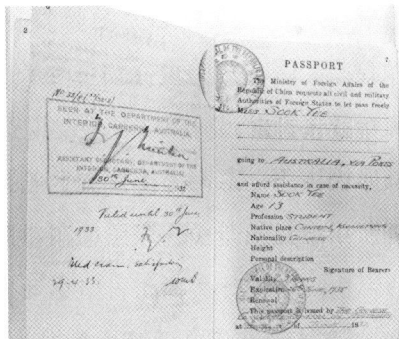

一九三二年六月二十七日，中国驻澳大利亚总领事陈维屏给陈淑仪签发的学生护照，以及六月三十日内务部在护照内页里钤盖的签证印章。

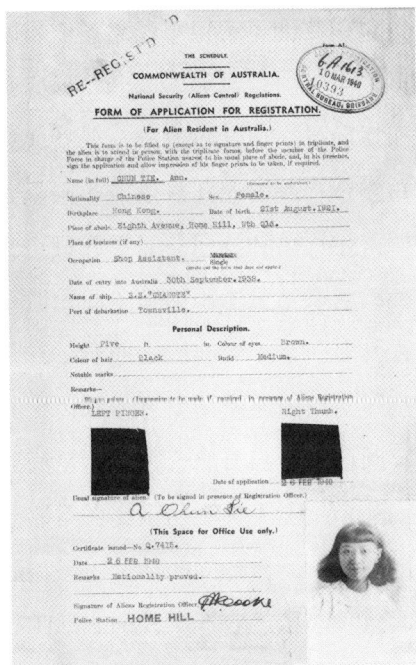

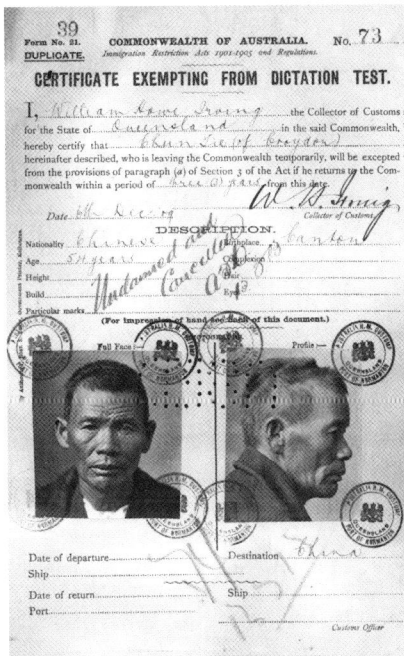

左为一九四〇年二月，安·陈泰（亦即陈淑仪）在汤士威路埠申请核发的外侨登记卡；右为陈淑仪祖父陈泰一九〇九年领取的回头纸。

档案出处（澳大利亚国家档案馆档案宗卷号）：

Sook YEE - Student passport，NAA：A1，1934/1163

黄炳乾

广 州

　　黄炳乾（William Binkuen Mee Sing，本名的英译为Binkuen Wong），一九二二年十一月十日出生于广州。但在其留学档案的申请表中文部分，出生年月写成民国十二年，相差一年，极有可能是将民国纪年换算公元纪年时出现错误所致。

　　他的父亲名叫黄英业（D. Mee Sing，其在澳大利亚档案中还有另外一个原始的名字Yun Pah），是一九〇〇年十二月十八日在澳大利亚昆士兰省（Queensland）首府庇厘士彬（Brisbane）出生的第二代华人。一九〇二年七月，黄英业的父亲Ah See刚刚因病去世不久，母亲便带着他和比他大三岁的姐姐In Fong（英芳，译音）从庇厘士彬的港口搭乘日本轮船"春日丸"（Kasuga Maru）前往香港回国，定居广州。直到十年后，母亲觉得在澳大利亚出生的这姐弟俩应该回到庇厘士彬，依附其在此做家具生意的两个叔父生活并接受教育，他们姐弟才又回到澳大利亚生活。[1]到一九一八年十二月三十一日，黄英业从庇厘士彬搭乘日本轮船"北野丸"（Kitano Maru）再次返回中国探望母亲，次年十二月十八日乘坐从香港起航的"衣时顿"（Eastern）号轮船返回原出发港口；[2]又过了一年半左右，他于一九二一年

---

① Yun Pah. Naturalization，NAA：A1，1912/6254.

② Certificate Exempting from Dictation Test (CEDT) - Name：Yun Pah (of Brisbane) - Nationality：Chinese - Birthplace：Enoggera Brisbane - departed for China per KITANO MARU on 31 December 1918，returned to Brisbane per EASTERN on 18 December 1919，NAA：J2483，264/39.

十月三十一日再次搭乘同一艘轮船离开庇厘士彬前往香港转道广州，不到半年，就从香港乘坐"获多利"（Victoria）号轮船，于次年六月四日回到了庇厘士彬。根据档案，黄英业大约是在二十岁左右就结了婚，很有可能就是在他一九二一年那次奉母命回国探亲的结果。但据他表述，他本人并不喜欢母亲为他所找的那个妻子，故而婚后不久妻子就离开了他；虽然他在那里并没有与妻子离婚，但也由此让他得以有了自由身而很快找到另外一个女子结婚。当然，黄炳乾是他第一个妻子还是第二个妻子所生，黄英业并没有给予说明。但从其探亲结束回到庇厘士彬是一九二二年六月，其子在此后五个月出生，显系其回国探亲时结亲的一个自然结果。

一九三五年九月二十八日，黄英业填表向中国驻澳大利亚总领事馆申办儿子黄炳乾赴澳留学所需的护照和签证。他以监护人和财政担保人的名义，具结财政担保书，以自己在庇厘士彬经营的木器家具行——"美利兄弟号"（Mee Lee Bros）作保，允诺每年供给膏火约银八十镑，作为儿子来澳留学的学费和生活费等各项开支，要将黄炳乾办理入读位于庇厘士彬城里的中央培训学院（Central Training College），并为此在填表的前一天从该学院院长那里为儿子拿到了入学录取信。

中国总领事馆接到申请后，马上审埋通过。十月一日，总领事陈维屏便修书内务部秘书，附上黄炳乾的材料，为他申领留学签证。内务部接到材料后，立即按照流程，要求昆士兰海关对监护人的财务状况及出入境情况等予以核查。十月十日，昆士兰海关便完成了这一任务。根据他们的访查，黄英业的海关出入境记录表明，他与黄炳乾的父子关系成立；而"美利兄弟号"木器家具行是他个人经营，其生意本身价值，以最保守的估计便高达五百镑。只是黄英业不设银行账号，所有交易皆现金交割，因为他的经营方式是甫接订单便接受现金付款。除此生意外，他并无其他物业财产；从现在的生意看，他每周的净收入约为五镑，只是手中现金并不多，不知其钱财去了何处。但无论如何，从各方面反馈的信息显示，黄英业工作勤奋，口碑很好，没有不良记录。

从海关提供的报告来看，既然各方面的情况表明无论是监护人和财政担保人的条件都符合要求，签证申请者又因尚未满十四周岁，无须提供英语学识能力证明，申请材料也都齐备，内务部便于十月十六日通过了签证预评估。两天后，中国驻澳大利亚总领事馆副领事王恭芳代总领事陈维屏给黄炳乾签发了一份中国学生护照，号码是223889；十月二十三日，内务部最终在中国总领事馆寄送过去的护照上钤盖了签证印章。拿到签证后，中国总领事馆按照黄英业的意见，将护照寄往广州，交由黄炳乾收取，以便他安排船期，尽快前来庇厘士彬留学。但黄炳乾的留学档案到此中止，此后在澳大利亚国家档案馆未能找到他前来入境的任何痕迹。由此看来，极有可能因临时变故，形势向不利于他留学的方向发展，他最终未能如期赴澳留学。

左为一九三五年九月二十八日，黄英业填表向中国驻澳大利亚总领事馆申办儿子黄炳乾赴澳留学所需的护照和签证；右为一九一八年十二月，黄英业申请的回头纸。

档案出处（澳大利亚国家档案馆档案宗卷号）：

W. B. Mee Sing. Student's Passport，NAA：A1，1935/9704

雷霭文

广 州

出生于一九二四年八月十日的雷霭文（Louie Ai Wen，也写作Louie Oi Wen），广州市人。有关其家族成员在澳发展的情况不详，只是知道他的一个叔父Louie Hoy Mun（雷开明，译音）二十世纪三十年代在雪梨（Sydney）发展，但何时赴澳则不得而知，因在澳大利亚国家档案馆里查找不到与其名字相关的档案。只是在这个宗卷里披露，他当时与人合股（他占股五分之一）组建"广安园"（Kwong On Garden），租了布达尼区（Botany）史蒂文斯路（Stevens Road）旁一大块地种菜，整个菜园的生意价值为一千镑，主要为安益利公司（Onyik Lee & Co.）在城里的各商铺提供货品，他也在该公司存有一百镑，类似于入股性质。因作为菜农经营菜园，他每周估计净收入为三镑十先令，就财务状况而言，算得上是比较好的。

一九三八年十一月一日，雷霭文的叔父雷开明以监护人和财政担保人的身份，填表向驻澳大利亚总领事馆提出申请，希望尽快办理其侄儿赴澳留学的各项手续。他具结财政担保书，以安益利公司作保，承诺每年可供给侄儿膏火五十镑作为其来澳留学所需之学费、生活费和其他各项开支，并提供华英学校（Chinese School of English）校长戴雯丽小姐（Miss Winfred Davies）出具的录取信，要将他送入这间学校念书。鉴于雷霭文已年满十四岁，按例需提交其已具备初步英语学识能力的证明，但因时间紧，且时局紧张，短时间内恐难办到，雷开明遂求助于安益利公司主要股东兼经理欧阳南（D. Y.

Narme），①由后者去跟中国驻澳大利亚总领事保君建商量，请其向内务部特别说明，雷霭文确实具备了一定的英语学识能力，可以胜任赴澳留学就读的课程，只是因为目前的形势难以拿到相关证明，希望先通过这项评估，待其入境时由海关移民局官员当场测试其语言能力，如果无法通过，便让其原船返回。

事实上，雷霭文在这个时间段提出赴澳留学，确实与广东的战事相关。就在上个月，侵华日军为配合夺取武汉，趁原驻防广东省的一部分国军主力内调支援华中抗战而导致粤境海防空虚之际，秘密集结重兵，突然登陆大亚湾，进攻广州，导致广东省城沦陷，原本是抗日大后方的广东省，顿时成为抗日前线，人民生命财产都受到了极大损失。在这种形势下，雷霭文的家人遂决定让他远赴澳大利亚留学，以便将来报效祖国，振兴家族，因而便有了由叔父雷开明代为提出的留学申请。

保君建总领事在接到上述申请后，因确认入读学校以及和欧阳南商谈如何处理雷霭文的英语能力证明问题，审理工作由此拖延了几天时间。到十一月十一日，在确认所有材料齐全以及相关理由也充分之后，他便致函内务部秘书，为这位年轻的中国学生申请入境签证。内务部秘书接信后，首先认可了保总领事对英语能力证明的建议，然后便按照流程，函请海关对财政担保人的财务状况予以核实。十二月五日，海关稽查部门完成了对雷开明的财务核查，并确认他在品行方面都无问题，且经商有道，口碑甚佳。待诸项核查结果都表明符合条件后，内务部秘书遂于十二月二十三日通过了签证预评估。十二月三十日，保君建总领事便签发了号码为437786的中国学生护照给雷霭文，随后寄往内务部。一九三九年一月十三日，内务部也在这份护照上钤盖了入境签证印章。

为赴澳留学事早就去到香港等待的雷霭文，接到从中国驻澳大利亚总领

---

① 欧阳南，广东香山(中山)县人，生于一八九〇年，但未及十岁就在十九世纪末年来到澳大利亚发展，二十世纪二十年代便在雪梨华社中极为活跃，是当地著名华商。澳大利亚国家档案馆中有关欧阳南的宗卷，见：David O'Young Narme [Chinese - arrived Sydney per SS EASTERN, 1899. Box 36]，NAA: SP11/2，CHINESE/NARME D O。

事馆寄来的留学护照后，立即订好船票，在此搭乘"彰德"（Changte）号轮船赴澳，于一九三九年三月六日抵达雪梨。通关时，海关当场对其进行英语测试，证实他确实具备了一定的英语能力，便让他顺利入关。

三月二十日，雷霭文正式注册入读华英学校。可能是得力于他的英语能力，在这一年余下的日子里，他的各项在校学习都很顺利，学校提供的例行报告也都是非常令人满意。在鸟修威省（New South Wales）北部小镇磨利埠（Moree），雷霭文有一位名叫佐治炳记（George Ping Kee）的亲戚在那里定居并开店。当年十一月二十日，佐治炳记希望雷霭文转学到该镇的天主教会学校（The Convent School），他以自己在当地拥有股份并参与经营的逢源公司（Hong Yuen & Co. Pty Ltd）[①]作保，允诺安排雷霭文住在他的家里。为此，保君建总领事致函内务部秘书，请其批准此次转学。十二月二十一日，内务部秘书复函，同意转学。

事实上，在申请转学等待批复期间，雷霭文已经去到上述天主教会学校读中学。在此后的两年时间里，他在各科学业上都保持了良好的成绩，各方面表现也都很优秀。可是到一九四一年九月，他又从上述小镇转学回到雪梨，以Raymond Louie的名字注册进入雪梨库郎街贸易学堂（Commercial School, Crown Street）读书。因该校是公立性质，按规定中国学生只能念私校，不能进入公立学校就读。为此，新任中国驻雪梨总领事段茂霖特别于当年十二月十九日致函内务部秘书，请其对此予以特批，准其入读。鉴于该校校长也很欢迎这位守时勤奋、学习刻苦的学生，内务部秘书在一九四二年一月二日复函批复了这次转学。

然而，雷霭文在上述学校读了半年后，就于一九四二年三月初退学了。

---

① 逢源公司，亦即逢源号，早在十九世纪末便由雷妙辉(Harry Fay)等人在鸟修威省内陆西北部的烟花飞路埠(Inverell)开设。据鸟修威省档案馆(NSW State Archives & Records)所藏该省二十世纪初工商企业注册记录，该公司一九〇三年六月二十六日因重组，正式向鸟修威省工商局注册，经商地点还是在烟花飞路埠，股东九人，但名单中没有见到佐治炳记的名字，见：https://search.records.nsw.gov.au/permalink/f/1ebnd1l/INDEX1803025；到一九一九年二月十一日，该公司再次重组，经营地点除了烟花飞路埠，也扩展到了磨利埠(Moree)，股东只剩下两个，但仍然没有佐治炳记。可能他是此后再加进去的。见：https://search.records.nsw.gov.au/permalink/f/1ebnd1l/INDEX1803024。

此时正好是他进入澳大利亚留学的第三年，他也即将十八岁，便利用太平洋战争爆发后澳大利亚全民动员投入战争而人手短缺之机会，进入就业市场挣钱补贴生活。此时，正好碰上澳大利亚政府给予所有盟国公民中的滞留在澳人员三年临时签证（到期后如果战争仍在继续，则自动延长两年），内务部对其退学就没有深究。这段时间，他主要是去到叔父经营的菜园里帮忙，后来又去到城里叔父的市场摊位，协助售卖蔬菜水果。到一九四三年二月四日，中国驻雪梨总领事段茂霖致函内务部秘书，正式向其提出让雷霭文进入澳大利亚战时人力资源体系工作，特别是进入玻璃制造厂与当地工人一起工作，表示这是这位中国青年的强烈要求，要为打赢这场反法西斯战争贡献一己之力。因为这涉及如何计算其工资级别，如何享受相应的权利等，内务部经一番讨论，最终因国内人力紧张之故，于三月八日批复了申请。

一九四三年三月二十二日，雷霭文正式进入位于雪梨花吔噜区（Waterloo）的澳大利亚玻璃制造厂工作，周薪五镑十先令六便士。但他在这里仅仅工作了两个多月，便于六月一日去往昆士兰省（Queensland）的首府庇厘士彬埠（Brisbane）。虽然澳大利亚当时几个不同部门对外侨的旅行严加限制，警察也经常奉命对他们的行踪突袭检查，但战时人力服务部门则不理会这些，因为人手奇缺，到处要人，故特别安排这些外侨进入他们特许的机构或行业工作。经澳大利亚军方的安排，雷霭文在庇厘士彬盟军工作办公室领导下工作。不过，具体他在这里做什么性质的工作，薪水如何，因档案文件中未有涉及，不得而知。

澳大利亚战时三年临时签证有效期是到一九四五年六月三十日，到期时如果战争未有结束，则自动延签两年。也许是充分利用了这项签证的优势，到一九四七年七月十九日，二十三岁的雷霭文才在雪梨登上"鹏霸"（Poonbar）号轮船，告别澳大利亚，回返中国。他在澳大利亚八年多的留学生涯里，除了前三年是在校念书之外，其余时间皆是在不同的机构打工任职，尤其是在战时，他积极参战，由澳大利亚战时人力服务部门安排，参与到服务和支援战争的工作中，为反法西斯战争贡献自己的一孔之力。

雷霭文留学档案到此结束。

APPLICANT FOR STUDENT'S PASSPORT IS REQUESTED TO
FILL IN THE FOLLOWING PARTICULARS.

1. Name _Louie Ai Wen_
2. Sex _Male_
3. Age and Date of Birth _10 Aug 1924 14 years_
4. Place of Birth: Province _Kwanghn_
   District
   Village
5. FULL ADDRESS in Australia where student intends to reside:
   Street or Road _213 Thomas St_
   Town or City _Sydney_
   State
6. NAME OF PRIVATE SCHOOL _Chinese School of_
   Address _English_
7. PERSON RESPONSIBLE FOR UPKEEP:—
   Relationship to Student _Uncle_
   Name _Louie Hoy Mun_
   Address _On yik Lee Alloy_
   213 Thomas St Sydney
   Amount per Annum _£50_

Four Full Face Photographs are Required.
Student is Not to be Engaged in any other Occupation.

Louie Hoy Mun
Dg Marris
Signature of Guardian.

1st Nov. 193_8_

The Chinese Consulate-General, Sydney, Australia.

来澳洲留學護照應填各節開列於左

一姓名 雷霭文　二性別 男

三年齡 十四 歲生於　年　月　日

四生於何處 廣東 省　埠　縣　舖　村

五擬來澳洲何處　埠　學校

六往何私立學校肄業

七由學生之何人 叔 供給學費及生活費每年之 數 磅

此外應送三寸半正面半身照片四張照費及印花費

共計國幣兩元又該生須專事求學不得兼營他業

代該生請照者簽字於此

　　一九三八年十一月一日，雷霭文的叔叔雷开明以监护人和财政担保人的身份，填表向中国驻澳大利亚总领事馆提出申请，希望办理其侄儿赴澳留学的各项手续。

档案出处（澳大利亚国家档案馆档案宗卷号）：

Louie Ai Wen - Student exemption，NAA：A433，1947/2/4112

梁亚湖

佛山龙位村

梁亚湖（Leong Ah Hoo）生于一九一〇年二月四日，是佛山（南海）县龙位村人。[①]其父名为梁亚协（Ah Hep）。根据档案记载，梁亚协出生于一八七三年，于一八九九年从家乡奔赴澳大利亚谋生，在美利滨（Melbourne）登陆入境，[②]随后便在该埠打拼。可能是在赴澳前便学有木工手艺，他便与乡人同宗兄弟梁亚仓（Lung Ah Tock）等合股，[③]在美利滨埠的益市比臣街（Exhibition Street）二百七十二号开设一间木器家具店，名为协隆木铺（Hep Loong & Co.），经济上有了一定地位。

早在一九二一年澳大利亚实施《中国留学生章程》而开放中国学生赴澳留学时，梁亚协的合作伙伴梁亚仓之子梁社财（Lung Sha Choy）便获得首个留学签证，于一九二二年五月抵达美利滨，就住在协隆木铺里。他经一年的在校学习，进步很大，英语的听说能力大为提高。梁亚湖比梁社财还年长一岁，到一九二三年已经小学毕业，父亲梁亚协便也想将当年十三岁的儿子办来美利滨读书，让他与去年就来留学的梁社财做伴，希望让他来此学好英语

---

① 此处的"佛山县"的说法是照抄档案中申请人所填。根据资料，在一九二三年时，佛山是镇建制，属于南海县，到一九二五年才将其分出来，成立佛山市（镇级扩权）。一九二七年又撤销佛山市，重新划为南海县属的一镇。可能在一九二三年时因佛山的地位处于调整前夕，因而导致当地人对其归属产生不同的看法。由是，梁亚湖的籍贯应该是南海县。

② HEP Ah：Nationality - Chinese；Date of Birth - 1873；Arrived 1899；First registered at Little Bourke Street，NAA：MT269/1，VIC/CHINA/HEP AH.

③ Choy，Lung Sha - Student's passport，NAA：A1，1928/4067.

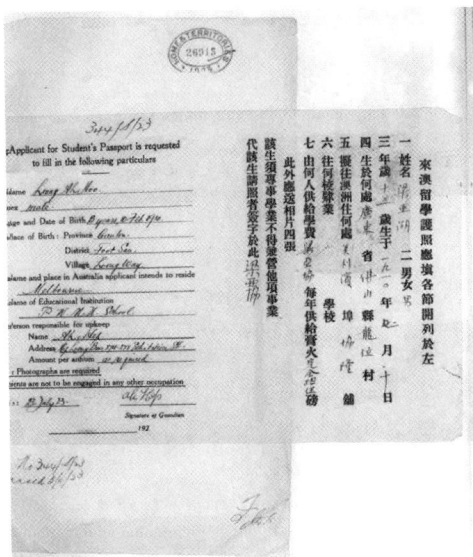

一九二三年七月二十三日，梁亚协填表向中国驻澳大利亚总领事馆申请儿子梁亚湖赴澳留学所需的护照和签证。

和其他西方知识，以便将来有个较好的前程。为此，这一年七月二十三日，梁亚协填妥申请表，向中国驻澳大利亚总领事馆申请儿子来澳留学所需的护照和签证。他以自己参股经营的协隆木铺作保，允承每年供给儿子膏火完全担任镑（亦即足镑），即需要多少费用就提供多少，作为儿子梁亚湖来澳留学期间所需的学费和生活费等费用，想将儿子办来入读位于美利滨唐人街（亦即小博街［Little Bourke Street］）上的长老会学校（P.W.M.U. School）。

中国驻澳大利亚总领事馆接到申请后，用了三个多月的时间对此进行审理。待确认各方面的条件都符合规定之后，总领事魏子京便于十月三十日给梁亚湖签发了一份号码为344/S/23的中国学生护照，随后将护照送往澳大利亚内务部申请签证。六天后，即十一月五日，内务部在上述护照上钤盖了入境签证印章，当天便将其退还给中国总领事馆，由后者按照流程将其寄往香港的金山庄胜利昌号，由其负责转交给在中国家乡的梁亚湖，并为其安排行程，以便其收拾行装，尽快来澳留学。

但拿到签证的梁亚湖并没有及时启程，而是在家乡过了一年之后才成行。这一耽搁，或许是他需要在当地学校读完所学的课程，或许是需要时间等待金山庄联络同行的伙伴及旅程中的监护人，[①]所有这些，都需要时间。待

---

① 与梁亚湖同行赴澳留学的来自广东四邑的小留学生有：台山县的罗亚安(Law Ah On)、雷超昌(Joe Chong)和雷超元(Joe Goon)兄弟，以及开平县的胡廷炽(Woo Han Chee)。详见：Law Ah ON - Student passport，NAA：A1，1927/21149；Joe CHONG - Students passport，NAA：A1，1930/4778；Joe Goon - Student's passport，NAA：A1，1931/6178；Woo Han Chee - student passport，NAA：A1，1930/1963。

117

一切就绪，即将年满十五岁的梁亚湖方才赶赴香港，搭乘由此赴澳的"衣时顿"（Eastern）号轮船，于一九二四年十二月十九日抵达美利滨，开始其在澳留学生涯。①

梁亚湖抵澳的日期临近圣诞节，此时碰巧是澳大利亚大中小学校放暑假之时，他无法去到学校上学，正好利用这段时间在父亲的协隆木铺里好好休整，同时也在比他早两年半时间抵澳的同宗兄弟梁社财的陪同和指引下，先熟悉美利滨及学校周围环境。到一九二五年一月二十九日新学年开学时，他便正式入读长老会学校，开始念中学课程。他在这里读了不到一年半的书，学校对其在校表现及各科学业成绩都非常满意。由此可见，在赴澳留学之前，他在家乡学校已经开始学英语，并且已经具备了一定的基础，因而来到美利滨的新环境里，便能比较自如地适应此间的学习节奏。

一九二六年六月二十四日，梁亚湖转学进入美利滨的圣匹书馆（St. Peter's School）继续就读中学课程，并为自己改了一个英文名，叫做Arthur Woo（亚瑟湖），以便更好地与当地同学沟通，融入他们的群中。他在这里的学习成绩较之在长老会学校更好，学校提供给内务部的季度性例行报告，都是说他品学兼优，且聪颖能干，每次的课程作业都完成得非常出色。在这间学校里，他就以如此优异的表现，一直读到一九二七年年底学期结束，完成了在圣匹书馆选修的中学课程。

进入一九二八年新学年，十八岁的梁亚湖注册进入美利滨的司铎茨商学院（Stott's Business College）读书，选修商科课程。从当年六月份学院提供的例行报告看，他仍然保持此前一贯的认真学习态度，出满全勤，按时到校上课，各科成绩优秀，所有任课老师都对其在校表现极为满意。

就在此时，或许是因为出国留学几年后想家了，或者是父母对其生活和日后发展有所安排，需要他临时休学回国探亲，当年七月三日，梁亚湖便通过中国总领事魏子京，向澳大利亚内务部提出再入境签证申请。他表示，待

---

① Woo Han Chee and Leong Ah Hoo [includes left and right thumbs prints of Woo Han Chee] [box 169], NAA：SP42/1，C1925/887.

结束探亲后，仍然要返回司铎茨商学院继续完成未尽学业，并先从该学院院长那里拿到了愿意接受其暂时退学保留学籍的一份公函。对于内务部来说，梁亚湖自入境留学以来，一直形象正面，各方面表现优异，且其年龄距《中国留学生章程》规定的赴澳留学的中国学生最高年龄二十四周岁尚有很大的空间，其申请程序合法也合情合理，便于七月十一日批复了申请，准其在离境之日起算的一年内返回澳大利亚；但同时也强调，再入境签证持有者必须保证进入司铎茨商学院继续读书。

就在内务部尚未批复其再入境签证之前，梁亚湖已于一九二八年七月七日在美利滨港口登上驶往香港的"天吼"（Tanda）号轮船，离开澳大利亚回国。[①]与他同行者，便是其父亲协隆木铺合伙人梁亚仓的儿子梁社财。后者虽然是其同宗兄弟，但因这一年的年初开始违规旷课不去上学而遭内务部勒令离境回国，这次也就选择与其同行。由是，梁亚湖的再入境签证批复件，就只能依靠父亲电报或者寄信回国，再转告已经回到国内的他本人了。

梁亚湖的留学档案到此中止。按理说，他走之前便申请了再入境签证，也顺利获批，很显然他是打算重返美利滨继续完成学业的。可是，他离境回国后，在澳大利亚国家档案馆里就再也找不到与他相关的任何信息。也许，他回国后，形势发生了变化，使之无法按照原定计划行事。

从其入境到离开澳大利亚，梁亚湖总计在澳留学三年半时间，完成了中学课程，也开始了半年的大专课程。

---

① Leong Ah Hoo - Expired Certificate for Exemption from Dictation Test - Departure from Thursday Island per "Tanda" July 1928，NAA：B13，1928/19884.

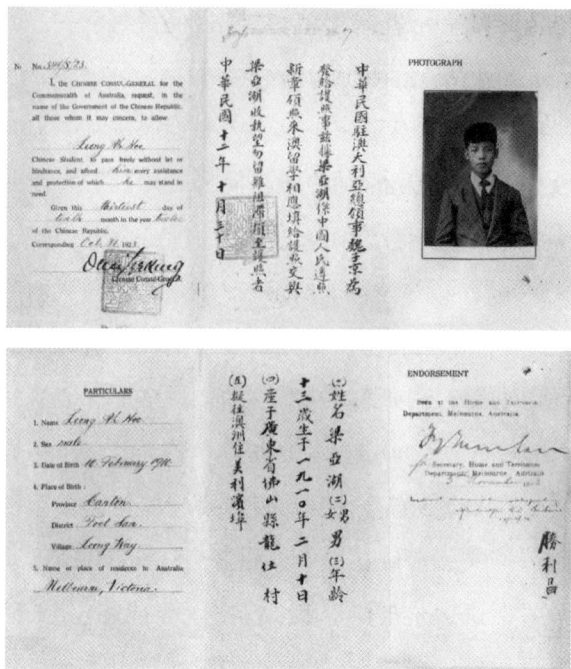

一九二三年十月三十日，中国驻澳大利亚总领事魏子京给梁亚湖签发的中国学生护照。

档案出处（澳大利亚国家档案馆档案宗卷号）：

Leong Ah HOO - Student passport，NAA：A1，1927/21153

梁社财

南海岐阳村

　　梁社财（Lung Sha Choy）是南海县岐阳村人，生于一九一一年四月十三日。他的父亲名梁亚仓（Lung Ah Tock），早年便去到澳大利亚发展，在尾利伴（Melbourne）埠以木匠手艺立足，与同宗兄弟梁亚协（Ah Hep）[1]合股，于益市比臣街（Exhibition Street）二百七十二号开设一间协隆木铺（Hep Loong & Co.），事业有成。

　　一九二一年，澳大利亚正式实施《中国留学生章程》，开放教育给长期或永久居澳华人申请其在中国家乡之子女前来留学。这一年梁社财十岁，正好处于章程规定的最低赴澳留学年龄这个档次，因此，早早就得到此项消息的梁亚仓，过了新年便准备好材料，以监护人和财政担保人的名义，填好申请表格，以最快的速度提交给位于同城的中国驻澳大利亚总领事馆，申办儿子赴澳留学手续，为他请领护照和签证。他以自己参股经营的"协隆木铺"作保，承诺每年可以供给膏火一百八十镑给儿子作为其在澳留学费用，要将他办来尾利伴的公立学校念书。因他当时没有想好要把儿子具体安置在哪间学校，就只在申请表中笼统地写上"公立学校"，想留待儿子抵澳后再视情而定。

---

[1] HEP Ah：Nationality - Chinese：Date of Birth - 1873：Arrived 1899：First registered at Little Bourke Street，NAA：MT269/1，VIC/CHINA/HEP AH. 鉴于梁亚协是梁亚仓的同宗兄弟，又一起合股经营生意，可以推测，后者抵达澳大利亚发展的年份应与前者相若。

按照刚刚实施的《中国留学生章程》规定，中国驻澳大利亚总领事馆负责办理中国学生赴澳留学的护照申请和签证的预评估，亦即意味着只要通过了中国总领事馆的评估，签发了学生护照，澳大利亚联邦政府主管外侨出入境事务的内务部便可按例核发其入境签证。因此，中国总领事馆接到梁亚仓的申请后，也迅速予以审理通过。一月二十八日，中国总领事魏子京就给梁社财签发了一份中国学生护照，号码是1/S/21。这就意味着，这是中国总领事馆在《中国留学生章程》正式实施后受理审办完毕的第一份留学申请，也是为此签发的第一份留学护照。随后，中国总领事馆将申请材料和护照送往内务部申请签证；五天后，即二月二日，内务部便在该护照正页上钤盖了签证印章。两天后，中国总领事馆拿回护照，便按照梁亚仓的要求，将其寄往香港的华安号金山庄，由其负责安排行程，以便梁社财尽快前来澳大利亚留学，并在其离港乘船时将护照交给他携带赴澳。

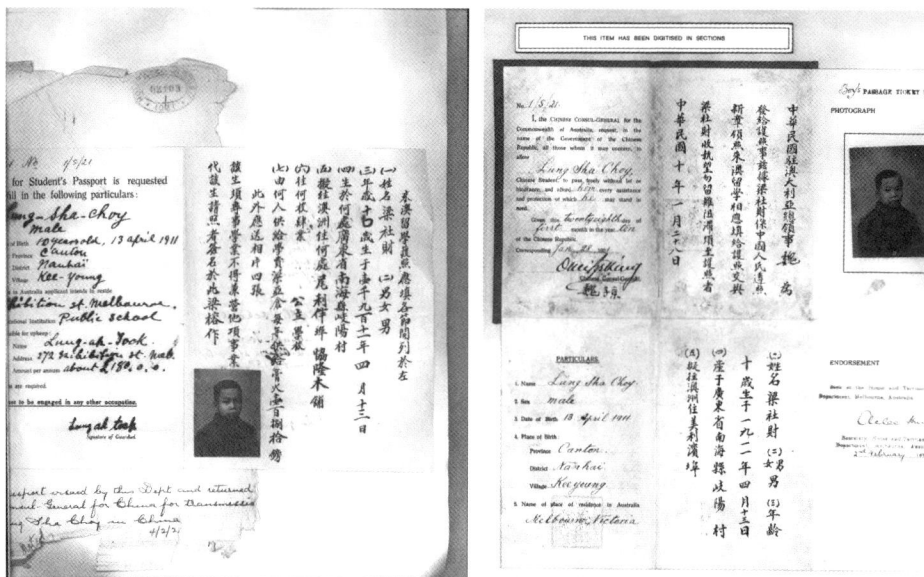

左为一九二一年一月，梁亚仓通过梁榕作，填好申请表格，向中国驻澳大利亚总领事馆申办儿子梁社财赴澳留学手续，为其请领护照和签证；右为一九二一年一月二十八日，中国驻澳大利亚总领事魏子京给梁社财签发的学生护照。

对于一个十岁的孩子来说，要漂洋过海去到遥远的国度留学并不是一件容易的事，金山庄和其家人需要有一段时间去联络和安排其旅途的监护人，后者通常是那些此时正在国内探亲的居澳同乡，在其结束探亲重返澳大利亚时，能顺便将这些不谙世事未出过远门的孩子带上，在旅途中予以照料，并在抵达目的地之后将其交给对方的亲人。待一切事项安排妥当，已经是一年之后。由是，在金山庄订妥船票后，家人便将梁社财送至香港，在此搭乘驶往澳大利亚的"丫剌夫剌"（Arafura）号轮船，于一九二二年五月十一日抵达尾利伴。梁亚仓去到海关将儿子接出来，住进了他在益市比臣街的店铺中。

待一切安顿好之后，梁亚仓便将儿子送到位于尾利伴唐人街（亦即"小博街"，Little Bourke Street）旁贴奋巷（Heffernan Lane）里的长老会学校（P.W.M.U. School）念书。这是一间由长老会女传教会创办的学校，招收的学生主要就是亚裔尤其是中国来的留学生，以配合该教会在当地华人中更好地传教，为主服务。梁亚仓如此选择，也是因为该校与其协隆木铺相距不远，便于儿子走路上学。梁社财在这间学校读了两年，学校对其印象甚好，每年所提交给内务部的例行报告都显示其在校表现良好，称赞他用功好学。可能是年纪小，学习英语上手快，此时他的英语听说能力已经有了很大提高。

从一九二四年五月二十日开始，梁社财转学到加顿埠末士准士学校（Rathdown Street State School，Carlton）就读。这是一间公立学校，靠近尾利伴大学（Melbourne University），距离梁亚仓在益市比臣街的木铺也不算太远，仍然可以走路去上学。在这间学校读书期间，他的各项学业与之前在长老会学校无异。到一九二六年时，除了英语的拼写和阅读仍然是其弱项之外，其余科目都表现良好。一年之后，他在英语拼写和作文方面有了很大进步；但学校认为他虽然热心学习，也比较诚实，但不属于那种天资聪颖的学生。

可是，进入一九二八年，他的热心学习刻苦努力的学生形象却轰然坍塌。到三月份，末士准士学校校长向内务部报告说，自新学年开学后，这位中国学生就没有到校上课。就在内务部通过海关要求派员了解其去向时，收到了中国总领事魏子京于四月十三日的来函，告知梁社财已经在二月一日即新学年开始便转学到基督兄弟会书院（Christian Brothers' College）读中学，在那里他给自己取了一个英文名，叫做Harry Choy（哈利财），并且也是用这个名字在此注册入学的。可是，海关人员随后到该书院核查的情况却表明，他经常旷课。具体地说，从二月份到四月下旬，他已经旷课累计达六个星期之多。事实上，海关人员几次找到梁亚仓，他都表示儿子跟他说是去到书院上学，但因其子这段时间并不在店里跟他一起住，而是去到域多利市场（Victoria Market）那边一位朋友处居住，因而他也就无法确认儿子的具体到校上学时间。由是，通过综合种种收集到的资讯，海关人员得出的印象是：这位中国学生已经不再对上学有任何兴趣了。

接到上述报告后，内务部认为梁社财不仅严重违反留学章程的规定，而且也显示出他已无心向学，再待在澳大利亚无益。于是，内务部秘书在五月十日致函中国总领事馆，请其转告这位学生的监护人，立即安排订购就近的一艘赴港轮船舱位，让他离境回国。魏子京总领事接到上述公函后，立即与梁亚仓联络，请其来到中国总领事馆办公室询问其子旷课的原因。根据梁亚仓的说法，其子旷课是因为近期生病，身体健康状况堪虞，看样子短期内不太会好转，他打算在未来两个月内陪儿子回国。为此，魏子京总领事特向内务部申请，希望准允梁社财再多待两个月的时间，以便届时和父亲一起回国。他表示，在与梁亚仓的会面中，后者也极力保证，在等待回国的两个月中，他将督促儿子返回基督兄弟会书院正常上课。经一番谈论，内务部认为这位中国学生的行为已经严重违规，不能完全同意申请，但考虑到等待船期还需要一些时间，可以对上述要求折中处理，遂最终于五月二十五日复函，同意让梁社财待到六月三十日止，并责成其监护人须在此日期前安排梁社财离境。当然，其条件是：在此候船期间，他必须到校上课。

七月三日，亦即梁社财的留学签证过期后三天，中国总领事魏子京致函内务部秘书，告知这位中国学生已订妥船票将于本月七日离境，同时也为他申请再入境签证，以便其在中国休养身体康复之后还能重返澳大利亚，完成余下的中学课程。为此，魏总领事也随信附上基督兄弟会书院院长的信，信中一方面表示梁社财在学期间总体而言表现尚好，另一方面也表示，待其结束在中国探亲休养后重返澳大利亚继续留学时，该书院非常乐意接受他回到那里完成其原有的课程。可是，梁社财在内务部的档案记录里表现太差，属于严重违规的那种类型学生，加上他的旷课跟出外打工挣钱相关，故内务部秘书于七月二十日正式复函魏子京总领事，断然拒绝了他为这位中国留学生提出的再入境签证申请。

就在中国总领事馆与内务部为其再入境签证申请公牍往返不断交涉之际，十七岁的梁社财依照原先订妥的船票，准时于一九二八年七月七日在尾利伴港口登上驶往香港的"天哼"（Tanda）号轮船，与晚他两年半来此留学的堂兄梁亚湖（Leong Ah Hoo）同船，一起离境回国。[1]从其入澳留学到离境，总计有六年多一点的时间，但他实际上有近半年时间用于打工或干别的事情去了。梁社财的留学档案到此中止，此后再未有见到他重新申请入籍的任何记录。

原本梁亚仓曾经表示要跟儿子一起回国，但档案文件中并没有提到他和儿子同乘这艘轮船，而澳大利亚国家档案馆里也查找不到与他相关的宗卷，因此，其最终去向不得而知。但梁社财的同宗堂兄梁亚湖（Leong Ah Hoo）虽然比他晚两年来澳大利亚留学，[2]此时也从尾利伴的司铎茨商学院（Stott's Business College）休学，要回国探亲，便与他结伴，一同乘上这艘轮船经香港回国。[3]

档案出处（澳大利亚国家档案馆档案宗卷号）：

Choy，Lung Sha - Student's passport，NAA：A1，1928/4067

---

[1] Leong Ah HOO - Student passport，NAA：A1，1927/21153.

[2] Woo Han Chee and Leong Ah Hoo [includes left and right thumbs prints of Woo Han Chee] [box 169]，NAA：SP42/1，C1925/887.

[3] Leong Ah Hoo - Expired Certificate for Exemption from Dictation Test - Departure from Thursday Island per "Tanda" July 1928，NAA：B13，1928/19884.

苏　流

香山？

　　Soy Low（苏流，译音）大约生于大清光绪十六年（一八九〇年），然在档案中未表明其籍贯是何地；而且苏流也可能只是其名字，文档中也没有披露其具体姓氏。但档案却特别说明，他的舅父是一八六八年出生的郑泗全（See Chin）。[1]后者是广东省香山（中山）县隆都人，在一八八五年左右从家乡来到澳大利亚发展。他经逾十年的奋斗，最终落脚于昆士兰省（Queensland）北部重镇坚市埠（Cairns），并娶在该埠出生的一名西妇为妻，两人共育有六个子女。[2]

　　郑泗全在当地的经营和发展颇为成功：于坚市埠附近的绿岭区（Green Hills）与人合股（其本人占股达百分之五十），拥有一块达一千二百八十英亩的甘蔗种植园，年产一万二千吨甘蔗；此外，他还在坚市埠附近的丫路坝镇（Aloomba）拥有一块四百八十英亩的蔗田，年产甘蔗六千吨。可见，其经济实力雄厚。根据另一份来自香山县库充村名叫郑仕航（Jang Shu Hong）的中国留学生在一九二一年入澳的留学档案显示，郑泗全是其伯父，也是其赴澳留学的监护人和财政担保人。[3]而苏流的母亲与郑泗全是姐弟关系，通常

---

[1] Certificate Exempting from Dictation Test (CEDT) - Name：Jan See Chin (of Cairns) - Nationality：Chinese - Birthplace：Canton - departed for China per EMPIRE on 13 March 1915，returned to Cairns per EASTERN on 13 May 1916，NAA：J2483，174/28.

[2] See Chin & family，NAA：A1，1915/5568.

[3] Jang Shu Hong - Student passport，NAA：A1，1923/16780.

来说，她很可能是外嫁到香山县的其他村子，但外嫁他县的可能性也是存在的。然总体而言，苏流是香山县人的可能性极大。但鉴于档案中也提到苏流曾在香港读书，因而也可能他跟随家人去到了香港，因为其舅父郑泗全在香港有生意，也有物业，一九二三年就举家搬到香港居住，[①]并在一九二八年四月二十五日病逝于此。[②]

一九〇九年八月，已经十九岁的苏流想到澳大利亚留学，主要是想把英语学好，便向舅父郑泗全求助。后者对于晚辈如此上进的要求，自然十分支持。郑泗全准备好材料后，便通过坚市的李利与马瑞律师行（Messrs Lilley & Murray Solicitors），于当月向澳大利亚外务部提出申请，办理其外甥苏流前来坚市留学，主要目的是学英语，预计留学时长为两年，而他本人则充任监护人和财政担保人。然而，对于苏流仅仅想来澳大利亚学英语的计划，外务部长颇不以为然，于十月十五日拒绝了申请。但律师行认为，苏流的年龄符合十七岁以上的青年可以前来留学的规定，遂再次致函外务部力争。于是，外务部只好重新审视该申请，遂通过昆士兰海关对郑泗全的情况作了一番调查核实，以便取舍。待拿到报告之后，各方面的情况都表明，郑泗全完全符合监护人和担保人的条件。于是，十一月十一日，外务部长推翻了此前的拒签决定，重新批复了申请，并照其所请，给了苏流两年期的赴澳留学签证。

苏流得到舅父已获签证批复的通知后，便通过家族的一番努力，半年后从位于广州的两广总督府相关衙门拿到了出国护照，然后去到香港，经当地金山庄的安排，由此搭乘驶往澳大利亚的"太原"（Taiyuan）号轮船，于一九一〇年七月十日抵达坚市，顺利入境。郑泗全按例向海关缴交足镑保证金（一百镑）后，将外甥苏流接出关来，再把他安顿在自己的住处。

原本郑泗全想让外甥进入坚市的公立学校里念书，但苏流来澳留学的目的是想学好英语，鉴于自己已经二十岁，他并不想进入公立学校和那些比自己年轻好几岁的孩子一起读书，而在入关时便声明，只想延聘一私人英语教师，以便自己的英语水平得以更快提升。海关在考虑其年龄等因素之后，

---

① 详见郑仕航留学档案：Jang Shu Hong - Student passport，NAA：A1，1923/16780。
② "Obituary Mr See Chin"，*Cairns Post*，Friday 27 April 1928，p. 5.

同意他的这种做法，只是强调，一旦其英语能力提高，应当进入公立学校念书。海关将此决定提交给外务部审核定夺，获得首肯。

按照外务部的要求，海关应定时与苏流的私人英语教师联络，报告这位学英语的中国学生的学习情况。但在余下的半年里，在本宗卷里并没有发现与此相关的任何报告，甚至也没有披露他是否找到了合适的教师，因而无法判断苏流是否一直接受私人教授英语以及进展如何。

到本年的十二月二十七日，苏流搭乘路过坚市的"奄派"（Empire）号轮船，驶往香港转回家乡，结束了不到半年的赴澳留学生涯，他的档案到此中止。在这段不长的时间里，他是否提高了自己的英语水平，不得而知。

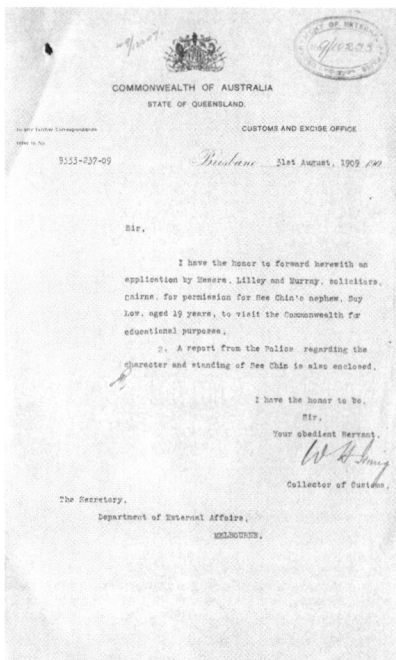

左为一九〇九年八月三十一日，昆士兰海关将李利与马瑞律师行代理苏流赴澳留学签证的申请材料转交给澳大利亚外务部处理；右为一九一六年，郑泗全申请的回头纸。

档案出处（澳大利亚国家档案馆档案宗卷号）：

Soy Low nephew of Lee Chin admitted for educational purposes，NAA：A1，1911/434

夏民育

籍贯未明

本文的主人公名叫Hsia Min-yu（夏民育，译音），档案显示，他在一九一八年之前就在武昌博文书院①（Wesley College Wuchang或者Wesleyan College Wuchang）中学部和大学部完成学业，是博文书院早期少有的大学毕业生之一。档案中没有透露他的年龄和出生年份。根据当时进入大学读书者基本上未满二十岁，而其就读博文书院大学部又在武汉地区刚刚拥有的几间教会大学之时，故推测其出生年份大约在一八九〇年代后。

档案中也没有提及夏民育的籍贯。通常来说，在汉口的教会学校读书的学生应以湖北人为主，档案中也提到夏民育有家人在湖北蕲州（今蕲春县蕲州镇）。但就二十世纪初赴澳留学的中国青少年来说，则基本上是广东人，而且他们基本上来自珠江三角洲周边县邑及四邑地区，因而夏民育是否广东人，是值得注意的一件事。比如一九二九年后成为私立华中大学校长的韦卓民，就是广东省香山县人。二十世纪初，这位年方十五岁的少年随经商的父

---

① Wesley College Wuchang或者Wesleyan College Wuchang(武昌博文书院)是由大英循道会差会(Wesleyan Methodist Missionary Society)在武汉设立的第二所高等学校，创于一八七七年，稍后改称武昌高等学校(Woochang High School)，一九〇七年起改称博文书院。一九二四年，博文书院与一八九九年由英国伦敦会(London Missionary Society)在汉口设立的博学书院(Griffith John College[一九〇八年之前名伦敦会书院(London Mission College)])的大学部，一同并入一八七一年由美国圣公会(The Episcopal Church)在武汉创立的文华大学(Boone University[一九〇九年之前称文华书院(Boone College)])合并，成为新设立的华中大学(Huachung University)的一部分。见苏云峰著：《中国现代化的区域研究：湖北省(1860-1916)》（"中央研究院"近代史研究所专刊[41]），南港："中央研究院"近代史研究所，2015年，页142-146。

亲来到武汉，就读于当时的文华书院（Boone College），[①]大学毕业后留在文华大学任教。[②]这个例子表明，清末民初社会大变革时期，因经商等原因，存在着珠江三角洲的商人带同家人子女去到外地定居的现象。又比如二十世纪二十年代，吴宝光（Wu Pao Kwong）也是从广东到北京等地读书后，再赴澳留学的。[③]

贾溥萌（Benjamin Burgoyne Chapman）是澳大利亚人，生于一八八六年。他在学生时代便立志传教事业，是基督教循道会的信徒。二十世纪初在雪梨大学（Sydney University）获得文学学士学位后，他便前往英国求学深造，在剑桥大学（Cambridge University）获得文学硕士学位。[④]一九一三年，他从英国学成返澳后，便立即前往中国，加入大英循道会差会，成为该会在华传教的牧师，随后在该会所创办的武昌协和师范学校（Union Normal School，Wuchang）担任主任秘书，不久升任校长，同时在博文书院大学部兼职任教。[⑤]

大英循道会在武汉传教时秉承着一个传统做法，即在其所开设的学校里选送优秀学生出国学习，毕业后回国，无论其从事何种职业，仍然继续为教会服务。比如普爱医院院长江虎臣，就是在清末由教会选送到英国爱丁堡大学（The University of Edinburgh）学医，到民国初年回国服务的。[⑥]而从一九一八年起，作为博文书院大学部的优秀毕业生，夏民育进入武昌协和师

---

①　文华书院是此后私立华中大学的前身，也是其最主要组成部分。韦卓民成为华中大学校长，是跟当时的中国教育非基督教化运动有关，也跟他是文华大学优秀毕业生有关。

②　董中锋："沟通中西文化的巨人韦卓民"，《中华读书报》2016年9月28日，第7版。韦卓民一八八八年出生，于一九七六年逝世。

③　Kwong，Win Pao - Students passport，NAA：A1，1926/20040.

④　Renate Howe，*A Century of Influence：A History of Australian Student Christian Movement*，1896-1996，Sydney：UNSW Press，2009，pp.98-99. 贾溥萌是Benjamin Burgoyne Chapman在中国传教和从事教育工作期间所取之中文名。

⑤　Julean Arnold ed，*Commercial Hanbook of China*，Vol. 1，Washington：Government Printing Office，1919，p.142.

⑥　Ning J. Zhang，"Tension within the Church：British Missionaries in Wuhan，1913-28"，*Modern Asian Studies* 33，2 (1999)，p. 429. 江虎臣是湖北人，一八八三年出生，卒于一九六二年。一九〇三年，江从武昌博文书院中学毕业，因成绩优良，被保送到上海圣约翰大学读书。一九〇七年，再由循道会送往英国爱丁堡大学医学院学医，六年后学成归国。由其经历看，夏民育显然比江虎臣晚几年进入博文书院读书，时间大约是在辛亥年前后。

范学校工作，被任命为中文部主任，聘期三年。这样，他就从原先博文书院贾溥萌老师的学生变成了协和师范学校贾溥萌校长的同事。有鉴于夏民育在博文书院读书期间打下了英语听、说、读、写等方面的良好基础，以及他的广博知识，贾溥萌校长对这位昔日学生及现在的同事非常喜爱，就计划着如何让他进一步提升自己，以便其学成后回国再委以重任。从一九二〇年下半年开始，贾溥萌和博文书院的几位传教士教师经过一番合计之后，便与夏民育商讨，决定让他前往澳大利亚留学。因贾溥萌本人的大学生活是在雪梨大学度过的，因而主张夏民育前往雪梨（Sydney），到该校进修研究生课程。

从在博文书院拿到了给夏民育评价甚高的推荐信后，贾溥萌便从中国返回澳大利亚。经过一番拜访商谈，他成功地使得雪梨大学师范学院认可夏民育的英语能力及学历背景，接受其次年前来就读一年的研究生课程；与此同时，他也与雪梨大学里的一间学生住宿学院——圣安德鲁学院（St. Andrew's College）商妥了夏民育来此留学期间的住宿与膳食等事项。待诸事妥当，一九二〇年十二月八日，贾溥萌致函澳大利亚内务部秘书，以其个人信誉及澳大利亚循道会的名义作保，并且也声明由其本人筹措款项作为夏民育在澳留学期间的学费和食宿开销，为其申请入境签证。内务部秘书接到信函后，非常重视，逐一核实情况。在此审核期间，内务部也刚好接到了澳大利亚差传联会的信函，就包括来自印度等地的此类基督教亚裔信徒赴澳进修提升事宜，呼吁和督促内务部长对此提供方便，以利基督教差传事业在亚洲的发展。在这种外力的推动下，加上贾溥萌一系列的努力，内务部长遂于当月二十二日批复了申请，表明只要夏民育及时获得中国外事部门颁发的学生护照，就可以获准入澳留学，当局将按其需要核发一年的学生签证。

贾溥萌此番返澳的主要目的就是为夏民育的留学深造预做安排，计划着在新年过后便重返其在武昌的岗位，因而在接获内务部长的批复后，便于一九二一年一月份从雪梨搭船返回中国。看起来，夏民育可以在一九二一年赴澳留学了，但这一年里，他并没有按原定计划前来。其中一个原因是，尽管贾溥萌校长已经打通了雪梨大学相关部门的环节，但录取工作是需要按部就班进行的。直到一九二一年四月十五日，文学院院长才将录取通知发给在武昌的夏民育。也就是说，虽然他在录取通知书上表示，夏民育所学的研究生课程由师范学院负责讲授，但录取及学位授予则由文学院具体执行。因本年的课程早在这一年的二月份就已开始，现在已经无法插班就读；而给这位中国学生的研究生课程只要一个学年就可完成，但要等到明年初开学，才可以正式注册入读。另外一个原因，可能是夏民育在武昌协和师范学校的中文部主任一职的聘任尚未到期，他需要时间履行完自己的职责。内外因素交织的结果，使他赴澳留学的行程不得不往后推迟了一年。

到一九二二年年初，夏民育仍然没有动身。从后面出现的解释来看，导致他赴澳留学耽搁的一个原因可能是其赴澳留学的经费尚未能完全落实下来。当然，按照程序，贾溥萌校长为他申请延期到下一年，也在当年三月二十日获得了雪梨大学文学院院长的批复，并转呈内务部备案。如前所述，贾溥萌校长曾经答应由他个人负责筹资，以负担夏民育一年两个学期的所有学费和生活费，这笔钱虽然不是很大，但仍然需要一些时间方能达致目标。

直到诸事安排妥当，一九二二年十二月二十二日，贾溥萌校长方才致函内务部秘书，告知夏民育在两天前拿到了由中国外交部驻湖北特派员签发的护照，号码是12/2（17），并且获得英国驻汉口总领事核发的入澳签证，目前准备从武昌动身，前往香港搭船来澳，以便赶上雪梨大学次年初开始的研究生课程。在该信的后面，他还附上了一份与夏民育达成的留学读书合同。根据合同，夏民育的全部在澳留学费用及船资等皆由贾溥萌负责提供，后者还联络好他在雪梨的父亲作为夏民育的联络人，在其遇到困难时，负责协助解决；与此同时，为使其在澳大利亚安心学习，武昌协和师范学校仍然按其现在的薪资，定期支付其家人每月三十五元银洋，以便其赡养家庭。作为回报，夏民育需在学成后返回武昌协和师范学校任职，两年内不能离职他就；而在学成返回后，其薪水将提高到每月四十五元银洋。如果违反合同，夏民育需偿还贾溥萌为其支付的所有费用。贾溥萌校长的做法，旨在向夏民育表明，任何事情都应按照规矩去做，须有契约精神，严格照此办理。

在贾校长为其赴澳留学确认各项安排之过程中，夏民育按照既定计划从武昌启程前往香港，踏上了赴澳留学的路程。他在这里搭上日本轮船公司的轮船"吉野丸"（Yoshino Maru），于一九二三年二月四日抵达雪梨。因海关早就接到了内务部的批文备件，让他顺利过关，由贾溥萌的父亲及一位雪梨大学的讲师接上他，将其安置在雪梨大学的圣安德鲁学院居住。

档案中没有任何文件显示出夏民育在雪梨大学师范学院的学习遇到过困难，也没有任何文字说明其在校学习的进展。从没有说明就意味着没有麻烦这个角度来看，可以推测，夏民育在这里的学习还是非常顺利的，生活上也没有什么障碍。因而，到这一年的十一月中旬，他顺利地结束了在雪梨大学两个学期的研究生课程。十一月二十三日，年初将其搭载来的"吉野丸"当日正好要从雪梨港起碇，路经香港前往日本，夏民育便收拾好行囊，登上该轮船，前往香港，转道返回武昌。

夏民育在澳留学虽未及一年，但顺利地完成了一个学年的课程。返回武昌协和师范学校后，他升任为副校长。在一九二四年开始发生的收回教育权以及教会学校应由国人担任正职的浪潮中，他成为由该校改名的"华中师范学校"（Central China's Teachers' College）的校长，但在该年年底便辞去校长职务。[1]至于他在此后的行踪与经历，因未找到资料，不得而知。

而资助夏民育赴澳留学的贾溥萌牧师，则于一九二九年返回澳大利亚，随后去往印度传教。一九三○年到一九三二年间，他重返中国，去往南京教区继续服务；此后从一九三六年到一九四○年，则转往中国西南地区传教。一九五八年至一九六○年，他在斯里兰卡传教二年。然后，他从教区退休，返回澳大利亚安度晚年。四年后，贾溥萌在雪梨去世。[2]

---

① 同上，p. 439。

② https://archiveshub.jisc.ac.uk/search/archives/37673518-a23d-321a-aef7-ccacdcc9d875? component= 3d052d11-9291-39cc-9987-01302b59b7c1 (查访日期：2019年11月24日)。关于贾溥萌牧师的自传，详见：Benjamin Burgoyne Chapman, Roving in a Changing World, Sydney：Scripts Pty，1956，pp. 318。

清宣统元年（1909年）博文书院（今武汉市第一十五中学）足球队。

左为武昌博文书院礼拜堂；右为一九○九年武昌博文书院的足球队合影。

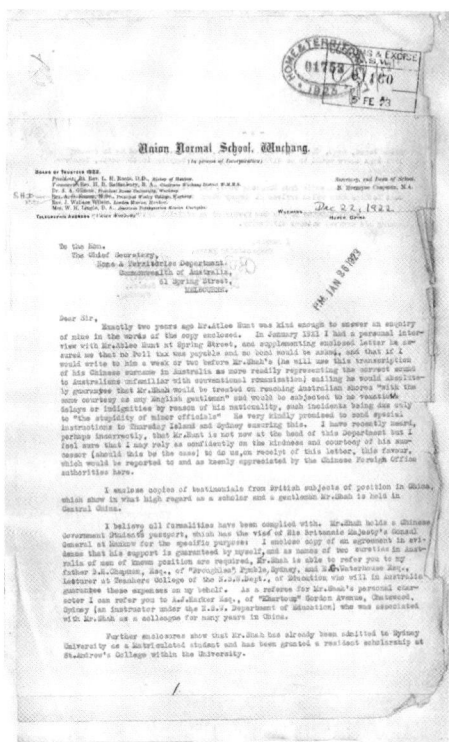

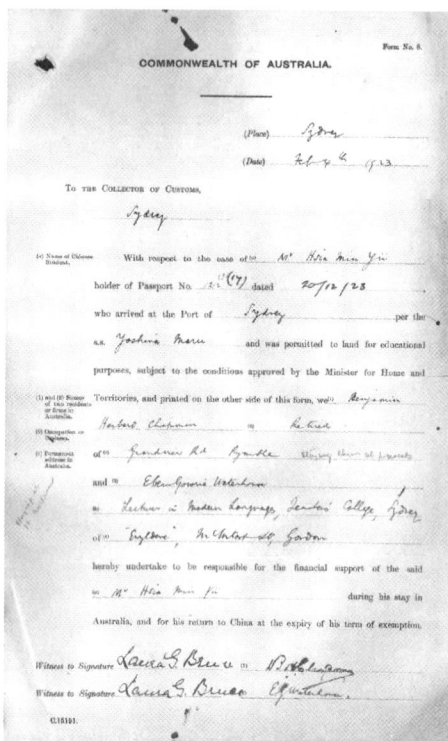

左为一九二二年十二月二十二日，贾溥萌校长致函澳大利亚内务部秘书，告知夏民育即将赴澳留学以及相关的资助安排；右为一九二三年二月四日，夏民育抵达雪梨口岸时的入境登记卡。

档案出处（澳大利亚国家档案馆档案宗卷号）：

Chapman，B B - Admission of Chinese student，NAA：A1，1923/29220

满　焕

广东

Mon Fon（满焕，译音）是广东人，生于一八九二年六月十五日。档案中没有给出他的籍贯和姓氏，但却说明他的父亲Sing See（盛泗，译音）在美利滨（Melbourne）一家名叫"广泰盛"号（Quong Hie Shing）的商行拥有股份并参与经营。商行开设在唐人街（亦即小博街[Little Bourke Street]）一百七十三号，兼营土洋杂货。澳大利亚国家档案馆里找不到盛泗和"广泰盛"号的宗卷，但与满焕相关的宗卷里则提到其舅父名Ah Gin（阿振，译音），一八八六年在域多利省（Victoria）加入澳籍，曾于一八九九年回国探亲后返回美利滨，之后几年又返国探亲，一九一一年八月四日再回到美利滨。[1]十九世纪末二十世纪初时，美利滨华人社区有自己的一份中文报纸，在民国成立前后名《警东新报》（The Chinese Times），当地华商多在该报刊登广告，但"广泰盛"号的广告则是直到一九〇八年方才正式出现在该报上。[2]从广告上看，该商行的东主兼司理人名许振，应该就是上面提到的满焕的舅父阿振。[3]由是，满焕的母亲家应该姓许，但他本人姓什么仍然无法

---

① Letters of Naturalization - Ah Gin，NAA：A801，4588.

② "广泰盛告白"，美利滨《警东新报》(The Chinese Times)，一九〇八年八月一日，第三版。

③ 另一份档案也跟许振有关，但其中特别提到"广泰盛"号是由许振和他的兄长二人为主创设。故本文所据宗卷谓盛泗亦为其中一位股东，也是可能的，毕竟他们是亲戚，一家有规模的商行还有一些股份较少的股东也不为奇。详情请参阅本卷"许志德"文。相关档案可见：Ack，Hsu Chee (aka Lock，Charlie) - Exemption certificate，NAA：A1，1924/19797。

得知。鉴于美利滨的华人大多数是来自四邑，故满焕亦应是四邑人。而根据目前在澳大利亚档案馆查阅到的赴澳许姓留学人氏，尤其是去到美利滨及域多利省其他地方者，基本上来自新会县，[①]推测起来，满焕也极有可能籍贯新会，或者至少可以说是四邑人。

一九一一年九月，盛泗因病在美利滨去世。从这个时间点来看，许振于上个月刚刚从中国探亲回来，很有可能是因其姐夫病重而不得不及时赶回，以协助其兄长Ah Lock（许亚乐，译音）[②]维持商行的正常经营。盛泗去世后，按照当地法律，其在"广泰盛"号商行中的股份和财产就由其家人继承，交由美利滨城里的科洛夫与罗丹律师行（Croft & Rhoden Solicitors）托管。当父亲在澳去世时，十九岁的满焕仍在家乡上学读书。九月二十九日，律师行向澳大利亚外务部提出申请，办理满焕从中国前来美利滨的入境签证，具体处理其亡父的遗产并完成交割。因此项事宜法律程序较长，预计需时约为一年多的时间，再加上办理出国文件和预订船票所需的时间更长，因此，科洛夫与罗丹律师行特地为满焕申请总计两年的入境签证。

接到申请后，外务部通过几个月的时间从旁了解，得知盛泗在"广泰盛"商行中是排序第三的股东，事实上还有两个股东所占比例比他要大得多，但因该商行所从事的商品销售包括土洋杂货及中草药和服装等货品，生意额较大，故其遗产包括其投资的股份及溢出的相关利益。由此，整个遗产处理程序至少需要半年；如果条件合适、情况允许的话，也应该由死者的直系亲属亦即继承人入境前来处理上述事务，方可最终解决问题。于是，经过半年左右的核查与几个部门商讨权衡，并在通知上述律师行提供了满焕的照

---

① 二十世纪二十至三十年代到域多利省留学读书的新会人有：一九二二年来自永安村时年十一岁的许昌(G. Hoey Chong)，去到汪架镎咃埠(Wangaratta)；一九二三年来自吉安村时年十岁的许进(George Din)，去到椰李汪架埠(Yarrawonga)；一九二四年来自银塘村时年十五岁的许其欢(Kee Faun)，去往品地高埠(Bendigo)；一九二五年来自会城时年十七岁的许荣光(Hui Wing Kwong)，则是去到美利滨埠。详见：Chong，G Hoey - Chinese student on passport，NAA：A1，1926/3438；G. Dix Students Passport，NAA：A1，1937/14493；Kee FAUN - Student passport，NAA：A1，1927/14820；以及Hin Wing Kwong Education Exemption Certificate - Canton Passport，NAA：A1，1929/4048。

② LOCK Ah：Nationality - Chinese；Date of Birth - 10 December 1861；Arrived June 1885；First registered at Little Bourke Street，NAA：MT269/1，VIC/CHINA/LOCK AH/8.

片之后，一九一二年三月七日，内务部决定给予这位中国青年六个月的入境签证，前来处理其父亲盛泗在"广泰盛"号商行中的股份。然而，接到这份批复后，科洛夫与罗丹律师行很不满意，立即复函，认为在六个月的时间里根本无法完成有关遗产的交割，希望外务部长能改变决定，重新核发至少一年期的入境签证给满焕。但是抗辩没有成功，四月十一日，外务部驳回了申诉，仍然维持原议。七月三日，该律师行以船务公司无法在有效时间内给乘客订票与出票，从而导致满焕无法在有效的时间里赶来，因而会使整个遗产处理的时间遭受影响为由，再次向外务部申请改签十二个月的签证给上述遗产继承人。这一次，外务部仍然不客气，三天后便驳回了其申请，坚持己见，并表示船务公司绝不可能为此耽搁乘客的订票及船期。律师行见不得要领，只好接受签证条件，但表示如果到期无法完成遗产交割，保留再申请进一步展签的权利。

此时，距外务部首次核发六个月的入境签证已经过了四个月。而中国也已在这一时期改朝换代，大清国皇帝退位，中华民国成立了。于是，科洛夫与罗丹律师行紧急行动起来，通过其在香港的合作律师行，由香港当地与四邑地区的金山庄联号配合，很快就为这位遗产继承人办理好了相关的赴澳文件；随后，也为他订好了船票。当年九月十日，二十岁的满焕搭乘从日本驶来途经香港的轮船"日光丸"（Nikko Maru），抵达美利滨。因海关早已接获外务部的通知，满焕得以顺利入境。

果然不出所料，尽管律师行是加班加点地工作，但在六个月的时间里仍然无法处理完相关的遗产交割，到满焕入境签证有效期截止时，尚有些法律的扫尾事务需要处理。于是，一九一三年三月十日，科洛夫与罗丹律师行向外务部申请满焕额外三个月的展签。事实上，外务部也很明白，这类法律事务处理起来时间很长，也为此预计着会有展签申请。因此，一接到律师行的来函，很快就进行了处理，三月十八日便批复通过。有了这三个月的时间，满焕得以处理完所有父亲的遗产。到六月初时，外务部了解到上述事宜所有法律程序都走完后，便指示海关，让其监督这位中国青年尽快安排船期离境回国。

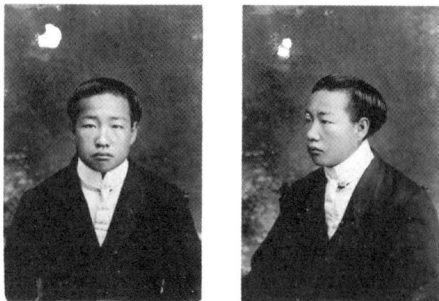

一九一一年，科洛夫与罗丹律师行申请许满焕入境澳大利亚处理其亡父盛泗的遗产，特向澳大利亚外务部提供的满焕照片。

就在这个关键时刻，为满焕能再留澳待上几年，中国驻澳大利亚总领事黄荣良出面来为他说情。一九一三年六月十日，黄总领事正式给外务部秘书发出公函，申请将满焕的游客签证转为留学签证，预期三年。黄总领事在函中表示，满焕的舅父许振希望能利用这个机会，让他在澳大利亚接受几年西方教育，这样也不枉了其父浪迹澳洲挣钱养家以便让家人接受更好的教育以及过上更好日子之夙愿，为此，他愿意承担外甥的全部教育费用。接到上述公函后，外务部通过海关了解到，许振是"广泰盛"号的大股东及总司理人，与其兄长许亚乐控股该商行；该商行在美利滨有三间商铺，许振个人股份价值超过了两千镑，在银行中也一直保持着二百到三百镑的存款，作为流动资金。可见，他的经济实力和财务状况都足以支撑其侄儿的在澳留学费用。在海关约好与他就外甥留学一事见面会谈时，许振表示，在来澳洲处理遗产之前，原本外甥就在家乡读中学课程，现在是机会弥补其损失，让他在此完成学业，之后回到中国也可以经商。根据上述核查报告，外务部秘书虽然觉得满焕已经年满二十一岁，但仍然处在读书的年龄段里，因而认为申请合情合理。七月八日，他便批准了满焕的留学申请。但他在批复函中特别强调，在澳留学期间，满焕只能全日制上学，不许出外打工。

事实上，早在黄荣良总领事向外务部正式提出转签留学签证之前，满焕便于五月底注册入读位于美利滨城里的圣匹书馆（St. Peter's School），念中学课程。由此看来，他在来澳大利亚之前，已经接触了一点儿英语，此时虽然是念中学课程，但更多的则是旨在提高自己的英语能力。当然，他选

择进入这间书馆就读，还因为他的表弟亦即他的大舅许亚乐的儿子许志德
（Hsu Chee Ack）两年前就来到美利滨留学，也是在这间书馆读书，故两人
一起去上学，正好有个伴。[①]从书院按期提供给外务部的例行报告来看，满焕
总是按时上学，认真对待各项作业，各科学习成绩令人满意。也正因如此，
一九一四年六月，当外务部接到中国总领事馆递上来有关他的展签申请时，
便毫不犹豫地予以批复。

可是到一九一五年四月下旬，当中国驻澳大利亚总领事馆按例向外务
部提出满焕下一年度的展签申请时，外务部就不是那么痛快了。外务部秘书
先是说研究研究，到五月三日便以外务部长不同意为由，直接拒绝了展签申
请。得知拒签消息后，圣匹书馆校长于五月五日致函外务部秘书，表示满焕
在校表现良好，如能再给他一年时间的学习，将会对他日后的工作和生活都
有极大益处，呼吁再给他一年的签证。次日，中国总领事馆的一位副领事也
代表总领事致函外务部秘书，希望重新考虑其拒签决定，再给这位中国学生
十二个月的签证；他同时也表示，即便外务部长仍然坚持己见，也希望将其
拒签理由见告。两周之后，外务部秘书复函说，原本在满焕申请转签时要求
的是三年签证，现在算起来，从其入境到现在已经近三年，已经基本上满足
了其要求。他在复函中强调，需要明白的是，外务部最终批复给满焕的入境
签证只是六个月，现在已经远超此有效期达两年之久了。在这样的情况下，
外务部长的决定已经再无法更改。当然，外务部秘书在此没有点明的另外一
个理由是，此时的满焕已经二十三岁，他们不想让他一直读下去，到明年年
中过了二十四周岁时才考虑离开澳大利亚回国。因此，外务部同时也指示海
关，一俟满焕的签证在七月十日到期，就督促他离境回国。

就在这个时候，原先代理盛泗遗产托管及满焕入境签证申请的科洛夫与
罗丹律师行站了出来。该行致函外务部秘书，表示满焕给圣匹书馆第二个学
期的学费已经交到八月二十七日，亦即本学年第二个学期结束的日子，从性

---

① 许志德的留学档案见：Ack，Hsu Chee (aka Lock，Charlie) - Exemption certificate，NAA：A1，
1924/19797。

价比的角度来说，这位青年花了一大笔钱，不让其读完，是非常浪费之举，也对他不利。为此，他们认为，至少也应该将其签证展签到第二个学期结束时才显得公平。这一说法合情合理，外务部秘书于七月三日准允了这一要求，将签证展延到八月底，但要求满焕在此之后，必须搭乘最近日期的一艘离澳轮船返回中国。

然而对满焕来说，既然已经表明不能再在这里读完一年，那是否要读完这个学期就已经显得没有多大意义了，反正他在此与年龄比他小好多岁的青少年一起读书，其目的并非是要读完此间的中学课程，而是学好英语而已；事实上，经过了两年的英语学习，他的英语能力已经有了很大的提高。于是，他从圣匹书馆退学，订妥船票，收拾行装，于八月十四日告别舅父，带上父亲在"广泰盛"号商行中留给他及家人的遗产所兑换之钱财，在美利滨港口登上驶往香港的"太原"（Taiyuan）号轮船，径直回返家乡。

从一九一二年十月入境，到一九一五年八月离境，满焕在澳待了将近三年时间，其中有两年是在当地私立学校里度过，提高了自身的英语能力，可谓私事办理完满，学习也有很大收获。

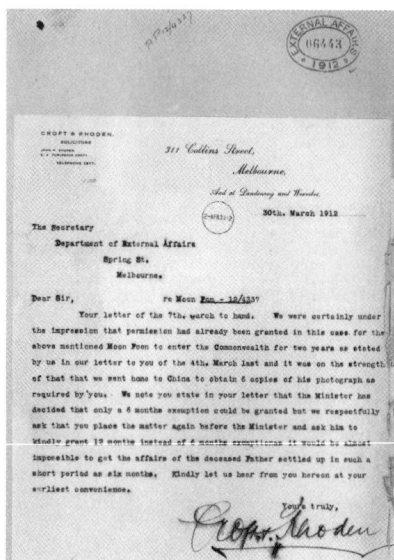

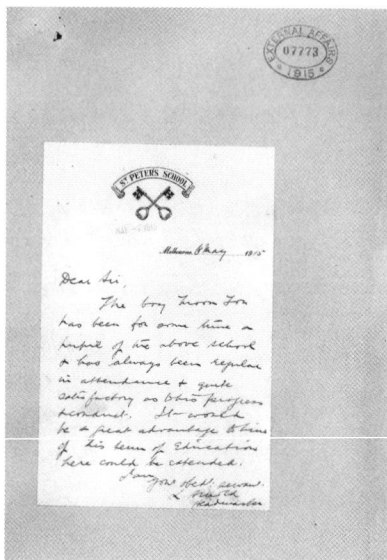

左为一九一二年三月三十日，科洛夫与罗丹律师行给外务部秘书的公函，呼吁他给满焕改签一年的入境签证；右为一九一五年五月八日，圣匹书馆校长致函外务部秘书，表示满焕在校学习优异，希望核签给他额外一年的留学签证。

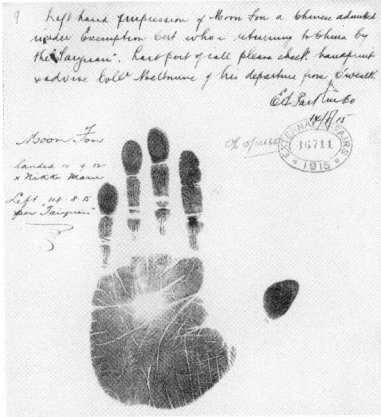

左为一九一五年八月十四日，满焕离境时在美利滨海关留下的左手印；右为《警东新报》一九一三年十二月二十七日第一版上的"广泰盛"号商行广告。

档案出处（澳大利亚国家档案馆档案宗卷号）：

Moon Fon - Extension Certificate，NAA：A1，1915/16711

伍广盛

新宁

伍广盛（Quong Shing），出生于一八九五年，新宁（台山）县人，伍明元之侄。伍明元（Samuel Goon，也写成Ng Samuel Ming Goon），生于一八六四年八月二十四日，二十八岁时（一八九二年）从家乡新宁赴澳大利亚谋生，于美利滨（Melbourne）登陆入境，[①]随后便在该埠发展，逐渐立下脚跟。抵澳之后，他可能做过许多不同的营生，筚路蓝缕，克勤克俭，赚到第一桶金；到一九〇八年左右，他在美利滨唐人街（亦即小博街[Little Bourke Street]）开设了一间家具厂，雇佣有九个工人，生意做得较大。根据档案，他在澳洲没有直系亲属，只有几位堂兄弟或表亲。而比他大两岁的宗亲伍鸿南（Peter Ng Hong Nam）则比他早一年赴澳，[②]同样是在美利滨登陆入境并在此发展。在一九〇一年澳大利亚联邦成立后不久，他便在兰市地街（Lonsdale Street）上开设一间规模较大的家具厂，属于前店后厂模式；同时，他也在小博街上开设一间进口丝绸店并制作成衣售卖，称为"鸿南新衣"商店。[③]

因是只身赴澳发展，伍明元的兄弟姐妹都留在家乡；而他在澳大利亚站

① NG Samuel Ming Goon：Nationality - Chinese；Date of Birth - 24 August 1864：Arrived 1892：First registered at Little Bourke Street，NAA：MT269/1，VIC/CHINA/NG SAMUEL M G.

② NG HONG NAM Peter born 11 April 1862；nationality Chinese；travelled per NEPTUNA arriving in Melbourne on 3 December 1937，NAA：A12508，10/73.

③ 比如，美利滨华社的《警东新报》(The Chinese Times)一九〇六年十二月十五日第五版上的"鸿南新衣告白"。档案中没有说明伍明元的籍贯，本文所确认他的籍贯，是根据伍鸿南为新宁(台山)人而推导出来的。

稳了脚跟并有所发展后，自然也就肩负起协助家族振兴的责任。到一九〇九年，他大哥的儿子伍广盛已经十四岁了。此时，在与兄长及家族商量之后，伍明元决定将侄儿办理到美利滨读书，预期三年，费用由他负担，并且也联络好了美利滨的圣约翰学校（St. John's School）准备让伍广盛入读。待一切准备就绪，这一年的十一月初，伍明元向外务部提出了侄儿伍广盛的留学签证申请；在申请时，为确保成功，他还请宗亲伍鸿南副署，希望以其财力和地位，让这次申请看起来更为靠谱。因准备充分，阻力就小。外务部通过当地警方核实了两位伍姓商人的实力之后，于十一月二十三日批复了申请。

获得签证批复后，伍明元便将信息告知在家乡的大哥，请他们尽快为伍广盛赴澳留学办理相关出国手续。但不知为何，他的这位侄儿耽搁了将近两年的时间，在辛亥武昌首义之前夕亦即清王朝行将结束之际，才得以成行。一九一一年十月二十三日，已经十六岁的伍广盛方才从香港乘坐德国轮船"普嗹士窝炉地麻"（Aldenham）号抵达美利滨港口。海关因早在两年前就接获外务部通知，有其入境签证批复备件，在核实无误之后，允其入关。由此，伍广盛开始了在澳留学之旅。

虽然伍广盛按照叔父的安排，于安顿下来之后便入读圣约翰学校，但在一九一二年全学年里，他的表现并不令人满意，最主要的问题是学校反映他曾经旷课长达三十多天。由是，当这一年的年底外务部接到伍广盛下一年度展签申请后，就非常不淡定，要求海关去找监护人伍明元讨要说法。海关得到的回复是，其侄儿身体不适，因而使得他无法全神贯注于学校的学习，只能经常请假在家调理。他保证在明年新学年开学后一定严加督促侄儿，以减少或杜绝其缺勤现象。外务部对这样的解释自然很不满意，但为了给伍广盛一个改正的机会，便于一九一三年一月十日决定，只给他展签六个月的时间，亦即在新学年开学后第一个学期里，如果仍然出现旷课现象的话，那就对其采取行动，立即遣返回国。可能这一警告起了作用，到四月初圣约翰学校提供的报告里显示，此时的伍广盛除了有一天是有医生出具证明的病假之外，出满了全勤；而且为了更好地适应当地的学习环境，他也给自己取了一个英文名，叫做恩珠（Andrew），这样他的全名就变成了Andrew Quong

Shing。有鉴于此，四月十四日，外务部核发给他另外的六个月展签，这样合起来，仍然是一年的展签。到十月份签证到期时，学校提供的报告也仍然令人满意，于是，外务部又在十月十六日核发了余下的十二个月展签。

到了一九一四年十月，伍广盛在澳三年留学期满。因为此前伍明元为侄儿申请的入境签证就是三年，尽管侄儿耽搁了近两年方才赴澳，但也是在此读完了三年书，澳大利亚外务部也实实在在地给了他三年签证，没有食言。伍明元有可能是觉得自己当时为侄儿申请的年限就是三年，并保证其读完后就回国，可是现在如果让他继续申请展签读下去的话，再由自己出面又不好意思，就只好求助于他人。因在澳多年，伍明元已经皈依了基督教，而侄儿来到美利滨留学后，在其影响下也对基督教发生了很大的兴趣，常去教堂聆听讲经，最终也受了洗。他便利用这个机会，央求教会牧师帮忙。能使来澳华人皈依基督，本身就是一大成就，教会自然乐于帮忙。就这样，海外传道会（Church Missionary Association）总监玻尔牧师（Rev. J. Aubrey Ball）应伍明元之请，代其向外务部申请伍广盛的下一年度展签。申请的理由是，如果再给伍广盛一年时间，其英语能力就能达到比较自如的程度，日后回国无论经商还是传播西方文明，皆大为有益。在澳洲，圣职人员面子大，正常情况下，只要有合适的理由，政府官员也买账。为此，经外务部长同意，外务部秘书在十月二十六日批复了申请，但强调说，这位中国学生已经十九岁了，这是给他的最后一次展签。

如此，一年无话。到一九一五年七月，玻尔牧师再向外务部申请伍广盛额外的一年展签。玻尔在申请函中表示，这位中国青年学习刻苦用功，在努力学好英语的同时，也十分渴望接受基督教的宗教教育；只是因接受能力有限，其宗教教育进展不大，但他的最终愿望是成为一间教堂的主持，这也是对教会十分有利的一件事。有鉴于此，他迫切希望外务部继续核发一年的留学签证给这位有志传教的年轻人。为加强申请的力度，他还请圣约翰学校校长也为其学生写了一封很好的推荐信。尽管如此，外务部秘书翻查出上一年核发签证的条件，表明那是最后的一次展签，遂于七月二十三日拒绝了申请。

但教会势力比较强大，也有很大的话语权，自然不会轻易接受这样的结果。玻尔牧师接到拒签信后，立即将其交由海外传道会的秘书艾卜斯牧师（Rev. A. R. Ebbs）。后者为维护传道会的声誉，遂亲自出面，直接致函外务部长，请其改变主意，重新核发一年的签证给伍广盛。他在信中强调，目前这位中国学生在学校里表现良好，进步很大，再需一年时间，他就可以结束此间的课程，可以升入香港圣士提反书院（St. Stephen's College）继续深造；他现在仍然留在这里就读，是因其程度尚未能达到进入那间书院的要求。这也是需要重新考虑给他核发展签的唯一理由，而且，此时也是使其日后能否成为传教士的一个重要节点，希望外务部长做出能使几方都有利和满意的决定。在这种情况下，外务部长不得不重新考虑上述申请。九月二十二日，他推翻此前外务部秘书拒签的决定，重新核发给伍广盛另外十二个月的签证。当然，还是像上一年一样，该决定附带上一个条件：这是最后的展签，明年将不接受任何形式的展签申请。换言之，签证到期后，伍广盛必须离境回国。由此可见，为在澳华人中扩大基督教的影响，教会总是尽其所能地展现自己的实力，助其达成正常的愿望，使其教徒和信友进一步加强主的信仰。

在余下来的一年里，虽然因身体健康原因而不得不连续请假达三十一个半天（即半天上学，半天请病假看医生治疗），但伍广盛仍然能够按部就班，潜心向学，秉持此前的良好表现，顺利地完成了在圣约翰学校的所有课程。这样，他就不仅对自己、对教会，还有对叔父都有所交代。

一九一六年十月十三日，结束了在澳五年的学习和生活，二十一岁的伍广盛告别了圣约翰学校和叔父伍明元，于美利滨港口登上日本轮船"丹后丸"（Tango Maru），直接驶往香港，回返家乡。此行是按照艾卜斯牧师之前所言去往香港入读圣士提反书院深造，还是回乡传教，因其留学档案就此中止，不得而知。

左为一九一三年七月七日，圣约翰学校提供给外务部有关伍广盛在校表现的报告；右为一九一五年九月二十三日，海外传道会的秘书艾卜斯牧师在收到伍广盛下一年展签申请批复后给外务部秘书的致谢函。

档案出处（澳大利亚国家档案馆档案宗卷号）：

Quong Shing - Exemption Certificate，NAA：A1，1916/26733

黄 焘

广东

Wong Men Chee（也写成Daniel Wong Men-chee，黄绵始），生于一八六九年七月二十二日，广东人。他的籍贯具体在哪个县邑，因档案未有提及，无法得知。一八九六年，他从家乡来到澳大利亚发展，从美利滨埠（Melbourne）登陆入境。[1]不到两年的时间，他便受洗皈依了基督教，成为长老会的信徒；也很快就在这里立下脚跟，申请获得了永久居留资格。最主要的是，他大约是在一八九八年加入以美利滨城西街市为基地的大型蔬果批发商和经销商企业——添杨果栏（Tim Young & Co.），是这个商行的五位股东之一。在二十世纪最初的几年里，该果栏的年营业额达到一万二千镑，算得上是业绩卓著的商行。得力于此，黄绵始也属于当时美利滨华埠中较为成功的人士，财务状况良好。

在背井离乡前往澳大利亚发展之前，黄绵始便已结婚。告别妻子赴澳时，他们的儿子Wong Teo（黄焘，译音）已经一岁，也就是说，黄焘是一八九五年十月出生。到一九〇六年，已经在美利滨创下了一份基业的黄绵始，便想为十一岁的儿子创造一个有利条件，计划将其办理来澳留学，在自己的身边学习成长。为达成此目的，他委托在美利滨颇负盛名的芬克、贝斯特与霍尔律师行（Fink，Best & Hall Solicitors）作为全权代表，代为向澳大

---

[1] WONG Daniel：Nationality - Chinese：Date of Birth - 22 July 1869：Date of Arrival - 1896：First Registered at Middle Park – Victoria，NAA：MT269/1，VIC/CHINA/WONG DANIEL.

利亚外务部申请儿子黄焘的入境签证。当年十月二十二日，该律师行致函外务部秘书，将黄绵始的情况作了一番介绍之后，便申请外务部核发给黄焘签证，准允其赴澳留学，以五年为期，表示要将他送入位于美利滨城里东山区（Eastern Hill）的圣匹书馆（St. Peters School）上学。律师行在申请函中表示，黄绵始有足够的财政能力支持儿子在澳留学，也准备好一旦获批，便按照规定向海关缴纳规定数额的保证金，担保儿子学成之后返回中国。同时，申请函中也特别写明，近期正好有一位与黄绵始交好的美利滨华商要回国探亲，愿意在其返回时顺便将黄焘一起带来，为此，律师行希望外务部能尽快审理并批复这项申请，以便那位即将离境回国探亲的华商心中有数。

澳大利亚联邦于一九〇一年成立，在此前后，仅有极少数的几位中国学生赴澳留学。也就是说，联邦政府尚未就中国学生赴澳留学订出相应的规则来执行，只能根据申请者的背景和相关的条件决定批复与否。因此，接到上述申请后，外务部立即着手处理。通过海关和警察局的调查，确认了黄绵始上述经商的事实，也得知添杨果栏除了在西街市的主店外，还在城里有两个分店，具备一定的规模，为此，他每年分红至少有三百镑的进项；同时，他在社区中也是一位很体面的人，朋友众多，热心公益，在警察局记录里没有任何污点。根据这些报告，从各方面衡量，都没有对黄绵始不利的信息。因芬克、贝斯特与霍尔律师行在提交申请一个星期后便频频发函催问结果，外务部在评估完有关黄绵始的报告后，于十月三十一日批复了申请，完全接受了律师行提出的要求，给予黄焘五年的留学签证。当然，这项签证将会在其入境时先核发一年，然后在每年到期时申请展签，可年复一年地累积，直到五年期满。

得到上述批复，黄绵始自然非常高兴，这给了他足够的时间来安排儿子的赴澳船期。通过香港的金山庄，他用了大半年左右的时间为儿子出国办理好了所需的各项文件，也订好了船票，然后由结束探亲的华商朋友带着黄焘去到香港，搭乘"奄派"（Empire）号轮船，于一九〇七年八月二十三日抵达美利滨口岸，顺利入关。

儿子来到美利滨后，黄绵始没有让他直接去原先就已预订好的圣匹书馆上学，因为此前黄焘没有学过英语，一下子进入当地学校中，语言不通，可能无法适应，他决定先给十二岁的儿子聘请家教。于是，他延请了一位很有学养的英裔女士作为家庭教师，付以高薪，以每周一镑的学费，让黄焘跟着她先把英语学好。他的目标是在儿子克服语言障碍之后，再进入当地学校念书，目标是最终进入澳洲的大学念医学课程。因黄绵始本人也是美利滨圣公会的教徒，与该教会的牧师相熟，当一年半后儿子因接受家教突破了英语障碍，他便争取到美利滨华社中颇具名望的牧师张卓雄（Cheok Hong Cheong）[1]为其代言，去到外务部秘书办公室，直接陈情，希望也批准他的太太即黄焘的母亲前来探亲，以照顾儿子的起居，让他可以全心全意完成学业。但此举未能奏效，申请被否决，黄焘也被要求送到正式学校里读书。在这种情况下，鉴于自己与圣公会的密切关系，从一九〇九年四月份开始，黄绵始便将儿子送入由圣公会下属的英格兰教会主办的圣多马文法学校（Church of England Grammar School）念书。从学校提供的报告看，黄焘每天按时上学，各项表现都令人满意。他在这里一直读到一九一〇年年底学期结束。

一九一一年新学年开始，黄焘转学进入三一文法学校（Trinity Grammar School）学习。该校位于美利滨东部的丘埠（Kew），距市中心约五公里，为此，他成了住校生，直到一九一二年七月。根据学校的报告，黄焘在学校里努力用功，进步显著，学校对其评价很高。

在过去的五年中，外务部一直严格按照此前的承诺，年复一年地给予黄焘展签，到一九一二年八月，他的五年留学签证就要到期。按照正常做法，签证到期，就意味着签证持有者必须在到期时或者之前就乘船离境回国，即从哪里来就回哪里去。为此，当年七月二十九日，外务部秘书便指示美利滨海关，让其与黄焘联络，敦促其尽快在签证到期前离境。黄绵始得知

---

[1]　关于张卓雄牧师生平，参见：刘路新："张卓雄牧师小传"，刊于澳洲基督教卫理公会怀恩堂网站(http://www.cmcp.com.au/portal/index.php/2017-07-02-08-38-01/14-2017-07-02-10-30-30)；另见：Ching Fatt Yong，"Cheong Cheok Hong (1853–1928)"，*Australian Dictionary of Biography*，National Centre of Biography，Australian National University，http://adb.anu.edu.au/biography/cheong-cheok-hong-3198/text4803，published first in hardcopy 1969，accessed online 2 April 2020。

信息后，再次通过芬克、贝斯特与霍尔律师行向外务部长陈情，希望能让这位十七岁的中国青年完成在这里的中学课程，并能够达成其上大学的愿望。因该律师行名气大，所陈述理由也合情合理，上述努力获得成功。八月十九日，外务部长批准再给黄焘展签十二个月。由是，这位中国留学生得以继续留在三一文法学校念书。

一年时间很快就过去。一九一三年八月，又到了黄焘决定去留时节。这一次，黄绵始找到中国驻澳大利亚总领事馆代理总领事麦锡祥（William Ah Ket），请其帮忙申请儿子的展签，以便让其能继续在澳读书，完成学业。麦锡祥是澳大利亚出生的第二代华人，也是澳大利亚华人中的第一位大律师，积极维护华人权益，是当时华洋两界的风云人物，此时因大清国最后一任总领事（中华民国成立后留任）黄荣良去职而新任中国驻澳大利亚总领事曾宗鉴尚未到任，他被任命为代理总领事，处理与在澳华人相关的事务。[1] 麦锡祥对黄焘的境遇很同情，自然尽力帮助。八月十四日，他致函外务部秘书，希望对方能为这位中国学生着想，让他读完在澳课程。因此时是由中国政府在澳最高机构出面，很具权威性，外务部长给予了充分的考虑。九月四日，外务部长再次批复黄焘展签一年。到次年中国总领事曾宗鉴再为其申请下一年度的展签，又获得了批复。而在一九一四年年底学期结束后，黄焘便从三一文法学校退学，于次年新学年开学时，转学进入更靠近城区的考飞文法学校（Caulfield Grammar School），但仍然是住校生。他在这里的学习一仍其旧，校长认为他各方面表现都非常令人满意，因而顺利地拿到下一年度的展签，但外务部长强调说，这是最后的展签，以后不再批复。

一九一五年年底，黄焘参加了美利滨大学（The University of Melbourne）的入学考试，但结果并不是很好，有一门课没有通过。第二年上半年，他继续在考飞文法学校完成余下的中学课程。到学期快结束时，他把自己想读大

---

[1] 麦锡祥生平详见：John Lack，"Ah Ket，William（1876–1936）"，*Australian Dictionary of Biography*，National Centre of Biography，Australian National University，http://adb.anu.edu.au/biography/ah-ket-william-4979/text8267，published first in hardcopy 1979，accessed online 2 April 2020。

学的想法跟校长说了。通过去年底的考试，黄焘明白了自己在英语的说和写方面尽管已经很流利，但仍然距离美利滨大学的入学要求甚远；但以他在其他方面的学习成绩和程度来看，进入级别低一点的美利滨工人学院（Working Men's College，或者写成 Workingmen's College，亦即后来的美利滨工学院 [Melbourne Technical College] 暨RMT大学之前身），就读该学院的采矿专业课程，却是没有问题的。校长对黄焘的学习成绩及能力都有所了解，也觉得他即便再参加一次大学入学考试也未必能顺利通过，但若只是进入工学院读上述专业课程大学文凭，则是完全可以胜任的，并且其成绩也符合该学院的入学条件。更重要的是，校长也对这个来澳不到十年的中国学生刻苦学习努力达成目标的精神所感动，决心帮他一把，希望他能在上述工学院读完四年的大学专业课程，再回国效劳，相信届时他应该会大有作为。为此，一九一六年六月二十九日，校长致函外务部长，将情况一一摆明，希望能特别给予这位中国学生额外的四年签证，以便他能读完拟定的采矿专业课程。

但是，考飞文法学校校长的信没有打动外务部长。后者认为，他在过去三年里已经格外照顾这位中国学生，给其年复一年地核发展签，已经助其完成了在澳大利亚的中学课程，并且在上一次批复展签时已经完全知会黄焘，他应该明白当时批复展签的条件意味着什么。为此，他在七月二十一日指示外务部秘书，要他拒绝校长的说情，并重申黄焘必须尽快安排船期离境回国。可是，经过秘书和内部几位官员的斡旋，认为还是可以给这位中国学生一个考试的机会，看看他到底是否符合进入大学的标准，于是，外务部长改变了想法。四天后，他批复了校长的申请，但只给予黄焘一年的展签，并且强调说，在这一年里，黄焘只能在校复习，准备在年底重新参加大学入学考试。如果他真能达成目标，意即通过了大学入学考试，届时可以考虑再给他展签，让他完成大学课程。

可是，接到上述决定后黄焘并不高兴，因为这无法让他入学去拿到他心目中的采矿专业文凭；而如果再次考试失败的话，实际上是在浪费他额外一年的时间。在和父亲商量后，他决定不再参加大学考试，而是去美国投奔亲戚，在那里进大学读采矿专业课程。为此，他决定在九月二十一日先去雪梨（Sydney），在那里拜会亲友后，便乘坐十月四日起航的"范杜拉"（Ventura）号班轮直航美国。临走之前，他写信给外务部长，把自己的计划和行程一一告知，并特别感谢外务部和美利滨海关在过去几年中对自己的宽容和厚待，让他得以完成中学课程；他在信中也进一步表示，无论如何，在澳大利亚读书的这几年里，自己已经深深地爱上了这个国家。

当然，二十一岁的黄焘是按照计划从雪梨乘船去了美国，但他到了那里的口岸是否被准允入境，以及是否得以按照自己的意愿进入相关大学就读喜欢的专业，因没有进一步的档案资料，不得而知。根据另外的同类性质的档案显示，一位香山（中山）籍名叫刘寿如（Lowe Sou Yee）的赴澳中国留学生，一九二六年年底从澳大利亚赴美，但一直待在夏威夷，无法进入美国大陆，一年后想回澳洲继续读书也被拒。①这样的例子，可以作为黄焘赴美结果的参照。因没有资料表明黄焘事先已经获得了美国入境签证，很有可能，他的赴美结果也不会很好，在美国即便没有被拒绝入境，也没有待多久就转而回到了广东家乡。

另一项文件显示，他的父亲黄绵始当时已经从添杨果栏退股，独资将美利滨另一间颇有历史和名望的"福益果栏"（Hook Yick & Co.）全盘收购，成为其大股东，除了有几位小股东加盟之外，该果栏还雇有四名华人和一名欧裔白人，年营业额有一万五千镑。一九一八年中，他向已经从外务部接管外侨事务管理的内务部申请在中国的儿子黄焘前来美利滨协助他经营。而此时，距其儿子离开澳大利亚仅仅一年半左右的时间。也就是说，其子此时身在中国的这一事实表明，无论如何，即便黄焘得以顺利进入美国，他也无法在如此短短的时间里完成大学学业。换言之，他的赴美求学之行显然并不顺利，随后便从那里直接返回广东家乡。黄绵始在申请函中表示，因果栏里的一位小股东回国探亲，加上另外一位雇员也因签证到期离境回国，他的果栏经营面临人手短缺，希望当局能准允中英文俱佳的儿子黄焘前来美利滨，核发其一年工作签证，协助他维持果栏最基本的运营。但在九月十九日，这项

---

① Lowe，Sou Yee - Education exemption certificate，NAA：A1，1928/11614.

申请被内务部长否决。

一九二一年，黄绵始继续向内务部提出申请，希望准允儿子黄焘携带其妻子和儿子一起前来美利滨探亲，顺便协助他经营福益果栏。而且，这次申请也包括了黄绵始的妻子Leong Choy（梁彩，译音）。同样，这次申请仍然失败，内务部长于十月十七日再次拒绝核发签证。而这一信息亦表明，黄焘从美国回到家乡后，很快就结婚，有了自己的家庭，并生养了一个儿子。由于有在澳洲经商父亲的接济，加上自己本身在澳大利亚多年留学打下的英语基础和对西方文化和技术的认识，可以推测，黄焘在广东家乡，甚至可能是在省城广州，有着非常平稳顺利的人生。因为此时的黄绵始，经济实力雄厚，拥有美利滨城里的威廉大街（William Street）四十七至五十九号的物业，购买时的价值为两万五千镑，几年后其物业已经升值很多；此外，他个人还在圣科达区（St Kilda）的坎特伯雷路（Canterbury Road）上拥有一栋豪宅，价值三千一百镑。仅物业一项，就可见其已拥有丰厚的财产。黄焘是其唯一的儿子，作为父亲，他对儿子的资助和发展是可以想见的。

然而，天有不测风云。一九二三年三月二十日，黄焘在广东突然死亡，留下年轻的妻子和三岁的儿子。五月初，在澳大利亚的黄绵始得到儿子的凶讯之后，决定立即返回广东，处理儿子的后事，同时决定将儿媳Tak Ching Wong（黄德贞，译音，小名"Ah Hoy"[阿好，译音]）和孙子Young Sing（黄永盛，译音，英文名Henry Wong[黄亨利]）接来美利滨一年，以便让他们能平稳地度过丧夫失父的最艰难时期。为此，他委托美利滨的米尔氏与欧克利律师行（Mills & Oakley Solicitors）为其代理，代为儿媳和孙子申请来澳探亲的入境签证，期限为一年。该律师行于五月三日向内务部提出申请，除了说明黄绵始是福益果栏的大股东之外，也列举了他在美利滨城里所拥有的物业，并特别说明他此举只是因独子去世而对儿媳和孙子所能做的一点补偿措施，让他们母子前来，纯属旅游探亲性质，绝对不会利用这个机会让儿媳打工，同时他也愿意为此向海关缴纳相应的保证金，即便支付双倍的金额，亦不会有任何问题。由于上述申请的理由值得同情，加上黄绵始也在财务上确实具备很多人没有的能力，内务部遂网开一面，两天后批复了申请。[1]

黄绵始拿到批复后，迅即将生意做好安排，然后订妥船票，返回中国。一年后，他陪着儿媳和孙子从香港搭乘"获多利"（Victoria）号轮船，于一九二四年六月二十七日回到了美利滨。儿媳和孙子在美利滨生活了大半年，其间也去澳大利亚其他地方旅游了一遍，便于一九二五年二月六日，登上"丫剌夫剌"（Arafura）号轮船，离开澳大利亚返回中国。[2]

黄焘的档案到此中止。

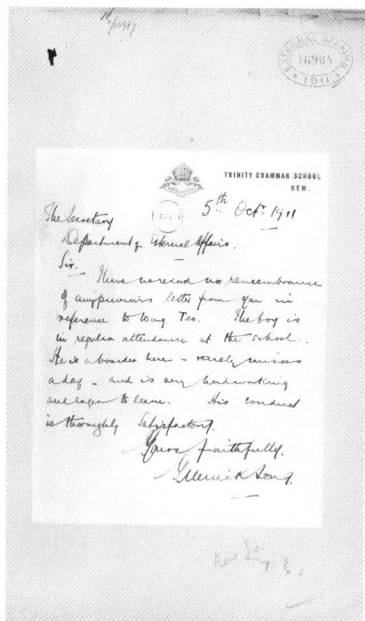

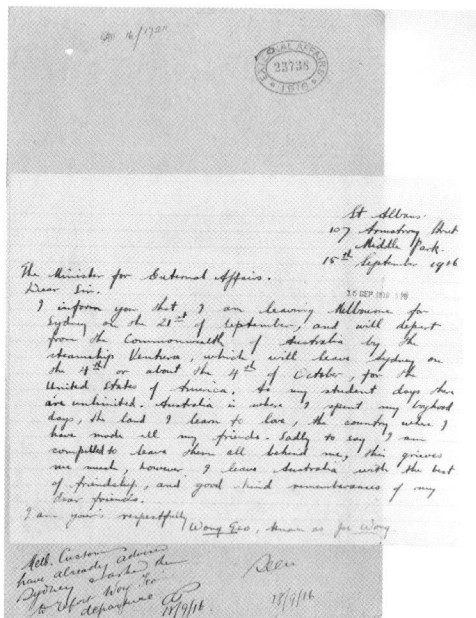

左为一九一一年十月五日，三一文法学校校长提供的例行报告，显示黄焘在学校里努力用功，各项表现令人满意；右为一九一六年九月十五日，在离开澳大利亚奔赴美国之前，黄焘写信给澳大利亚外务部长，对过去近十年里给予他的帮助和厚待表达衷心的谢意。

档案出处（澳大利亚国家档案馆档案宗卷号）：

Teo，Wong - Exemption certificate，NAA：A1，1925/4672

---

[1] Daniel Wong Men Chee，Applies for a Certificate of Exemption from Dictation Test [Contains 6 photographs]，NAA：B13，1923/11424.

[2] Mrs Tak Ching Wong and son，Henry Wong - Arrived per "Victoria" 27.6.1924 - Left Melbourne per "Arafura" 6.2.1925，NAA：B13，1925/3490.

有　安

广东（新宁？）

有安（You On），大约生于一八九五年。根据档案，他应该是当时定居在雪梨（Sydney）的著名华商、来自广东省新宁（台山）县的余荣（Yee Wing，也叫Peter Yee Wing）之侄子。如果是这样，他自然应该姓余，叫余有安，也就是新宁人。但他们之间关系的表述是根据英文档案里的nephew一词，该词中文意思既可以是侄儿，也可以是外甥。如果是后者，则有安就很难说是姓余，而且也很难确定其籍贯就是新宁，因为余荣的姐妹也有可能嫁往新宁以外四邑其他的县份，甚至更远的广东省珠三角地区其他县邑。因此，有安的具体籍贯也就无法确认，只能笼统地说是广东人。

一九〇九年十二月一日，余荣向外务部提出申请，希望准允其十四岁的侄儿有安前来雪梨，进入基督堂学校（Christ Church School）留学两到三年时间，待其学成后，便准备将其送往南太平洋的岛国飞枝（Fiji）工作。他表示，自己的公司在飞枝岛上有种植园，目前由一位"半唐番"（亦即混血华人）负责管理。虽然该人英语尚属流利，但毕竟不谙华文，致公司在与中国商家的沟通上有所滞碍。为此，待有安在雪梨完成学业之后，前往协助甚或顶替该"半唐番"工作，将有助于公司对华业务的开展。为此，他希望内务部能充分考虑其要求，尽快批复。而他作为有安的监护人，除了负担其所有在澳留学费用之外，也愿意向海关缴纳所规定数额的保证金。

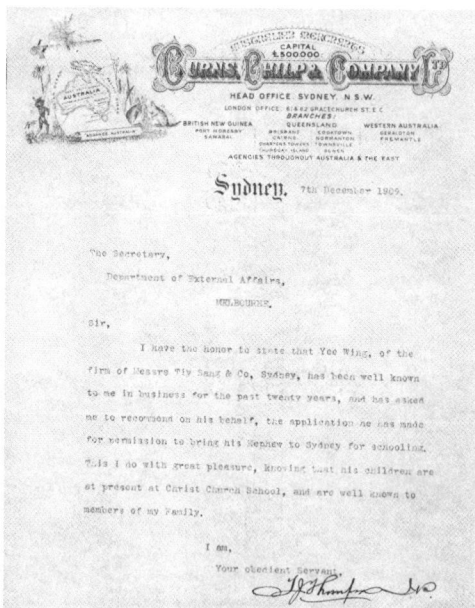

一九〇九年十二月二日，雪梨的般非立轮船公司总经理致函澳大利亚外务部秘书，支持余荣申请其侄儿有安来澳留学，请求予以批复。

为了使申请更具有说服力，余荣将几方面的关系都动用起来，通过他们的途径与外务部联络，以期推动和促成此事。第二天，雪梨的鸟修威银行（Bank of New South Wales）行长写信给澳大利亚外务部秘书，说明余荣是该银行的高端客户，信誉极高，请其认真对待申请并协助予以批复。十二月三日，位于雪梨城里必街（Pitt Street）上的基督堂学校校长贾克卜（E. S. Jacob）也致函外务部秘书，表示余荣此前去到他的学校与他面谈，希望将其侄儿有安办到该校留学读书；他鉴于现今校内就有几位华人子弟就读，自然乐意接受更多华人学生申请，也非常欢迎有安来此念书。为此，他希望外务部能尽快核发入境签证给这位中国少年，以便他早日前来入学。运行澳洲与东亚航线的最大船运公司——般非立轮船公司（Burns Philp & Company Ltd.）雪梨总部的总经理，也在十二月七日给外务部秘书写信，就其常年老主顾余荣申请侄儿有安赴澳留学一事，极力陈情，望其为此提供方便。

由于有上述铺垫，外务部秘书对此申请自然就相当重视。十二月十四日，他致函海关税务部门，希望能尽快提供余荣公司的情况并将其作为华商之品德操行等情况，一一核查之后汇报上来，以便作为对此项申请批复与否的依据。接到指示后，海关动作迅速。因余荣常与海关打交道，后者对他比较熟悉了解，两个星期后便将核查结果报了上去。根据报告，泰生果栏（Tiy Sang & Co.），是雪梨当地大型水果香蕉批发商，也经营进出口贸易及销售从中国进口来的土特产，年营业额在三万八千到四万镑左右。[①]此外，该果栏还在南太平洋各岛屿经营种植园和采矿，生意兴隆。该果栏共有七位股东，每人股本为一千镑，但余荣是果栏总经理，无论是对内对外，皆由其主事；其人做事稳健，经商有道，口碑极佳，诚信有为，在当地华商中颇有名望，且与西商和政府相关部门也维系着良好关系。此外，与大多数华人是返乡结婚后而不得不将妻小安置在广东家乡的情况不同，余荣是在当地与西妇结婚，故婚后与妻子住在雪梨城里，目前夫妻二人共育有五个子女，适龄学童都进入当地学校念书。[②]接到上述报告后，外务部秘书见一切都符合规定，余荣的财政实力也无可置疑，自然就无需再耽搁，于一九一○年一月十三日批复了申请，准允有安入境，可在澳留学三年。签证条件是：待其于当地海关入境时，先给予一年留学签证，期满后可申请续签，直到三年届满。随后，他将此批复正式函告余荣，也抄送为其申请陈情的诸位西商，并知照海关备案。

外务部的批复迅速，余荣的动作也很快捷。他立即通知在国内的亲友做好准备，同时也联络泰生果栏在香港的联号或金山庄，尽快办妥有安的出国文件和订购船票。过了三个月，有安便搭乘从香港起航的"太原"（Taiyuan）号轮船，于当年五月十二日抵达雪梨，顺利入境。

把有安带回托马斯街（Tomas Street）上的泰生果栏店铺安顿后，余荣就安排他入读设在必街的基督堂学校，因为由此步行前往，十分方便。事实上，余荣自己的几个孩子也在该校念书，这样他们就可以做伴一起上学。根据学校报告显示，在此后两年的时间里，有安聪颖好学，英语进步很快，学业优秀，在校各方面表现良好。为了更好地与当地同学打成一片，有安给

---

① 详见：Yee Wing [also known as Ah You, includes photograph], NAA：SP42/1, C1914/7447；Lan Hand, George Keat and Yee Wing [includes photograph], NAA：SP42/1, C1909/3381；Peter Yee Wing (also known as Yee Wing) [includes 2 photographs showing front and side views] [box 112], NAA：SP42/1, C1919/9167。

② 详见：Yee Wing (Ah You). – Naturalization, NAA：A1, 1916/12445；Yee Wing, Pon Tin, Poon Pong, Ah Quong, Cheong Tim, Wong Kwong, Quong Hoong, Yee Fee and Yee Shu [memorandum acknowledging receipt of used Certificates exempting from the dictation test] [Box 1], NAA：SP42/2, C1914/2711；Peter Yee Wing and seven children [Edith Clara, George Cyril, William James Beck, Robert Phillip, Thomas Albert, Peter and Edward Ronald. Include photographs and left and right thumb prints of each child except Edward Ronald.] [box 132], NAA：SP42/1, C1921/10113。

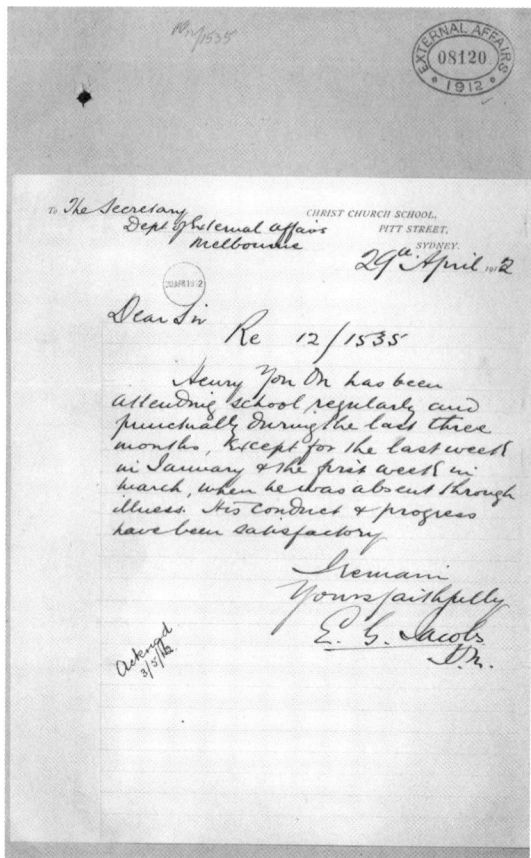

基督堂学校校长贾克卜一九一二年四月二十九日给外务部秘书报告，显示有安在校表现良好，学业进步，令人满意。

自己取了一个英文名，叫做Henry，全名就成了Henry You On。为此，在一九一二年五月份其留学签证到期时，因其课程尚未完全结束，根据余荣的要求，外务部额外批予有安六个月的展签。

但此时余荣鉴于泰生果栏在飞枝的业务扩展需要，急需增加人手，眼见有安英语已经过关，便决定让他提前结束学业，尽快前往飞枝，一边学习经营，一边接手管理香蕉种植园。一九一二年八月二十九日，十七岁的有安结束基督堂学校的课程，告别叔父余荣，在雪梨港口登上"莱武卡"（Levuka）号轮船，前往飞枝。

有安在澳留学刚刚超过两年时间，算得上按照预定计划完成了学业。此后，澳大利亚的出入境记录再也找不到与其相关的线索。很显然，他在飞枝发展几年后，或者就此留居当地，或者像许多当年的出国华工一样，挣得一笔钱后便返回中国，或者进入香港成家立业，继续发展。

档案出处（澳大利亚国家档案馆档案宗卷号）：

You On - Exemption Certificate，NAA：A1，1912/15772

黄亚盛、黄北毓兄弟

新宁

Wong Ah Shing（黄亚盛，译音，或写作Wong Ah Sing）和Wong Pack Gooey（黄北毓，译音）是堂兄弟，前者生于一八九五年，后者则生于一八九六年。在档案中，黄来旺（Samuel Wong）是他们的堂兄，也是申请他们赴澳留学的监护人和财政担保人。

黄来旺生于一八七四年一月二日，是新宁（台山）县人。年方十四岁时，他便跟着父兄，追随乡人赴澳淘金的步伐，奔赴澳大利亚寻找机会。一八八八年，他在域多利（Victoria）的美利滨埠（Melbourne）登陆入境。一八九〇年，来自香山（中山）县的郭标等人在鸟修威省（New South Wales）的雪梨埠（Sydney）创办"泰生果栏"（Tiy Sang & Co.），股东中有新宁（台山）人余荣（Yee Wing），黄来旺遂前往追随乡人余荣，随后也加入这间果栏，成为股东之一，从事香蕉蔬果生意，先在美利滨发展，很快便经商成功，成为当地著名华商，此后他也把主业移往雪梨，在那里发展。[①]由是，尽管档案中没有说明黄亚盛和黄北毓的县邑籍贯，但根据黄来旺与他们两人之间的关系来判断，他们自然也应该是新宁人。

从档案中涉及的情况来看，黄亚盛和黄北毓二人的父亲当时都定居在美利滨，只是自始至终未有披露他们的姓名，故无法得知其具体职业是什么，

[①] 详见：Samuel Wong [Chinese - arrived Melbourne，1888. Box 45]，NAA：SP11/2，CHINESE/WONG SAMUEL。

也不知道他们与黄来旺是亲兄弟抑或堂兄弟。但从黄来旺可以充当两位堂弟来澳留学的监护人和财政担保人的角色判断，则他的父亲与两位堂弟的父亲即便不是嫡亲兄弟，亦是极为亲密的堂兄弟。可以推测的是，在他们家族的赴澳人员中，黄来旺年轻有为，脱颖而出，更为出色。

到一九〇九年年底一九一〇年年初，可能是在其两位叔叔的要求下，或者是其家族内部协商的结果，黄来旺出面向外务部提出申请，要办理两位年龄分别为十四和十三岁的堂弟黄亚盛和黄北毓前来澳洲美利滨留学，希望给予他们五年留学签证，使其可以利用这段时间完成基础学业。因档案中没有收录黄来旺的申请材料，也没有海关税务部门对他的生意经营状况及操行的调查报告，故无法判断其提交申请的具体日期以及该申请被审理的具体过程。只有一份一九一〇年一月十七日的外务部致海关的通告函显示，黄亚盛和黄北毓的留学签证获批，准允他们在澳留学，期限为五年，只是该签证每次只核发一年，此后每年可申请续签，直到五年期满。上述处理过程似乎很顺利，不知是否与黄来旺当时是美利滨华社的著名商人有关。

接到批复通知后，黄来旺一边按照规定向海关缴纳足额保证金，一边赶紧通知在家乡的两个堂弟与家人做好准备，由泰生果栏在香港的金山庄联号负责为其办理相关的出国文件及订购船票。待一切安排就绪，黄亚盛和黄北毓哥俩就被家人送往香港，在此搭乘"依时顿"（Eastern）号轮船赴澳，于同年五月二日抵达美利滨。

尽管黄亚盛和黄北毓哥俩的父亲都在美利滨，后者也和黄来旺一起到海关将儿子接了出来，但只是分别负责他们各自的住宿和生活，而联络学校之事，因两人的父亲英语不好，就仍然还是由黄来旺具体负责，以便让他们堂兄弟尽快入读，先学习英语。五月五日，黄来旺致函外务部秘书，告知已经将两个堂弟安排进入圣匹书馆（St. Peter's School）念书。该书馆由天主教主办，位于美利滨城里东山区（East Hill）。由此，他们两人便进入该校读书，并分别给自己取了一个英文名：黄亚盛叫Eric Wong，黄北毓则叫Sydney Wong。在此后的一年时间里，学校的报告皆表明，他们正常到校上课，各方面表现都算令人满意。

从一九一一年下半学期开始，这哥俩就分开了。黄亚盛继续留在圣匹书馆读书，黄北毓则转学去到位于考飞区（Caulfield）的考飞文法学校（Caulfield Grammar School）。后者是间名校，要求较严，虽然黄北毓表现还被认可，但毕竟考飞区离城里还有一些距离，走路上学不方便，他读了几个月后还是退学了，重返圣匹书馆。哥俩的在校表现一如既往，每次外务部接到的书馆报告，都非常正面，他们显然属于比较好学自律的学生。

一九一三年上半年，在美利滨唐人街上的怡昌隆号（Yee Cheong Loong）经商和做工的黄北毓父亲因病去世，①在此前后，黄北毓就因照顾病重的父亲而不得不请假多达三个星期以上。待处理完父亲的丧事之后，他决定返回中国。为此，黄来旺为这个堂弟申请签证延期到这一年的八月底，一方面让他能继续处理善后，另一方面也希望届时由他本人陪同这位堂弟一同回国，因他也需要回去处理一些公私事宜。到八月二十一日，十六岁的黄北毓在美利滨港口登上"圣柯露滨"（St. Albans）号轮船，告别留学三年的美利滨，驶往香港回国。在回国前后，他并没有提出申请再入境签证，表明他已经不愿意重返澳大利亚继续念书。

而黄亚盛则留下来继续读书，因为他的父亲也仍然在怡昌隆号工作，黄来旺回国探亲后，黄亚盛的监护人就改由其父充当。尽管他的表现仍然可圈可点，但他在黄北毓决定离开美利滨回国时，就离开了圣匹书馆，于当年七月二十一日转学到加顿埠末士准士学校（Rathdown Street State School，Carlton）。相对于此前所读的教会学校，这间学校属于公立性质，虽然无须缴纳学费，但学风也还是很好，他的在校表现自然也与此前在圣匹书馆无异。可是，他仅仅是在此读完了当年余下的课程，到一九一四年新学年开学后，又重返圣匹书馆继续读书。

---

① 查当地华文报纸，怡昌隆号由张宗琛、黄早德、黄求煦、黄铨德和黄超光(同一份股)合创开设，一九一四年张宗琛退股他往。见"退股告白"，《警东新报》(The Chinese Times)，一九一四年十一月十四日，第二版。其中黄早德和黄铨德看起来应该是兄弟，因他们名字中最后一字相同。黄铨德的名字在此后的报刊中无法查到，而黄早德的名字仍然出现在次年美利滨的一项捐款名录当中。如果黄氏兄弟的父亲也在该商行中占股的话，由此就可以推测，此处黄北毓的父亲显然就是黄铨德；而黄早德则应该是黄亚盛之父。见"美利滨中华公会捐赈广东水灾汇录"，《东华报》(Tung Wah Times)，一九一五年八月二十一日，第八版。

　　而到一九一四年五月，也正好是黄亚盛在澳留学进入第五个年头之时。严格说起来，在澳留学的外国留学生，如果要转学到其他学校，是需要先向外务部报备，获准后方才可以行动。黄亚盛这样转来转去，视外务部为无物，如果当局认真计较起来，后果就很严重。因此，当外务部接到展签申请，发文去加顿埠末士准士学校询问这位中国学生的表现时，校方先是将其姓名搞错，把他错认为是在此校就读的另一位中国学生了；经指出改正后，又告知黄亚盛已经重返圣匹书馆读书。对此，外务部深觉有被戏弄之感。当外务部再与圣匹书馆联络时，后者告知，黄亚盛过去两个月旷课现象严重。既然已经有了前面的不满，再加上现在得知黄亚盛时有旷课，属于违规，外务部遂拒绝了他当年的展签申请，责令他立即安排船期回国。

　　在这种情况下，黄来旺采取了危机公关行动。他找到美利滨的一间律师行，由其向外务部申请复核，请求再给黄亚盛一个机会。律师在函中解释说，黄亚盛转学是因其不了解这些规矩所造成的结果，但根据其过往四年的留学情况来看，此前在校表现和学业都还算令人满意，而他现在的旷课现象是瞒着父亲做的，他父亲已经对其进行了严厉的惩罚。律师表示，事实上，黄家是希望他在这里读完书后，回到中国可以很好地经商，尤其是开展对外贸易。为此，律师在信中希望外务部看在这位中国学生此前学习努力的份上，再给他一个机会，至少让他读完这个学年，届时再视情况决定是否继续展签。外务部秘书接到申诉后，觉得也有一定道理，便决定将其签证延期到这一年的年底。同时强调，不能再犯同样的错误，一定要遵守校规，否则立即取消签证。对此得来不易的结果，黄亚盛自然倍加珍惜，不敢再犯任何错误。而书院每隔三个月便给外务部报告一次，每次报告都认可其在校表现。由是，到这一年的年底时，外务部再续发给他下一年的展签。

　　可是，从一九一五年五月开始，黄亚盛就不再去书馆上学。只是到七月中旬，圣匹书馆将此事知会外务部之后，才引起当局重视。八月初，外务部秘书指示海关对此展开调查。海关找到黄亚盛的父亲，从他那里得知，其子确实不再想读书，而是想返回中国，并已经订好本月十九日起碇的"奄派"（Empire）号轮船的船票离境。但八月二十三日外务部得知，海关并没有注意到他是否如期登船，也没有按例留下他的手印，担心如果此后他再次入境，尤其是借用别人的出生证明等入境的话，就有可能让他钻空子。为此，外务部责令海关在该船路经的澳大利亚沿海港口追查，看他到底是登上了上述轮船，抑或是其他的船只，找到后务必让他摁下手印，留底备案。

海关接到指令后，立即行动起来，于八月三十一日在停泊于雪梨港口的"奋派"号轮船上找到了时年二十岁的黄亚盛，确认他是在本月十五日便已在美利滨港口登上该轮，遂当场让他摁下手印留底。

黄亚盛总计在澳大利亚留学五年。此后，在澳大利亚档案里，再也找不到有关他（Wong Ah Shing[Sing]或Eric Wong）的线索，表明他此后再未重返澳大利亚。

比黄亚盛早两年回去的黄北毓，在其堂兄回国后，又于次年即一九一六年六月二十六日搭乘"圣柯露滨"号轮船抵达雪梨港口。他此行之目的是经堂兄黄来旺介绍而受雇于泰生果栏，在其拥有的来往于澳洲和南太平洋岛屿之间的"几利伯群岛"（Gilbert Islands）号双桅船上担任助理押货员。因该船下一个航程前往几利伯群岛的日期定在九月初，故黄来旺通过泰生果栏总经理余荣向雪梨海关申请黄亚盛临时入境，以待船期，并表示会为其入境按规缴纳保证金。海关向外务部报告此事，也查到黄北毓几年前在美利滨留学读书的记录，便如其所请，批准了他临时入境上岸。

从六月底到九月初，总计有两个多月的等待期。作为此前在澳大利亚读过三年书的留学生，黄北毓有相当的英语基础，对澳大利亚的环境也算熟悉，因而在等待期内就顺便也在泰生果栏的店铺里帮工，一方面练练手以熟悉业务，另一方面也算是借此打发时间。可是，他的打工情形于八月初被不明情况的海关稽查人员发现，立即报告外务部，希望对此予以处理。但外务部通过税务部门了解到，黄北毓在待船期间，是按照泰生果栏的安排进入其店铺实习，为进入几利伯群岛工作做准备；而他在此期间做工虽然不符合规定，但这是不受薪工作，属于实习，也不算违反规定，因此外务部就对此事睁一只眼闭一只眼，将此事压了下来。

过了九月初，因未见到海关呈报上来有关黄北毓离境的信息，外务部便在九月二十日致函海关部门，请其报告这位临时入境者及"几利伯群岛"号双桅船的动向。三天后，海关报告说，双桅船本月二十一日从几利伯群岛抵达雪梨，估计要等三到四个星期才起碇前往该群岛。根据海关的了解，该船定期来往于雪梨与几利伯群岛，黄北毓因是泰生果栏主要股东之一黄来旺的亲戚，他的工作是跟随双桅船押运员Yee Sam（余信和，译音）①在船上学习如何处理和管理货物，等船到达几利伯群岛后，他就留在那里为泰生果栏和余荣的公司工作，因为几利伯群岛的生意大部分是在余荣个人公司的名下。既然如此，外务部只好准允黄北毓待到上述船只离境时为止。

直到一九一六年十一月二十二日，在雪梨等待了五个月的黄北毓终于登上了"几利伯群岛"号双桅船，离开澳大利亚，驶往目的地。此后，在澳大利亚海关的出入境记录里，再未见到有关他的信息。

左为黄北毓一九一六年再次入境澳洲时交给海关的照片；右为一九一五年八月三十一日，澳大利亚海关在黄亚盛离境雪梨时于"奋派"号轮船上让他所摁的手印。

---

① 余信和生于一八七〇年，也是在十九世纪末来到雪梨发展，曾于一九〇六年回国探亲。他显然是余荣的同宗亲戚，得以为其工作。见：Kay War, Florence Wheatly, Show Chong, Ah Loo, Ah Ching, Lee Doo, Sick Nam, Yee Sam, Lee Chin and Mew Ching [Certificate Exempting from Dictation Test - includes left hand impression and photographs] [box 10]，NAA：ST84/1, 1906/131-140。

黄亚盛的照片，大约拍摄于一九一三年。

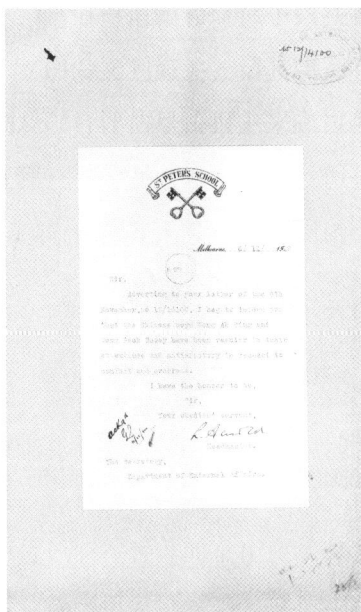

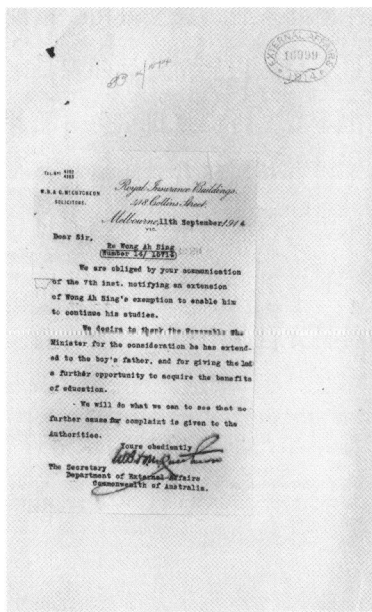

　　左为一九一二年十一月二日，圣匹书馆馆长给外务部秘书的报告，显示黄亚盛和黄北毓哥俩在校表现良好；右为一九一四年九月十一日，美利滨的律师行给外务部秘书的致谢信，感谢他给予黄亚盛额外的半年展签，使之可以在澳继续学业。

档案出处（澳大利亚国家档案馆档案宗卷号）：

Wong Pack Gooey Exp. Certificate，NAA：A1，1916/30332

伍炳常

广东（新宁？）

伍炳常（Ng Ping Seung，也写成Ah Shong[亚常]），生于一八九六年前后。其父名叫Hong Youk（伍鸿煜），早在一八九七年就从广东家乡来澳发展。他从雪梨（Sydney）入境，然后到鸟修威省（New South Wales）的重镇获加埠（Wagga）定居下来。他加股进入一八八五年便已在此开设的"广南利"号（Quong Nam Lee & Co.）商铺，[①]经营土产杂货，兼售蔬果，逐渐成为最大的股东之一。此外，他还把一个儿子（可能是大儿子）及内弟从乡下带了出来，跟着他一起做，因为除了这个商铺之外，他还在那兰德纳埠（Narrandera）拥有一块很大的物业，价值超过两千镑。由此可见，伍鸿煜赴澳发展前，已结婚多年，伍炳常显然是他的小儿子。另外一份档案显示，一九二一年，原籍新宁（台山）县上坪村的伍霭瑞（Auk Suey）申请赴澳留学，就是来到获加埠读书，其父伍燃（Ng Yen）也是广南利号的股东。[②]虽然伍鸿煜和伍炳常父子的档案中都没有透露出其具体籍贯是哪个县邑，但根据

①　据澳大利亚当地华文报纸报道，广南利号最早开设于一八八五年；到一九〇九年六月三十日落成新楼，业务有所扩张，此时的司理人便是伍鸿煜。见："华店落成"，载雪梨《广益华报》(The Chinese Australian Herald)，一九〇九年七月三日，第一版。

②　详见：Auk SUEY - Student passport，NAA：A1，1927/14464。另一篇当地华文媒体在一九二四年四月的报道显示，伍霭瑞的祖父名叫伍洪旭，当时就在获加埠。显然，此处伍洪旭的"洪"字，很有可能是"鸿"，那他就可能是伍鸿煜的兄弟，也应该是广南利号的股东。如此，伍霭瑞的父亲伍燃可能就是由父亲从家乡带出来帮忙经营上述广南利号的。见："杂闻"，载雪梨《民国报》(Chinese Republic News)，一九二四年四月十九日，第八版。

当时赴澳谋生发展的粤人总是宗亲携手兄弟联袂同往的特点来推测，他们父子很可能是新宁人。

一九一○年，伍鸿煜回到中国探亲。[①]他看到儿子已经十四岁，就决定将其办到澳大利亚留学，到他所在的获加埠，进入获加获加公立学校（Public School，Wagga Wagga）读书。因他本人现在中国，便委托获加埠的希金斯与罗伯森律师行（Higgins & Roberson Solicitors），代他向外务部提出申请，希望能批准其子伍炳常来到澳大利亚读三年的书。该律师行接到代理合同后，自然全心全意地去做。四月二十日，律师行致函外务部秘书，附上相关申请材料，将伍鸿煜的财务状况作了一番很好的描述，显示出其具有较厚的家底，同时也说明他在当地颇具人望，故希望外务部尽快批复，以便他在结束探亲返回时，可以将儿子伍炳常一并带上。接到申请后，外务部通过海关和获加埠警察派出所核实了伍鸿煜的财务状况，认为他符合条件资助儿子来澳留学，遂于五月二十四日批准了申请，给予伍炳常三年留学签证。

在中国的伍鸿煜接到律师行转来的签证批复通知后，便立即行动起来，通过香港的金山庄为儿子赴澳留学安排相应的出国文件。一年后，待一切安排就绪，原计划的探亲假期也结束，伍鸿煜便带着儿子去到香港，在此搭乘太古洋行轮船公司经营的"太原"（Taiyuan）号轮船，丁一九一一年七月六日抵达雪梨口岸。随后，伍鸿煜父子再搭乘内陆交通工具，返回距此有近五百公里之遥的获加埠，住进了他所主持经营的广南利号店铺里。[②]

十五岁的伍炳常此前没有学过英语，来到一个陌生文化背景的地方，语言不通，直接进入学校跟当地学生一起上学有很大的困难。有鉴于此，伍鸿煜决定先让他接受家庭教师的私人教授，力争在半年内能够具备初步的英语能力，再进入学校上课。在当时的获加埠，有一位华人店主名叫哈利·洪发

---

① Wah Young，Fong Hoy，Sun Yong，Pang Gett，Goon Way，Charlie Go Saylum，Man Sing，Hong Youk，Lee Gar and War Tiy [Certificate Exempting from Dictation Test - includes left hand impression and photographs] [box 33]，NAA：ST84/1，1910/35/51-60.

② Hong Youk and son - Ng Ping Seung [or Ah Shong] [includes photograph showing front and side views of Hong Youk and 5 photographs showing front and side views of Ng Ping Seung] [box 161]，NAA：SP42/1，C1924/3024 [PART 1 OF 2].

（Harry Kong Fatt），[①]他的太太中英文流利，尤其是英文更佳，故伍鸿煜便央其教授儿子英语，使其能尽快地适应当地的生活和学习环境。后者对此请求欣然应承，表示会尽力让伍炳常适应当地的语言与文化，而伍鸿煜自然也奉上一笔不菲的学资。这一安排随后经过律师行与外务部的沟通联络，最终获得准允。

伍炳常非常争气。他每天跟着哈利·洪发太太学英语，进步神速。到当年十一月，他便可以去正规学校上学了，但注册入读的那间学校不是父亲事先就安排好的获加公立学校，而是获加公立中学（Public High School，Wagga）。由此可以推测，伍炳常在家乡已经接受过正常的传统教育，来到澳大利亚之后，便要求进入与其年龄相近的班级上学，就其年龄而言，自然应该是去上中学。他也确实在这间中学读了一年多一点的书，对其语言提高有很大的促进；但很可能他赴澳前毕竟没有接受过新式西方教育，对于数学和科学等科目需要从头学起，因而从一九一三年起，还是转去获加公立学校读小学课程。每次学校的报告都显示他在校表现良好，非常阳光，且学习刻苦用功，校长和老师对他总是称赞有加。

伍鸿煜原先只为儿子在澳留学申请了三年签证，一九一四年七月到期，但伍炳常尚未能从小学毕业，还需要继续留下来才能完成学业。为此，伍鸿煜继续请希金斯与罗伯森律师行出面，向外务部陈情，希望能考虑到这位年轻的中国学生现状，继续核发其签证。还好，外务部长认为申请合情合理，

---

① 在澳大利亚国家档案馆里检索不到与该名字相匹配的宗卷。有时候可能会是名字的拼写在文件中出错，比如把H写成K，从而造成误导，这样就可能在档案检索系统里无法查找得到。如果这样的判断是正确的，那么，这个名字就有可能是Hong Fatt。有一位一八八八年出生、在十岁这一年就跟随父兄从香山县来澳的华商名叫关洪发，也是跟着父兄等在鸟修威省北部和西部经商，就是上述英文名字。只是他的常用英文名字Frank，与这里列明的Harry不同，但关洪发的哥哥关洪裕在当地的英文名字就是Harry Hong Yee。很有可能，当地西人会将他们兄弟俩的名字搞混。见：H Way Yee [Henry or Harry Hong Yee, includes photograph], NAA：SP42/1，C1915/3553；Ping Chong，Dick Hong，George Lee Know，Ah Ping，Buck Yin，Wong Joy，Kong Sing，Frank Hong Fatt，Mar Hoe and Sue Yick [Certificate Exempting from Dictation Test - includes left hand impression and photographs] [box 135]，NAA：ST84/1，1921/301/61-70。

于七月二十七日准允展签一年。^①由是，继续读完这一年后，到一九一五年中，伍鸿煜还想为儿子再申请一年展签。对此，外务部觉得比较为难，因为伍炳常已经十九岁，按理不应该再读下去了；但又出于慎重起见，想征询专业意见再作决定，于是便与学校商量，看以他这样的年纪是否还可以留在小学读书。学校表示，到这一年年底，他就可以完成小学课程，建议再给这位中国学生一点时间。为此，外务部最后决定将其留学签证展延到年底，但表示这是最后的展签，到期决不接受额外的展签申请。

按照规定，伍炳常在签证到期前就应该安排好回国的船期，按期离境。但一九一六年新年过后，外务部未见到海关转来这位中国学生的离境信息，遂在一月七日下文到海关询问，并请其督促他尽快离境。也就在同一天，希金斯与罗伯森律师行致函外务部长，表示伍炳常一定会按照规定离境，只是因为近期其父伍鸿煜的生意特别忙，而结束学业的这位中国学生正好给父亲打个下手。事实上，在上一年里，课余时间伍炳常已经充当父亲的助手，主要是担任一些秘书事务并记账，在此繁忙季节，因找不到人顶替，一时间也确实脱不开身。如此，其离境的日期将会稍稍拖后到三月或者四月份。此前律师行已经就其延期离境一事与雪梨海关商量，希望获得批复，但未奏效，因而呈请外务部考虑目前的实际情况，将其签证稍稍展延。但外务部长在全盘考虑之后，认为这样的展签不符合规矩，于二月二十五日拒绝了申请。

既然申请失败，就只能按照规矩预订船期回国。在外务部和海关的不断催促中，伍炳常终于订妥近期离境的"依时顿"（Eastern）号轮船船票，随后便从获加埠赶往雪梨，于一九一六年三月十五日登上该轮，挥别留学近五年的澳大利亚，驶往香港回国。当然，尽管他最后想额外多待上三到四个月的展签申请没有成功，但他实际上也还是多待了两个半月，给繁忙中的父亲生意帮上了一把手，与其实际想要延期的天数没差多少天。

---

① Hong Youk and son - Ng Ping Seung [or Ah Shong] [includes 2 photographs showing front and side views and left and right thumb prints of Hong Youk and photograph showing front and side views and left hand print of Ng Ping Seung] [box 161]，NAA：SP42/1，C1924/3024 [PART 2 OF 2].

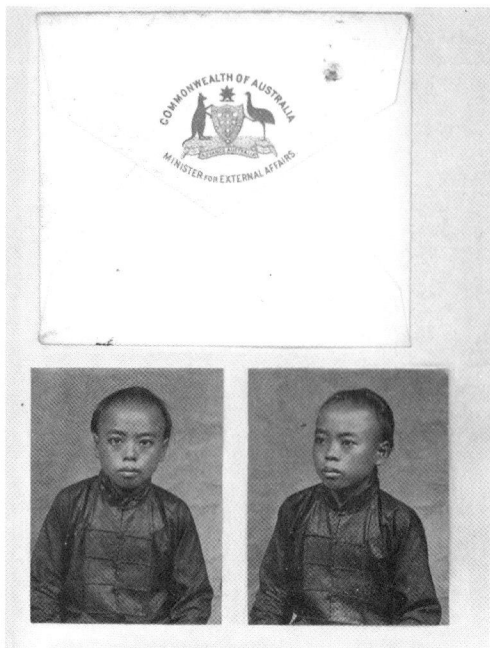

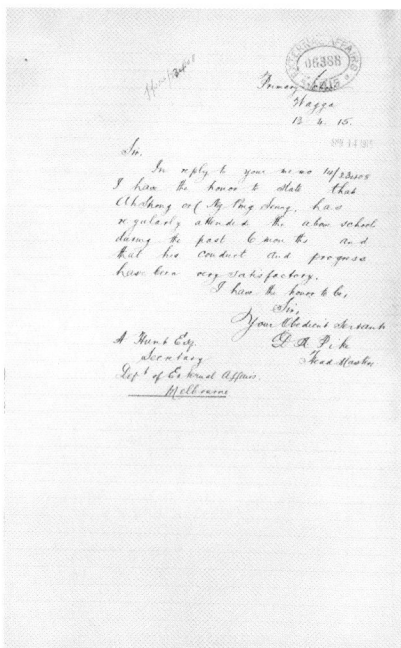

左为一九一〇年伍炳常申请赴澳留学签证时提交给澳大利亚外务部的照片；右为一九一五年四月十三日，获加公立学校校长提交给外务部的报告，说明该校学生伍炳常在校表现和学业皆令人满意。

档案出处（澳大利亚国家档案馆档案宗卷号）：

Ah Shong（Ng Ping Seung）Exemption Certificate，NAA：A1，1916/8329

亚　振

广东（新会？）

　　本文主人公名Ah Gin（亚振[1]，译音），未具姓氏和籍贯，只是根据档案所标示的年龄，推测其出生于一八九六年或一八九七年。此外，档案中他的父亲也没有用真名，而是用店铺商行名，叫做"新华隆"（Sun Wah Loong）。这是一间售卖果蔬及其他本地产品为主的杂货商铺，设在美利滨（Melbourne）埠唐人街（亦即"小博街"[Little Bourke Street]）上，其早期的股东之一是陈华（Chin Wah，或写成Chen Wah Lee）。[2]由此看来，也许该商行的名称在一定程度上与陈华的名字有一点儿关联。在二十世纪二十年代，由该商行作保而前来澳大利亚（主要就在美利滨埠）读书的中国留学生基本上姓陈，都是来自广东省新会县。[3]显然，新华隆的主要股东基本上姓陈。[4]由此可以推测，亚振姓陈的可能性较大；如此，他的全名就可能是"陈亚振"或者是"陈振"；其父亲即便不是陈华，也可能是其陈氏宗亲家族中

---

① 根据四邑人在美利滨所使用的名字来看，Gin的中文对应字应该是"振"，比如二十世纪初年在美利滨唐人街上的商铺"振兴隆"（Gin Hing Loong & Co.）。

② LEE Chin Wah：Nationality - Chinese：Date of Birth - 19 September 1869：First registered at Little Bourke Street，NAA：MT269/1，VIC/CHINA/LEE CHIN.

③ 参阅：Chin JEW - Student Passport，NAA：A1，1934/5354(陈照，新会长江村)；Chong, Chin Nam - Chinese student，NAA：A1，1926/17580(陈南昌，新会会城)；Chin Wah Dan - student passport，NAA：A1，1929/4861(陈华进，新会旺冲村)；Chen YEN - Student passport，NAA：A1，1927/2930(陈恩，新会坑头村福隆里)，等等。

④ 一九一六年十月，新华隆的一份退股声明显示，最初该商行有二十一位股东，此时有十二位退股，全部姓陈。见："退股声明"，雪梨《东华报》(Tung Wah Times)，一九一六年十月二十八日，第七版。

一九一二年，亚振在美利滨拍摄的照片。

人，毕竟十九世纪末二十世纪初同邑同宗联袂赴外谋生、兄弟族人抱团发展是广东人出洋打拼的显著特点。如果上述推测成立，亚振应该是广东省新会县人。

一九〇九年，美利滨唐人街上专做香蕉生意的果栏"广鸿和"（Quong Hung War）号的股东之一潘启荣（Pon Kai Wing），在其返回广东省开平县探亲期间，想将即将届满十一岁的儿子亚茂（Ah Mow）办理来美利滨读书，遂通过美利滨的科恩与诺曼律师行（Messrs Cohen & Norman），代其向澳大利亚外务部申领其子潘亚茂的赴澳留学签证。[1]广鸿和与新华隆两家商行都在同一条街上，他们的股东也都是来自广东四邑地区，平时也相熟，故新华隆号老板与潘启荣二人对将儿子办理赴澳留学一事都有共识，且两家儿子年纪上相差不大，便想让亚振和亚茂一起结伴赴澳留学。

事不宜迟，说干就干。当年七月，新华隆号老板亦同样是委托科恩与诺曼律师行，代为办理其子亚振的赴澳留学手续，向澳大利亚外务部申领其入境签证，希望让他来澳读三年书。外务部通过美利滨海关了解到，新华隆老板来到美利滨唐人街经营商行已逾十年（也就是说，是在十九世纪末年之前便已来到美利滨），其个人在该商行占股达三分之一，此前他是充当菜农和市场经销商。其人经商有道，持正不阿。其妻小目前在广东家乡，生有三个儿子，大儿子和二儿子都是十七岁，显然是双胞胎，现在香港读书，小儿子即亚振，十二岁，目前是在家乡上学。新华隆老板的目标是先让亚振来美利滨入读公立学校，把英语学好，然后再视情而定，看是继续在公立学校就读还是选择颇具名望的私立学校如教会学校念书，最终完成学业。待获得上述资讯及评估之后，外务部认为新华隆号老板符合监护人和财政担保人的资格，其申请程序也都符合规范，当年九月四日，外务部长便批复了留学签证

---

① 详见：Ah Mow - Exemption Certificate Educational purposes，NAA：A1，1916/32166。

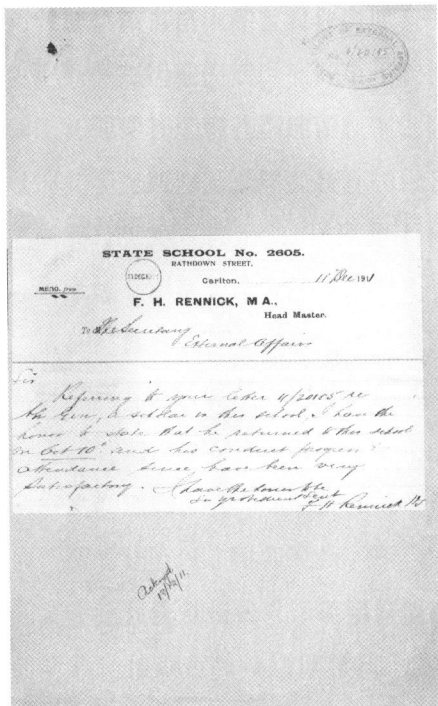

STATE SCHOOL No. 2605.
RATHDOWN STREET.
Carlton.

F. H. RENNICK, M.A.,
Head Master.

一九一一年十二月十一日，末士准士学校校长提供给外务部的例行报告，显示亚振在校表现良好，学习进步，各方面都令人满意。

申请，准允亚振赴澳留学，期限是三年。入境签证的方式是：一次有效期为一年，期满可申请展签，直至三年期结束。

经过亚振家人的一番努力，从大清国两广总督府为其拿到护照以及安排妥当同行监护人后，过了一九一〇年新年，这位年轻的中国小留学生就被送往香港，由此搭乘蒸汽船前往澳大利亚，于当年二月一日抵达美利滨，顺利入境，海关依例核发其十二个月的留学签证。新华隆老板去到海关将儿子接出来，住进了开设在唐人街的商铺里。而原计划与其联袂前来的潘亚茂，虽然也在上一年的十一月拿到了入境签证批文，但却没有与其同行，而是等到三年后，即一九一二年年底方才入境美利滨，卅始其留学之旅。

自一九一〇年三月起，亚振就按照父亲原先的安排，注册入读位于美利滨大学（University of Melbourne）附近的加顿埠末士准士学校（Rathdown Street State School，Carlton）。根据该校向外务部提交的例行报告显示，亚振正常出勤上学，在校表现与学业均令人满意，故次年年初外务部按例核发了他的展签。随后，他又继续在该校读了半年。

从一九一一年下半年开始，亚振转学到圣匹书馆（St. Peter's School）读书。该书馆位于美利滨埠东山区（Eastern Hill），距离唐人街也就一箭之遥，十分方便。在这里，他的学习和出勤情况都很好，但书馆在当年九月份的例行报告中显示，他的在校行为不能令人满意，主要是指他对年纪较小的当地学生有霸凌行为。经外务部通过海关稽查人员对其家访并就此问题提出警告，新华隆号老板应承要对其子严加管束，其后亚振也确实在这方面有所改正，故外务部没有对此再深究。

虽然亚振在圣匹书馆学习仍然不错，但他觉得在这里被人指责霸凌，很不好意思，读了三个月之后自觉无法再待下去，遂于一九一一年十月十日退学，重新回到原先所就读的末士准士学校念书。因在这里他的在校表现和学习成绩又跟以前毫无二致，到一九一二年年初，外务部再次批复了他的留学签证展延。此后的一年时间里，亚振只有几次下午旷课，后被查出是跟几位当地白人学生一起逃学去踢足球，经外务部训诫，他自当年下半年后便再没有旷课现象，专心致志地读书。

根据此前的申请，亚振获批入澳留学的年限为三年，因此，到一九一二年年底学年结束，各学校进入暑假期时，也就意味着亚振的在澳留学年限到期。在档案中，无论是新华隆号老板还是亚振本人，都没有提出下一年度留学展签的申请，很显然，他们可能认为留学目的已经达到，该是履行诺言离境回国的时候了。

于是，一九一三年二月十二日，从末士准士学校退学以及告别父亲之后，十七岁的亚振在美利滨港口登上日本邮船公司的轮船"八幡丸"（Yawata Maru），驶往香港回国去了。

档案出处（澳大利亚国家档案馆档案宗卷号）：

Ah Gin - Exemption Certificate，NAA：A1，1913/10088

刘 鹏

广东（新宁？）

　　刘泽（Lew Tsze，也叫Harry Tilly或者Harry Till），大约在一八九〇年前后从广东家乡漂洋过海，来到澳大利亚寻求发展。他在美利滨（Melbourne）登陆上岸，随后便在该地立下脚跟。

　　抵澳发展五到六年后，刘泽手中有了一些积蓄，便回家乡娶妻生子，儿子刘鹏（Lew Pon，有时也写成Lew Pong）于一八九六年出生。随后，刘泽返回美利滨，继续打拼，在唐人街（亦即小博街[Little Bourke Street]）上先是充当市场经销商，随后开店摆摊，自行经营，收入丰厚，生活较为稳定。在一九〇三年左右，其妻在家乡病逝，儿子就只能托付父辈等代为抚养。几年后，刘泽在当地找到一位混血华裔女子结婚，婚后他继续做自己的老本行，而女方则自行经营管理一间小糖果铺，两口子胼手胝足，邻里关系融洽，小日子过得还算滋润。因婚后一二年他们尚未有生育，遂于一九〇八年收养了一个儿子，是一位中西混血儿。档案中没有披露刘泽和其子刘鹏的籍贯或出生地，我们只能根据推测来判断。通常来说，在美利滨唐人街上经商者，大抵是来自广东省四邑地区的人士，而以新宁（台山）县和新会县的人士居多。而刘姓人士，则更多的是来自新宁县。此外，刘泽的最主要朋友圈也是新宁人。由此可以推测，刘泽、刘鹏父子的籍贯是新宁县的可能性极大。

　　鉴于在家乡的前妻已经去世六到七年，儿子在原籍也已长到了十四岁，刘泽想将他办来澳大利亚读书，一方面让他在此学习英语，掌握西方知识，以便为其将来的人生发展打下一个良好基础；另一方面，也是想利用这个机会，陪伴儿子的成长，一尽父亲之责。于是，一九一〇年四月二十八日，刘泽通过美利滨的芬克、贝斯特与霍尔律师行（Fink，Best & Hall Solicitors），向澳大利亚外务部申请儿子刘鹏前来美利滨留学，期限是五年，准备让其入读圣匹书馆（St. Peter's School）。外务部接到申请后，通过海关和警察局等部门的协助，对其上述家庭情况、财务状况以及个人操行等方面都做了调查核实，确认他符合监护人和财政担保人的条件，便于六月八日批准了其子之入境申请。

接到批复通知后，刘泽马上打电报通知国内的家人，由他们以最快的速度为刘鹏从省城广州的大清两广总督府拿到一纸护照，然后送其去到香港，乘坐蒸汽船，于当年九月十五日抵达美利滨。海关在此之前已经接到外务部的入境批复件副本，故核对之后便准其入境，核发其十二个月有效的留学签证，期满后可申请展签。父亲刘泽将儿子接出海关后，就回到他位于小博街一百三十号的店铺兼住家，将其安排住下。

可是，刘鹏并没有按照父亲原先的安排注册入读圣匹书馆，而是从一九一〇年十月开始，选择进入加顿埠末士准士学校（Rathdown Street State School，Carlton）读书。该校位于美利滨大学（University of Melbourne）附近，距离唐人街不远，也就是二十分钟左右的步行距离，比较方便。根据学校提供的例行报告，他按时出勤，在校表现令人满意。为此，到一九一一年年底时，外务部根据学校报告中他的良好表现记录，核发给他下一年度的留学签证。

事实上，这一次批复展签前，外务部曾经对刘鹏的学业和在校表现等情况有过一番调查。鉴于此时刘鹏已经是个十五六岁的少年，外务部深恐他会在外受雇于他人打工，便也同时下文给海关请其对此核查。果然，海关根据线人报告，谓刘鹏每周都有五天早上会跟着父亲去到域多利市场（Victoria Market）蔬果和杂货批发摊位和店铺，帮父亲售卖货品。按照规定，中国留学生来澳留学期间是不允许打工的，因此海关稽查人员遂径直找到代理申请刘鹏留学事宜并作为其保人的芬克、贝斯特与霍尔律师行，质询其为何不将违反规定打工的这位中国学生遣返回国，而仍然让他在此继续留学。该律师行回复说，实际上，刘鹏并不是去那里为父亲打工，而是定期去到市场那里看看，有时候也义务帮一下忙，或者是骑自行车在周围转转；但到上学时间，都会准时返校上课。最后，海关和外务部都认可了上述解释，加上学校提交的报告总是很正面，从而让其顺利通过考核。进入一九一二年的新学年后，他仍然重返末士准士学校上学，同样是看起来在校认真读书，刻苦学习。就这样，他在余下的二年里，顺利地获得展签，而学校的报告也一如既往，对其在校操行和表现都表示满意。

到一九一四年中，外务部接到一封匿名信，告发刘鹏仍然每天早上去到域多利市场帮父亲打工。但经海关稽查官员调查后，结论仍然与一九一一年年底一样。因此，到其申请展签时，外务部同样很爽快地予以批复。就这样，刘鹏顺利地进入一九一五年。到年中时，中国驻澳大利亚总领事曾宗鉴为其申领下一年度的留学签证展延，尽管学校报告对其表现满意，也特别说明他聪慧好学，但这一次刘鹏就没有那么幸运，外务部于当年七月二十四日拒绝了上述申请。这就意味着，按照规定，刘鹏必须在九月十五日签证到期前，安排船期，离境回国。拒签函中并没有对此决定做出解释，但考虑到当初刘泽申请儿子入澳留学时，要求的就是五年签证，现在算起来，刚刚好是五年期满。

虽然不知道外务部出于什么理由拒签，但在这个紧急关头，芬克、贝斯特与霍尔律师行仍然决定出面为其争取继续留学的签证。一九一五年九月十二日，律师行致函外务部长，以刘鹏仍然年轻，尚需完成学业方才可以走向社会开始其人生历练，且其此前的在校表现良好，在在显示出其渴望学习的意愿与学好知识的决心。为此，希望部长本着基督宽厚待人的情怀，给予这位中国青年再多一年的签证，以便其完成在澳学业。由于律师行的信写得合情合理，外务部长觉得有一定道理，原先的决心有所动摇，但又不能完全满足该申请所提出的十二个月的签证，遂于九月十六日决定，将刘鹏的签证展延到这一年的年底。如此，既部分地满足了律师行提出的要求，也给自己留下了一个面子。

但芬克、贝斯特与霍尔律师行对决定并不满意，于同月二十九日再次致函外务部长，表示刘泽原本是期望给儿子再获得三年的在澳留学签证，将其送入苏格兰书院（Scotch College）念书，使之在此完成中学课程。函中也对外务部长拒签的标准和依据提出质疑，因为刘鹏并没有什么违反规定的地方，而同样的情况下，另一位刘姓中国学生（名叫Lew Quong Chong，刘广昌[译音]）则继续获得一年展签留在澳大利亚读书。为此，芬克、贝斯特与霍尔律师行吁请外务部长一视同仁，继续按常规核发刘鹏的留学签证，即一年一签，到期再依规申请。然而，外务部长并不为所动，坚持原议，并于十月二日对此予以正式回复。

就在刘泽通过律师行争取让儿子留在澳大利亚更长一些时间，准备采取更多行动之际，刘泽的太太亦即刘鹏的后母（Mrs H Till）却于十月九日致函外务部长，对其坚持原有决定大加赞赏，并且希望他无论遇到多少来自律师行或者其他相关人士的求情和游说都不要松口。她在信中表示，作为这位中国学生的母亲（后母），再没有什么人比她更了解刘鹏之举止言行了。当然，她在信中并没有举出任何例子来说明刘鹏在家或在外有什么令人憎恶之处，但在信的结尾仍然再次重申她希望其继子只能待到本年年底。快到年底时，苏格兰书院院长也写信为刘鹏继续留下来读书求情，但外务部只是将此信留存备考；而刘泽太太在得知此事后，于十二月三十一日再次写信给外务部长，强烈希望不要再考虑给刘鹏展签。同时，因为是同城之缘故，她直接前往外务部办公室找到负责人士，表达她对此事的看法。她表示，刘鹏已经十九岁，来到美利滨读书已经超过五年，在学业上实际上并没有多少进步，也就是说，英语能力并没有得到多大的提升。由此亦可见，过去数年，学校的例行报告虽然都对其在校表现满意，但基本上并不涉及其学业成绩如何，事实上是在这方面乏善可陈。她认为，这样的年纪，是应该出来做事的时候了。可是在这里的几年时间里，他从未做过什么事，要进入其父亲所开创的生意亦有困难，唯有让其回去中国自行闯荡，才能对其有所助益。对此，外务部官员们亦深以为然。

进入一九一六年后，因刘鹏的签证已经失效，外务部就直接指示海关，让其督促这位中国青年离境。一月十二日，外务部秘书行文海关，请其为刘鹏安排最近一班驶赴香港的轮船船票。在此期间，外务部长也挡住了好几拨不同层次的官员和朋友前来为刘鹏留下来继续读书的说情。经其部门与海关一番努力，一月十七日，终于使得刘鹏在美利滨港口登上"山亚班士"（St. Albans）号轮船，离开此地，踏上回国旅途。

可是，刘鹏的回国之旅进展得并不顺利。一月二十九日，当轮船从美利滨行经雪梨（Sydney）停留时，海关稽查人员上船例行检查，在刘鹏的行李中发现他私带了黄金，按照当时的法律规定，这是违法行为。于是，刘鹏当即被逮捕，押下船来，关押在雪梨拘留所候审。三月二十八日，雪梨城市警务法庭判决刘鹏私藏黄金罪，罚款五镑；同时也判其伪造证书罪，罚款五镑三先令六便士，二者合并执行。此后，再经过司法部和海关与外务部等不同部门的各种程序，重新安排其离境；与此同时，刘鹏被作为不受欢迎严禁再入境的外侨，记录在案备查。直到六月十日，他最终被送上从雪梨港口起航的"衣时顿"（Eastern）号轮船，驶离澳洲前往香港回国。如此，刘鹏比原定离境时间在澳洲又多待了近五个月，当然这段时间都是在看守所里度过。这一年，他年满二十岁。

本来刘鹏已经不再指望能重返澳大利业了，但两年后事情有了翻转的变化，即原先极力反对他留在澳大利亚的后母，此时却强烈希望他能尽快回来。

一九一八年十一月三十日，刘泽太太致函从外务部接管外侨事务的内务部长，附上医生的诊断证明，诉说其本人近期因患鼻黏膜炎及喉病而卧病在床，医生表示待她病情稍有好转，要将她转移到一个乡村疗养院进一步治疗和康复。此前她已经关闭了自己的小糖果铺，转而协助丈夫刘泽共同经营其在域多利市场中的商业铺位；现在她一病倒，无法正常工作，丈夫刘泽就缺了一个帮手，而且他本身的身体健康状况也十分堪虞。为能保证生意的正常运行，她迫切需要继子刘鹏前来顶替她的位置，协助其父亲经营。因刘鹏年轻，也在美利滨待了五年多的时间，熟悉情况，来到之后还可以让父亲解脱一下，使之稍微调整和休养一下每况愈下的身体。为此，他恳请内务部长能体察民情，助其渡过这一难关，准允刘鹏前来顶替工作二到三年的时间，一俟其身体康复，就可以重新回到店铺摊档，继续经营工作。尽管申请理由充分，但内务部长还是在当年十二月五日拒绝给刘鹏核发入境签证。

然而刘泽两口子并不气馁，在随后的一年多时间里，通过各种途径反复申请。一九一九年三月二十六日，两口子找到美利滨唐人街上的著名商人、新宁籍的雷鹏（Louey Pang）①相助，一起去到内务部秘书办公室，告知刘泽目前的生意有两处，一是在小博街上的住所，另一个是在域多利市场上的摊位。刘泽因要经常去到市场照看其摊位，小博街上店铺生意的经营就越来越依赖于刘太太，但后者近期身体不好，已经力不从心，即便有病需要出外康复治疗，因目前生意之繁忙亦使之无法出行，只能硬顶着。由是，刘泽一直都需要找一个信得过的人来协助他管理在小博街上的生意，这样就可以使他的太太能舒缓一下，调整身体，康复过来。虽然雷鹏也是和刘泽一样，都是做相同的生意，也算得上是商业竞争对手，但他还是以乡谊之情，吁请内务部秘书无论如何要协助批复刘鹏前来协助父亲工作两年。内务部秘书已经对刘家的情况有过一些了解，此时也看到与之同来的刘太太确实是一脸病容，显然是劳累过度，身体健康严重欠佳，对这一家的遭遇极为同情，便答应极力向上峰为此陈情。终于，皇天不负有心人，内务部长于四月五日最终接受了下属的建议，批准刘鹏前来澳大利亚，协助其父亲经营生意，给予其两年的特别商务签证。

一九一九年十二月五日，二十三岁的刘鹏搭乘从香港出发的"山亚班士"号轮船抵达美利滨，再次回到澳大利亚。在其入关时，海关按例核发给他一年的工作签证，告知在期满后可再依例申请展签。他由此进入父亲的店铺，协助打理生意。此时，刘泽太太身体也逐渐康复，从疗养院回到家来做些力所能及的工作。看起来，一切都在向好的方向发展。

不知何故，刚刚协助父亲经营生意不到两个月的时间，从一九二〇年二

---

① PANG Harry Louey：Nationality - Chinese：Date of Birth - 8 September 1872：First registered at Carlton North，NAA：MT269/1，VIC/CHINA/PANG HARRY/2. 雷鹏是新宁人，生于一八七二年，一八八八年便来到澳大利亚发展，定居于美利滨，是当地著名华商，也是华人社区领袖。

月三日至二十三日，刘鹏就离家出走近三个星期；在三月十三日至四月三日之间，又是三个星期出外未归。如此，搞得身体本来就不好的父亲刘泽急火攻心，心脏病复发，瘫卧在床。内务部长得知这一消息后，异常愤怒，遂于四月十七日下达遣返令，终止刘鹏的签证，要求刘泽夫妇配合海关，尽快将其遣返回中国。四天后，刘泽太太去到内务部办公室，告知她丈夫目前的健康情况不佳，而其继子在回到家里后的过去两个星期里都循规蹈矩地坚守岗位，正常经营生意。换言之，就是他在向好的方向转变。在这种情况下，她吁请内务部长给予刘鹏一个改过自新的机会，留下来继续协助经营父亲的生意；而在其家庭目前内外交困的形势下，事实上也确实需要刘鹏这个强有力的人手来帮忙。既然如此，内务部长便给刘泽太太一个面子，将上述遣返令延期两个月的时间，以观后效。

过了两个月，通过海关的调查和访谈，内务部了解到，在这段时间里，刘鹏行为举止有据，看起来是在规规矩矩地做人，因而再将其遣返令押后处置。就这样逐步走到了这一年的十二月初，刘鹏的一年商务签证届满到期。在确定是否核发下一年的签证展延之前，内务部再次通过海关稽查人员走访其家庭，得到的印象是，他仍然算是严守行为，全家看起来也其乐融融。为此，内务部就按照惯例给他核发下一年的商务签证。

但是，事情的发展却在一个多月之后急转直下。一九二一年一月十一日，内务部秘书接到电话，谓刘鹏自这一年的第一天起就又跑了出去，并且不知何往，家里人也找不到他。海关奉命去到刘泽家深入访谈，才从他们嘴里得知，在去年四月份内务部长将其遣返令押后处置之后，刘鹏也仍然有离家出走不知所踪的情况，比如五月出走一星期；八月出走一个半星期；九月出走两次，分别为两天和四天；十月无故出走一天；十一月出走两次，分别为一天和两天；十二月也出走两次，分别各为一天。只是家里人迫于刘泽店铺及摊档生意的需要，一再为其掩饰，才让他如此稳当地度过大半年的时间，以期助他获得下一年度的商务签证。而此次出走从一九二一年一月一日开始，直到十九日，他方才露脸。接到这样的报告，内务部长再也无法淡定，认为这位中国青年已经无可救药了，遂于一月二十日向刘鹏发出遣返令，取消刚刚核发给他的一年期商务签证，责令海关协助执行遣返令。因此后未见到海关就此事的执行情况提交报告，内务部长在三月十六日重发遣返令，敦促尽快执行这一遣返任务。

接到内务部长重发的遣返令之后，各方面才真正行动起来。刘泽知道，这一次儿子已经没有退路，但作为父亲，他还是想给他找一条更好的出路。三月二十二日，他致函内务部长，告知他将努力配合内务部的遣返令，惟目前正在与南太平洋上的英国殖民地飞枝（Fiji）方面联络，希望将其送到那里发展。但要做到使其能顺利入境飞枝，他此时正在紧锣密鼓地与飞枝当局的相关部门联络，也正在寻找在那边开办公司企业的朋友能够雇佣刘鹏，哪怕是去那里做普通工人或者当劳工都行，这样双管齐下，就容易使其获得入境签证。而这一切都需要一定的时间，他预计还要三到四周左右才能办妥上述手续。与此同时，他查阅到下个月美利滨有一艘名为"莱武卡"（Levuka）号的班轮离港前往飞枝，目前就已为儿子去预订了该船的船票。刘泽还表示，如果他无法成功地为儿子获得入境飞枝的签证，那就安排其子搭乘最近的一班驶往香港的蒸汽船回国。

内务部长见刘泽安排上述事项极有条理，也看到了其舐犊之情，不忍拒绝，就予以认可。待刘泽为儿子办妥签证，但却因"莱武卡"号轮船客满无票可订之后，内务部便与海关联络，查到五月六日左右从雪梨还有另外一艘"阿图亚"（Atua）号轮船驶往飞枝，遂赶紧为其预订，然后交由刘泽去结算船票。

经过一番安排，刘鹏在海关的陪同监视下，从美利滨去到雪梨，登上"阿图亚"号轮船，于一九二一年五月十二日离开澳大利亚，驶往飞枝。这一次重返澳大利亚协助父亲经营生意，他总共待了有一年半的时间。因其档案到此中止，刘鹏去到飞枝之后的经历如何，无从得知。

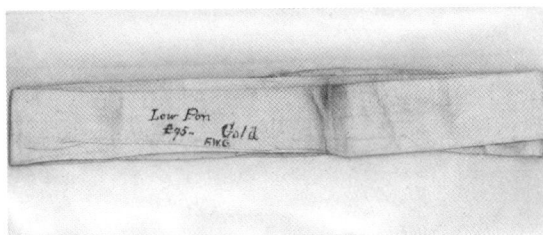

一九一六年一月二十九日，当刘鹏搭乘"山亚班士"号轮船从美利滨行经雪梨停留时，海关稽查人员上船例行检查，在其行李中发现他私带的黄金。他由此被捕，关押近五个月，被当地警务法庭判罪和缴纳罚款后，才于六月十日乘"衣时顿"号轮船离开雪梨回国。

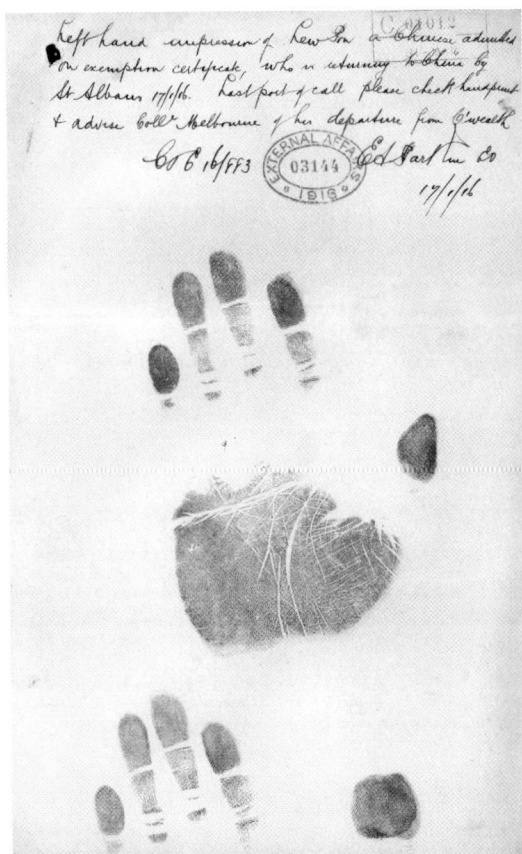

一九一六年一月十七日，刘鹏从美利滨离境回国时在海关所留指印。

档案出处（澳大利亚国家档案馆档案宗卷号）：

Lew Pon Ex/c Exemption Certificate，NAA：A1，1921/9236

蔡荣光

广东

George Joy（蔡耀光）是广东人，[①]生于一八六九年，来到澳大利亚发展时年仅十七岁（一八八六年）；他从雪梨（Sydney）登陆入境后，便一直在亚力山打区（Alexandria）定居。[②]从十九世纪九十年代初开始，他在临近的哗打噜区（Waterloo）占士街（James Street）开设一家名为"天利"（Tin Lee）的木厂，专事家具制造，另外经营一家商铺。在这条街上，还有一家名叫"俊豪"（John Hoe）的木厂，大股东是一八六七年出生的冼俊豪（John Hoe），他来澳大利亚发展比蔡耀光要早五年。[③]他们都是在澳洲结的婚，太太和子女皆与其同住，而且蔡耀光娶的妻子还是在澳华人黄姓第二代，即土生华女。从蔡耀光的名字来看，Joy的粤语发音比较相近于冼俊豪的"俊"字。如此推测起来，他们二人很有可能是表亲或亲戚，因为这符合粤人当年赴澳发展的特点，即父兄辈先来此，立下脚跟后再将年幼的嫡亲或宗亲兄弟带来，从事同类营生，抱团发展。档案中没有标明其籍贯，但考虑到俊豪木厂是由高要县籍人士所创，[④]那么，蔡耀光似也应是高要人。

① George Joy之中文名为蔡耀光，来源于："紧要告白"，载雪梨《东华报》(Tung Wah Times)，一九一五年三月六日，第六版。
② George Joy [includes 2 photographs showing front and side views and left hand print] [box 92]，NAA：SP42/1，C1917/208.
③ John Hoe and Jessie Hoe，NAA：SP42/1，B1905/1863.
④ 见："雪梨中华商会职员履历册"，藏 "Chinese Chamber of Commerce of New South Wales"，Noel Butlin Archives Centre，Open Research Library，Australian National University，https://openresearch-repository.anu.edu.au/handle/1885/11483。

　　蔡耀光开设的天利木厂，雇有三十二名工人，有一位他早已从中国带出来的兄弟名叫Mathew Choy Chee（蔡池），①与其一起经营。但他在中国家乡还有一个弟弟，名叫蔡荣光（Wing Quong），生于一八九六年，比他要小三十岁。这一年龄差距，可能是因他们为不同母亲生养所致。一九一一年，蔡荣光已经十五岁，在国内也接受过新式教育，蔡耀光便打算将他申办来澳大利亚留学；因此时蔡耀光的兄弟蔡池正在中国探亲，一旦蔡荣光获准赴澳留学，就可以在返澳时将其一并带来。四月六日，他致函外务部秘书，申请小弟弟蔡荣光前来雪梨留学，期限为三年，他以自己经营的天利木厂作为担保，承诺负担小弟弟的所有留学费用，并按规向海关缴纳相应的保证金，希望外务部尽快批复。

　　外务部受理申请后，通过海关和当地警察派出所了解到，蔡耀光经济实力雄厚，其木厂、住宅和商铺的股份价值超过两千镑，财务自主。商业银行经理也表示，过去二十年里，蔡耀光的木厂都是银行的重要客户，很守信用，足见其经营有道。待上述情况被一一核实，显示出蔡耀光各方面都符合监护人和财政担保人的条件之后，当年五月五日，外务部长批准了申请，准允蔡荣光来澳留学三年；签证的核发则是自其入境起每次只给一年，到期再行申请展签，直到三年期满。蔡耀光在接获批复后，立即写信告知在国内探亲的二弟蔡池，让其通过香港的相关金山庄协助办妥蔡荣光的出国文件。

　　到一九一二年二月，蔡荣光的出国文件已经大致办妥，蔡耀光也准备回国探亲及办理相关的业务，因此，他想让小兄弟来到澳大利亚后不再去读书，而是进入他的天利木厂协助工作。他表示，一旦他回国探亲，木厂的运营就只能依赖在澳大利亚出生长大的妻子管理，故小兄弟来协助经营的话，就可以保证其业务的顺利进行。为此，他希望将蔡荣光的留学签证改为工作签证，为期一年，待其本人结束从中国的探亲回来后，蔡荣光再改回留学签

---

① 蔡池大约出生于一八七九年，在十九世纪末来到雪梨，协助兄长经营木厂。见：Willie Chung，Gee Joy or Chee Choy，Yow Gee，Oy Ing，Ah Gin，Sam Lee，Lee On，Ah Shee，Moong Gee and Sin Hoy [Certificate Exempting from Dictation Test - includes left hand impression and photographs] [box 249]，NAA：ST84/1，1937/533/51-60。

证，进入学校念书。为办妥此事，他于二月二日委托雪梨迪恩商会（Deane Chambers）的律师约翰·麦克拉南（John McLachlan）向外务部正式提出申请。可是外务部一眼就看出，蔡耀光申请小弟弟来澳的目的并非真正是想让他进入学校读书，而是志在协助经营生意，遂于二月十三日断然拒绝了申请。

既然无法改变签证性质，蔡荣光就只能按照原计划赴澳留学。当年六月五日，蔡荣光搭乘从香港起航的"太原"（Taiyuan）号轮船，与二哥蔡池一起抵达雪梨。海关接到外务部的指示，知道蔡耀光此前曾经申请转变蔡荣光签证而遭否决的事，因此在入境处核发给蔡荣光一年期有效的签证时，特别强调说，他只能全日制上学读书，不能打工。由此可见，澳大利亚当局从一开始就对其可能打工的事严加防范。

在上一年申请蔡荣光的留学签证时，蔡耀光打算让小兄弟来到雪梨后进入位于城里辟市街（Pitt Street）的基督堂学校（Christ Church School）就读，但从他所住的亚历山打区去到城里读书还是稍嫌远了一点，加上抵澳后蔡荣光的眼睛受到感染，严重影响视力，大哥蔡耀光便将其就近安排入读华打噜公立学校（Waterloo Public School），于七月三日正式注册上学。但两个月后，蔡耀光准备离境回国探亲了，可是他还不死心，还想再搏一下，便再次通过麦克拉南律师，于九月十六日向外务部提出申请，希望将蔡荣光的留学签证转为工作签证。申请的理由有两点：一是蔡荣光的眼病导致其视力减弱，严重影响学习，但工作则不受太大影响；二是二弟蔡池虽然也从中国回来了，原本他就是协助大哥管理木厂的，但其身体状况差，健康堪虞，无法全力以赴地工作。外务部早就严防蔡荣光转变身份进入天利木厂打工，对此申请依然像年初一样，于九月二十一日严词拒绝。由是，蔡荣光只能在学校里继续上学。

然而，从九月二十七日开始，蔡荣光就没有再去学校上学。根据雪梨医院眼科专家马赫医生（Dr Maher）开出的证明，蔡荣光的眼底因长有肉芽组织，影响到视力，需要治疗，为此，他就此到年底都没有重返华打噜公立学校念书。但直到年底，外务部才从学校提供的例行报告得知此事。派人去了解的结果是，稽查人员虽然看到这位年轻的中国学生在木厂里帮忙干活，但也观察到他眼睛浮肿，害眼病之事则是确实的。此时蔡耀光尚未离境回国探亲，他向稽查人员表示，将会让蔡荣光去看另外一个眼科专家，待治愈后再行返校上学，而他此时在木厂干活只是业余帮忙性质。但外务部对此却有不同看法，认为蔡荣光是来留学读书的，不是来治眼病的，何况他还利用这个治疗机会帮大哥打工，这本来就是外务部此前就严加防范的事。为此，一九一三年一月二十一日，外务部做出决定，取消蔡荣光的留学签证，责令他搭乘最近一艘驶往香港的轮船，离境回国，即便治疗眼病，也应当回国去治。

蔡耀光见事情到了这个程度，遂施展公关能力，通过政界的朋友说情，力挽危局。此前，他与太太就与乌修威省财长达西（Hon. J.R. Dacey）交情很深，再经由后者介绍，得与当时乌修威省政坛著名的风云人物托马斯·布朗（Thomas Brown）认识，而此时的布朗还是联邦国会议员，说话有相当的分量。布朗得知蔡荣光被责令离境的消息后，于二月四日致函外务部长，先告知这位中国学生现正在雪梨医院眼科住院治疗；他接着表示，在住院治疗期间赶人走是很不地道的，建议至少在其治疗期间应该暂缓其离境，待治愈后看效果如何再做进一步决定。他也强调说，蔡耀光夫妇都是信誉良好的企业家，一定会配合政府的行动，如在此事上需要他们再缴纳额外的保证金，他们是会遵守规定的。一句话，他相信这一对中国人夫妇的诚信。高人出手，效果显著，这封信起到了很大的作用。二月二十六日，外务部长同意暂缓执行遣返令，但仍然表示一旦蔡荣光身体适合旅行时，就应该回国；并强调说，这位中国学生在目前不能去上学的情况下，如果仍然保留其学籍，显然也是对学校不公。

三月六日，蔡荣光出院。外务部得知消息后，立即跟还没有离境回国探亲的蔡耀光联络，让他立即安排最近的船只，让蔡荣光回国。但布朗先生从蔡耀光那里得到上述信息后，再次站出来，为蔡荣光仗义执言。三月十一日，他再次致函外务部长，表示蔡荣光只是出院，但仍然需要经常去医院接受定期治疗，并没有完全康复。他强调说，经其与医院眼科联络，得知蔡荣光的眼病并不具传染性，只要给予时间，是可以逐步康复的。为此，他进一步向外务部长提出，取消上述遣返令，让蔡荣光重新返回学校念书，以完成原计划中未完成之学业。同样，布朗的信再次起了作用。外务部长做出指示，对蔡荣光再次做了一次全面检查，以便其对此事之进退做最后决定提供依据。检查的结果，确认蔡荣光是因颗粒性结膜炎亦即沙眼导致的眼病；专科医生的意见是，只要坚持治疗，是会逐步痊愈的。得到这样的结果，外务部长遂不好再坚持前议，便接受了布朗的建议，于四月十五日同意蔡荣光重返学校上课。于是，蔡荣光便一边去医院接受治疗，一边返回华打噜公立学校上学。

根据校长提交的学校例行报告，虽然蔡荣光正常到校上课，但在学业上进步缓慢。校长认为，最主要原因是他生性沉默，学习上比较懒惰，不主动，老师要花更多的精力去辅导他，才能有一点儿提高，再加上他已经十七岁了，跟比他年少五六岁的孩童一起上课也比较难为情，读起书来比较沉闷。即便这样，因他上学和完成课业都算正常，并没有什么不妥之处，故在一九一三年六月份，外务部按例给其展签。到一九一四年年中，蔡荣光的嫂子蔡黄氏向外务部提出，自去年丈夫回中国探亲后，至今未回，何时能回来亦遥遥无期，特向外务部申请将蔡荣光的签证改变性质，让其在雪梨留多几年，协助她经营木厂生意。但外务部长强调说，此前就已经明确告知，蔡荣光来澳只允许读书，不允许打工，再次否决了这一申请，但仍然按例核发了蔡荣光最后一年的留学签证。虽然此后有几个月他需要住院治疗眼疾，但出院后仍然回到学校。

到了一九一五年六月，蔡荣光的三年留学签证到期。按规定他应该就此停学，然后回国，但华打噜公立学校校长认为，虽然他觉得十九岁的蔡荣光已经不适合在他的学校里继续读书，但就此放弃学习是很可惜的，也深感对不起过去三年该校老师在他身上所花费的额外精力。为此，他建议，应该准允蔡荣光白天找一份合适的工作，然后利用晚上时间，去附近的继续教育学校读夜校课程，从而完成学业。外务部秘书意识到校长所说的白天做工，事实上能合适他的工作自然就是他大哥经营的天利木厂，而这是过去三年中外务部极力反对和阻挠的事情；除非他仍然进入全日制学校念书，外务部可以再核发一年的额外展签给他，不然蔡荣光就只能选择离境回国。在这样的情况下，华打噜公立学校校长只好同意仍然让蔡荣光回到学校，跟小学高年级班学生一起上课，以便能完成其在澳的学业，而外务部也如诺于六月二十一日批复了蔡荣光额外一年的展签。在余下来的一年时间里，蔡荣光按时到校上课，英语能力有了很大提高，可以阅读小说了，校长对此予以很高的评价。

签证有效期一到，蔡荣光没有迟疑，立即选择离境。一九一六年六月十日，这位二十岁的中国学生告别了过去四年里对他极度耐心施教以努力提高其英语能力的华打噜公立学校校长和老师，也告别了独立支撑天利木厂管理经营的嫂子（大哥蔡耀光仍然在中国未回，直到一九一七年初方才返澳），在雪梨港口登上驶往香港的"依时顿"（Eastern）号轮船，返回中国。

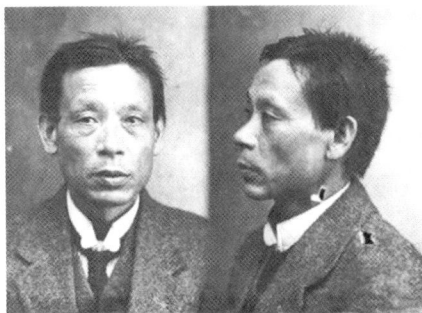

上为一九一二年六月五日抵澳入关时，蔡荣光提交给海关存档的照片；下为一九一七年一月十七日，蔡耀光返回澳大利亚入关时提交的个人照片。

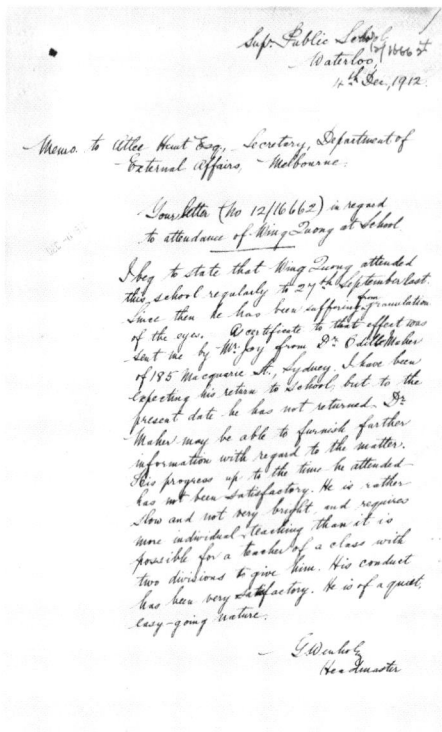

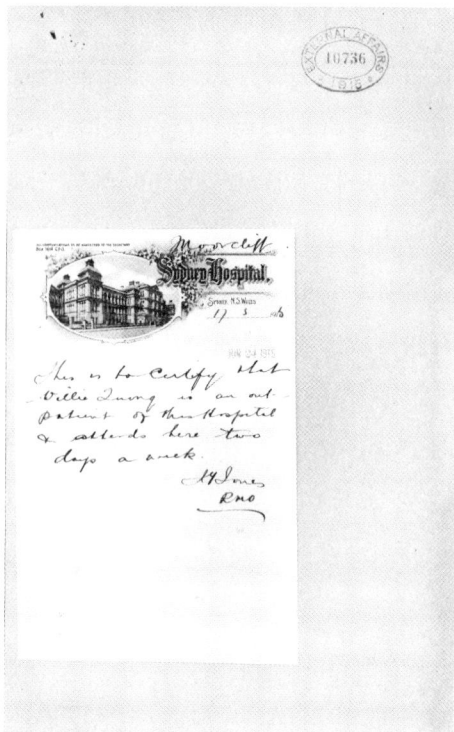

左为一九一二年十二月十四日，华打噜公立学校校长给外务部的例行报告，说明蔡荣光因眼疾已有两个多月未到校上课，其学业表现亦未有多大进步；右为雪梨医院在一九一五年五月十七日开出的证明，表明蔡荣光仍然需要每周两次去医院接受眼睛治疗。

档案出处（澳大利亚国家档案馆档案宗卷号）：

Wing Quong - Ex/Cert. Educational Purposes，NAA：A1，1916/16215

刘其叶

广东（新宁？）

　　刘其叶（Liu Kee Yip，或写成Harry Kee Yip），大清光绪廿二年
（一八九六年）八月十五日生人。[1]其父名为William Foun（刘育文），生于
同治十三年（一八七四年）三月二十七日。[2]根据档案记录，他于一八九八年
从中国家乡来到澳大利亚发展，先在美利滨埠（Melbourne）登陆入境，然后
逐步移往域多利省（Victoria）品地高埠（Bendigo）发展，[3]最终在该埠袋鼠
坪区（Kangaroo Flat）租了一大块地种菜，开发出来后连同在上面所建房子
（包括住房、库房车间和工具房），价值有七百至八百镑。档案中没有说明
他们父子的籍贯。根据目前可以看到的澳大利亚档案中的中国留学生档案，
显示出来到域多利省之刘姓赴澳留学人员大部分来自广东省新宁（台山）
县，且品地高埠的华人也大多数是来自四邑地区尤以新宁（台山）人最多这
一现象，而刘姓在新宁是大姓，故推测刘育文和刘其叶父子也是新宁人。

　　当然，从刘育文抵澳的年份来看，他是在家乡结婚生子之后而将妻小留
在乡间，只身来到澳大利亚发展的。在赴澳之前，他生育的很可能不止这么
一个儿子，因为按照当时十八至二十岁左右就结婚的习俗看，赴澳前他就可

---

① YIP Harry Kee：Nationality - Chinese：Date of Birth - 15 August 1896：First registered at Kangaroo
　　Flat，NAA：MT269/1，VIC/CHINA/YIP HARRY.

② FOUN William - Nationality：Chinese - Arrived Melbourne 1898，NAA：B78，FOUN/W.

③ FOUN W：Nationality - Chinese：First registered at Kangaroo Flat，NAA：MT269/1，VIC/CHINA/
　　FOUN W.

能生育有两个以上的孩子。档案显示，刘育文从美利滨到品地高埠发展并稳定下来之后，又与一位比他年小十二岁、于一八八六年五月十三日在美利滨埠的博士山区（Box Hill）出生的第二代华人女子艾丽莎·葛楚德·坤（Eliza Gertrude Quin）结婚，与其共同经营菜地。只是直到一九一四年，后者尚未有与刘育文生养子女。[1]而就刘育文本人而言，不知是他在赴澳前就已经学过英语，还是来澳后经过一番努力而很快就熟练地掌握了英语，他的英语会话沟通能力较强，有时甚至会被当地警察局雇佣，充当与当地华人之间交流沟通的翻译，算得上是比较融入当地社区的华裔移民。[2]也可能就是因为他的这种沟通能力，才能邂逅艾丽莎，于品地高再婚。

一九一四年年初，刘育文通过品地高埠的一位律师向澳大利亚外务部提出申请，为其已届十八岁的儿子刘其叶申办入境签证，希望准允其子进入澳大利亚留学。他打算让儿子读三年左右的书，主要是学习英语，以提高其语言能力。外务部通过海关对刘育文的财务状况做了一番调查，认可了他具备相当的经济实力，可以支撑其子在澳留学期间所需费用，并且其人在经商和个人操行上都没有不良记录；其后，再经与刘育文直接沟通，得知他的具体计划是，如果儿子获准入澳留学，先让他在家里待三到六个月左右的时间，跟着后母学英语，因为艾丽莎结婚前受过正规的中学教育；待其有了一定基础后，再将他送入当地的公立学校读书。外务部认为刘育文符合监护人和财务担保人条件，其安排也极有条理，遂于六月二十五日批复申请，准允其子刘其叶来澳留学，入读当地公立学校。

在中国接到父亲转来的签证获准消息之后，刘其叶便开始向北洋政府外交部特派广东交涉员公署申请护照。但这一申请过程漫长，直到一九一五年

---

[1] Mrs Willie Foun (nee Eliza Gertrude Quin) ex "Tanda" (Melbourne) October 1930 - Re Birth certificate and further visit to China，NAA：B13，1931/3545.

[2] 例如，根据当地报纸报道，一九一二年八月十二日，一位住在距品地高六十多公里之外的劳力士顿埠(Lauriston)的年长华人菜农，因身体不适，前来袋鼠坪找刘育文征询哪位中国草医看病更为合适。但刘育文见其脸色发暗，极力建议他去看西医，并同时与卫生检疫官员联络，让其送这位菜农去品地高医院治疗。可惜当官员将这位菜农送到医院后两个小时，他就因心力衰竭死亡。由此可见，刘育文英语沟通能力较好，与官方联系较为密切。见："Fatalities and Accidents：Chinese Gardner's Death"，in *Bendigo Advertiser*，14 August 1912，page 7.

上半年，他始获发护照，然后再从英国驻广州总领事馆拿到了入境签证，才在五月初从广州赶到香港，由此搭乘驶往澳大利亚的"太原"（Taiyuan）号轮船，于当年六月三日抵达美利滨，顺利入境，海关当场核发给他十二个月的留学签证。而他则由父亲接出关，转乘火车前往品地高，住进父亲的家里。

不过，十九岁的刘其叶并没有按照父亲原先的安排待在家里由后母教其英语，可能其后母此前刚刚生了一个孩子，此时正在哺乳期之中，难以同时兼顾教授继子英语。于是，在抵澳一个星期后，刘其叶就找到一位名叫涂普（H. Topp）的退休牧师，拜在其门下。因其住处是距袋鼠坪约四十公里以外的伊石围区（Eastville），刘其叶遂搬去该区，直接住进其私塾，上午进行面对面教学，下午则自学，一门心思地专学英语。他在这里给自己取了一个英文名，叫做哈瑞（Harry），全名就成了Harry Kee Yip。从三个月后涂普提供的刘其叶英文作业抄件来看，其英语的书写已经比较流利，显然他在赴澳前曾利用申请护照和签证的那段时间曾经恶补过英语，甚至在此之前便已开始学习英语，具备了一点基础，因而进入涂普私塾后进步很快。这位老师也认为，自己所教授的该名中国学生在赴澳前实际上已经接受了良好的教育，根据年龄判断，应该是读完了新式中学课程，对英语也有了一些认识。可能就因其良好的教育背景，加上本身聪慧好学，以及成年后的阅历等等，使之对许多学习可以触类旁通。就这样，刘其叶在涂普老师这里学了半年，英语能力大为提升。

一九一六年年初，刘其叶返回袋鼠坪区父亲的住处。从二月七日开始，他正式注册入读设在该区的大丘公立学校（Big Hill State School），选修中学课程。事实上，他在中国时已经读过其中的许多相同类型的课程，只是由于英语能力尚未能达到相当的程度，只能一步一步地重复一些课程，以便在完成这些中学课程的同时，也能将英语能力提升到较高的档次。因其聪颖过人，学习也很认真，学校对其表现满意。但就在其入学两个多星期之后，外务部突然接到一封署名为袋鼠坪居民哈里森（H. W. Harrison）的投诉信。信中告发说，过去的两个多月里，刘其叶都在其父刘育文的菜地做工，而没有去上学，希望当局对其采取措施，意即将其遣返回中国。外务部通过学校了解到，这段时间里刘其叶上课出勤都很正常，意识到告发信极可能是写信人此前曾与刘育文有过节，借此以泄愤，实际上是在诬告，遂置之不理。到这一年六月份，在接到刘育文提出的为儿子继续在澳留学的展签申请后，外务部很爽快地批复了下一年的签证。

可能是告发信给了他一定的刺激，也可能是青春期出现的情绪波动，就在刚刚拿到下一年的展签可以留澳继续读书之后，从六月下旬到七月初，刘其叶突然闹起了情绪，不愿意去上学，只是待在家里；当父亲劝说无效准备叫警察帮忙时，他甚至跟父亲表示要即刻返回中国。从学校次年提交给外务部核查的这位中国青年在学校的作业本空隙页面上出现的几行中文诗句或对联，确实反映出他这段时间在异国他乡的那种无奈和苦闷心情，比如"枕边细语借问淑女何在，扇底秋波偷看才郎格局"、"两朝无后天灭满，万国争先地割华"、"铁石心肠梅学士，风流性格竹夫人"、"好鸟枝头亦朋友，落花水面尽文章"，等等。刘育文三番五次劝说其子返校读书无效后，曾多次致函外务部，将实情告知并求助，希望后者能协助使其回心转意，也仍然无法奏效。无奈之下，他在七月十四日致电外务部表示，打算就在当日，他本人要设法尽快将儿子带到美利滨，让其乘船回国；而他的上述吁请，也立即得到了积极回应。外务部秘书在当天接到他的来信后，马上就予以批复（亦即等同于批准其遣返回国）。

可是就在得到外务部批复之后，事情有了转机。也就在当天，也许是意识到自己任性的结果就是遣返，事态严重到快无法控制的程度，刘其叶终于对父亲表示了忏悔之意，允诺要结束现在的罢学状态，誓言要返回学校好好念书。对此结果，刘育文自然大喜过望，遂当日再次紧急联络外务部，希望能给其子一个改过的机会。鉴于刘育文在劝说教育其子返校读书遵守规定方面一直积极主动，并与外务部和学校等方面密切配合，而其子的转变也实实在在是努力的结果，外务部便于七月十七日批复，对刘其叶的返校学习表示认可，也确认此前核发给他的展签继续有效；但还是在批复函中警告说，希望不要再发生罢学行为，也重申留学签证不能打工，一旦再次违规，那结果就是遣返回国。好在刘其叶真正旷课在家的日子也就一个星期左右，因而他重返大丘公立学校念书且恢复正常出勤上课，学校也是非常欢迎的。

刘其叶回到学校继续读书之后，再也没有像上次那样闹情绪，而是全力以赴地投入学习，认真对待所有的课业，英语能力迅速提升。在每次提交给外务部的例行报告里，学校校长都对他的在校表现十分满意。具体地说，到一九一八年上半年，他的数学水平达到当地五级，英语的读写则达到十一年级亦即高中二年级的水平。虽然这一年他已经二十二岁，但眼见得就要完成当地中学的所有课程学习，而其年龄也未达到中国留学生可以在澳留学到二十四周岁的上限，因而在当年年中刘育文向内务部提出儿子留学签证的展延申请时，仍然顺利获准。到年底学期结束时，大丘公立学校校长在给内务部秘书的一份特别报告中，表示刘其叶在校总成绩达到百分之八十八点八，远高于该校学生的平均成绩；为此，他作为校长，对这位中国学生在三年半的时间里能把英语学得如此之好，深感骄傲。由此可以看出，这一方面是对刘其叶努力学习所取得的成绩之赞扬，另一方面也是对其本人所掌管的这个地处城乡接合部毫不起眼的学校能培养学生如此成才而沾沾自喜。

进入一九一九年，刘其叶在上学一个多月之后，就从学校退学，表示要返回中国。考虑到今年他就届满二十二岁，即便再待下去，也就只有一年时间，而他此行来澳留学的主要目的就是学好英语，现在目的已经达到，也就到了回国的时候了。于是，他通知了已经接管外国侨民事务的内务部，然后辞别了大丘公立学校的校长和老师，也告别了为他留学操尽了心的父亲及后母，从品地高赶到美利滨，于当年四月七日在此搭乘"山亚班士"（St. Albans）号轮船，径直驶往香港回国去了。

从其入境到离境，刘其叶总计在澳留学还差两个月就满四年，属于学成而归。回到家乡，就当时他的年龄来说，也早已到了谈婚论嫁的时候。以他赴澳留学前就接受过良好教育的情况来看，显然是得力于父亲用在澳种菜经商所赚之钱时常补贴家里，使其家境殷实，自小受到悉心培养，因而回国后很快订婚完婚，自不在话下。不久，他就又从家乡去到了美洲古巴发展。转眼之间，就过去了七年。

　　而在这一段时间里，刘育文也已经从品地高埠移居到昆德鲁克镇（Koondrook）。该镇位于域多利省西北部墨累河（Murray River）边，靠近鸟修威省（New South Sales），他仍然是当菜农，在此经营菜地。一九二五年十月底，他因被一辆失去控制而狂奔的马车所撞，造成内脏和脚腱受伤，多次医治，起色不大，无法再干重体力活。于是，他想要儿子来帮忙。一九二六年三月十六日，他致函内务部秘书，详述其受伤所导致的不良结果，急需返回中国延医治疗，以便早日康复；为此，他希望申请其子刘其叶前来接替他，代为管理菜地，时间大约为一年；到那时，他预期自己的身体能够康复，就可以返回。他以此前曾长期协助外务部和内务部处理有关华人事务，对其业务有一定贡献，以及自己是守法公民为由，恳请当局能体谅到他个人的病情及果菜生产和销售需要管理的难处，批复其子从古巴前来。内务部经过调查，得知刘育文所述为实情，遂于四月一日批复，准允刘其叶前来澳大利亚代父管理菜地，签证有效期为一年。其签证条件是：刘育文须在儿子入境澳大利亚后的三个月内离境回国，这三个月是使其有一个得以交代以及培训其子有效管理其菜地各项运作的过渡期，也是其子独立操作的实习期；而在其返澳后的一个月内，刘其叶应将业务交还，并立即离境。①

　　刘育文接到批复后并不满意，认为让他只有三个月的时间教儿子经营实在是无法达到目的，此外他如果带上妻子和在该地出生的儿子这么一走，探亲期间的花费和儿子刘其叶来此之路费要多花好几个镑的金钱，是他离开澳大利亚期间也挣不回来的，算起来是得不偿失。而他申请其子前来接替他的原意，只是想让他做那些因自己临时离开而无法做到的事情，而不仅仅是让儿子来此为他挣一年的工钱。为此，他于四月七日函复内务部秘书，希望至少准许他在儿子抵澳后的一年时间内才离境，这样可以有充足的时间让其子熟悉各种经营工作程序，让其菜地的种养及销售工作得以顺利有序地进行；不然的话，就希望只是申请儿子前来协助他工作，而非此前内务部批复件中所设定的替工。换言之，他的重点已转向儿子是来此协助他继续工作，

---

① 　William Foun - Re Entry into Commonwealth of his son Harry Kee Yip，NAA：B13，1926/9389.

他也不再返回中国休养，而是就地一边休养调整，一边继续经营。对此，内务部秘书于四月十九日回复道，事实上内务部长是考虑到刘育文协助政府工作方面曾经做出的贡献，而对此申请予以特别照顾，方才批复刘其叶一年的签证。对其只希望儿子来澳协助工作的申请，他在信中询问其是否意味着要取消回国治疗。五月六日，刘育文函复内务部秘书，确切表示要取消中国之行，但仍然希望批准其子前来协助工作。内务部秘书见他如此固执和锱铢必较，真是不可理喻，遂于同月二十日复函，明确告知，内务部长无法随其所愿。对于这样的结果，刘育文感到很失望，但也无可奈何，因为这是他得陇望蜀的后果，只能认命。随后，因其身体健康状态不佳，加上此时在当地华人社区中，有人因他过去充当政府翻译而指认他在那些活动中侵犯了他们的利益，要对他采取行动，而此传言对他的精神上造成了一定的压力，刘育文最终取消了回国探亲治疗的计划。由是，这一次为儿子刘其叶重返澳大利亚的入境申请，就这样无疾而终。

但对于这样的结果，刘育文始终都无法接受，总是要找机会重新申请儿子入澳。随后，他想通过向友人求助的形式来达到目的。在昆德鲁克镇有一位名叫芮德（E. Reid）的西人，做木制品及包装材料生意，是他经商的朋友，与澳大利亚联邦政府财长裴杰（Earle Page）自幼相识，私交甚笃。刘育文将自己的事情和要求告诉了芮德，后者慨然允诺相助。一九二九年六月二十九日，芮德致函裴杰，将此事原委告知，请其尽可能地促成此事。七月九日，裴杰联络内务部长，请其为此提供方便；并且表示，刘育文年齿日长，最终将会退休，其菜地生意亦会传承给其子，故希望能按照刘育文所请予以批复。但内务部长在七月十二日拒绝了请求，只是强调，如果刘其叶能按照内务部于一九二六年四月一日所做的决定作为替工来澳工作一年，那么他将为其保留上述签证。然而，此时的刘其叶已经不复当年的情况，已经无法按照当时的情况前来接替父亲的工作，故上述申请虽然仍然给他赴澳开启着那扇大门，但事实上结果仍与前相同。换言之，自一九一九年离境回国之后，刘其叶历经十年的重返澳大利亚接替父亲工作的尝试，也就到此为止。

但刘育文的回国探亲治病一事，则仍有后续。一年多之后，刘育文鉴于自己身体康复仍然没有多大进展，故下定决心要回国探亲和治疗。这一次，他还是打算离开一年的时间，而在此期间他的菜地生意仍然需要人代为管理。可是，儿子刘其叶已经在其他方面有了发展，他已经不能再将其申请前来从事这一工作了；而目前只有一九一二年六月二十四日出生的孙子刘传健（Soon Ein）刚好成人，可以顶替其叔父刘其叶此前的地位，遂决定将其申请前来代为管理菜园。一九三〇年十二月十一日，刘育文将此想法告诉了他在昆德鲁克镇的另一位西人朋友崔毅（M. Troy），请其代为缓颊申请。因后者与当时的域多利省议员兼土地局局长安格斯（Henry Angus）相熟，颇有私交，故修书请其大力协助此事。而安格斯则与当时的联邦内阁署理总理詹士·芬顿（James E. Fenton）公私关系都很好，遂将此事转交给他，希望他能利用权威，促成此事。果然，詹士对此事很重视，于一九三一年一月二日将此申请转给内务部长，请其酌情处理。按照此前的规定，内务部对刘育文申请孙子前来替工的想法根本就不会予以考虑，但现在既然有如此重量级的政客为其缓颊助力，内务部长就多多少少要给点儿面子；加上刘育文过去确实也在充当政府译员方面出过不少力，他在这种社区服务中所做出的贡献也多多少少要成为批复申请的考量因素。因此，经过一番权衡和内部讨论，一月三十一日，内务部长最终批复了申请，签证条件与五年前给予刘其叶入境前来接替其父工作而所获之签证一样。

刘其叶的档案到此中止。后续的结果是：其父刘育文当年便向海关申请回头纸，带着妻子和孩子返回中国探亲和治病休养。[1]此后，他转移到美利滨的东郊令坞埠（Ringwood）继续经营生意，直到一九五三年三月十九日逝世于美利滨博士山区的寓所。[2]至于其孙子刘传健，虽然作为替工获得了商务签证，但在澳大利亚国家档案馆里，尚未能查找到他是否于一九三一年入境的相关记录；只是当其祖父将菜园生意转移到令坞埠之后，有记录显示，他

---

① William Lew Foun - Applies for Certificate for Exemption from Dictation Test，NAA：B13，1931/3584.

② FOUN William - Nationality：Chinese - Arrived Melbourne 1898，NAA：B78，FOUN/W.

曾在一九三八年搭乘"南京"（Nankin）号轮船进入澳大利亚充当替工，[①]到一九四一年十月十三日搭乘"太平"（Taiping）号轮船去往香港。[②]至此之后，则再找不到与其相关的任何出入境记录。考虑到他离境奔赴香港的日期节点，距离太平洋战争的爆发及日军攻占香港仅有一个多月的时间，如此，即便他去到香港，当时所面临的形势也是极为严峻的，而他能否从战争中幸存下来，也是一个问题。而即使他回香港时已经拿到了澳大利亚的再入境签证，当时航路遮断的局势也使他难以成行。

而刘其叶虽然在一九二九年遭到拒签，看起来已无法重返澳大利亚，此后其父刘育文的替工申请也再未提到他。但有资料表明，至少是在太平洋战争爆发之前，亦即二十世纪三十年代后期，刘其叶又回到了澳大利亚，但不是去父亲那里参与经营，而是在雪梨（Sydney）立足并经营生意。他在唐人街上与人合股开设一家"叶林公司"（Yep Lum and Company），是该公司的主要股东；一九四四年，又与一九三五年从东莞县赴澳留学的年轻人王伟林（William Wong）合股，成立了另外一家公司，名为"叶利公司"（Yip Lee & Co.），设在雪梨的市政市场（Municipal Markets）里，生意做得相当的不错。[③]只是此后再找不到与其相关的档案资料。但因上述两家公司的市场表现都不俗，刘其叶当可继续经营。如果他继续留在这里的话，进入五十年代，澳大利亚对亚裔的移民政策逐渐松动，他定居下来并最后加入澳籍的可能性最大。

---

① EIN Soon：Nationality - Chinese：Date of Birth - 24 June 1912：Date of Arrival - 1938：Arrived per NANKING：Certificate Number - 3：Date of Issue - 29 September 1939：First registered at Ringwood [contains 1 black and white photograph]，NAA：B6531，LEFT COMMONWEALTH/1938 - 1945/ EIN SOON.

② Lin Wai Poy，Lee Minn Fong，Lew Tung Chun，Soon Ein，Charlie Goon Ung，Foo Man [also known as Yee Woo]，Fong Chick and 32 unknown Chinese [departed ex TAIPING from Thursday Island on 1 October 1941] [box 453]，NAA：SP42/1，C1941/6611.

③ 详见：William Wong - educational exemption certificate，NAA：A2998，1951/4197。

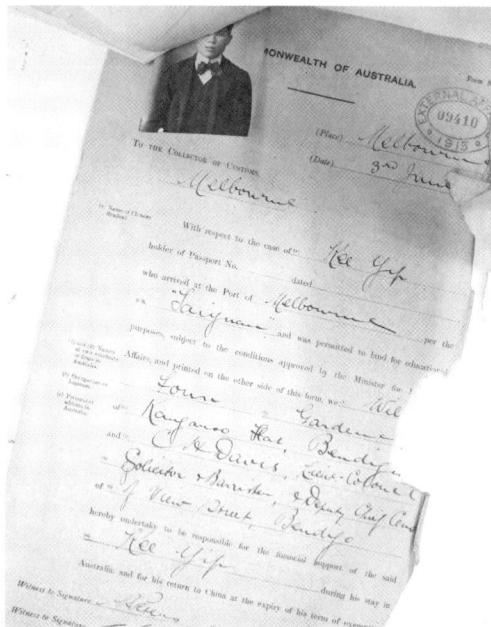

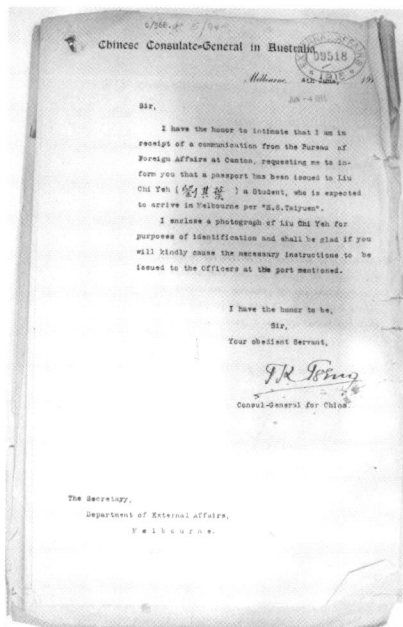

左为一九一五年六月三日，刘其叶抵达美利滨入境时填写的入境登记表。上面贴有他的一张照片；右为一九一五年六月四日，中国驻澳大利亚总领事曾宗鉴给外务部的公函，通告刘其叶持中国护照入澳留学事。

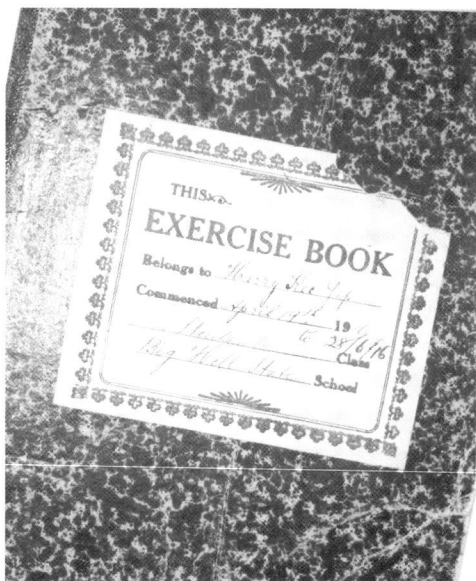

左为一九一六年刘其叶在大丘公立学校上学时的作业本；右为一九一六年在大丘公立学校上学时的刘其叶照片。

左为一九三九刘育文登记的外侨证；右为一九三九年刘传健登记的外侨证。

档案出处（澳大利亚国家档案馆档案宗卷号）：

H Kee Yip - Education exemption，NAA：A433，1946/2/1418

林文贵

广东

　　在一八八四年左右，Lum Tim Heung（林添会 [也写成Timothy Lum Tim Heung]）和Lum Chew（林就）兄弟俩就从中国广东省的家乡漂洋过海来到澳大利亚谋生，最终落脚于美利滨（Melbourne）。[①]在经过一番拼搏之后，兄弟俩在靠近唐人街（即小博街[Little Bourke Street]）的礼列立街（Latrobe Street）六十四号开设了一间家具行，名为豪兴号（Horp Hing），属于前店后厂式的家私作坊，有一定的客源，生意稳定。只是本文所据档案中没有说明他们具体来自哪个县邑，因而无法确认其籍贯。如果按照目前我们在档案中所看到的情况，当时位于美利滨城里唐人街及其附近的家具店大多是来自广东四邑的新宁（台山）人和新会人所经营，那么，他们兄弟俩应该是新宁人或者新会人；而且，在美利滨华人家具行里，也是林姓居多。[②]

　　一九〇六年十月十九日，林添会通过美利滨法律界著名的芬克、贝斯特与霍尔律师行（Fink，Best & Hall Solicitors）向澳大利亚外务部提出申请，

---

① 澳大利亚国家档案馆里找不到与林添会相匹配的宗卷，但有一份林就的宗卷，显示他出生于一八六八年。由此可以判断，他是在十六七岁时就漂洋过海来到澳洲发展。见：CHEW Lum：Nationality - Chinese：Date of Birth - 1868：First registered at Russell Street，Melbourne，NAA：MT269/1，VIC/CHINA/CHEW LUM。

② 比如，新宁(台山)县的林南(Lim Nam)和林立福(Lim Lip Fook)在美利滨开有林永和木铺(Lim Wing War)，见：Lum Jock Wah - student passport，NAA：A1，1929/1359；及Lim Yim NAU - Student passport，NAA：A1，1927/10132；还有新宁县的赵扶(Chew Foo)所经营的枝隆木铺(Chee Lung & Co.)和伍于根(Yee Kin)设立的广和号木铺(Kwong Wah)，见：Chew Ning - Students Passport，NAA：A1，1929/7426;及Ung Hue Yen (Willie Kim) Students passport，NAA：A1，1931/7430。

谓林添会近期已经向海关部门申请到了回头纸，要回返中国探亲，希望在结束探亲回澳时，顺便将其侄儿亦即林就的儿子Lum Wen Khoey（林文贵，译音[也写成是Lum Wun Khoey]）带来美利滨留学；他推算起来，认为侄子林文贵此时虚岁为十二岁（实则出生日期为一八九六年十二月九日[1]），计划让他来此读五年书，接受必要的英语教育，学习西方知识。为此，他本人愿意担当侄儿的监护人和财务保证人，负担其在澳留学期间的所有费用，希望外务部批准并核发其入境签证。因该律师行名气大，是由十九世纪末便在澳大利亚政坛和法律界颇具名望的罗伯特·华莱士·贝斯特爵士（Sir Robert Wallace Best）所创，[2]该行的意见在政府中极具影响力，且在申请函中也特别强调林氏兄弟为人正派，经商有道，最主要的是他们兄弟俩业已皈依基督教，受洗为信徒，是值得信赖和应该予以扶持的商家。由是之故，外务部秘书接到申请后，立即发文到海关，请其将豪兴号家具店的经营情况以及林氏哥俩的经济状况及操行评估尽快报上来，以便外务部长决定批复与否。在本宗卷里，没有看到海关呈交上来的报告，但相信外务部秘书在几天后就获得了满意的结果，因而在十月二十四日便回函芬克、贝斯特与霍尔律师行，表示外务部长批复了上述申请，准允林文贵前来澳洲留学，先给予他一年签证，然后可年复　年地申请展签，直到五年期满。为此，他要求该律师行安排林氏兄弟向海关缴纳一百镑保证金。

　　事情来得如此顺利，芬克、贝斯特与霍尔律师行立即将结果通知了客户。林就和林添会自然不会怠慢，很快就按照要求向海关缴纳了保证金，然后也通过他们在香港的金山庄为林文贵安排好了出国文件和船票。过了大半年之后，待诸事安排停当，这位小留学生便由家人送到香港，搭乘由这里出发驶往澳大利亚的"奄派"（Empire）号轮船，于一九〇七年八月二十二日

---

① LUM Wen Khoey：Nationality - Chinese：Date of Birth - 9 December 1896：Arrived per EMPIRE on 22 August 1907：First registered at Russell Street Melbourne，NAA：MT269/1，VIC/CHINA/LUM WEN K.

② Norma Marshall，'Best，Sir Robert Wallace (1856–1946)'，*Australian Dictionary of Biography*，National Centre of Biography，Australian National University，http://adb.anu.edu.au/biography/best-sir-robert-wallace-5225/text8793，published first in hardcopy 1979，accessed online 4 October 2019.

抵达美利滨，住进父亲经营的家具行里。

林就把儿子从中国接来读书，自然是想让他进入一间名声好教学质量高的学校，由是，位于美利滨城东山（East Hill）的圣匹书馆（St. Peter's School）便成为首选。自此，林文贵便一直在这间天主教主办的学校读书，前后长达三年半之久。每次书馆校长在给外务部提交例行报告时，都表示这位中国留学生正常出勤，学习认真，学业优异。但是，到一九一一年新学年开始，林文贵突然就于当年二月转学去了另一家颇具声望的名校——考飞文法学校（Caulfield Grammar School）念书。几个月之后，外务部方才得知消息，对林文贵不预先知会当局便擅自转校的做法非常不满，指示海关向其监护人申明违规的后果，要求对此行为做出解释。林添会向海关表示，因他们兄弟俩英文不好，并不知道转学还需要经过先报备后批复的程序，只是想着如何给予孩子最好的教育，而考飞文法学校的学费也不菲，包括住校的食宿等费用，每学期高达十六镑十六先令，尽管如此，他们还是将林文贵转学到上述学校，想让这孩子在最好的学习环境中接受教育，以利将来发展。对此，他们对没有事先知会外务部表达诚恳的道歉，并表示此后行事定当遵守规定。外务部充分评估了此事，并且从校方得到满意的报告，于是在关注此事半年之后，最终于一九一二年年初正式批准其转学。当然，此时林文贵已经在该校读了一年，并且是住校生，学习和生活都受到严格的训练和管理，他在这里的表现也一仍其旧，令人满意。

到一九一二年八月，林文贵的五年留学期限即将届满。就在当年上半年外务部对是否延续他的签证尚在犹豫之中时，四月二十五日，考飞文法学校校长班廷（W. M. Buntine）先生便致函外务部秘书。他在信中表示，自去年进校以来，这位中国青年学习刻苦，与班上同学相处甚为融洽，学业与操行等各方面都很优秀，如能再给他五年时间，让他完成在此间的学业，这对他日后无论做什么事情，皆有极大助益。为此，他希望外务部秘书认真考虑此建议，帮助这位中国留学生。在此之后，芬克、贝斯特与霍尔律师行也再次接受委托，于五月十五日正式向外务部秘书提交了额外的五年展签申请。申请函表示，迄今为止，林文贵无论是在此前的圣匹书馆抑或现在的考飞文法学校,都是表现良好、学业优秀;其父也非常希望,在其完成考飞文法学校的课程后能让他有机会进入大学读书,最终获得一个文科方面的高等教育学位文凭,这不仅可以让其光宗耀祖,更可以为他日后进入社会任职甚或自己创业创造更好的条件。为此,希望外务部为其能继续留学,再给予五年的展签。外务部秘书将此申请发给几位主管官员提供意见,得到的都是正面反馈,遂报外务部长批准。五月二十九日,外务部批复了上述申请,条件还是和五年前一样,需要林文贵年复一年地申请展签。

在考飞文法学校住校两年半之后,从一九一三年中开始,林文贵成为走读生。次年,他顺利地通过了初中毕业考试;在余下的两年时间里,他的高中课程也都基本上全部完成。虽然在一九一六年时,他的伯父林添会因病去世,父亲也患病卧床,他不得不请假在家看护并同时兼顾照料家具店的生意,但他的成绩未受到多大影响,依然顺利地完成了所有高中课程。此时,他只剩下一年的预科课程,就可以进入大学攻读其心仪的工程学位,而不是父亲所盼望的文科学位。

上一次的五年留学签证展延将在一九一七年八月届满,如果林文贵在读完一半预科课程后提出申请,要求进一步展签,也是顺理成章的事。可是进入这一年之后,林就的身体健康状况仍然堪虞,时好时坏,遂在年初便决定回国探亲,并且希望儿子跟着一起回去,毕竟他也出国留学近十年,从出国时的一个毛头小孩,长成了现在二十一岁的大小伙子了。可是,按照预定方案,他此时还需要去读预科,次年再上大学,而上一次申请获得的签证很快就要到期,还需要申请展签才能继续此后的学业。为此,一九一七年二月二十六日,芬克、贝斯特与霍尔律师行再次作为代理,致函外务部秘书,将林就目前的情况与打算和盘托出,也引援考飞文法学校校长对林文贵的极佳评价,为后者向外务部申请另外的五年留学签证展延;同时,鉴于林就近期要携带儿子一起回国探亲,也同时申请林文贵结束中国探亲之后重返澳大利亚读书的再入境签证。这一次,还是跟前两次一样,外务部秘书很快就复函。三月一日,他告知律师行,批准林文贵的另外五年留学签证,林文贵在重返澳大利亚时,只要先期获得中国政府所签发的留学护照,就可以获得入境签证,因为外务部已将此决定通知海关备案。

由于有上述著名律师行的协助申请和安排，林就父子的出入境手续办理得相当顺利。待诸事办妥，一九一七年四月二十日，林文贵便偕同父亲林就一起去到美利滨港口，登上来往日本与澳大利亚两地的日本轮船"丹后丸"（Tango Maru），驶往香港，转道回国。

林文贵档案到此中止。在澳大利亚国家档案馆里，再找不到他此后入境澳洲的任何信息。很有可能，因回国后形势发生了很大变化，他也就改变了主意，留在国内或者是去到香港发展。

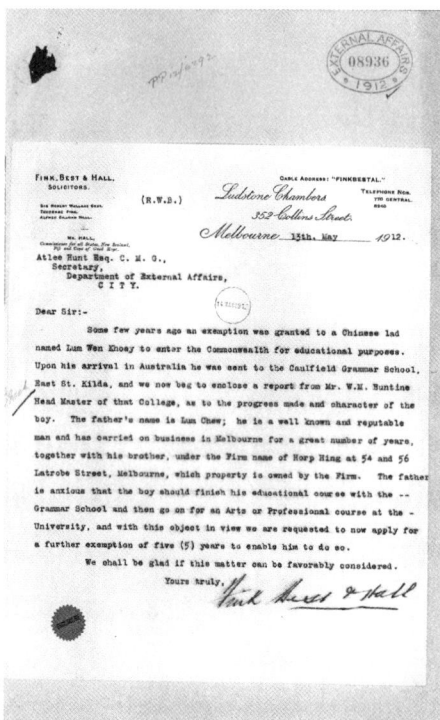

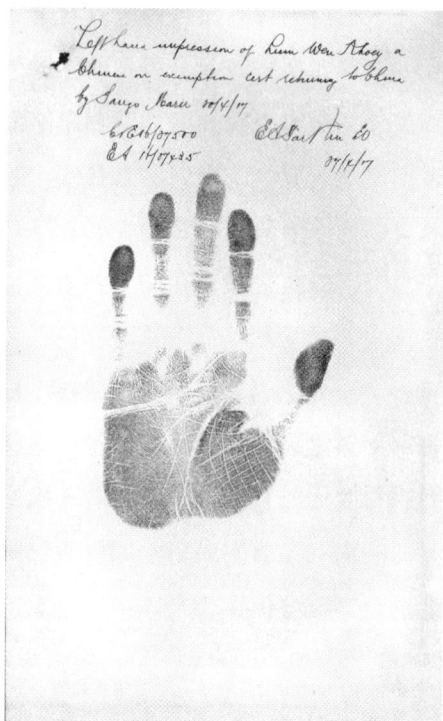

左为一九一二年五月十五日芬克、贝斯特与霍尔律师行给外务部秘书的信，申请林文贵展签五年，继续留在澳大利亚留学，完成中学课程；右为一九一七年四月二十日林文贵回国探亲，在出境时于美利滨海关留下的手印。

档案出处（澳大利亚国家档案馆档案宗卷号）：

Lum Wen Khoey Ex. Cert. Exemption Certificate，NAA：A1，1917/9644

陈 培

广东

陈和（Chun Wah，或写作Ah Wah［亚和，音译］）生于一八七三年六月二十八日，[①]档案中只写着他是广东人，具体籍贯未予说明。其父名叫陈新祥（Chun Sun Cheong），在他出生五年之后，便在一八七八年左右从广东家乡跨越重洋，前往澳大利亚谋生。陈新祥最终定居于昆士兰省（Queensland）北部地区的者利顿埠（Geraldton），在此开设有一家商铺，并拥有一个甘蔗种植园，二者都在其注册的公司"新祥盛号"（Sun Cheong Sing）名下。陈和长大成人后，听从父亲召唤，在一八九七年从广东家乡来到者利顿埠，加入父亲的商号中工作。可能是经商有道吧，不久后，他也在此另开了一间商铺，并且也购置了一家甘蔗种植园，取名为"南生隆号"（Nam Sang Loong）；[②]此外，他还从昆士兰南下，去到美利滨埠（Melbourne）设立了一间商号，名为"均鸿祥号"（Guan Hong Cheong）；与此同时，他还在昆士兰的中北部重镇汤士威炉埠（Townsville）另开了一间商铺，店名与者利顿埠所开的那间相同。陈和在昆士兰的两间商铺的价值及货品加起来有三千

---

① 在本宗卷档案里，陈和于一九〇三年向外务部申请成为澳大利亚长期居民时，曾声称自己是一八七四年六月二十八日出生，嗣后申请被拒；一九〇四年年初他再次提交申请时，便将其出生日期改为一八七三年六月二十六日，经审核后，外务部最终于同年三月十六日批准他成为澳大利亚长期居民。

② 一九〇五年，澳大利亚各埠华侨投入拒约运动，踊跃捐款，南生隆号也积极参与捐款。见"澳洲拒约"，载雪梨《东华报》(Tung Wah Times)，一九〇五年十二月三十日，第五版。

镑，甘蔗园如果收获的话，则有四千镑。如此看来，他算得上是有一定的身家了。

按照当时的中国习俗，陈和在二十岁出头时便已在家乡结婚，婚后的第二年（即一八九四年）便育有一子；而在三年后，即他赴澳发展的那一年（即一八九七年），另一个儿子陈培（Chun Poy）也在其入澳后出生。一九〇三年十月，因妻子在家乡染病不治身亡，遗下两个儿子在乡，陈和便想回乡探亲，看望和抚养儿子。为此，他便以在澳居住了一段时间并且生意发展不错为由，向澳大利亚外务部申请成为长期居民，以便获得批复后好回乡探亲。但因其所填入澳年份混乱和其他材料不足，申请被拒。到次年二月，陈和补充材料之后再重新申请，并获当地名人出具证明力挺，于三月十六日获准成为澳大利亚长期居民。于是，拿着新签发的长期居民证书及两年有效期的回头纸，陈和立即购买船票，返回中国。①只是他回到中国后，长子也染病死去，只剩下次子陈培。于是，他便在家乡住了下来，一边在当地经商做事，一边自行抚养次子读书，就这样转眼过去了四年。

一九〇八年九月七日，陈和带着儿子陈培搭乘从香港起航的"衣时顿"（Eastern）号轮船，抵达昆士兰的首府庇厘士彬埠（Brisbane），准备入境，其目的是想给已经十一岁的儿子提供一个良好的教育环境。但是，令陈和没有想到的是，海关以其回头纸过期而拒绝他本人在此登陆，而让该船直接将其载至雪梨（Sydney），在那里再由外务部和海关对其进行甄别处理。而在庇厘士彬港口停靠时，为了不让儿子跟着自己一起再受困于船上及海关，鉴于他有一个堂哥陈芳派（Fong Pie）正好在此埠开设一家果栏，②故陈和便通过海关通知其堂哥前来，代其办理相关手续（因陈培入关时使用的是另一个具有永久居留权而回国探亲的华人小孩的出生纸，得以通关），获得海关同意其子陈培临时登陆入境，然后将这个孩子带走，暂时代为照管，再等待外

---

① Chun Wah [known as Ah Wah] of Geraldton [Innisfail]，Qld - birthplace：Canton，China - departed Geraldton [Innisfail]，Queensland on the Empire 5 April 1904，NAA：J2482，1904/66.

② Certificate Exempting from Dictation Test (CEDT) - Name：Fong Pie - Nationality：Chinese - Birthplace：Canton - departed for China per EASTERN on 18 February 1910，returned to Brisbane per EMPIRE on 14 July 1912，NAA：J2483，39/18.

务部决定是否批复他的入境签证。

到了雪梨，陈和写信给外务部申诉其回头纸的有效性。他在申诉信中表示，一九〇四年三月所拿到的长期居民证书上并没有写明他出境可以滞留的期限，而且当时也向海关特别说明他在家乡有两个儿子。回国一年后，因考虑到在外滞留的期限问题，他还特别写信给在者利顿埠的朋友谭仕沛（See Poy），代为咨询此事，①通过后者与当地海关确认，获知他本人还可以在海外再多待上三年。有鉴于此，他才在家乡滞留如此长的时间，主要原因是此间已经没有人可以照顾其仅存的次子（长子此时已夭折），而他作为父亲又不能不管儿子。在其滞留中国期间，陈和的商铺和种植园由他的胞兄Woong Loong（秋良，译音）代为照管；一九〇七年九月其胞兄回国探亲后，②上述生意则由其商铺经理Chan Fan（陈还，译音）接手管理。原本陈和在胞兄回国后便想将儿子陈培托付给他照料几年，自己则准备返回昆士兰经营生意，但因种种原因未能如愿。到今年上半年，陈还写信给陈和，希望他立即返回昆士兰，因为下一个的甘蔗收获季节即将到来，他必须要回来亲自处理与此相关的事务。因此，他便在八月份赶到香港，搭乘"衣时顿"号轮船返回。雪梨海关通过与昆士兰的者利顿埠海关人员沟通，核对了陈和的回头纸和延签申请备件以及此前谭仕沛与海关之间来往信件之后，确认了他的身份，允许他在雪梨入境。因此，一个星期后，他便从雪梨返回到了庇厘士彬。

但此时陈和还需面对另一个问题，即其子陈培的入境是冒用他人的回头纸。如果坐实了冒用就属于犯罪，陈培就会被递解出境。在陈芳派将陈培办理好临时入关手续引领出来后，海关通过调查和比对，发现陈培入关时所使

---

① 谭仕沛是广东省南海县鳌头堡杏市墟梧村乡人，生于一八六三年，十九世纪八十年代便从家乡来到澳大利亚发展。见：Correspondence relating to the issue of Certificate of Exemption from the Dictation Test [CEDT] for Herbert See Poy - true copy of birth certificate with photographs and thumbprints - born 12 December 1896 at Geraldton，Queensland - Father：Tom See Poy - Mother：Chum，formerly Han - siblimgs：Awing，May，Ida，Johnstone Tom and Gilbert，NAA：J3115，156。

② Certificate Exempting from Dictation Test (CEDT) - Name：Woong Loong - Nationality：Chinese - Birthplace：Canton - departed for China per NIKKO MARU on 16 September 1907，returned to Townsville per NIKKO MARU on 6 December 1912，NAA：J3136，1906/166.

用的出生纸属于从广东来的华商Leong Lung Hing（梁隆庆，译音）的小儿子Edward Donald Leong。梁隆庆出生于一八六〇年，十九世纪八十年代初便来到庇厘士彬埠，然后在此经商，一直从事果栏生意。[1]事业小成后，于一八九〇年回国与Fan Yong（芬蓉，译音）结婚，婚后便将其带来澳洲一起生活，[2]在庇厘士彬为他生育了四个孩子；一九〇五年，梁隆庆带领全家回国探亲。陈培所用的出生纸，便属于梁隆庆的小儿子，一八九九年出生。因两人的出生时间相差不足两年，从外表上不太容易看得出来年龄上的差别。

由是，回到庇厘士彬的陈和，立即向外务部陈述，辩称其子陈培只是借用其出生纸购买船票而已，并非冒用。他在给外务部长的申诉信中表示，当他接到陈还来信准备返回昆士兰时，因不放心将儿子陈培一人留在国内，便决定将其一起带来昆士兰，希望儿子去到那里读书，待其年纪再大一些，哪怕届时澳大利亚政府不允其留下来而不得不回国，儿子也能自己照顾自己了。可是在香港购票时，船务公司以其没有身份为由，并不卖票给他儿子。走投无路之下，陈和去到香港的一间兼办金山庄业务的洋行，将自己的遭遇和愿望一一告知，讨教解决之道。洋行表示，只要花一点钱，借用一下别人的出生纸，便可从船务公司购买一张船票。但需要在甫入澳大利亚海关便向其坦承此种做法，然后再补请入境签证。陈和认为可行，随后之一切便按部就班地进行。当"衣时顿"号轮船抵达澳大利亚水域第一道海关珍珠埠（Thursday Island）时，陈和便已将此事告知了上船检查的当地海关官员备案；而他本来是准备在汤士威炉埠下船登陆的，但为了更好地向昆士兰省海关总部解释此事，他才一直随船航抵庇厘士彬。只是因为在这里事情发生变化，即他本人的回头纸有效期受到质疑，他才被随船送到雪梨，从而未能第一时间向海关详细陈述此事之来龙去脉。对此，他本人自认为并没有做错什么，所有的一切都是围绕着如何照顾自己的儿子这一点进行的；而唯一可以

---

[1] Leong Lung Hing - of Brisbane，Queensland - birthplace：Canton，China - departed Brisbane，Queensland on the Australian 26 May 1905，NAA：J2482，1905/101.

[2] Fan Yong Leong [wife of Leong Lung Hing] - of Brisbane，Queensland - birthplace：Canton，China - departed Brisbane，Queensland on the Australian 26 May 1905，NAA：J2482，1905/102.

诟病的是，自己未能及时在庇厘士彬解释清楚此事，但当局可以调查其本人确实已经陈述在先，因而此事不能作为冒用对待。为此，他特别向外务部长请求，即便其子最终不能留在澳大利亚，也希望能让他在此读几年书，由他这位父亲再照看若干年，待其稍稍长大些，再让他回返中国家乡。为此，他愿意配合海关缴纳所需的保证金，只求得能让其子获得正式的入境签证。

经过一番听证及咨询，澄清了陈培与其所持之梁隆庆之子的出生纸之间的复杂关系，外务部长最终还是以同情之心，于当年十二月五日决定，正式批复陈培的入境签证申请，给予其一年有效的入境留学签证，从其入境之日起算，到期可以申请展签，但也向陈和明确表示，陈培不能在澳大利亚长期居留。而陈和为此需向海关缴纳一笔保证金，总额是一百镑。一番折腾，化解了两场危机，陈和自然十分高兴，对上述要求一一照办。

于是，陈和便为儿子陈培在者利顿公立学校（Geraldton State School）注册，让他就近入读这间学校。一九一〇年之后，者利顿埠改名为烟厘时非炉埠（Innisfail），学校也随之改为烟厘时非炉公立学校（Innisfail State School）。因赴澳前未曾学过英语，陈培只能以十一岁的年纪跟当地五至六岁的小学一年级学生同班，从头学起。经过两年左右的时间，他才慢慢地适应了澳大利亚的学习环境。从一九一二年起，他因英语进步，也给自己取了一个英文名，叫做佐治（George），在这间学校表现良好，直到一九一三年年底，就读三年级课程。

就在一九一三年的年中，陈和对儿子的学习有了新的安排。他跟烟厘时非炉公立学校校长表示，明年就将儿子转往美利滨的苏格兰书院（Scotch College）读书，希望让他在那里再读三年书，即完成小学课程并就读中学课程，并且也联络好了该埠唐人街的"新裕利号"商行（Sun Yee Lee）的股东作为儿子的监护人和提供寄居处。为此，外务部在接到校长的报告后，对上述信息进行了核查，也对"新裕利号"商行的运营和口碑作了一番了解，随后对此转学安排表示了认可。但到一九一四年年初新学年开学后，外务部了解到，有鉴于今年底儿子陈培就可以在烟厘时非炉公立学校读完小学四年级第一学期的课程，陈和打算从明年开始才将儿子送到美利滨的苏格兰书院念书。为此，他本人先行回国探亲，①将儿子陈培托付给胞兄照管，亦即由其兄陈秋良兼充陈培的监护人。于是，陈培便在烟厘时非炉公立学校继续读完余下的小学课程，顺利进入五年级。

可是，就在陈培即将完成小学五年级课程，打算在一九一五年年初便前往美利滨就读苏格兰书院之时，原先应承在那里担当其监护人的"新裕利号"股东因要回国探亲，如此一来，陈培如果要去美利滨的话，就没有了监护人，而仍然身在中国的陈和也不放心他去那里，便决定让他继续留在当地，仍然在烟厘时非炉公立学校入读中学课程。为此，陈和便通过其胞兄，于一九一四年十月份致函外务部，对此事的最新进展和变更予以说明，并同时为陈培申请展签。虽然此前外务部对陈培的在澳接受教育一事大开绿灯，也同意其转学前往美利滨，但这一次接到陈培的展签申请后，态度却完全不一样。外务部认为，既然"新裕利号"股东无法充当监护人，也就意味着此前陈和对儿子转学的安排作废，而外务部并没有继续保留陈培在烟厘时非炉公立学校的学位，故于十一月十六日决定，不能再核发给陈培展签，但可以让他滞留到明年的三月三十一日。当然，外务部表示，鉴于陈培已经年满十六岁，到年底该学期也将结束，自然是越早离境越好。

对于这样的结果，此时仍然身在中国家乡的陈和感到很无奈。但烟厘时非炉公立学校校长却跳了出来，抱打不平。他因在过去六年的时间里一直看着这个中国来的男孩一步步地成长起来，即从一个英文字母都不识到逐渐适应这里的学习环境，并只差半年就可以完成五年级课程，觉得此时让陈培离境回国很不公平。于是，当年十二月十二日，他致函昆士兰省海关总监，希望后者向外务部陈情，让陈培再多待一年，完成余下的课程，这样有利于这位中国青年日后人生的发展。与此同时，当地基督教会的两位牧师也为陈培能留下来继续读书分别致函外务部长，希望他改变主意，帮助这位中国学生。但这一切的努力，都未能使外务部长改变决定。

---

① Certificate Exempting from Dictation Test (CEDT) - Name：Gertrude Chun Wah (of Innisfail) - Nationality：Chinese - Birthplace：Canton - departed for China per KUMANO MARU on 26 January 1914，NAA：J2483，135/1.

在进一步申诉无效以及各方努力失败的情况下，就只有尽快离境一途了。一九一五年一月一日，陈培告别了伯父，前往汤士威炉埠，登上路过该港的日本轮船"日立丸"（Hitachi Maru），驶往香港回国，结束了在澳大利亚六年的留学生涯。

陈培的留学档案到此中止。此后在澳大利亚档案馆里，无法查阅到他入境澳大利亚的记录。

左为一九〇八年九月七日，在庇厘士彬入境时，陈培提供给海关的照片；右为一九〇四年三月三十一日，陈和从汤士威炉埠离境回国探亲时，提供给海关的照片及在离境卡上所摁手印。

一九〇八年九月七日，陈培使用属于从广东来的华商Leong Lung Hing（梁隆庆，译音）的小儿子Edward Donald Leong的出生纸（具有永久居留权），购买"衣时顿"号轮船船票，随父前来澳大利亚，在庇厘士彬埠得以通关入境。

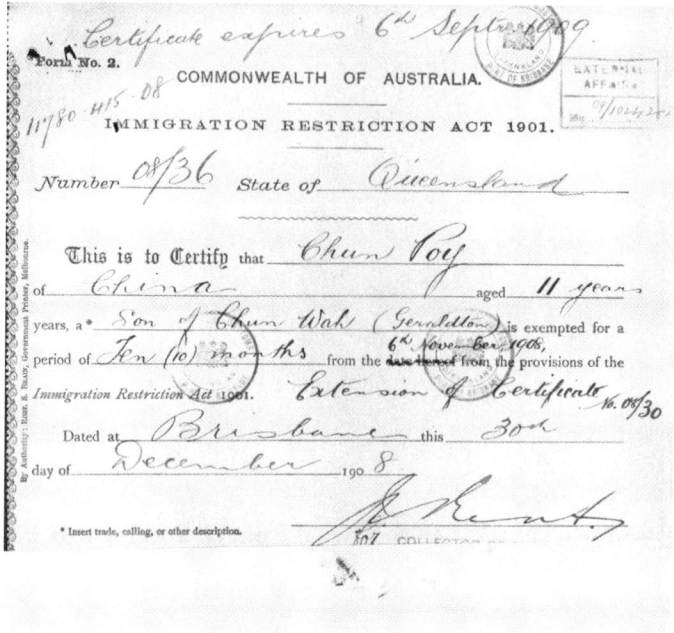

　　一九〇八年十二月三十日，昆士兰海关给陈培核发的一年期有效的免试纸，等同于他的留学签证。

档案出处（澳大利亚国家档案馆档案宗卷号）：

Chun Poy - Extension Certificate，NAA：A1，1915/15611

蔡 平

广东

　　蔡平（Choy Ping或者Choy Wai[蔡惠]），大约出生于一八九七年，具体月份和日期不详。[1]他的父亲名叫Choy Too（蔡图，译音），[2]在一八九〇

---

① 此处的"蔡平"是根据译音而来。在广府话中，根据译音，Choy可对应为"蔡"。Ping则有不同对应的字，可以是"平"，例如二十世纪二十年代末从广东省台山县赴澳留学的陈启平(Kay Ping)，详见：Ping, Kay - Student passport，NAA：A1，1928/8910；也可以是"炳"，例如二十世纪二十年代初从台山县赴澳留学的伍华炳(Ng Wah Ping)和从香山(中山)县赴澳留学的李炳光(Ping Kwong)，详见：Ping, Kay - Student passport，NAA：A1，1928/8910和Ping Kwong Lee Canton Students Passport，NAA：A1，1922/22737；或者也可以是"秉"，比如二十世纪二十年代初从香山县赴澳留学的缪国秉(Mow Kock Ping)，详见：Mow Kock PING - Students passport，NAA：A1，1927/12462。之所以在这里根据读音选择"平"作为其名，在于他此后还使用另外一个名字Choy Wai。此处的Wai，按照广府话发音，通常可以对应的字是"慧"或"惠"，比如二十世纪三十年代从台山县赴澳留学的彭慧贞(Pang Wai Ching)和来自中山县的刘惠光(Lowe Wai Gong)及来自香港的梁惠标(Wai Piu Leong)，见PANG, Wai Ching [Nancy Pang] - Student exemption certificate，NAA：A433，1940/2/841；Lowe Wai Gong - Students Passport，NAA：A1，1938/539和Wai Piu Leong - Student [0.5cm]，NAA：A433，1950/2/1049；也可以是"槐"，比如二十世纪二十年代从台山县赴澳留学的邝锡槐(Fong Sik Wai)，见Wai, Fong Sik- Chinese student passport，NAA：A1，1926/988；或者也可以是"伟"或"威"，例如二十世纪三十到四十年代从中山县赴澳留学的杨柏伟(Young Bark Wai[Robin Young])和布德威(Po Tak Wai)，见Young, Robin - Student exemption [0.5cm]，NAA：A433，1947/2/1826和Po Tak Wai - Student's Passport，NAA：A1，1933/256。根据上面几个不同对应的字来看，Wai是"惠"字的可能性最大，因其与"平"字意思相近。为此，根据译音，本文将其姓名还原为"蔡平"，又名"蔡惠"。此外，蔡平的出生年份定在一八九七年，也是根据档案中在一九一〇年时称其年方十三岁而推算出来的，据此，其精确度相差一年。

② 二十世纪二十年代，广东省高要县有一名叫李瑞图(Lee Shoy Too)的学生赴澳留学。故根据广府话发音，将Choy Too对应还原为"蔡图"。见：Too, Lee Shoy – Education，NAA：A1，1926/3851。但澳大利亚国家档案馆中无法查找到与此名字相关的宗卷，故对蔡图的情况，只能根据现有的蔡平档案略知一二。

年左右便与同胞兄弟蔡容（Choy Young）[1]一起从广东家乡来到澳大利亚发展，落脚于雪梨（Sydney）。自一九〇〇年左右开始，他们哥俩合股在亚力山打滑（Alexandria）区附近开设一肉店，所营产品主要供应当地华人社区。至于蔡图和蔡容是何县人氏，因档案中没有涉及，不得而知。根据已经从澳大利亚国家档案馆中查阅到的六百多份涉及二十世纪上半期从中国广东赴澳留学生宗卷，其中所出现的蔡姓学生来源地分别是新宁（台山）、香山（中山）、增城和高要，以及当时粤人赴澳基本上是宗亲或同村乡人抱团式发展的情况来看，本文主人公的籍贯也极可能是上述县邑之一。

一九一〇年十一月十六日，蔡图致函澳大利亚外务部，为十三岁的儿子申请赴澳留学，打算让他进入和打噜公立学校（Waterloo Public School）读书，为期三年，希望能为他核发入境签证。外务部受理后，通过海关及当地警察派出所了解到，蔡图的上述情况与在澳发展属实，虽然得知其生意不算大，但也财务自主，而且为人和善，与邻里关系融洽，也能配合警务部门处理突发事情，认为其申请尚属合情合理。于是，一九一一年一月五日，外务部长批复了这一申请，同意核发蔡平三年留学签证，但一次只能给予十二个月的期限，到期可再续签。在中国家乡的蔡平接到父亲转来的签证通知后，通过香港金山庄办理好相关出国文件后，很快便去到香港，在此搭乘驶往澳大利亚的班轮"奄派"（Empire）号，于当年五月二十四日抵达雪梨。海关因有外务部批件备份，故让其顺利入关，并当场为其核发了十二个月的留学签证。

十四岁的蔡平在父亲的肉店安顿下来，便按照父亲的安排，立即注册入读和打噜公立学校。根据学校的报告，蔡平按时去到学校上课，基本上出满

---

[1] Choy，Young [Chinese - arrived Brisbane (or Sydney) per Brisbane in 1877] [Box 4]，NAA：SP605/10，324。看起来蔡容应该是蔡图的兄长，早在一八七七年便已来到雪梨谋生。如果对应得上，此处的蔡容应该是雪梨泰来号的经理，亦即广东省高要县人。如此看来，蔡图应该是此后从家乡前来投奔在雪梨经商的兄长。在一九一三年澳洲鸟修威雪梨中华商务总会第一届董事会的董事名单中，有蔡容之名在册，是泰来号司理，高要县人。见："雪梨中华商会职员履历册"，藏Chinese Chamber of Commerce of New South Wales，Noel Butlin Archives Centre，Open Research Library，Australian National University，https://openresearch-repository.anu.edu.au/handle/1885/11483。

全勤，各方面表现都令人满意，学习也很勤奋。但鉴于他此前并没有学过英语，进入这间学校读英语就有些吃力，主要是他与其他同学之间的年龄差距较大，沟通上有些困难。为此，学校特别延请教师对其进行英语强化补习，上夜校，加强学习，以期让他尽快跟上教学进度。他以这样日夜加倍的课程量及本身刻苦用功，到一九一二年年底，其英语能力就有了很大的提高。

从一九一三年新学年开始，蔡平转学到位于玫瑰湾（Rose Bay）的诗可词书院（Scots College）读书。由于蔡平是自行转学，事前没有向外务部请示获准，故当后者从和打噜公立学校校长的例行报告中得知此事后，大为不满，通知海关找到蔡图，对其不守规矩提出严厉批评，并警告说，如果下次再如此自行其是，外务部就取消蔡平的留学签证。有了这样的教训，以后蔡平就对此特别留意。当在这里读了不到一个学期，准备从六月份开始转学到位于雪梨城里的斯多德与霍尔斯商学院（Stott & Hoare's Business College）时，他就先向外务部请示获得批复，然后再转学。蔡平从六月十日转学进入上述商学院，主要目的是修读英语的精读和写作课程。他在这里一直读到年底，商学院对他的评价是：学习认真，各方面表现令人满意。

或许是在商学院的学习过程中提高了英语能力，到一九一四年新学年开始，蔡平再次转学，进入位于杜里奇希区（Dulwich Hill）的三一文法学校（Trinity Grammar School）就读，成为住校生。该校一九一三年年初才由圣公会主教设立，但因校规严、生源素质好而很快声名鹊起，吸引了大量高素质的学生入读，蔡平便慕名而来。在这里，蔡平同样是获得好评，每学期无论学业还是操行都获评优秀。到一九一五年新学年开学后不久，眼见得又快要到例行申请留学签证展延的时候了。此前他的父亲蔡图为其申请留学时曾表示，只需给他三年的时间，便可让他在此完成相关的课程；可是到现在已经超过了三年，因此前话说得太满，蔡图不知道如何再开口申请展签。因蔡平在三一文法学校表现优异，学校也非常希望他能在此读完中学课程，校方便代其向外务部提出展签申请。四月十二日，外务部长批复了申请。由是，蔡平继续在这间学校里读完了这一年的课程。

一九一六年一月二十九日，完成了在三一文法学校一年选修课程的蔡平，告别了父亲，结束在澳大利亚约四年半的留学生涯，在雪梨港口登上驶往香港的"山亚班士"（St. Albans）号轮船，返回中国。这一年十九岁的蔡平，风华正茂，回国后他可以继续进入大学读书，也可以挟其中、英文的双语优势，进入职场，开展自己的人生事业。

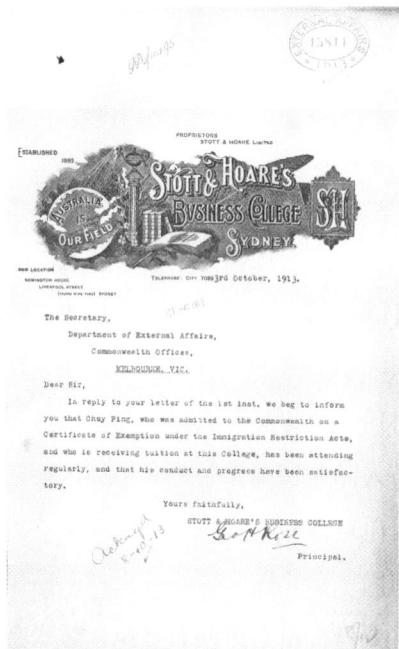

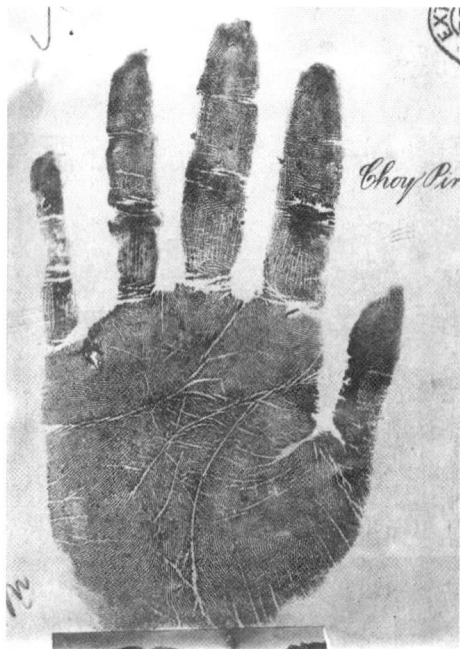

左为一九一三年十月三日，斯多德与霍尔斯商学院提交给外务部有关蔡平在校表现的报告；右为一九一一年五月二十四日，蔡平抵达雪梨入关时所摁手印。

档案出处（澳大利亚国家档案馆档案宗卷号）：

Choy Wai - Exemption Certificate，NAA：A1，1916/11357

刘亚峰

广东

Law Moon（刘文，译音），广东人，在一八九〇年左右便从家乡来到澳大利亚发展，从美利滨（Melbourne）登陆入境，随后慢慢地在这个大埠立下了脚跟。一九〇五年之前，他主要充任菜农，在布莱顿区（Brighton）经营管理一个菜园，雇有五个长工；与此同时，他也做街市摆摊，售卖自产蔬果，其财产价值超过一千镑。此后，他将积蓄投得美利滨唐人街（即小博街[Little Bourke Street]）上的一间物业，开设一间杂货铺，当起店主，但档案中未有提及其店名。无论如何，档案文件显示，他在财务上比较自主。当时在美利滨发展的华人，以四邑地区各县人氏为主，因本宗卷档案里没有提到刘文的具体籍贯，只能大致推测，他极有可能也是来自四邑。

在澳大利亚打拼多年后，刘文获得了永久居住资格，手中也有了一些积蓄。为此，他从一八九五年之后的十余年间，得以回国探亲三次，娶妻生子，Ah Fong（亚峰，译音）便是他在国内所生的四个子女之一，出生于一八九八年。为了让家人更好地生活，他在一九〇七年那次探亲结束前，还把家小都安置到了香港。到一九〇九年，刘文认为儿子已经十一岁，应该让他来澳大利亚读几年书，学习英语，也学习西方文化知识，为其将来的人生打下一个好的基础。经一番准备，他便委托美利滨著名的芬克、贝斯特与霍尔律师行（Fink，Best & Hall Solicitors）作为代理，为儿子刘亚峰来澳留学申请入境签证。

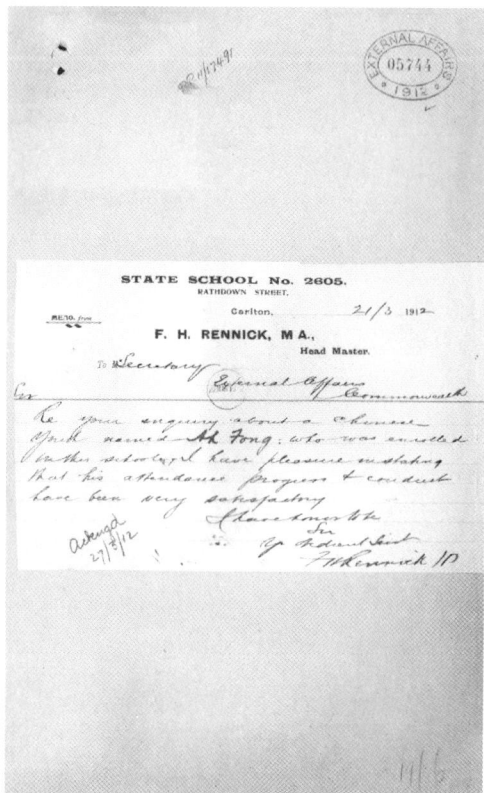

一九一二年三月二十一日，末士准士学校校长提供给外务部的例行报告，显示刘亚峰在校表现及学业皆令人满意。

芬克、贝斯特与霍尔律师行准备好相关材料之后，便于一九〇九年十一月三十日致函澳大利亚外务部秘书，为刘亚峰请领留学签证，希望能让这位中国少年在此留学三年，入读位于美利滨城里的圣匹书馆（St. Peter's School）。在受理上述申请后，通过海关，外务部了解到刘文的商务经营情况及财政状态，显示出其完全可以支付得起儿子来澳的全部相关费用；此外，也从警察局了解到刘文属于奉公守法的市民，经商有道，邻里关系融洽。所有这些都显示，刘文符合监护人和财政担保人的条件。于是，一九一〇年一月十三日，外务部批复了这一申请，给予刘亚峰三年留学签证。

刘文接到外务部的批复后，随即通知在香港的家人，嘱其为儿子赴澳留学做好准备。同时，他也通过香港的金山庄，请其具体负责张罗儿子亚峰赴澳留学的出国文件，并安排船期和旅途中的监护人等事宜。待诸事安排妥当，十二岁的刘亚峰便于同年五月二十二日搭乘来往于香港和澳大利亚之间的"依时顿"（Eastern）号轮船，从香港出发，于七月中旬抵达美利滨港口。①

---

① 档案中未有提供抵澳具体日期，这是根据美利滨当地华文报纸抵澳船期而推算出来的。见："劫行轮船公司"，载《警东新报》(The Chinese Times)，一九一〇年七月三十日，星期六，第一版。

但在抵达美利滨后，刘亚峰并没有进入父亲刘文此前已为他选好的圣匹书馆读书，而是注册进入位于靠近城区北面嘉顿区（Carlton）的末士准士学校（Rathdown Street State School）就读。在头两年里，他的在校表现与各项学业都令人非常满意，每次提交给外务部的例行报告，校长都对这位中国学生给予好评。而就在入学后不久，刘亚峰也为自己取了一个英文名，叫做"佐治"（George），全名就成了佐治峰（George Fong），显示出他努力想把自己融入当地文化之中。

可是，刘亚峰的好学生形象只保持了两年。到一九一二年十二月中，学校提供给外务部的例行报告显示，在不到两个月的时间里，刘亚峰连续旷课达十四天，且没有对其旷课给出任何理由；同时，其在校表现也非常糟糕，不遵守校规。原本在当年十一月时，外务部已经根据申请再批复给他八个月的延签，即其签证有效期到次年七月十五日，这样就正好让他的整个留学期限超过三年。可是现在这种情况，显示他严重违规，使得外务部无法容忍，便在当年十二月底决定要取消其签证。但在令其尽快离境回国之前，还需要监护人刘文对其子的旷课行为和在校表现做出解释，实际上也是给他一个申诉的机会。

在此后的三个月时间里，根据外务部的指示，海关稽查人员找到了监护人刘文。可是这位父亲表示，儿子现在很顽皮，根本无法管束，其行为很令人失望，他已经很后悔将儿子办来留学，现在只是希望将他尽快送回家乡。随后，海关从唐人街其他华人那里了解到，刘亚峰现在就像个流浪汉，整天漫无目的地在唐人街周围一带游荡，无所事事，把其父亲气得要死，有一次在街上甚至当众把他痛打一顿。既然这个十四五岁的少年完全无心向学，外务部也只能按照规矩行事。一九一三年四月十一日，外务部长下令取消亚峰的签证，要求海关立即监督这位中国留学生离境回国。

一九一三年四月二十四日，刘亚峰搭乘日本轮船"熊野丸"（Kumano Maru），离开了澳大利亚，驶返香港，结束了不到三年的留学生涯。

到了一九二〇年年初，刘文致函澳大利亚内务部，表示自己近期打算回国探亲，而其子刘亚峰已经二十二岁，此前曾在美利滨留学近三年，希望能批准他前来这里作为替工，在自己回国探亲期间，代为管理经营其在唐人街上的售卖蔬果等物品的店铺生意；因自己预期回国探亲三年，故希望能核发给儿子刘亚峰三年的工作签证。但内务部鉴于刘亚峰此前的记录不佳，加上此时刘文的生意并没有太大的规模，遂于二月二十四日否决了他的申请。

刘亚峰的档案就此中止。在澳大利亚的档案记录中，此后再未见到与其相关的入境信息。

档案出处（澳大利亚国家档案馆档案宗卷号）：

Ah Fong - Son of Law Moon - Also Law Sun - Education and business exemptions，NAA：A1，1924/7247

区光汉

广东

早在十九世纪中，澳大利亚基督教联会（Churches of Christ in Australia）最早在南澳成立，随后便逐渐在各省设立分会；而从十九世纪末开始，联会也设立联邦外方传教理事会（Federal Foreign Missionary Committee，全称是Federal Foreign Missionary Committee of Churches of Christ in Australia），向外派遣传教士，广播福音。当然，中国自然也是该会的传教目的地。从二十世纪初年开始，澳大利亚传教士主要被派往上海和四川省的会理县；而在广东省，则主要依赖于本地传教士，即将其送往澳大利亚受训并深入在澳华侨中传教，积累经验与人脉关系，再将其送回广东，从而为澳大利亚基督教联会在广东全省的传教打下基础。[1]粤人Au Kwong Hon（区光汉）就在上述背景下，于二十世纪二十年代被选派到澳大利亚学习。

在这份宗卷里，除了提到区光汉是广东人，并没有显示他的籍贯是哪个县邑，只能推测他的籍贯在珠三角和四邑地区，属于大的广府方言区，这样才能有利于他来澳学习和在当地华人中传教而没有语言障碍。此外，也没有提到他的年龄，只能根据其入澳时提供的照片来判断。从照片上所显示的长相来看，他应该是介乎于二十四五岁至三十岁之间，很可能是十九世纪九十

---

① Roger Killmier，"The China Circle"，in Keith Bowes (ed.), *Partners: one hundred years of mission overseas by Churches of Christ in Australia, 1891-1991*, published by the Federal Literature Department of Churches of Christ for the Australian Churches of Christ Overseas Missionary Board October 1990，pp.43-49.

年代末年出生。

一九二二年十一月十四日，澳大利亚基督教联会联邦外方传教理事会秘书长佐治·沃顿（Geo. T. Walden）致函联邦政府海关总署，为一位在广东名叫区光汉的浸信会牧师申请学生签证，前来澳大利亚进行两到三年的正规教义学习和培训。他特别强调说，让区光汉来澳培训，目的在于为联会在广东省传教预做准备。海关无法对此申请做出决定，将此申请材料转交给内务部考虑。教会在澳大利亚社会的力量强大，对于其要求，尤其是涉及其会务和传教事业的发展等事宜，内务部自然要予以慎重对待。两周之后，内务部长批准了申请，给予区光汉两年的入澳留学签证。

接到澳方的批复后，区光汉便立即着手办理相关出国手续。随后，他从广州去到香港，在此登上"依时顿"（Eastern）号轮船，于一九二三年四月一日抵达澳大利亚当时的临时首都美利滨（Melbourne）。在这里，他受到当地华人基督教会的热烈欢迎。[①]随后，他由此转道去往南澳首府克列（Adelaide），向基督教联会总部报到。

区光汉只是在这里接受了短期培训后，就被基督教联会派往雪梨（Sydney）的基督教会协助工作。因这里华侨众多，他在这些人中组织识字班读经，并在他们当中传播福音，这项工作一干就是两年。[②]到一九二五年四月，他的签证到期，因其工作颇有成效，基督教联会希望他继续为在澳华人信众服务一年，以巩固过去两年的成果，遂向内务部再申请十二个月的展签，也获得批准。

到一九二六年三月，联邦外方传教理事会原本已经为区光汉的回国做好了安排，但因目前广东的局势混乱，社会动荡，决定让他再停留一段时间，观察一下，再行决定回国的具体日期。于是，沃顿秘书长便致函内务部秘书，将上述担忧一一列明，请他给予区光汉再展延六个月的签证。他表示，

---

① "欢迎志庆"，《民国报》(Chinese Republic News)，一九二三年四月二十一日，第七版。

② 区光汉来澳后，除了在雪梨之外，也曾前往西澳传教了一段时间，在西澳义学担任教师。自一九二五年始，他加入雪梨基督公会主办的光华学校充任汉语教职并传教。他赴澳前曾任广州培坤学校(亦即培正女学)教员，也曾担任过台端培正分校校长。见"光华学校招生广告"，《东华报》(Tung Wah Times)，一九二五年四月十一日，第六版。

在滞留的六个月时间里，这位华籍牧师将继续在澳大利亚各埠华人中开展工作。内务部秘书明白教会的关切，也认可上述理由，遂予照批。这里所称之当时广东局势混乱，显然是指自一九二五年六月以来的省港大罢工而导致的市面萧条和广东方面对香港的封锁。面对这样激烈的运动，澳大利亚基督教联会自然需要慎重对待，以观察时局的发展，当然也要考虑其神职人员的人身安全。

但是，区光汉则归心似箭。待广东局势稍有缓和，他便于一九二六年四月二十三日在美利滨港口搭乘日本轮船"丹后丸"（Tango Mru），离开澳大利亚，驶往香港转回广东。[①]能够使其感觉到广东形势和缓的迹象，显然是年初以来港英政府与广州国民政府就解决大罢工问题的谈判有了进展，加上三月份"中山舰事件"发生后蒋介石成为国民革命军的统帅，正在紧锣密鼓地筹划北伐，广东全省都统一到国民政府的掌控当中。这也就是在刚刚拿到六个月展签后，区光汉并不是按照基督教联会的期望继续待在澳洲，而急急赶回广东家乡的历史背景。

区光汉以学生签证在澳三年，但实际上并没有进入任何一间大学或神学院进修，基本上就只在澳大利亚华人中传教并充当识字班或读经班的教师。这恐怕是以留学之名而行传教之实的一个特例。

---

① "区光汉留别爱道兄姊书"，《民国报》，一九二六年五月八日，第八版。

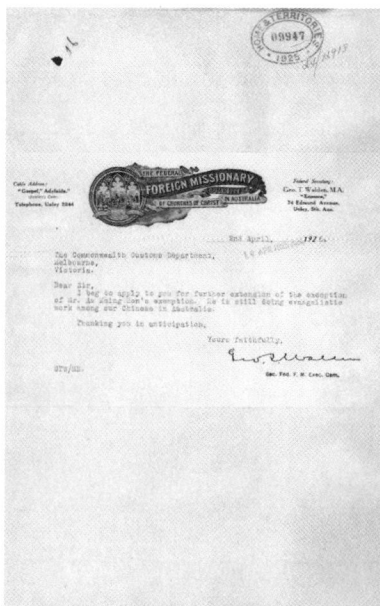

左：一九二三年四月一日，区光汉抵达澳大利亚时提供给海关的正面和侧面照片；右：一九二五年四月二日，为区光汉申请额外一年展签事，澳大利亚基督教联会联邦外方传教理事会秘书长佐治·沃顿给内务部秘书的信。

档案出处（澳大利亚国家档案馆档案宗卷号）：

Kwong Hon，An‐Admission as student，NAA：A1，1926/5932

梁天福

广东

　　Wong Loong（黄在鸿）是广东人，[①]二十世纪初年时跻身于雪梨（Sydney）华埠著名的泰生果栏（Tiy Sang & Co.）。[②]该果栏位于雪梨华埠矜布炉街（Campbell Street）三十号，是雪梨著名的香蕉进口及批发经销商，在南太平洋群岛的飞枝（Fiji）有自己的香蕉种植园。根据档案披露，黄在鸿应该是该果栏的一个股东，经商有道。档案中没有说明他的籍贯具体是广东省的哪个县邑，但鉴于泰生果栏的主要股东是来自四邑地区新宁（台山）县的余荣（Yee Wing）[③]和黄来旺（Samuel Wong）[④]等人，按照当时粤人赴澳发展是宗族和乡人抱团前往、共同经营的特点，我们有理由相信，黄在鸿也很

---

① 澳大利亚国家档案馆里，与黄在鸿或黄龙(Wong Loong)的英文名字相关的档案有两份。一份涉及一八八三年在南澳(South Australia)首府克列(Adelaide)入籍的在鸿(或黄龙)，时年四十八岁，已在南澳居住达五年之久，换言之，他至少是在一八七八年之前便已来到澳大利亚(见：Wong Loong - Memorial of Naturalisation，NAA：A711，1572)。但考虑到其年龄，这位黄在鸿(或黄龙)显然与本文中所说者并非同一人。另一份是说在美利滨的黄在鸿（或黄龙），生于一八六八年九月，三十岁时(一八九八年)来到澳大利亚，先在美利滨入境(见：LOONG Wong：Nationality - Chinese：Date of Birth - September 1868：Arrived 1898：First registered at Little Bourke Street，NAA：MT269/1，VIC/CHINA/LOONG WONG)。文中提到的黄来旺最早也是在美利滨入境，待站稳脚跟后，去到雪梨追随余荣，共同经营泰生果栏，并同时在美利滨开设泰生果栏分行。由此可以推测，上述档案所指之黄在鸿(或黄龙)，显然就是本文所提及之人。
② 泰生果栏在二十世纪初年因董事会重组，一九〇三年一月二十八日在鸟修威省(New South Wales)工商局重新登记注册，黄在鸿成为十位注册股东之一。见鸟修威省档案馆(NSW State Archives & Records)所藏记录：https://search.records.nsw.gov.au/permalink/f/1ebnd1l/INDEX1832728。
③ Yee Wing (Ah You). – Naturalization，NAA：A1，1916/12445。
④ Samuel Wong [Chinese - arrived Melbourne，1888. Box 45]，NAA：SP11/2，CHINESE/WONG SAMUEL。

可能是新宁人，至少是来自四邑地区。

在黄在鸿离开家乡奔赴澳大利亚发展的那一年（一八九八年），他的外甥Leung Tin Fook（梁天福，译音）出生。待到梁天福长到十一岁时，其舅舅也在澳大利亚站稳了脚跟，有了一定的经济基础。于是，他那本身便有一定经济实力的家长便与在雪梨发展势头良好的黄在鸿联络，两家商定，由舅舅出面作为监护人和财政担保人，将梁天福办理到雪梨留学；至于留学费用，自然是由梁家支付，而如何付账给黄在鸿则是题外话，他们自家人私下解决。待上述事项商定好之后，一九〇九年十月五日，黄在鸿便致函当时位于临时首都美利滨（Melbourne）的澳大利亚外务部，申请外甥梁天福前来雪梨留学，计划是让他在此读三年书，请该部门核发外甥的入境签证。

接到申请后，外务部秘书很快就进行了审办。一个星期后，他回复黄在鸿说，当局对此申请会予以积极的考虑，请其说明如果准允梁天福前来留学的话，将准备让他入读哪一间学校，外务部希望在批准前能获得一间当地特定学校的录取信。与此同时，他也指示雪梨海关部门，就黄在鸿的个人情况及财务状况予以核查，提交一份报告。黄在鸿见外务部回复如此迅速，赶紧行动起来，在与位于雪梨城里必街（Pitt Street）上的基督堂学校（Christ Church School）校长充分沟通之后，获得其首肯；十月十八日，后者便向外务部秘书出具了一份接纳梁天福入读该校的录取函，从而使留学签证申请所需之资料全部到位。与此同时，海关的动作也很快，十月二十六日便完成任务，将相关报告提交给了外务部。遗憾的是，这份档案宗卷中未见收藏上述报告，因而无法得知其核查的内容与结果，也无法得知黄在鸿在泰生果栏中的具体地位及财政实力。但从后续的情况来看，即外务部秘书接到报告后仅仅过了十天，便于当年十一月六日正式批复了梁天福的留学入境签证申请，这表明海关的核查结果对黄在鸿显然是很有利的。也就是说，其个人财政状况及操行评定都甚好，完全符合监护人和财政担保人的规定，因而外务部便毫不犹豫地予以批复。签证有效期将自其入境时起算，每次签证有效期为一年，到期可再申请展签，直到三年期满。

黄在鸿接到批复后，马上去到海关，按照规定为外甥缴纳了一百镑的保证金；同时也通知中国的家人，请其尽快为梁天福办理出境护照和相关文件，安排赴澳。在香港的相关金山庄协助下，家人在几个月的时间里便为这位小留学生办妥了相关手续，并为其预订好了船票。而梁天福则早在上一年家人与舅舅商讨要送他赴澳留学时，就已经被送到了香港，一边在此读书接触英语，一边等待签证的消息，择期赴澳。由此，当船期行程等都安排妥当之后，他便直接在香港搭乘劫行东方轮船有限公司（The Eastern & Australian Steamship Co. Ltd）所经营的"衣士顿"（Eastern）号轮船，于一九一〇年四月二十七日抵达雪梨。海关事先已经接获外务部的入境批复副本，在核对无误后，便让这位十二岁的中国小留学生顺利过关。黄在鸿从海关接到外甥后，便将其带到矜布炉街上泰生果栏宿舍里安顿下来。

仅仅休整了五天，梁天福便于五月二日正式注册入读基督堂学校。从三个月后学校按例向外务部提交的留学生报告来看，这位中国小留学生各方面表现良好，不仅正常到校上课，完成作业，并且每天除了白天上学外，还报名就读该校所开设的夜课，风雨无阻。由此可见，在来澳大利亚之前，梁天福在国内和香港就接受过较好的教育，有着较好的学风。由是，他一直以良好表现和优异成绩按部就班地上学，到次年四月，顺利地获得展签；此后的连续两年里都平安无事，直到一九一三年五月底该年度第一学期结束。

按照此前黄在鸿的申请，外务部给予梁天福的留学签证是三年，到一九一三年四月底就到期。因签证到期后没有见到黄在鸿继续为其外甥申请展签，外务部就以为这位中国留学生应该是要回国了，便于六月十三日发函雪梨海关，嘱其确认梁天福离境回国的日期。就在这个时候，黄在鸿致函外务部秘书，为外甥继续留学申请展签，而基督堂学校校长也应黄在鸿的要求而去函外务部秘书，谓根据过去三年梁天福的在校良好表现，希望再给予这位中国学生一个机会，让他能完成此间的小学课程，因为此前他已经读完小学五年级课程，再有一年便可以小学毕业。外务部秘书觉得，这样的要求于情于理都不能拒绝，遂于七月五日批复，再给梁天福展签十二个月。就这样，梁天福在基督堂学校又继续读了一年，完成了在澳之高小教育。

转眼就到了一九一四年六月，梁天福的签证到期。此时，黄在鸿跟外务部协商，希望能再给他的外甥展签六个月，因为他目前正在择日安排梁天福回国，但临走之前需要些时间，也希望能给这位十五岁的少年在雪梨见识和实习商务的机会。他保证，在这半年内会让外甥离境。八月六日，外务部秘书批示，可以给这位中国少年再展签六个月，这也是外务部可以给予他的最后一次展签，但条件是梁天福必须继续留在学校里读书。

但是，外务部在九月二十五日接到了基督堂学校校长提供的例行报告显示，梁天福已经不像以前那样保持全勤，而且旷课长达二十五天，主要原因就是参与舅舅的果栏生意经营。由此可见，黄在鸿是在实施此前为外甥申请展签的计划，让他在离开澳洲之前学习一些商务知识。有鉴于此，十月十三日，外务部秘书下文到雪梨海关，指示其核查梁天福现状，如果还是继续旷课的话，立即取消其留学签证，遣返中国。

就在海关和外务部就梁天福是继续上学还是协助舅舅经商展开调查之际，黄在鸿紧锣密鼓地为外甥的离境及最终去向做好了安排。一九一四年十一月二十四日，梁天福在黄在鸿的安排下，搭乘一艘旧式的木制纵帆船"若瑟暹氏"（Joseph Sims）号，离开了雪梨港口。鉴于这是一艘只适合于近海航行的纵帆船，[①]并非是来往于东亚与澳大利亚之间的客货船，梁天福搭乘它显然不是前往中国，而是去往澳大利亚周边其他地方。有关他的留学档案就此中止，此后澳大利亚也再见不到与他相关的记录。但从泰生果栏在飞枝（Fiji）等南太平洋岛屿拥有香蕉种植园及矿业公司，以及其主要股东余荣又曾多次安排乡人或族人亲戚转道雪梨前往飞枝工作的情况来看，[②]同样是泰生果栏股东的黄在鸿，也极有可能是将外甥安排去到了那里发展。

---

① 该船排水量八十吨，建于一九〇八年(见：Nigel Burch, *Lost Mines of the Tamar*, Beaconsfield, Tasmania, 2017, p.177)，主要航行于雪梨或者美利滨到他省(Tasmania)首府好拔埠(Hobart)之间(见：Noel Monks, "From Melbourne to Hobart Scooner 'Joseph Sims'", in *The News* [Hobart], 6 June 1925, p.7)。但该船有时也航行到纽西兰(New Zealand)的大埠屋仑(Auckland)，一九〇九年五月十二日的屋仑报纸有报道，显示该帆船停靠在屋仑港口(见："Shipping", *New Zealand Herald*, 12 May 1909)。由此可见，该帆船也有可能航行到飞枝及附近海岛。

② 比如，一九一二年，余荣将在雪梨读了两年书的宗亲子弟有安(You On)送到了飞枝。见：You On - Exemption Certificate, NAA：A1, 1912/15772。

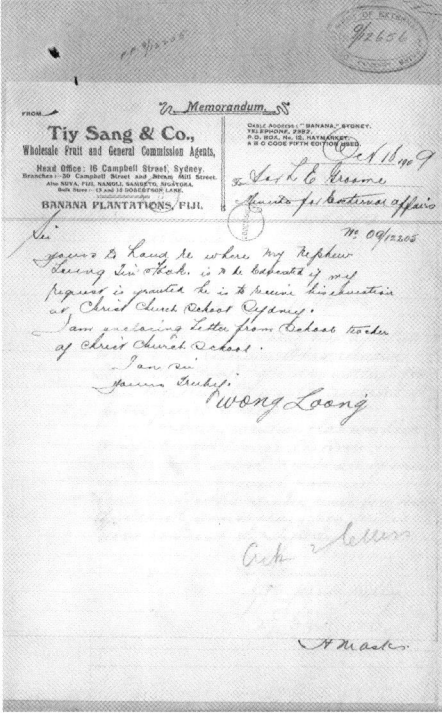

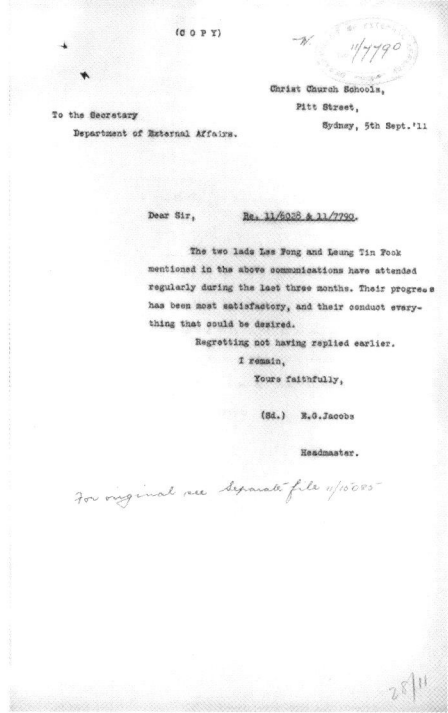

左为一九○九年十月十八日黄在鸿给澳大利亚外务部秘书的信，告知已经为外甥梁天福在基督堂
学校预留了学位，并附上学校的录取信备查；右为一九一一年九月五日基督堂学校校长提供的例行报
告，显示梁天福在校表现良好。

档案出处（澳大利亚国家档案馆档案宗卷号）：

Leung Tin Fook Exemption Certificate，NAA：A1，1915/872

余庄乐

广东（新宁？）

　　本档案没有任何文字显示出主人公余庄乐（Yee Chong Lock）的年龄和籍贯。从整个宗卷来看，余庄乐是到澳大利亚读中学的。根据澳大利亚在一九〇一年后实施的"白澳政策"，对中国人入境严厉限制，而在二十世纪一十年代对中国学生来此留学，更是规定苛刻，其获签入澳的条件之一，须年满十七岁。余庄乐的护照由中华民国北洋政府外交部特派广东交涉员公署签发，日期为一九一四年六月五日，号码是19/14。假定他申请护照时的年龄是十七岁的话，那么可以推定，他在一九一五年入境已经十八岁，他的出生年份大约在一八九七年前后。

　　他的籍贯也只能推测。珠江三角洲和四邑的姓氏分布，余姓在开平、台山、高要和中山有很多，且都有余姓宗亲在澳谋生。若找到他与其中一位余姓宗亲的关系，大体可以推定他是哪一个县邑人氏。本宗卷显示，余庄乐的父亲名叫Yee Men Lie（余明礼，但在澳大利亚国家档案馆里查不到与其英文名相关的宗卷，该名是根据读音对译而来）在雪梨（Sydney）的卫廉街（William Street）一百零六号与人一起经营"新广兴号"（Sun Kwong Hing & Co.）商行。①从另行查找到的一份留学记录表明，新广兴号商铺的另一位

① 新广兴号早在十九世纪末就在雪梨唐人街开办，是香港新广合号在澳大利亚之分公司。见"新广兴"广告，《东华报》(Tung Wah Times)，一八九九年十一月十五日，第四版。到一九〇三年六月二十六日，因董事会重组，新广兴号在鸟修威省(New South Wales)工商局重新登记注册，余明礼是第一大股东。见鸟修威省档案馆(NSW State Archives & Records)所藏二十世纪初该省工商企业登记注册记录：https://search.records.nsw.gov.au/permalink/f/1ebnd1l/INDEX1824654。

合伙人名叫余炳（Yee Ben），是新宁（台山）县田心村人，一九二一年年初曾申请兄弟余镛（Yee Young）前往雪梨留学。①根据早年在澳华人宗亲族人和同邑乡亲抱团经商的特点，可以推测，余庄乐应该是新宁人氏；其父与余炳甚至可能就是兄弟或叔侄关系，也许余明礼便是新宁县田心村人。

虽然一九一四年便在广州拿到了护照，也获得了由英国驻广州总领事签发的进入澳大利亚的签证，但余庄乐却是在耽搁了一年之后，才从家乡去到香港，在那里登上驶往澳洲的"太原"（Taiyuan）号轮船，启程去雪梨留学。他很可能是因为在广州从当地官府和英国总领事馆拿获护照和签证后，尚需要时间完成在国内的预定课程，或者也是在与父亲和家人最终定下行程并且准备起航之后，才与中国驻澳大利亚总领事馆联络，告知其赴澳之目的。由是，一九一五年七月二十九日，中国总领事曾宗鉴致函外务部秘书，谓"顷接电报，余庄乐持护照和签证不日抵达雪梨留学，特附上其近照一张，请电嘱海关对照放行为荷"。八月八日，余庄乐乘轮船抵达雪梨。因其一应手续具备，符合所有的入境条件，得以顺利入境，住进了"新广兴"号商行里。

待安顿好后，余庄乐注册入读位于圣公会在杜里奇希区（Dulwich Hill）主办的三一文法学校（Trinity Grammar School）。该校虽然刚刚建立，但因建校者为该区圣三一教会的主教，名声好，学校很快发展起来；由于学风良好，几年间便吸引了大批不同阶层出身的学生。余庄乐进入该校后，主要选修英语、算术和地理课程。根据学校的报告，他的在校表现令人满意。从学校的报告来看，其中没有特别说明他在校学习有语言障碍，而且各科成绩优异。这一点显然表明，他在赴澳之前便已在中国接受过英语训练，具备了一定的语言基础，因而对所学课程比较适应。

或许是因为三一文法学校的课程太过于简单，余庄乐在此只是读了半年。一九一六年新学年开学后，他不再返该校念书，而是注册进入设在城里的斯多德与霍尔斯商学院（Stott & Hoare's Business College）就读，虽然还是

---

① Young, Yee - Students passport，NAA：A1，1924/13324.

继续念中学课程，但外加了一些商科课目。因他转学之前没有向外务部提出申请，且转学后也不通过中国总领事馆报备，外务部是在过了三个多月后才得知其转学，因而对此行为很不满意，于五月十五日通过海关对这位中国青年学生提出警告。尽管在按规办事方面做得不到位，但余庄乐的在校学习还是很认真的，对各科课程的学习如饥似渴，温习功课也争分夺秒，因而，商学院对他的勤奋非常认可，认为他是努力学习的好学生。也是在这间商学院里，余庄乐为自己改了一个名字，叫做Charlie Jong Lock。就这样，他在这里读了一年的书。可能也正因为如此，外务部没有再计较他的违规转学未有事先通知一事，到年中仍然很爽快就批复了他的展签。

可是到一九一七年新学年开始，余庄乐的父亲余明礼对海关表示，他要将儿子从斯多德与霍尔斯商学院重新转学回到三一文法学校念书，因为该校的中学课程更适合其子就读。为此，他向海关申请准予其子转学。因这次转学提前得到通知，故从外务部那里接手外侨事务管理的内务部并不反对，很爽快地予以批复，新学期开学后，余庄乐便重返三一文法学校入读。他的在校表现仍然令人满意，尤其是他能跟班上男生们玩到一起，关系融洽，这对他的英语提升有很大的帮助。

到一九一八年六月，余庄乐决定结束在三一文法学校的课程学习，前往美国，并已经咨询过美国领事，后者应允给他核发签证。按规定，中国人入境澳大利亚后，护照交由海关或者外务部（后为内务部）代为保管。六月二十六日，余庄乐致函内务部秘书，告诉了自己的打算，向其索取护照，准备向美国驻雪梨领事馆申办入境签证。但是内务部秘书认为，余庄乐的护照有效期为一年，此时早已过期，内务部需要保留此护照存档，不能给回持照者。他于七月五日复函说，按例中国驻澳大利亚总领事馆应该会为他准备并签发一本新护照，拿此护照便可向美国领事申请签证。他表示，鉴于申请者自入澳以来一直潜心向学，表现优异，在在表现出其目的与行为合一，确实是来澳学习以获得文凭与知识的好留学生，从其个人来说，他自然也愿意帮忙向美国领事说情，使其尽早为其核发签证。既然如此，余庄乐遂按照指引，很快将护照和赴美签证办妥。

一九一八年七月十七日，余庄乐按照原定计划，告别父亲，在雪梨港口登上驶往美国的"松诺玛"（Sonoma）号轮船赴美，结束了在澳三年的留学生涯。他的留学档案也到此中止。至于其到达美国后是继续求学，抑或工作就业，则不得而知。但检索雪梨的档案目录显示，到一九三四年十一月，余庄乐经父亲申请，重返雪梨进入新广兴号商行做工，[1]之后继续申请延签获批。[2]而他在澳大利亚经历太平洋战争之后，最终是留在了这块土地上还是去到香港发展，则仍有待于资料进一步的披露。[3]

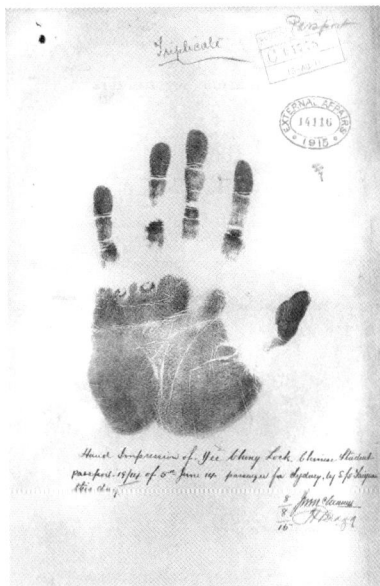

左为一九一五年七月二十九日，中国总领事曾宗鉴给澳大利亚外务部秘书的信，告知余庄乐不日将抵达澳大利亚留学，并附上其照片交由海关核查，以便让其顺利入关；右为同年八月八日余庄乐抵达雪梨入境澳洲海关时所摁手印。

档案出处（澳大利亚国家档案馆档案宗卷号）：

Yee Chong Lock - Student on passport，NAA：A1，1918/8665

① Chong Lock Yee [Chinese - arrived Sydney per SS NELLORE, 1934. Box 46]，NAA：SP11/2，CHINESE/YEE CHONG LOCK.
② Yee Chong Lock，Yee Po Lock and Ham Chew - Exemption Certificates，NAA：A1，1936/985.
③ Chong，Lock Yee [Chinese - arrived Sydney per SS Nellore in November 1934] [Box 5]，NAA：SP605/10，358.

雷伦修

广东（新宁？）

雷道昌（O. Chong）是美利滨（Melbourne）埠靠近中国城的兰慎大街
（Lonsdale Street）一百六十五号的一家商行老板，主营茶叶生意，兼做其他
杂货。据美利滨与其做生意多年的澳商于一九一○年反映，雷道昌是当地颇
有名望的茶商，为人正直忠厚。如果按照正常的赴澳发展途径，雷道昌有如
此身家和地位，其在澳大利亚发展显然已有相当年月，可能需要在十九世纪
九十年代前后便已来到该地发展，才有现在的名望。如是，他也可能像当年
许许多多远赴重洋定居澳大利亚的粤人一样，事业小成后回乡娶妻生子，然
后把妻小安置在家乡，只身返回澳大利亚，挣钱养家。雷伦修（Louey Lun
Shou）便是其次子，生于大清光绪廿四年（一八九八年）。遗憾的是，以
雷道昌英文名在澳大利亚国家档案馆里查询，无法找到任何相关的线索，
也找不到与其子雷伦修之英文名相关的宗卷；即便是在同一时代当地华文
报纸中所刊登的各种赈灾捐助名单中，也无法找到他的名字。由是，所有
本文的资料，全部来源于中华民国驻墨尔本领事馆档案扫描号：522-0029，
册名：雷道昌之子雷伦修（Re Student——Louey Lun Shou，son of O Chong
at Sydney）。诚然，也存在另外一种可能，即雷道昌是从香港的商行被派来
美利滨设立分公司经商，因而他的成长便与那些来到这里白手起家的同胞不
同，而是有资金有市场，短期内便能打开局面。但即便如此，他也应该有出
入境记录。很有可能，他还有另外的名字行世，只是中国领事馆的档案没有

记载或披露而已。

宣统二年（一九一〇年）七月十八号，大清国驻澳大利亚总领事黄荣良为雷伦修来澳游学事照会澳大利亚外务部："照得今据兰慎大街一百六十五号茶商道昌秉称，其次子雷伦修年十二岁，欲来美利滨游学三年。本领事查此事系真实，故代道昌请发一免票执照，俾其子来澳游学。"可能是通过政府正规渠道进行申请，同时也附上有当地西裔澳人力挺雷道昌为人正直及事业有成的推荐信，澳大利亚外务部对此非常重视，处理也很快，加上两者是同城办公，公文送达方便快捷，次日外务大臣（外务部长）便予以批复，只是强调"但须照常具结担保及其人来澳系专为读书"，"兹请贵领事指明该生在何处肄业，然后商量可也"。此外，其担保人还需提供该生之近期照片给海关，以便其赴澳过关时供移民局备查。

既然如此快捷就获得批准，雷道昌便立即寻找可以接收儿子入读的学校。七月二十六日，他去到靠近城区的架顿埠（Carlton），找到第二千六百零五号公立学堂（亦即末士准士学校[Rathdown Street State School]）总教习（亦即校长）连惹克（F. H. Rennick）先生，获其首肯，接纳其子雷伦修入读该校，并在当天便将录取信寄送外务部报备，两天后获批准通过，转交海关备案留底。

此时的另一个问题，是要具结保单。八月十七日，作为监护人，雷道昌按照惯例具结财政担保书，允诺提供英金一百镑作为其子赴澳留学所需费用。与此同时，他还需有一个保人，以相同的费用具结来担保他可以提供上述款项给即将来澳留学的儿子雷伦修。为此，雷道昌找到小博街（Little Bourke Street）二百一十号"安泰号"（On Hie & Co.）杂货店的股东雷兆学（Shew Hock）。①安泰号杂货店开设于一八九四年，最早有亚贵（Ah Guy）、亚东（Ah Tung）和彩卓（Toy Chuck）三位股东；到一九〇〇年，因

---

① SHEW Hock：Nationality - Chinese：Date of Birth - 1862：Date of Arrival - 1901：First Registered at Russell Street Melbourne，NAA：MT269/1，VIC/CHINA/SHEW HOCK. 据这份档案记录，雷兆学出生于一八六二年，一九〇一年抵达澳大利亚，进入美利滨发展。

亚贵和亚东年老退休，雷兆学加入，与彩卓组成董事会，继续经营。①根据当时来澳的雷姓人士多为新宁（台山）县同乡，许多人还是宗亲，且多集中于美利滨及域多利省（Victoria）的其他乡镇，由此可见，雷道昌也应该是新宁人氏。

待文件齐备送交给海关收讫，后者遂于九月二日照会大清国驻澳总领事馆，请其通知雷伦修安排船期，尽快启程赴澳，以实现其留学夙愿。九月十九日，黄荣良总领事将签证正式获批之通知转告雷道昌，请其直接与往返香港与澳洲间的轮船公司联络订票，安排其子速来美利滨读书为荷。十天后，雷道昌复函黄荣良总领事，一方面对其大力协助表示感谢，另一方面也告知会安排其子尽快赴澳。

然而，雷伦修的档案到此中止。因澳大利亚国家档案馆里查不到与其英文名相关的宗卷，故不知道他最终是否得以赴澳。

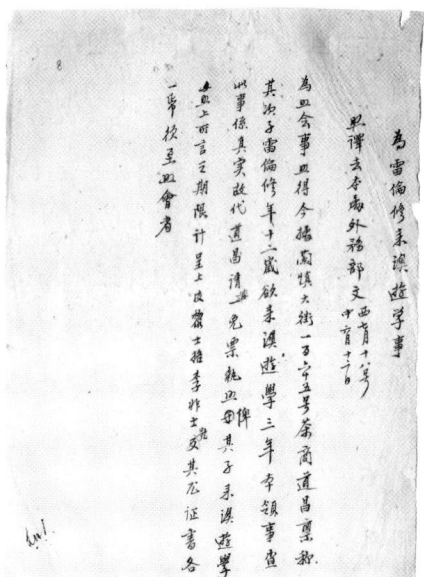

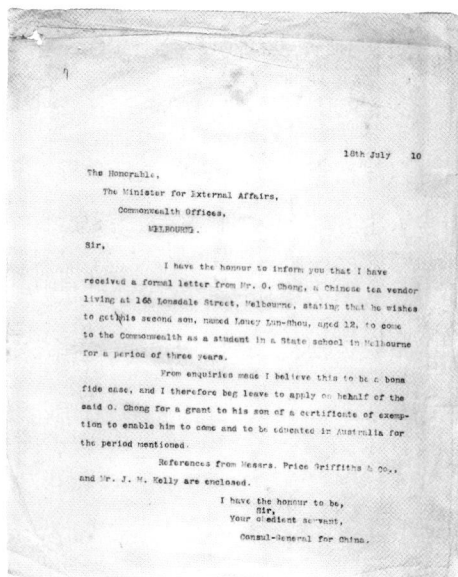

一九一〇年七月十八号，大清国驻澳大利亚总领事黄荣良为雷伦修来澳游学事照会外务部，请发免票执照（入境签证）。

---

① HOCK Shew：Nationality - Chinese：Date of Birth - 1861：First registered at Little Bourke Street，NAA：MT269/1，VIC/CHINA/HOCK SHEW. 从此处档案显示雷兆学出生于一八六一年(与上述记录相差一年)这一事实来看，雷道昌的年龄应该与其相距不是很远。

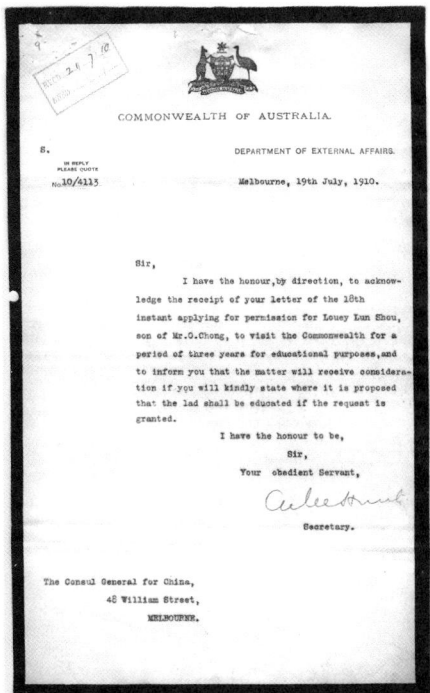

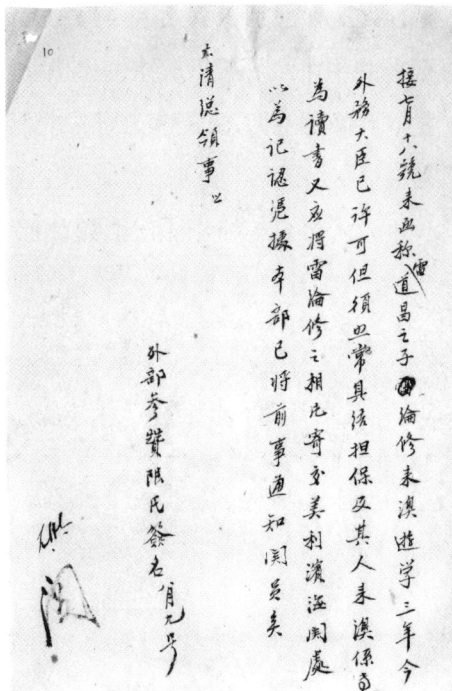

一九一〇年七月十九号，外部参赞（秘书）复函大清国黄荣良总领事，告知外务大臣已经许可上述申请，即批复入境签证。

档案出处（522驻墨尔本领事馆档案）：

扫描号：522-0029；册名：雷道昌之子雷伦修（Louey Lun-Shou）来澳求学事

陈亚安

广东（县邑未明）

本文中留学生的父亲名叫See Wong或者See Wang（泗旺，译音），其全名无法在澳大利亚国家档案馆里查找得到，因而无法确定其具体的中文名字。[①]从这份档案宗卷中透露的信息则是，一八七六年泗旺从广东家乡来到澳大利亚发展，经过六年的时间，他得以扎下根来，于一八八二年加入澳籍。此后，他回到家乡娶妻生子，大儿子在一八八五年出生，叫做Ah Sing（亚胜，译音）；一八九八年时，小儿子Ah On（亚安）出生。在此后有关亚安的一份官方文件中，亚安的名字写成了"Chin Ah On"（陈亚安）。由此得知，泗旺应该姓陈。

大约在一八九一年，泗旺和其他九个股东一起，在雪梨（Sydney）的西佐治大街（George Street West）开设一间大型的杂货贸易商行，名叫和利号或和利公司（C. H. and S. Warley and Co.）。据文件说，该商行生意做得很好，在西澳（Western Australia）有分号；更重要的是，它在香港也有分行和联号，主要是该商行的最早的九个股东中，在澳大利亚联邦建立的前后有四人陆续去到香港发展，但仍然保留其在该公司中的股份。也可能因此，泗旺本人也在香港的先施公司（Sincere Company）和另外两家Diy Sun & Co.和Hor

---

① 在澳大利亚国家档案馆里，没有"See Wang"或者"See Wong"的单独宗卷，但有许多的"Wang See"或者"Wong See"宗卷，但后者多数是来访探亲的华人家眷名，即传统的中国妇女嫁入夫家后随夫姓，如"黄氏"。

Hing & Co.商行中，都占有股份，把自己的商业网络伸展到了那里。留在雪梨的五个股东，根据当时英文传媒的报道，名字分别是Li Lou（Leu）、Ah Wong、Ah Chong、Charles Young、Ah Sam和Hoe Leo。[①]由此可见，泗旺在公司里的名字还写成"阿旺"（Ah Wong）。[②]只是在十九世纪末二十世纪初雪梨的华文报纸上，一直也查找不到与"陈泗旺"有关或相近的名字；而在当时众多的华人商家广告里，也找不到"和利号"的踪影，但在众多的各类捐款名单中，则时常见到其商号名字。但和兴记（War Hing & Co.）大股东陈赞华的名字就是Samuel Warley，也就是和利号英文名字的一半，而他也是这间商号的大股东。[③]如果陈赞华控股这两家商号，那么，就有可能和利号与华兴记实际上是一家，只是对外时，视情况而用不同的商号名字。而如前所述，泗旺也是陈姓，那么，他也可能像许多当年赴澳发展的粤人一样，将自己名字简化，对外正式名字就是"陈泗"。陈赞华既然在雪梨华界有如此实力，当一九一三年澳洲鸟修威雪梨中华商务总会（Chinese Chamber of Commerce of New South Wales，该会后来简称为鸟修威中华总商会）成立，他就以华兴记名义参加而成为首批会员，该商号也获选成为第一届理事会理事。为此，陈泗便作为商号的代表加入第一届理事会，陈赞华本人则在次年出任第二届理事会理事。[④]陈赞华是高要人，那陈泗也很可能就是其同邑宗亲。

一八九九年，陈泗回到中国探亲，随后将时年十四岁的长子亚胜带到了澳大利亚。事实上，他此次顺利地将长子带进来，是当时他回国前向海关申请的结果；而且海关还表示，此后他也可以获准将其仍留在中国的妻子和小儿子亚安一并带来。这一时间节点显示，陈泗的上述做法是在一九〇一年澳大利亚联邦成立之前，对其做出承诺的是鸟修威省海关，当时是独立机构，

---

① "Baking Powder-An Interim Injunction", *The Sydney Morning Herald*，31 Oct 1905，page 7.

② 在澳大利亚国家档案馆里查这个"Ah Wong"的名字，有很多，但也无法找到与之相应匹配的宗卷。

③ "倡立保商会布告文"，《东华报》(Tung Wah Times)，一九〇四年七月十六日附张。该布告的发起人共有六人，分别是：者利顿果栏黄来旺、和利号陈赞华、安昌号叶炳南、经兴号郑昌蕃、永生果栏郭裕、新广兴号余明礼。

④ 见："Chinese Chamber of Commerce of New South Wales - List of office bearers"，*in Australian National University Archives*，http://hdl.handle.net/1885/11483。

对是否允诺外侨进入该省，由其说了算。由于有这一层的铺垫，在一九○五年长子亚胜申请获得澳大利亚长期居留权之后，当年六月二十六日，陈泗致函外务部秘书，希望按照前议，将在中国的妻子和儿子亚安办理签证，前者是为了和他团聚，后者则想让其在澳大利亚接受完整的西方教育，因为此时其子年满八岁，正当学龄。为了支持上述申请，他还请圣公会圣巴拿巴堂（St. Barnabas Church）主任牧师、当地银行行长和与他的和利号有多年交易往来的当地商行出具推荐信和担保书，以示他具有较强的财政能力以及良好的社会地位，希望外务部批准。尽管如此，七月三十一日，外务部拒绝了他的申请，理由是不符合现在的移民条例规定，尤其是现在澳大利亚政府严格控制亚裔人士申请永久居留权，而陈泗在申请中恰恰就表达了上述想法。

面对拒签，陈泗并没有气馁，还是准备重整旗鼓，继续申请。三年后，一九○九年七月，他继续向外务部提出申请。这一次，还是请圣公会圣巴拿巴堂主任牧师出面作为其代理人，致函外务部秘书，希望后者认真考虑这位中国商人的请求，给予其时年已经十一岁的儿子亚安前来澳大利亚留学。外务部在核对了相关的申请事项以及代理人的相关资讯之后，仍然引援三年前的批复，于当年十月四日再次否决了申请。

但是这次圣巴拿巴堂主任牧师对拒签决定表达了强烈不满。他直接向雪梨海关表示，此前海关就曾经允诺过，可以让陈泗将妻子和小儿子带进澳大利亚，尽管后来因澳大利亚联邦政府的成立，移民条例有所改变，但这次的申请已经不再提及将陈泗妻子申请前来，而是仅仅想让年轻的亚安来此接受五年的教育，也并非申请永久居住权，而且圣巴拿巴堂教区学校也愿意接受这位中国学生入读，请其务必再向外务部申诉此事。海关对此要求自然不敢怠慢，遂于当年十一月三日将此事原委函告外务部秘书，请其重新考虑拒签决定。一个星期后，外务部秘书复函表示，可以将此事交予外务部长重新评估。于是，在余下的几个月时间里，通过警察局对陈泗的个人情况和相关事项重新作了一番调查。待其财政能力与操行评定都予以一一确认之后，一九一○年四月八日，外务部长批准了亚安前来澳大利亚留学。但他只是准允这位中国少年在澳留学三年时间，留学签证自其入境之日起核发，每次有效期为一年，期满可展签，直至他在澳读完三年为止。

陈泗对此决定极为高兴，毕竟他为此事前后奔波，努力了五年，才有此结果。于是，他及时通知了在国内的家人，并通过其本人在香港占有股份的那些公司协助办理其子的相关出国文件，并预订好船票。经过近一年的筹划与安排，诸事办妥。随后，十二岁的亚安便搭乘从香港启航的"圣阿炉滨士"（St. Albans）号轮船，于一九一一年三月二十四日抵达雪梨港口。

按照和圣巴拿巴堂主任牧师的约定，陈亚安来到澳大利亚后，就直接进入圣巴拿巴学校（St. Barnabas Day School）读书。从学校校长提供的报告来看，此前亚安根本就听不懂任何英语，但他很愿意学，故进步极快，三个月后就在阅读和写作上显示出其学习的天赋。读了一年，他的英语听说读写都进步巨大，且全年从未缺勤。为此，到一九一二年申请展签时，外务部很顺利就予以批复。由是，他在这里一直读到一九一四年四月初第一个学期结束。在此期间，虽然陈泗通过其他中介人向外务部提出申请，希望也像陈亚安的兄长多年前一样，可以由政府批准他的小儿子成为澳大利亚永久居民，但被外务部毫不留情地驳回，但对其展签申请一直都没有任何留难。

从一九一四年四月六日开始，陈亚安转学到一年前由英国圣公会圣三一堂在杜里奇希（Dulwich Hill）开设的圣三一文法学校（Holy Trinity Church of England Grammar School），该校名字后来简化为"Trinity Grammar School"（三一文法学校），就读中学课程，成为继其同乡蔡平（Choy Ping或者Choy Wai[蔡惠]）之后的该校又一位中国留学生。[①]尽管这是一间新校，但因有教会背景，学生素质好，学风佳，短短一年便声名鹊起，或许陈亚安就是冲着这个良好的学习环境去的。当局也知道这间学校，因而对这位中国学生没有事先申请就直接转学一事并未有责怪，而是在两间学校澄清了转学事情之后，虽然意识到这位中国学生的在澳留学已达到三年的期限，但考虑到其刚刚入学，此前的表现也都很优异，便爽快就批复了陈亚安下一年度的展签，只是表示这项展签属于给他的额外照顾。当然，在这间学校，陈亚安的表现

---

① 详见：Choy Wai - Exemption Certificate，NAA：A1，1916/11357。

也相当出色。校长在年底的报告中表示，这位中国学生的各方面表现都令人满意，不仅从未缺勤，而且其各科成绩都在当地学生平均水平之上。

到一九一五年年初，情况发生了一些变化。陈泗开始考虑如何将儿子留在雪梨更久一些，以便看情况发展而最终将其留下，协助他经商。因此，他先是跟当地警察局表示要回中国探亲，准备让十七岁的儿子顶替他代为经营和管理商行，预计为期两年。因这个要求未有得到及时回复，他等不及，便于三月初直接致函外务部秘书，但要求有所改变，即他希望改变儿子的上学模式，在儿子离开澳大利亚之前，他必须教会其如何经商。为此，陈泗向外务部提出，希望准允他白天在商行中教儿子如何进货和出货，如何与顾客打交道，以及如何记账和报税等一应事务，晚上儿子再返回学校去上夜课，这样的话，可以两不耽误。对于这样的要求，外务部自然是觉得属于天方夜谭，根本就不予考虑。三月十日，外务部秘书复函予以拒绝。陈泗见无法达到目的，便于五天后再次致函外务部秘书，重申此前他向雪梨警察局提出的要求，但同样在一个星期后遭到否决。

无奈之下，陈泗回过头来继续向警察局和海关求助，希望他们代为向外务部说情，因为这些人跟他这个经营进出口贸易的商人更熟，对他的情况更了解。显然，这些说情起了作用。四月初的时候，外务部秘书发文，责成海关和警察局将陈泗的公司经营情况和他个人的资讯等问题再做一个核查，然后报上来，以便作为重新考虑上述请求的依据。很快，海关向外务部报告了和利公司目前的状况。该公司现在的年营业额达到两万五千镑，有十位雇员，算得上一个比较大的商行；跟十年前相比，其股东中有三人常住香港，剩下的六位，有一人是雪梨和兴记（War Hing & Co.）的经理，[1]主要精力放在经营那家商行上，而陈泗则成为主要股东，与另外一位李姓股东全心全意地经营和利公司的商铺。而陈泗的家人中，其长子亚胜在其商铺中工作；他还有一位兄弟和侄儿也在雪梨，但他们自己经营菜园，与他来往不多。而

---

[1] 这一时期的雪梨华埠华文报纸(如《东华报》)上有该商行广告，但没有提供商行东主姓名。很显然，这是指陈赞华。

自年初以来，陈亚安实际上每天都在商铺里的收银台帮忙，但通过去学校核查，发现他确实是在晚上去上夜课。对于他现在的这种状况，圣三一文法学校的校长表示理解，认为这样对他的日后发展有极大益处，建议按照陈泗的要求，批复他两年的工作与学习签证。

针对上述核查的结果与陈泗经营公司的情况，在外务部里边，一些官员认为陈泗在雪梨有亲戚和长子亚胜，必要时可以使用这些亲属，完全可以不用再引进亚安来帮忙，主张否决请求；另一部分官员则认为应该认真考虑请求，毕竟和利公司经营规模大，需要人手，亚安也符合规定。外务部秘书原本是倾向于遵守前议，即不再予以批复给亚安任何展签，但因圣三一学校校长表示，这位中国学生在校表现确实很优异，且他尚有半年左右就可以结束初中课程，加上外务部里边也有一些官员倾向于核发给他展签，由此，便作折中处理，经报外务部长批准后，决定再给亚安展签六个月，并表示这是最后的展签。这个展签还有一个特别条件，即亚安还必须回到学校里全日制上学读书，不能在其父亲商铺中做工。虽然此项决定是延长了亚安的签证，实际上还是否决了陈泗提出的给儿子在商铺中培训历练的提议。

在这种情况下，陈泗只好让儿子继续回学校读书。到了一九一五年十月份，陈亚安的签证已经过期，可是还没有离境。因此时距学校放暑假还有一个多月，陈泗便向外务部提出来，他需要时间为儿子离境预订船票，而学校的课程也刚好在余下的个把月就可以完成，希望再将签证延期一个多月，便可使此事得以完满。外务部秘书衡量形势，也意识到学校的暑假即将到来，便顺势给陈泗一个台阶下，再给陈亚安展签六个星期，有效期至十一月中旬。事实上，这一个多月的缓冲期对于陈泗来说是很重要的，因可以给人造成一种他凡事皆要做得合乎规定的印象，这样一来，以后他再向外务部提出申请，便有了良好记录，比较好说话。于是，十一月二十七日，结束了在圣三一文法学校课程学习的陈亚安，告别了父亲，也向学校的老师和同学辞行，于雪梨港口登上驶往香港的"奄派"（Empire）号轮船，返回中国家乡。

果然，在亚安离开澳大利亚回国半年后，陈泗再次向外务部申请儿子重返。一九一六年六月十六日，陈泗仍以要训练儿子的商业经营技能为由，为他申请入澳签证，希望能核发给陈亚安三到四年的商务签证。他的计划是，在澳给予儿子最好的培训之后，可以让他回国自行经商。当然，因他目前在香港的三家公司或商行中有股份，他更有可能的是将儿子送到那里，参与这些企业的经营和管理。但这一次，他失望了。六月二十七日，外务部秘书复函，直截了当地否决了他的申请，主要原因是其子亚安去年在商铺中打工，已被列入外务部的黑名单之中。

但陈泗仍然不死心，还在想方设法申请小儿子前来雪梨。一九一八年四月二十九日，雪梨圣公会主教区主管牧师查尔顿（W. A. Charlton）受托，代陈泗向澳大利亚内务部提出申请，表示因陈泗本人需要回国探亲和处理商务事宜，预期三年，希望能核发给亚安一份商务签证，作为父亲离开澳大利亚期间的替工，代其管理经营店铺。对于这一次的申请，内务部秘书没有直接驳回，而是先交由海关稽查官先行评估。从核查陈泗的商业活动及家人去向得知，虽然其长子早在一九一五年九月就回国探亲，因其母亲以及他本人在国内的妻子都希望他在中国多留些日子，至今未回，但陈泗还有其他的亲戚在雪梨。于是，七月十九日，外务部秘书还是以陈泗在雪梨有亲属相助，人手不缺为由，再次拒绝申请。

又是一年过去。一九一九年九月十六日，泗旺向内务部提出申请，再次以他需回国探亲为由，申请已经二十一岁的小儿子亚安前来作为替工，代他经营管理商铺，仍然是预期三年。这一次，内务部接到申请后便按照程序对是否符合规定作了核查。通过海关及警察局的了解，陈泗的长子亚胜已在去年六月份便结束在中国探亲，返回了雪梨，也回到父亲的和利公司的店铺中工作；但此时整个公司的雇员人数已非高潮时可比，只剩下六名雇员，亚胜回来后主要负责店铺和员工的管理；而陈泗真正需要的是小儿子亚安来负责收银和账目，这是亚胜能力无法顾及的部门。就陈泗以及他的在香港有投资股份的商行董事们的意见，只有专人比如亚安这样的人来全权负责这一块，他们在公司中的利益才能得到充分的保证。后面的这个理由极具说服力，打动了内务部长。十月一日，内务部长批给了亚安三年入境签证。该项签证的条件是：首先，陈泗需向海关缴纳一笔一百镑的保证金；其次，该签证自亚安入境之日起算，每次签发

十二个月，然后每年可申请续签，直至三年期满；再次，陈泗需在其子抵达雪
梨之后三个月内离境回国，在这三个月时间里，他可以妥善地将有关商务事项
交代给小儿子并予以适当的训练，而在陈泗结束中国探亲回来后的三个月内，
亚安也必须离境回国。内务部秘书当天便将此批复通知了陈泗，也将批件副本
送交雪梨海关备存，以便亚安入境时核对。

陈亚安申请赴澳留学前后花费了五年时间，方才获批，最终得以赴澳，
总计留学时间不到五年；此后，其父为了再申请他入境，又耗费了四年时
间，方才为时年已经二十一岁的他拿到了入境的商务签证。只是他的留学档
案到此中止，此后在澳大利亚档案馆里再也找不到他入境的信息。

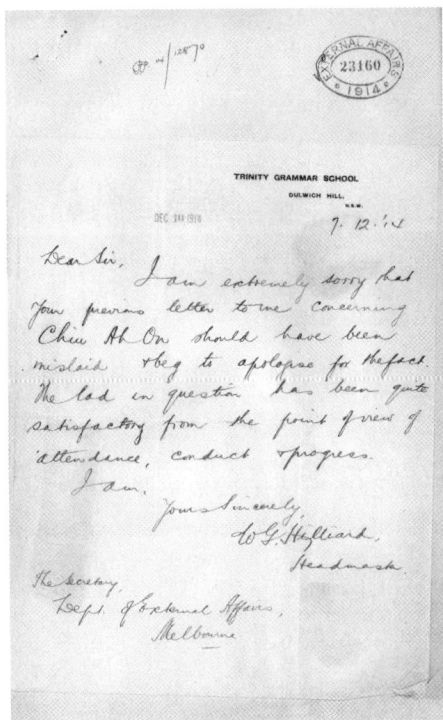

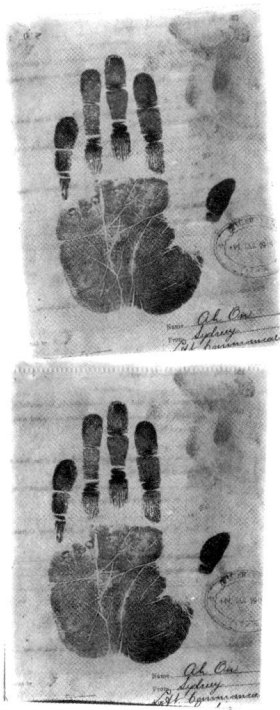

左为一九一四年十二月七日，三一文法学校校长给外务部提供的陈亚安在校表现与学业成绩报
告；右为一九一五年十一月二十七日，陈亚安离境时在雪梨海关留下的手印。

档案出处（澳大利亚国家档案馆档案宗卷号）：

Ah On Ex/C Permission to enter Australia，NAA：A1，1919/13563

谭亚祁、谭亚安兄弟

广东

Ham Ah Ging（[谭亚祁，译音]，又称为Ah Shing[亚盛，译音]）与Ham Ah On（[谭亚安，译音]，也称为Wing Shin或Wing Shing[永盛，译音]）[1]是兄弟俩，前者生于一八九九年，后者一九〇二年出生，先后赴澳留学。兄弟俩虽然年龄只相差三岁，但赴澳留学的年份前后却相差有十年之久。

兄弟俩的父亲名叫George Ham Show Ping（谭兆平）。除了本文所据档案中涉及的之外，在澳大利亚国家档案馆中无法查找到与其英文名相关的个人资讯，由是，对于其何时远赴澳大利亚谋生，不得而知。从本

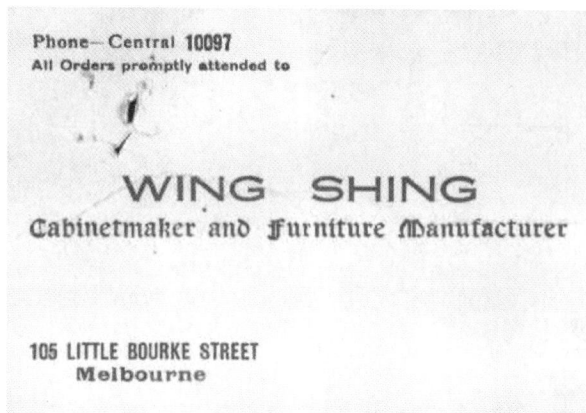

永盛木业的名片。

---

[1]　上述二人的姓氏"谭"系译音，根据目前在澳大利亚国家档案馆里查阅到的两份从广东省台山县赴澳留学的档案宗卷，这二位留学生的姓氏显然应该还原为"谭"（Ham）。一位是新宁(台山)县新昌村的谭锦(Ham Kim)，一九二一年赴澳留学；另一份是新宁县庇厚村的谭孔儒(Coon Yee)，虽然他的姓氏在申请时没有列上，但其监护人和担保人是他的祖父谭开令(Ham Hoy Ling)。这可能是在当地新宁(台山)话里，Tam和Ham可以互换。详见：Kim, Ham - Student's passports, NAA：A1, 1925/24465；Yee, Coon - Student passport, NAA：A1, 1926/17196。有鉴于此，上述亚祁和亚安兄弟俩也极有可能是新宁(台山)人，至少其籍贯是四邑地区。

宗卷档案中得知，一九一〇年前后，谭兆平已经在域多利省（Victoria）美利滨埠（Melbourne）唐人街开设一间家具厂，名为Wing Shing Cabinet Furniture Manufacture（永盛木业），并已经营多年。从同一时期也在美利滨唐人街上开设的几间家具厂和木器店铺，比如林南（Lim Nam）和林立福（Lim Lip Fook）合股的林永和木铺（Lim Wing War）、赵扶（Chew Foo）所经营的枝隆木铺（Chee Lung & Co.）、伍于根（Yee Kin）设立的广和号木铺（Kwong Wah）、以及林添会（Lum Tim Heung）和林就（Lum Chew）兄弟俩经营的豪兴号（Horp Hing）家具行，①他们都是在十九世纪八十年代到九十年代初就来到了澳大利亚发展。推测起来，谭兆平也应该是上述年代便已漂洋过海到了美利滨，并很快立下了脚跟。而且，上述这些家具行的东主，都是新宁（台山）人，根据粤人宗亲乡人抱团发展的特点判断，谭兆平也很有可能是新宁人，至少也是来自四邑地区的。

考虑到大儿子亚祁已经年满十周岁，谭兆平觉得是可以将其申办到澳大利亚接受几年西方教育的时候了。于是，在一九一〇年一月，他备函向澳大利亚外务部提出申请，希望准其儿子前来澳大利亚留学三年，学习西方文化和知识。为了保证申请能够成功，谭兆平在递交申请时，向当时在美利滨唐人街传教并与政府部门关系较佳的著名华人循道会牧师梅灵（James Moy Ling，或Lee Moy Ling）②求助，由后者代为办理此项申请。

---

① 见：Lum Jock Wah - student passport，NAA：A1，1929/1359；Lim Yim NAU - Student passport，NAA：A1，1927/10132；Chew Ning - Students Passport，NAA：A1，1929/7426；Ung Hue Yen (Willie Kim) Students passport，NAA：A1，1931/7430；Lum Wen Khoey Ex. Cert. Exemption Certificate，NAA：A1，1917/9644。

② 梅灵是广东人，生于一八三二年一月二日，卒于一九一一年二月二日。他在一八五六年便从香港来到澳大利亚新金山，开始了其在澳的谋生和传教事业。因在赴澳前便已谙英语，他先是去到域多利的金矿区戴尔斯福德镇(Daylesford)给当地华工充当译员，并于九年后在该镇皈依基督教的循道公会。此后，他被派往附近的卡索曼镇(Castlemaine)、品地高埠(Bendigo)传道。一八七二年，他去到美利滨，因自称是四邑新宁人并获得认可，遂在唐人街上的冈州会馆里设立了一间华人循道会教堂。此后，他一直活跃于美利滨华人社区，充任当地华人教会的牧师，并与当地政府建立了良好关系，直到其去世前，他一直担任华人教会联合会会长一职。见：Chinese-Australian Historical Images in Australia，"Moy Ling, Rev. James (1832 - 1911)"，Published by Chinese-Australian Historical Images in Australia，11 November 2005，http://www.chia.chinesemuseum.com.au/biogs/CH00046b.htm。

或许是出于名人效应，外务部接受申请后很快就予以审办。二月十日，美利滨海关便通知梅灵，希望他向外务部确认，如果亚祁来到，准备将其安排进入哪一间学校就读。梅灵知道申请签证有望，立即去到天主教会在美利滨城里东山区（East Hill）主办的圣匹书馆（St. Peter's School）接洽，拿到其录取信，四天后寄往外务部备查。外务部接获录取函，加上从海关报过来的核查信息，表明谭兆平的生意稳定，经商公道，没有不良记录，遂很快批复申请，期限是三年，但按照规定，每次签证有效期为十二个月，到期可申请展签，直到三年期满。三月十日，外务部秘书将批复决定通知梅灵，由其转告谭兆平安排其子尽快前来；同时将此决定备份转送美利滨海关，让其做好通关准备。谭亚祁的家人接到获签通知后，遂通过在香港的金山庄，为其赴澳办理各项出国文件并安排船期。三个多月后，谭亚祁便从香港搭乘"衣士顿"（Eastern）号轮船，于一九一〇年七月二十六日抵达美利滨。

在父亲的家具厂稍事休整后，十一岁的谭亚祁便注册入读圣匹书馆。此后三年书馆向外务部提供的例行报告中，对谭亚祁的评语都很简单，几乎没有变化：正常出勤，学业令人满意。正因如此，到一九一三年七月他的三年留学签证到期后，当其父谭兆平通过梅灵牧师的儿子向海关提出展签时，外务部并没有留难，而是按例核发了又一个十二个月的展签。

可是就在获得展签之后不久，进入四年级课程的谭亚祁就在七月底离开了圣匹书馆，直到十月二十二日，校长方才将此事知照外务部，但并未告知他的去向。按照惯例，中国留学生要转学，必须先知照外务部并获得准允，才可以正式采取行动。谭亚祁显然是违规了，而且还不告诉去处，因此外务部秘书接到报告后立即行文美利滨海关，请其对该留学生行踪予以核查。外务部最为担心者，是外国留学生利用留学签证出外打工，这是绝对禁止的。海关接到指示，便紧急行动起来。两个星期后，在紧靠美利滨内城北部加顿埠末士准士学校（Rathdown Street State School, Carlton）找到了这位中国学生。经了解，得知谭亚祁离开圣匹书馆之后，就转学到公立的末士准士学校读书，并在此给自己取了一个英文名，叫做维克多·盛（Victor Shing）。在过去的三个月里，他的表现一如此前在教会学校。由此可见，他除了转学没有知会外务部，在其他方面还算非常守规矩。有鉴于此，外务部只是指示海关向谭兆平宣示规矩，嘱其不能再犯同样错误。由是，到一九一四年七月，外务部根据其在校良好表现，再次给予谭亚祁一年展签，但表示这是最后的展签，到期后就要按照规定回返中国。

到一九一五年六月谭亚祁的签证即将到期前，其父通过海关再次向外务部提出展签申请。但这一次外务部没有同意，于七月六日批复说，一俟签证到期，亦即在二十天之后，谭亚祁就必须离境回国。就在这个关键时刻，谭兆平向中国驻澳大利亚总领事馆求助。此时的总领事是曾宗鉴，他了解到情况后，便于七月十七日致函外务部秘书，为谭亚祁继续求学申请额外的一年签证。他表示，鉴于这位学生在此获得了较好的教育，也表现良好，准备近期升学进入苏格兰书院（Scotch College）念书，其父愿意再为他去海关缴纳额外的一百或者二百镑保证金，只要外务部核发他另外的一年留学签证，从而使之在澳留学达到六年，此后他将再也不申请展签，并保证到期便会让儿子返回中国。同时，谭兆平也找到末士准士学校校长，由后者致函外务部秘书，为他的这位中国学生继续留学求情。但是，外务部长并没有给曾宗鉴总领事面子，也不理会当地校长的说情，于七月二十六日拒绝了申请，并再次表示，谭亚祁必须在八月八日之前离境。

谭兆平仍不甘心，还想最后一搏，便恳请梅灵牧师的儿子通过其认识的联邦参议员出面说情。八月七日，参议员朱俊英（T. J. K. Bakhap）[①]直接找到外务部秘书，要求他尽可能为这位中国留学生的继续求学创造条件。为此，外务部秘书表示，除非满足下列三个条件，谭亚祁才能留下来继续读书：

① 这位参议员的全名是：Thomas Jerome Kinston Bakhap (1866—1923)，出生于澳大利亚域多利的巴辣辣埠(Ballarat)。他的母亲是欧裔，在生下他时系单身；两年后，邂逅从广东省新宁(台山)县来此淘金的华工George (Gee) Bak Hap (朱百合)并嫁给这位中国人。由此，他便随继父的名字Bak Hap作为姓氏，最终合并成Bakhap。早年他曾被继父送往广东家乡多年，学会了广东话，也懂中文，遂取了一个中国名，是为"朱俊英"。从中国回到澳大利亚后，因他省(Tasmania)发现锡矿，朱俊英便随父母去往该岛，长大后做锡工，因谙华语，便与其同母异父的弟弟一起充任当地华工之译员，成为许多华工的朋友。在一九〇九至一九一三年间，当选他省下议院议员；而从一九一三年起，成为澳大利亚联邦参议院参议员，任期十年，直到去世。详见："BAKHAP, Thomas Jerome Kingston (1866–1923)"，in *The Biographical Dictionary of the Australian Senate*，vol. 1，1901-1929，Melbourne University Press，Carlton South，Vic，2000，pp. 252-256。

（一）必须全日制上学；（二）到期后不再继续申请展签；（三）其父即监护人须向海关缴纳额外的一百镑保证金，确保其子到期后必须离境归国。事实上，上述条件也就变相地同意让这位十六岁的中国留学生继续留在澳大利亚上学。随后，外务部秘书便将此事向外务部长汇报以获得其最后授权，同时也指示海关按照程序准备发放签证。

就在责成海关核查谭兆平的财务状况以审查上述申请的节骨眼上，八月十日，外务部接到了海关稽查官员葛礼生（J. Gleeson）的一份报告，称谭兆平曾经参与大宗的鸦片交易，从英国进口价值高达一千三百多镑的鸦片。当时，无证经营鸦片属于违法，外务部对此报告极为重视，遂于八月十九日将此事交由检查官贾伯瑞（F. W. Gabriel）作进一步核查。八月二十五日，贾伯瑞向外务部提交了核查报告，否认谭兆平有参与大宗鸦片交易之事。因为他接到任务后，立即查阅了谭兆平过去几年的全部银行记录，也致电过英

澳大利亚联邦参议员朱俊英（Thomas Jerome Kinston Bakhap）照片。

国相关机构，以追踪相关的交易数额及运输物品，根本就没有发现存在任何的这方面转账记录，所谓的鸦片交易纯属子虚乌有。他也将谭兆平的银行交易记录备份给外务部，作为上述报告的附件，建议可以考虑给予其子展签，以便继续其学业。最终，外务部长接受了核查官贾伯瑞的意见，当然也是看在同僚朱俊英参议员的面子上，于八月二十七日批复了展签申请。

当中国驻澳大利亚总领事馆与外务部交涉展签事宜之时，事实上谭亚祁已经在七月九日就从末士准士学校退学，三天后，转学进入苏格兰书院，念小学的最后一年课程。他准备在此结束小学课程，然后直升中学。很快，大半年就过去了，谭亚祁按部就班地上学，平安无事。

到了一九一六年三月，眼见距离他的签证到期只有三个月，按照签证条

件，谭亚祁必须要离开澳大利亚回国，可是，此时他刚刚准备进入中学，还想在此将课程读完，以便回国时能有一个较为完整的学历。在这种情况下，谭兆平再次求助梅灵牧师之子，还是由后者通过参议员朱俊英出面，为其子继续留学求情。既然已经帮了一次，再帮一次也无妨。朱俊英于三月十六日先给外务部秘书谈了此事，然后在二十九日，再直接致函外务部长，请其对谭亚祁予以特别关照，让他可以继续在澳学习，以完成学业。在这种情况下，为了不拂这位参议员的面子，外务部长就不得不予以考虑，表示待接到苏格兰书院五月份递交上来的例行报告后，看其表现如何再做决定。这样的表态，已经说明其态度有所松动，此前的签证条件还有可能再议。根据书院的报告，谭亚祁尽管不能说是一个非常聪颖的学生，但学习认真，总是想方设法完成作业，算得上是潜心向学的好青年。这一份报告对谭亚祁的评价无论如何都比较正面，完全符合继续读下去的条件，当然也给外务部长提供了一个就坡下驴的台阶。为此，六月一日，外务部长推翻了此前的决定，再次准允这位中国学生展签，可以留在当地学校继续求学；而且这一决定已经取消了此前规定的一年到期后必须离境归国的条件，预示着他到期后还可以继续申请展签。此后，书院提供的例行报告一直都很正面，到一九一七年时，还是在参议员朱俊英的干预下，他再次获得展签。

下一年的年中，又面临着谭亚祁签证要到期了。一九一八年六月二十四日，谭兆平以自己的名义直接致函已经从外务部那里接管外侨留学事务的内务部长，为儿子申请展签。他在信中表示，儿子所受到的西方教育仍然不够完整，希望能够继续完成这一教育；而此时中国仍然是一个未曾完全实施现代教育的国家，且绑票盛行，即许多人对像他这样能供给子女赴海外接受教育的家人十分仇恨，随时窥视着其家人，威胁着家人的生命安全，故在这样的情况下，还是要让儿子先读完书才走向社会。正好此时苏格兰书院的例行报告也送到了内务部，报告显示，谭亚祁在学习上已经开始摸到了一些窍门，此前因不太聪颖以致虽然用功读书但进展不大的情况，由此而有所改变，表示他很快便可以完成在该书院的学业。在这样的情况下，内务部长觉得没有任何理由拒绝其继续读书。于是，两天后，内务部长就批复了谭兆平

的申请，准允其子谭亚祁继续在澳求学，为他核发了另外的十二个月的留学
签证。

在接下来的一年里，谭亚祁的英语有了长足进步，达到了在学习和工作
场所都可以流利地与人自由交流沟通的程度，由此也让他在学习上有了很大
的自信，学业上有很大的进步。在这种情况下，到一九一九年七月十一日，
谭兆平再次致函内务部秘书，申请儿子下一年度的展签；与此同时，他还是
通过梅灵牧师之子，再次由参议员朱俊英出面为之说情，如此，事情就变得
很顺利。五天后，二十岁的谭亚祁再次获得了一年的展签。

很快就过去了大半年，谭亚祁也在苏格兰书院读了四年中学。因为过
去几次都是由于参议员朱俊英的介入，使得他得以在澳大利亚连续读了十年
书，他也长成了一个大小伙子。到一九二〇年年初时，或许是家庭之原因，
比如探望母亲和祖父母；或者是到了谈婚论嫁之时，家族中早已为他物色了
媳妇，并订好了成亲的日子，总之，他需要短期回国。可是，他仍然想重返
澳洲，完成学业。于是，三月十五日，受谭兆平重托的朱俊英致函内务部秘
书，为谭亚祁之短期离境回国申请再入境签证。两天后，内务部秘书便按
照通例批复了这一申请，表明只要他在一年内入境澳大利亚，所有口岸都
会予以放行。于是，在上完一九二〇年第一个学期的课程，书院于复活节
前放假之际，在四月一日这一天，谭亚祁便从美利滨港口搭乘"获多利"
（Victoria）号轮船，离境回国。[①]

事实上，通过梅灵牧师及其家庭的关系，谭兆平不仅仅获得参议员朱俊
英对长子谭亚祁的在澳留学签证申请予以实质性的帮助，早在亚祁获得再入
境签证之前，也同样是通过这位参议员，在一九二〇年一月二十九日致函内
务部长，为谭兆平的次子谭亚安申请赴澳留学签证，意欲让其前来澳大利亚
留学，像他哥哥一样接受西方教育。既然此前外务部长和内务部长都给了朱
俊英天大的面子，这次的申请也不例外，内务部长第二天便批复了申请。

谭亚安的赴澳留学签证办理得相当轻松容易，但他并没有像兄长当年一

---

① Victor Shing [Ham Ah Ging]，NAA：J2773，479/1920。

样，得到签证的消息后立即安排行程，而是等了足足有将近一年半的时间，才动身赴澳。一九二一年六月二十八日，他乘坐从香港启程的"山亚班士"（St. Albans）号轮船，抵达美利滨口岸入境，由父亲接到其家具厂安顿下来。正常情况下，谭亚安在接到签证后之所以没有即刻动身，很有可能是要等着跟已经回国探亲的兄长谭亚祁同行，因为他回国前便已获得再入境签证，也表示要尽快返回澳大利亚继续其未竟之学业。可是，谭亚祁并没有陪着兄弟同行一起回来，检索此后澳大利亚的档案宗卷和海关记录，也没有任何信息显示出他再次返回完成学业，或者是来澳做替工[①]。也许就因为家庭的这些耽搁，最终谭亚安便独自前来。

在为谭亚安申请留学签证时，谭兆平为他安排入读的学校是长子谭亚祁曾经就读过的加顿埠末士准士学校；在过关入境时，这位十九岁的中国留学生也曾向海关表示，他要入读者是上述学校；但在当年十月份，当内务部去函该校按例询问其在校表现的情况时，却不得要领。该校在十二月八日正式通告内务部，谓这位中国学生根本就没有在该校注册，而极有可能是去了位于城里东山区的圣匹书馆。但内务部通过海关的一番地毯式搜索核查，最后确认，他仍然是在加顿埠，入读的是卡顿专馆学校（Carlton Advanced School）。可是，当内务部在一九二二年四月按例去信卡顿专馆学校，想要询问其在校表现情况时，得到的回复是，该校并没有接收过这样一位名叫"Ah On"的中国学生。无奈，内务部只好再就此事询之于美利滨海关。到五月五日，海关稽查官葛礼生方才揭开了这个谜：原来，自入境之后，谭亚安就在卡顿专馆学校入读。问题在于，他并不是以谭亚安这个名字进来的，而是在注册时就改了一个名字，叫做"Wing Shin"或者"Wing Shing"（永盛），跟他父亲的商铺是同样的名字，这也就使得无论是内务部还是学校甚

---

① 一九二六年时，谭亚祁的叔父广盛(Quong Shing)想回国探亲，特向内务部申请他的这个仍在中国的侄儿谭亚祁前来澳大利亚，代替他管理经营其位于美利滨城里小兰市地街(Little Lonsdale Street)三十六号"广盛号"(Quong Shing & Co.)家具行，为期一年，但该项申请遭到内务部拒绝。此后，在澳大利亚国家档案馆的卷宗里再也未能找到任何与他入境相关的消息。见：Victor Shing - Request by Quong Shing & Co for permission for V Shing to enter Australia – Refused，NAA：B13，1926/20835。

至海关倾力寻找几乎长达一年的时间，都无法确定他在哪里的主要原因。好在从学校的记录来看，自去年中入学以来，亚安既没有缺勤，也遵守学校的各项规定，同时在学业上的表现都很令人满意，总是按时完成各科作业。很显然，他在赴澳前便已读过一些英语，具备了一定的基础，因而学校给予他的评价还是很正面的。正好这时也就到了要给谭亚安申请展签的日子。基于此，当年六月二十四日，内务部便对其转学不再计较，而是毫不犹豫地予以批复，核发给他新的一年签证。

但好景不长，卡顿专馆学校在运行到一九二二年年底之后，就奉命关闭了。为此，在该校的学生就不得不被分散安插到其他的学校；可是，像谭安亚这样的外侨学生之去向，内务部并不掌握。于是，在次年新学年开学后不久，一九二三年二月二十一日，内务部秘书行文美利滨海关，请其核查该生最终去到了那间学校上学，并顺便报告其在校表现。三月十日，海关稽查官葛礼生报告说，直到现在，谭亚安都没有入读任何学校。导致他不去学校的最主要一个原因，是去年底以来其父谭兆平病得很严重，住院治疗了一段时间，为此，其店铺生意就交由儿子亚安代管；现在，谭兆平即将康复出院，据其透露，待其回家之后，其子将会把生意交还，然后便注册入读位于唐人街的长老会学校（Presbyterian Mission School [P. W. M. U. School]）。内务部得知上述消息后，立即指示海关，要其派人向谭家父子郑重声明，谭亚安拿的是留学签证，而不是商务签证，他必须严守规矩，立即返校入学。否则，内务部将启动程序，将其遣返。在上述压力下，谭亚安于四月十六日正式入读长老会学校，但在注册时，他用的又是另外一个名字"Tom Wing Sing，或者Thomas Wing Shing"（谭永盛，或者托马斯·永盛）。因他的在校表现良好，学校提供的例行报告也很正面，故到六月中旬，内务部仍然按例给他核发展签。

进入一九二三年下半年，谭亚安的出勤率急剧下降。一方面是其父病情反复加重，他必须兼顾父亲的病情和照看商铺；另一方面他的一班朋友要踢足球，他也是主力之一，不时地被人找去参加比赛。尽管如此，他的在校表现仍然可圈可点。按照校长的说法，是他仍然能够跟得上学习的进度。到一九二四年年初，谭兆平因久病不治，最终撒手西去，谭亚安既要处理父亲的丧事，又要忙着搬到叔父家里借住，重新安排生活，学习等各方面都深受影响。短时间内遭此大变，他出现了许多缺勤甚至旷课，但在校长施爱莲小姐（Miss Ellen Sears）的帮助下，慢慢得以回归正常，学习上仍然没有耽误。到六月十四日，他致函内务部秘书申请展签，希望能在美利滨继续留学。内务部本来对其旷课行为比较失望，也准备拿这个出来说事，但长老会学校校长施爱莲小姐给内务部写信，力陈这位学生的旷课都不是故意的，是在特殊情况下的无奈之举，况且他已经用自己的在校表现和成绩表明自己是十分渴望学习，努力赶上所落下的课程，希望最终在此完成学业。经一番衡量和内部讨论，最后内务部达成共识，认可这位中国学生的求学愿望，于六月二十三日同意核发十二个月的展签给他。此后的一年时间里，他学习仍然很刻苦，但身体健康则出了一点问题，大概是受流感影响，病了几个星期，也由此影响到其出勤。当他于一九二五年七月九日向内务部申请展签时，仍然获得长老会校长力挺，因而于七月二十三日再次获签。但当时内务部已经明确表示，这将是给他的最后一次展签。

也可能是受此前流感的影响，在余下来的一年里，谭亚安仍然病得不轻，经常需要请假看医生；尽管如此，他还是尽其可能地学习，其努力也获校长施爱莲小姐的认可。到一九二六年上半年时，因身体健康慢慢复原，他的出勤逐渐回复正常，各科成绩也有了很大进步，频受校长表扬。为此，在六月份到来时，他继续向内务部申请展签，但这一次的申请却不是很顺利。最主要的原因是：这一年，他已经年满二十四周岁，达到了中国学生在澳留学的最高年限。按照一九二一年开始实施并经修订在今年中执行的《中国留学生章程》的新规定，中国学生在到达二十四周岁之后，须中止其在澳之学习，尽快地安排船期回国。校长施爱莲小姐认为他是个好学生，但中学课程尚未完成，便直接去到内务部说情，希望能让他留在学校读完这个学年。内务部秘书觉得这样有违规定，但考虑到第二个学期将于九月份结束，就采取折中态度，于六月二十一日决定，只给其延长签证三个月，即有效期至九月二十八日。他在给施爱莲小姐的复函中表示，这已经是给予这位中国学生的特别照顾。三个月之后，谭亚安再向内务部提出申请，希望能将签证再展期三个月，以便他完成今年的学业。内务部秘书征询施爱莲校长的意见，后者大力赞赏这位学生，表示他是刻苦认真读书的青年，应该满足他的这个要求。最后，内务部秘书决定将其展延到年底，即有效期到十二月三十一日止。这一次，他特别强调指出，这是最后的决定，签证到期后，谭亚安必须安排就近离港的轮船回国。

就在年底学校即将结束课程进入暑假之际，谭亚安将自己的情况告知中国驻澳大利亚总领事魏子京，希望得到他的帮助，继续留在澳大利亚。魏子京总领事心里明白，以亚安现在超过了二十四周岁的年龄，已经无法再向内务部申请任何展签，何况此前内务部已经对他格外的关照，让其特别展延了一年的签证；但他面对这位极力想留在澳大利亚的中国青年，又不忍心拂其意，遂表示可以通过其他途径来试试运气。亚安的叔父谭广盛早在年初便试图申请亚安的哥哥亚祁前来美利滨，作为他的"广盛号"家具行的替工，代为经营管理其生意，好让他可以安心回国探亲，但遭到了内务部拒绝，广盛本人也因此未能按期回国探亲。为此，魏子京总领事建议由亚安作为叔父的商铺替工，让广盛回国探亲，以一年为期。对此，广盛和亚安叔侄皆表赞同。十二月九日，魏总领事致电内务部秘书表达了此意，为其申请一年的商务签证。但此议当即遭到了内务部秘书的一口回绝，表示内务部长根本就不会对此松口，告诫他还是尽早安排谭亚安回国为宜。

事到如今，看来是无计可施了，谭亚安做好了随时离境的准备。但魏子京总领事对此并不气馁，仍在想办法为使谭亚安能多留澳大利亚一年寻找借口。一九二七年一月七日，魏总领事再次致函内务部秘书，仍然为亚安申请为期一年的商务签证。在这次申请中，他除了列出"广盛号"家具行，还增加了另一间位于城里海华巷（Hayward Lane）十号名为"广兴号"（Kwong Hing and Co.）的家具行，表示要让谭亚安作为这两间家具行的替工，一方面是让两间家具行的东主得以回国探亲，另一方面也是因为他的父亲生前在这两间家具行里都有股份，他也就此能参与管理已故父亲当年所投资的生意。他特别指出，两家具行过去每年的营业额都超过两千镑以上（分别为两千五百镑和两千镑），经营较为成功，但因其东主多年来都想回国探亲而未成，主要是因为未能找到合适的人代为管理经营，一直无法成行；而谭亚安中英文俱佳，且熟悉澳大利亚情况及营商环境，将是他们的最好替工。尽管在这次申请时，魏总领事也一并附上那两间家具行的年税报表副本作为支撑的依据，但并没有打动内务部秘书。与此同时，长老会学校校长施爱莲小姐也致函内务部秘书，表示以谭亚安的能力，完全可以胜任上述两间家具行的经营管理工作，然而她的支持也同样没有说服内务部秘书。一月二十一日，内务部秘书复函，以内务部长维持原议为由，再次拒绝申请。而在魏总领事为其提出申请的同时，谭亚安本人也只身去到美利滨海关，拜见相关负责人，希望给自己争取一年的展签，亦同样遭到当面拒绝，并要求他立即动身离境回国。

因谭兆平在"广兴号"和"广盛号"家具行拥有股份，死后便由其子谭亚安继承。既然作为替工的签证申请遭到拒绝，那如何处理其在家具行中的股份并将其兑现便成为一个问题。随后，魏子京总领事在和谭亚安及上述两间家具行东主商量之后，便向内务部提出，希望能给予这位年轻人三到六个月的延期签证，让他将在"广兴号"和"广盛号"家具行中的股份或者财产卖掉，然后便可以毫无牵挂地回返中国，而两间家具行的东主也可以拿着他们的钱，告老还乡。事实上，此时的"广兴号"最主要的财富就是一批制造家具的原木，价值为六百镑。因市场的萎缩，生意较为清淡，该家具行除了东主之外已经没有其他雇员了；因此前在父亲病重住院期间曾代其管理经营过家具厂，谭亚安当时就学会了如何操作工具制作家具，因此，他预计在六个月的时间里可以将这些原木处理掉，包括将其中一些制作为各种不同用途的家具。经内务部与谭亚安以及中国驻澳大利亚总领事馆之间几个月的公牍往返，一九二七年四月一日，内务部长最终同意，将谭亚安的展签延期到六月三十日。尽管此时距签证的到期只有三个月的时间了，但毕竟表明他此时的滞留在澳具有了合法身份，而他早从这一年的年初开始，就已经开始对库存的家具和原木进行抛售变现了。

然而，理想和现实是有很大一段距离的。虽然世界性的大萧条是在一九二九年爆发，延续到二十世纪三十年代初的几年，但就澳大利亚的家具业市场而言，在一九二七年便已经开始变得冷清起来了。到六月底，"广兴号"的库存家具低价售出的也不多，而那些原木也很滞销，远远达不到期望的销售量，如此，资金的回笼就变得遥遥无期。七月初，谭亚安去到美利滨海关办公室，将上述困难和盘托出，表示按照现在的局势和市场状态，还需要另外的六个月时间方才可以达到目的，也才可以解决回国的盘缠等相关问题。海关自然也很清楚市场的动态，对他提出的要求深以为然，遂将此问题提交给内务部秘书考虑。内务部秘书也了解市场动态，对此表示了理解，遂将此问题交由内务部长决定。内务部长在无可奈何下，遂于七月七日决定，再将谭亚安的签证展延到年底。但内务部长特别强调说，到期后他的签证绝不再续，不管到时两间家具厂处理得如何，他都必须立即离境。

对于谭亚安来说，这增加的半年时间是很重要的，他可以更好地处理那些存货和原木。只是档案宗卷中没有与此相关的交易记录，甚至也没有任何与"广兴号"家具行相关的宗卷，因而无法知道他在此期间如何处理这些生意。但可以知道的是，美利滨海关一直在关注着他的动向，也希望签证到期后他能按规定立即离开。到了一九二八年年初，海关稽查官葛礼生与谭亚安见面了两次，督促他尽快离境，但他表示要向内务部再申请展签三个月，因为"广兴号"和"广盛号"的存货等已经找到买主，因成交程序的问题需要拖延一下，故需要耽搁另外的三个月左右的时间。可是，由于此前谭亚安已经以各种各样的理由滞留此地，海关人员普遍认为他是在欺骗内务部，因而在提供其动向报告时，也说了他们的看法。内务部秘书了解到这种情况后，也通过其他途径了解到现在两间家具行的存货大约还有价值七百至八百五十镑的货品，如果将其交由拍卖行公开拍卖的话，尽管价钱可能会被压低很多，但生意交割还需要一定的时间，而驶往香港的船期也有一定的间隔，经充分斟酌考虑之后，表示最多可以准允其延至一九二八年的二月底离境。

尽管海关人员对谭亚安抱有拖延时日的看法有一定的道理，但他毕竟也是在尽心尽力地结束生意，想把它们卖一个好价钱。只是因为世道不好，经商困难，他也是无能为力。也许是最终接受了公开拍卖这种形式，二十六岁的谭亚安很快地结束了两间家具行的生意，收拾好行装，于一九二八年三月十日在美利滨港口登上驶往香港的"彰德"（Changte）号轮船，离开了留学近八年的澳大利亚，返回家乡。[①]至于广盛号和广兴号东主是否也在拿到了公司售卖后变现的钱财一并回国，档案没有予以说明。

谭亚祁和谭亚安兄弟的档案到此中止，此后澳大利亚入境记录中再也查找不到与他们相关的信息。

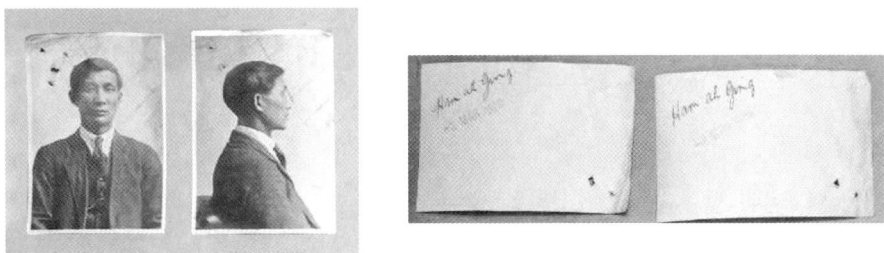

谭亚祁读书期间的照片。[②]

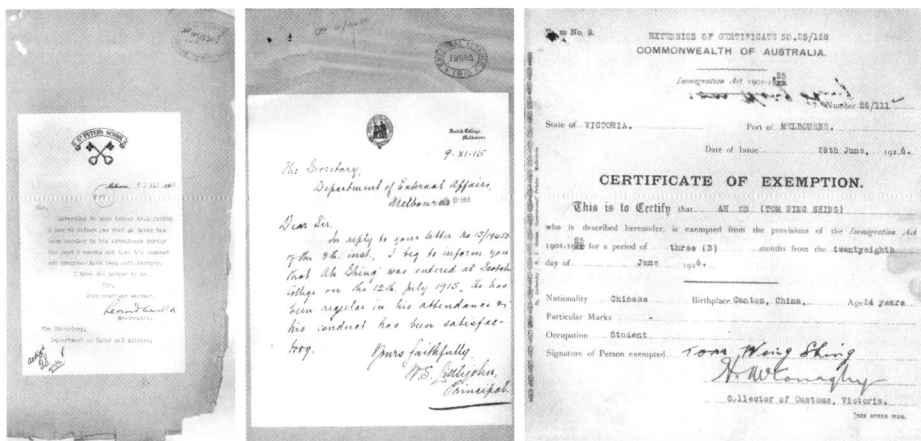

左：一九一二年十一月七日，圣匹书馆馆长给外务部提供的有关谭亚祁在校表现的报告；中：一九一五年十一月九日，苏格兰书院院长提供给外务部有关谭亚祁在校表现的例行报告；右：一九二六年六月二十九日，美利滨海关给谭亚安签发的展签三个月的免试纸。

---

① Tom Wing Shing - Departure from Thursday Island per "Changte" March 1928，NAA：B13，1928/8091.

② Photographs of Chinese Children admitted for education purposes，NAA：A1，1920/7136.

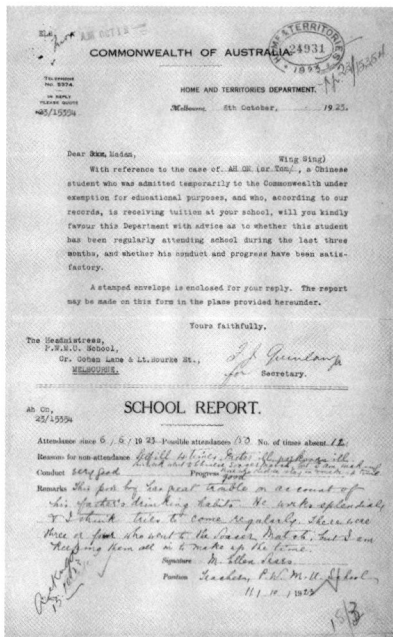

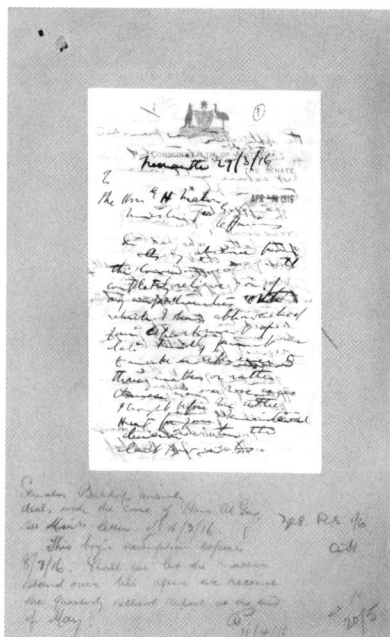

　　左为一九二三年十月十一日长老会学校校长施爱莲小姐提供给内务部有关谭亚安在校表现的例行报告；右为一九一六年八月二十九日，朱俊英参议员给外务部长的便笺，为谭亚祁申请下一年度的展签。

档案出处（澳大利亚国家档案馆档案宗卷号）：

Ham Ah Sing & Ah On Ex/C's，NAA：A1，1926/20120

许志德

广东

在一八九〇年左右，一对从广东家乡来到澳大利亚发展的许姓兄弟，在美利滨（Melbourne）唐人街（亦称小博街[Little Bourke Street]）一百七十三号开设了一间商行，名为"广泰盛"号（Quong Tie Shing & Co.），销售土洋杂货及果蔬产品，进口土货。商行的主要股东就只有他们兄弟俩，[1]哥哥名Ah Lock（许亚乐，译音），生于一八六一年十二月十日，一八八五年六月便来到澳大利亚；[2]弟弟名Hoey W Gin（许振），生于一八七五年，[3]因档案中未有列明其具体入澳的年份，根据当时粤人赴澳发展时兄弟联袂以及乡亲同行的特点来推测，他也许是当年与兄长同来，即由兄长带着一起来到澳大利亚寻找机会的；或者是在兄长抵澳几年站稳脚跟后，他也正好成长为少年时，再听从兄长召唤而来到这块土地。无论如何，商行开业后，便由许振担任司理，可能是因为他年轻，英语学得较快较好，比较容易在华洋两界联络

---

[1] 据另一份档案，Sing See (盛泗，译音)也是"广泰盛"号股东之一，他或者也是许氏兄弟的姐夫或者妹夫。如果说许氏兄弟是主要股东，那么跟他们前后脚来到美利滨发展的亲戚加入进来帮忙，并成为小股东，也是很常见的事。详情查阅本卷"满焕"一文。档案可见：Moon Fon - Extension Certificate，NAA：A1，1915/16711。

[2] LOCK Ah：Nationality - Chinese：Date of Birth - 10 December 1861：Arrived June 1885：First registered at Little Bourke Street，NAA：MT269/1，VIC/CHINA/LOCK AH/8. 在本文所涉档案中，亚乐的正式名字是Hsu Shing Biu (许盛标，译音)。但在澳大利亚国家档案馆里，无法找到与此英文名相匹配的任何宗卷。

[3] GIN Hoey Ah：Nationality - Chinese：Date of Birth - 1875：First registered at Little Bourke Street，NAA：MT269/1，VIC/CHINA/GIN HOEY.

与沟通。因经营得法，很快便成为美利滨唐人街上有数的几家颇具影响力的商行之一。虽然档案中并没有提及许氏兄弟来自于广东省何邑，但根据当时唐人街上的商铺基本上由四邑籍的人士所经营之情况来看，他们显然也应该是四邑人。

既然经商成功，许亚乐便有了一些资本，可以回国探亲，娶妻生子。Hsu Chee Ack（许志德，译音）便是他在十九世纪九十年代回国探亲所生的一个儿子，出生于一八九九年。到其届满十一岁时，父亲许亚乐便打算将他申办到美利滨留学。一九一〇年五月五日，许亚乐委托美利滨的科洛夫与罗登律师行（Croft & Rhoden Solicitors），代向澳大利亚外务部提出申请，请领其子许志德赴澳留学签证，希望能准允他来澳留学，为期三年时间。外务部通过美利滨海关的了解，得知许氏兄弟已经在美利滨唐人街经营"广泰盛"号商行逾二十年，颇具名声，财政担保方面绝无问题；并且也经询问后得知，位于美利滨城东的圣匹书馆（St. Peter's School）将是许志德未来入读的学校。从上面的情况判断，许亚乐符合条件担保其子赴澳留学。于是，六月八日，外务部秘书便批复了申请，给予许志德入澳留学签证，期限为三年，但每次只核发十二个月签证，到期可申请展签，直至三年期满。

得到批复后，亚乐赶紧告知国内家人准备，同时通过香港的金山庄为儿子赴澳做好安排，比如申办出国文件以及预订船票等。事情进展得很顺利，不到半年，一切安排妥当。当年年底，许志德就被家人送往香港，由此搭乘"长沙"（Changsha）号轮船，南下太平洋，于一九一一年一月十六日抵达美利滨港口，顺利入境澳洲。

原本许亚乐已经联络好，想让儿子抵埠后便入读圣匹书馆，可是，当他带着儿子去到该书馆准备为其办理注册入读手续时，却被告知，因学位额满，今年这一年已经无法安排其入读，到明年时稍微缓和时，可以为其留下一个就读的位子；而鉴于此时的许志德没有任何英语基础，又是初来乍到，遂建议他在今年去就读所罗门小姐学前班优等学校（Miss Solomon's Kindergarten Advanced School），先学习和掌握基础英语，意即先补习英语。既然如此，许志德只好接受这个建议，入读位于城边卡顿区（Carlton）的这间学校。随后，外务部通过律师得知其转学的原因，也予以批准。根据所罗门小姐提供的例行报告，许志德从不缺勤，学习认真，到一九一一年年底，其英语能力已经有了很大的提高；与此同时，他也在这里给自己取了一个英文名，叫做Charlie Lock（查理乐），即以父亲的名作为姓，让其看起来像是一个比较西裔化的名字，目的是让自己能与当地学生打成一片。

不过，圣匹书馆没有食言，于一九一二年五月十三日接受了许志德的转学，入读该校正式课程，并将结果告知外务部。在这里，他同样是遵守校规，学习勤奋，各项学业和表现都令人满意。到一九一三年年底，在其三年留学签证即将到期之前，许亚乐再向外务部申请儿子额外的三年签证。鉴于许志德的在校表现良好，十二月十五日，外务部批复了上述请求。于是，许志德便按部就班地在圣匹书馆又波澜不惊地读满了三年。而在此期间，其表兄满焕（Moon Fon）因在一九一二年来到美利滨处理亡父在"广泰盛"号的遗产继承事宜，也顺势在次年得以留下来读书，同样是就读圣匹书馆，与他同学了两年，到一九一五年八月才离境回国。①

一九一七年一月十六日，许志德的第二个三年留学签证到期，按照规定，此时已经十八岁的他应该收拾行装，准备回国了。可是，就学业而言，他尚未完成小学课程。就许亚乐来说，当然是希望儿子能继续留下来读书，即完成小学课程后能就读中学或专科课程。于是，科洛夫与罗登律师行再次接受授权，代理申请展签的事宜。就在许志德签证到期的这一天，该律师行致函外务部秘书，表示圣匹书馆希望这位中国留学生能读完余下的一年，如果不行的话，那至少再读半年，就基本完成一个阶段的正规学校的所有课程，这对他此后的发展至关重要。鉴于外务部已经非常宽容地展延了许志德三年的留学签证，故不好意思再为这位中国留学生申请一年留学签证，但希望考虑到他的实际情况以及圣匹书馆的期望，恳请再给予他额外的六个月展签。尽管书馆也提供特别报告说明许志德在校学业优秀，各项表现令人满意，但这次外务部并没有像此前批复另外三年展签时的那样慷慨，在一月

① Moon Fon - Extension Certificate，NAA：A1，1915/16711.

十九日断然拒绝了上述申请。

既然是这样的结果，许亚乐也就无话可说，不再继续申诉，而是让儿子从圣匹书馆退学，并安排其归国的行程。于是，当年三月一日，留学六年的许志德便告别父亲与叔父，在美利滨港口登上驶往香港的"山亚班士"（St. Albans）号轮船，回返家乡，开始其新的生活。

然而仅仅过了两年，许亚乐便于一九一九年二月二十五日在美利滨病逝。如此，"广泰盛"号主要股东就只剩下许振一人。可是，作为该商号的创立者，许亚乐拥有近一半的股份，而此时"广泰盛"号的生意兴隆，在唐人街有一定的地位，因而就需要有后人前往照看其遗产，协助许振继续经营该商号。当年八月十九日，中国驻澳大利亚总领事魏子京致函内务部秘书，为时年二十岁的许志德申请五年入境签证，前来美利滨，进入"广泰盛"号参与经营工作。内务部秘书通过海关了解到，上一年七月十六日，许志德的哥哥Pak Cheong（百彰，译音）就经父亲的申请获准来到澳大利亚，加入"广泰盛"号，主要从事中文记账工作；他的签证是两年，有效期到明年七月十五日止。从海关的角度来看，虽然许百彰从事的工作看起来也很重要，但并不直接涉及商号的经营管理，然而商行到现在的规模，其发展也确实需要加强管理，从这个意义上说，曾经在此读过六年书的许志德回来加入商行工作，确实有一定的道理；但海关坚持认为，目前该商行的人手虽然紧张，但还能让许振调配得过来，不至于无法拓展业务。换言之，他们并不主张批复申请。经过内务部与海关之间几乎长达半年的讨论，最终海关的意见占了上风。一九二〇年二月二十四日，内务部秘书正式复函魏子京总领事，拒绝了许志德的入境申请。

很快又过了一年。一九二一年二月十一日，中国总领事魏子京致函内务部秘书，再次为许志德申请入境签证，进入"广泰盛"号工作。他在公函中强调，以他的理解，上次的拒签是因为许百彰仍然留在商号里工作；那么，一旦准允许志德入境，则许百彰便要离境，这是重新申请许志德的入境签证的原因之一。其次，"广泰盛"号现在的年营业额已经达到一万二千镑，进口物品的价值也达四千镑，这样的业绩本身也足以使之能申请一位海外的员工前来协助工作，何况申请者还是许亚乐遗产的继承人。由于上述理由充足，内务部秘书无法反驳，遂于两天后复函，批准许志德前来加入"广泰盛"号工作，但是签证最多只给两年。只是此项批复也有条件，即届时许百彰须在许志德进入澳大利亚后三个月内离境回国；当然，如果他在后者抵澳之前便离开的话，当局更为乐见其成。

许志德接到中国总领事馆转来的批复后，便安排好在国内的事宜，从香港搭乘"依时顿"（Eastern）号轮船，于当年八月三日抵达美利滨港口。而在他抵澳之前，他的兄长许百彰便已回国。两年后，许志德的签证到期，但无法离境，主要是"广泰盛"号业务繁多，非常需要他继续协助叔父许振经营。于是，中国总领事魏子京遂应许振的要求，在一九二三年八月致函内务部秘书，希望能再给许志德两年展签。但内务部秘书不为所动，十月二十五日回函，拒绝了这个展签，并要求他尽快搭船离开澳大利亚。十一月十九日，魏子京总领事复函表示，许志德确实有必要留下来协助许振工作，如果无法给予两年展签，那么希望能为他展延一年。十二月一日，内务部秘书回函表示，经内务部长特批，再给许志德展延六个月的签证。接到上述批复后，许志德理解为签证有效期应该是到六月一日，因为他是从批复那天起算；但实际上内务部是从八月三日起算，这样的话，就是到一九二四年二月三日到期。可是，直到这一年三月初，许志德才发现这个问题，已经根本无法按照规定如期离境。在这种情况下，三月十三日，魏子京总领事再次致函内务部秘书，将此事前因后果告知，希望能准允展延许志德的签证到六月，这样他就有较为充足的时间进行交接。内务部秘书见魏子京总领事说得也很有道理，遂于三月二十四日复函，将其签证展延到六月三十日。

一九二四年六月三十日，在办理好工作交接以及其他安排之后，二十五岁的许志德在美利滨港口搭乘"域多利"（Victoria）号轮船，告别了工作近三年的"广泰盛"号，驶往香港回国。内务部十分在意他的离境，要求海关一直监控到他乘坐的轮船在半个月后驶出澳大利亚水域最后一站，即昆士兰省（Queensland）东北角的珍珠埠（Thursday Island），方才放下心来。[1]

尽管许志德按照规定回返中国去了，但"广泰盛"号的运营和拓展仍然需要他。在许志德离开前，叔父许振就开始申请国内的另外一位亲戚前来帮忙，也已经获准，但因此前他的商号雇用了三位当地老华侨，这些人都已经上了年纪，其中两位又因回国探亲，不知何时才能回来，商号一直都处于人手短缺的状况。在这种情况下，一九二六年年初，许振再向内务部申请熟悉商号运营与管理的侄儿许志德前来工作。但在这次申请时，许振并没有用侄儿此前一直使用的本名许志德，而是用其在留学时为自己所取的英文名查理乐（Charlie Lock）。[2]过去十来年里，内务部和海关保存的许志德记录都是与其本名有关，事实上并无查理乐的任何记录（除了最早他入读所罗门小姐学前班优等学校时，相关报告中曾经提到他在学校里使用上述名字），因而也就没有对此详查，很快予以批复。

于是，一九二六年十月十日，许志德以查理乐之名从香港搭乘"太平"（Taiping）号轮船抵达美利滨，再次进入澳大利亚，重返"广泰盛"工作。内务部在批复给查理乐入境签证时，给予他一年的有效期，并特别强调，他只可以申请展签六个月。但在一九二八年四月时，许振以商号经营已有一定规模，但一直人手不足，原有老员工一直无法从中国返回，而查理乐又很熟悉商号的业务与管理为由，向内务部为侄儿申请进一步的展签。内务部经过一番审核，确认许振的商行委实需要人手，同意再给查理乐一年签证，让他继续留在美利滨工作。到一九二九年签证到期时，因商号情况没有什么变化，查理乐再次获得一年的展签。[3]

可是天有不测风云，事情突然起了很大变化。就在刚刚获得新的一年展签后不到一个月，许志德接到国内来的急信，告知其母亲病重，嘱其速归，以便母子能见上最后一面。于是，经过一番紧急安排，他便在一九二九年七

---

[1] Hsu Chee Ack - Departure from Commonwealth at Thursday Island per S.S."Victoria 16.7.1924, NAA: B13, 1924/6059.

[2] 详见: H.W. Gin Exemption Certificate, NAA: A1, 1931/1466。

[3] Application for re-admission of Charlie Lock by H W Gin, NAA: B13, 1929/3185.

月五日搭乘"天吲"（Tanda）号轮船，离开美利滨回国。①

佺儿许志德的突然回国，虽然事出无奈，许振也非常理解，但其商号人手不足的情况显得更加严重，管理和经营上捉襟见肘；他虽然把大儿子和女儿叫来帮忙，仍然还是感到紧张，再加上他本人的健康状况也每况愈下，总是感到力不从心。一九三〇年十月九日，他再向内务部提出申请，希望能核发给佺儿查理乐入境商务签证，前来协助他管理"广泰盛"号。由于近一段时期许振一直都有这样的增加人手需求，而且其商号也确实算得上有一定规模，包括进口和出口的业务，尽管后者显示的比例并不大，但海关人员对其境遇都比较同情，调查报告都比较有倾向性。于是，当年十一月三日，内务部再次批复查理乐十二个月的入境签证。

可是，一年后并没有见到查理乐入境的记录，而与他相关的档案宗卷也到此中止。

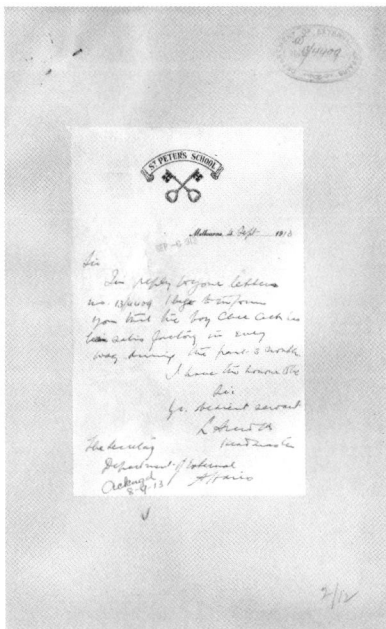

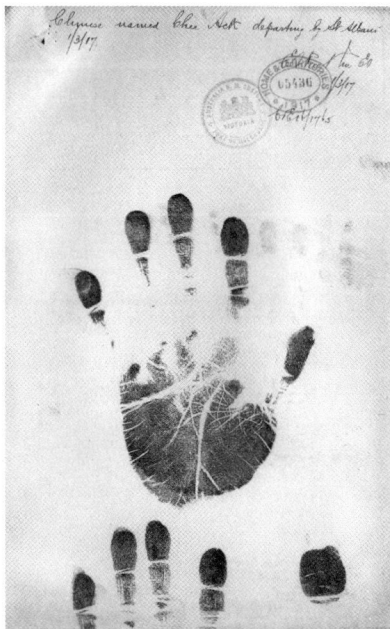

左为一九一三年九月四日，圣匹书馆提交的有关许志德在校表现的例行报告；右为一九一七年三月一日，留学六年后回国时，许志德在美利滨海关留下的掌印。

---

① Charlie Lock ex "Taiping" October 1926 - Departure per "Tanda" from Commonwealth（Thursday Island）July 1929，NAA：B13，1929/6791.

一九二一年八月十日，许志德重返澳大利亚，提交给海关的照片。

档案出处（澳大利亚国家档案馆档案宗卷号）：

Ack，Hsu Chee（aka Lock，Charlie）- Exemption certificate，NAA：
A1，1924/19797

泗丰、锦昌兄弟

广东

　　生于一八六〇年的Ah Choon（亚全，译音），[1]至少是在一八八〇年左右就从广东来到澳大利亚的他省（Tasmania）谋生。因无法查到相关档案记录，其抵达澳大利亚的具体日期不得而知，只是一份在他省德比（Derby）小镇附近的牧场主于一九〇〇年为亚全所写的证明信中，特别强调与他相识达十九年之久。据此，可以想见，他至少应该在一八八一年之前便已来到这个镇子。[2]可能也因为来澳大利亚比较早，亚全在一八八五年便得以申请入籍，成为当地公民；到一九〇一年澳大利亚联邦成立后，他就自动转化为澳大利亚公民。[3]此外，档案中对他的具体籍贯也没有说明。根据澳大利亚档案馆

---

[1] 此处的Choon，档案中只是拼音，未有其中文对应名。比照从澳大利亚国家档案馆里找到的两份宗卷里的同样拼音的对应华人名字，Choon应是"全"字。比如，来自开平县冲渡村而在域多利省亚辣埠(Ararat，Victoria)定居的梁全(Leong Choon)[见：Scong Sing - Students Passport，NAA：A1，1937/1114]，以及祖籍东莞县正佳新村而在南澳克列埠(Adelaide，South Australia)定居的陈全(Sym Choon)[见：Miss. Chun Quoy Herng - Students Passport，NAA：A1，1935/1428]。亚全的出生年份，则是来自一份他在一九一四年申请采矿执照的档案宗卷。见：Choon，Ah [male] [born Canton 1860] [district register W95/2/210]，NAA：A401，CHOON。

[2] 当地兰主慎埠(Launceston)的报纸在一九二七年四月份报道说，亚全已在德比住了四十七年。换言之，他至少应该是在一八八〇年就已经来到这里谋生。见："In Daily" in *Examiner* (Launceston)，1 Apr 1927，p. 6。

[3] 在澳大利亚国家档案馆里，以Ah Choon之名申请入籍的宗卷有五份，三份是一八八四年的，另二份是一八八五年的。如此，极有可能是他一八八四年申请入籍，到一八八五年获得批复。见：Laung Ah Choon – naturalisation，NAA：A712，1884/B10328；Letters of Naturalization - Laung Ah Choon，NAA：A801，3086；Ah Choon – naturalisation，NAA：A712，1884/B11134；Ah Choon – naturalisation，NAA：A712，1885/C3949；Ah Choon – naturalisation，NAA：A712，1885/C10408。从上述档案中也可以看出，亚全很可能姓梁(Laung)。

中可以找到的在二十世纪初年开始申请到澳大利亚他省留学的宗卷来看，来该岛留学的华人学生，基本上是来自新宁（台山）县或者开平县，比如台山县的谭锦（Kim Ham）、甄海（Gin Hoi）、甄德（Gin Ack）及开平的甄逢耀（Fong Yhue），[1]故从大概率来说，亚全的家乡也极有可能是新宁，或者说是四邑地区。

亚全在他省东北部的德比镇居住，先是当矿工，然后开店铺售卖杂货和果蔬。由于此前当过矿工，对采矿有一定的认识，待有了一定积蓄后，他也伺机购买矿山，成为矿主。[2]他经商的活动范围，遍及德比镇所属的整个灵格鲁马（Ringarooma）地区，甚至远及他省中部最大城市兰主慎埠（Launceston）。从当地与他交往及有生意往来多年的澳人商家及邮局局长所提供的几份证明信来看，亚全在当地经商以诚信著称，同时也乐善好施，[3]备受当地人尊崇。这或许也是他在当地经商较为成功的一个重要原因。在其入籍之后，没有看到他回国探亲的出入关记录，但在一八九八年，他得以回国探亲。按照当时在澳华人回乡探亲总是申请三年回头纸的惯例，亚全是在此次探亲期间以近四十岁年纪在家乡娶妻生子。就是说，假设他出国前便已经结婚生子，到此时其在国内的妻子也许早已过了育龄，无法再为他生养孩子。换言之，这次探亲的结果是，他在家乡再娶或迎纳了二房，再给他生儿育女。由是之故，他的长子See Fong（泗丰，译音）和次子Jim Chong（锦昌，译音）就分别在一八九九年和一九〇一年相继出生。就在次子锦昌出生的这一年，亚全安顿好家小后，再次返澳，回到他省德比，继续经商。

---

① 见：Kim，Ham - Student's passports，NAA：A1，1925/24465；Gin Hoi - student passport，NAA：A1，1929/7178；Gin Ack - Student passport [1cm]，NAA：A1，1927/21107；Fong Yhue - Education exemption [1cm]，NAA：A433，1947/2/2594。

② 除了上述注释(1)中提到的采矿执照之外，据当地报纸报道，亚全此前所获之采矿执照也曾在一九一六到一七年间转价抵押给他人。见："Kelly v. Ah Choon"，in *Daily Post* (Hobart)，24 Nov 1917，p. 3。而另外的报道则显示，早在一九〇一年，亚全便已拥有一个小锡矿，并在当地赢得了一场小官司，获法庭判决，由一位当地人对损坏其矿山设备给予赔偿。见："Derby"，in *Daily Telegraph* (Launceston)，26 Nov 1901，p. 4。

③ 比如，亚全经常给当地的医院(比如蘭主慎埠[Launceston]及好拔埠[Hobart])捐款。见："The general hospital"，in *Examiner* (Launceston)，15 Jul 1907，p. 5；"Thanks"，in *Daily Post* (Hobart)，20 Apr 1912，p. 2；"Public hospital appeal"，in *Examiner* (Launceston)，14 May 1927，p. 14。

一九一二年，鉴于两个儿子已经分别长到十三岁和十一岁，亚全认为是让他们来澳接受西方教育的时候了，他想让两个儿子进入当地的德比公立学校（Derby State School），或者是距此不到十公里的布朗克斯埠公立学校（Branxholm State School），读上三年左右的书，以便其日后无论是经商还是入仕，皆大有裨益。于是，六月二十五日，亚全填上申请表格，备上相关材料，也附上当地牧场主和邮局局长的证明信和推荐信，以及当地警察派出所出具的品行鉴定信，向他省海关申请两个儿子泗丰和锦昌的入境留学签证。他在信中表示，其子来此留学，将会是全日制入读当地学校，不会让他们从事除读书之外的其他任何事务；为此，他会按照海关的规定，为两个儿子入境而分别缴纳各一百镑的保证金。当地海关接到申请信后，马上告诉他说，此项入境留学签证须向外务部申请方才有效，他们无权处理。两天后，亚全再函外务部秘书，重新提出申请。

按照亚全的自我评估，以他既是矿主又是店家的身份，经济状况良好，在当地有人缘和声望，而且还是入籍的公民，外务部应该会认真考虑他的申请，给予他的两个儿子入境签证，以圆其赴澳留学梦。但是事与愿违。七月三十日，外务部秘书复函亚全，告知外务部长否决了他的申请。考虑到半年多前美利滨的雷亚盛（Louey Ah Shang）申办儿子雷俊吉（Toon Gate）赴澳留学未成功，[1]最主要的原因在于，刚刚好半年前，外务部长对此前几年该部门顺应当地华人商家要求，总是批复其在华子女前来澳大利亚留学的做法深感不满，认为这与目前所推行的严厉限制亚裔人口入境的"白澳政策"相悖，因而于一九一一年十月二十日表示，此后不再批复这些中国学生进入澳大利亚留学。[2]很显然，此时亚全的申请，正好撞到了枪口上，其结果也就在预料之中了。

泗丰和锦昌兄弟最终未能前来澳大利亚留学，而亚全则继续在德比经营

---

[1] Application for permission for Toon Gate to enter the Cmth. for Educational purposes，NAA：A1，1911/17098.

[2] Ministerial Decisions Regarding the Admission of Chinese for Educational Purposes，NAA：A1，1911-17896. 这项禁令在此后几年又有所松动，比如中国学生可以在十七岁后赴澳读书。

店铺和开矿，直到一九二七年。这一年初，已经六十七岁的亚全决定回国养老，因为此时他的两个儿子都已结婚，并且也为他添了孙子；他想回国后，以其在澳洲的历年积蓄，含饴弄孙，也是人生一大乐趣。因他在当地备受人尊重，三月二十九日，德比埠官员及当地教会牧师组织当地居民，在其临行前，特别在市政厅为他举行了盛大的欢送宴会。①

　　然而，回到中国家乡的亚全并没有待多久。仅仅是大半年后，即到一九二八年一月十九日，他又从香港乘船抵达美利滨（Melbourne），由此换乘其他海轮渡海到他省，再次返回了德比。②众街坊询其返澳的原因，他的回答是：中国比其想象的要差得太多，最主要是战乱频仍，无法平静地享受生活，还是回来澳洲好，可以多挖些锡矿。③显然，他回来还是想要做回开店和开矿的老本行生意。只是此时的亚全年近七十岁，是否仍有精力打拼，也是一个问题。此后，澳大利亚的档案和报道再也没有了亚全的消息。

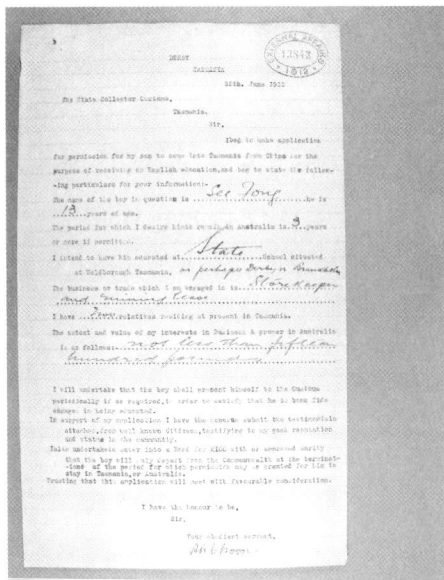

一九一二年六月二十五日，（梁）亚全填上申请表格并附上十三岁儿子泗丰的照片，向他省海关申请其长子赴澳留学签证。

① 见："Pioneers farewelled"，in *Daily Telegraph* (Launceston)，4 Apr 1927，p. 9。
② 见："Arrivals"，in *Examiner* (Launceston)，20 Jan 1928，p. 6。
③ 见："Popular Chinese resident"，in *North-Easter Advertiser* (Scottsdale)，27 Jan 1928，p. 2。

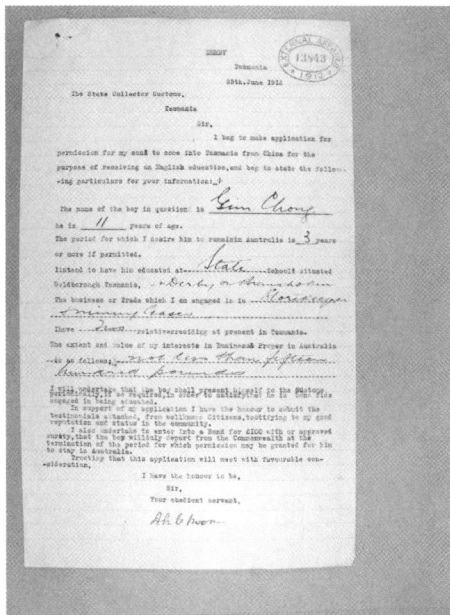

一九一二年六月二十五日，（梁）亚全填上申请表格并附上十一岁儿子锦昌的照片，向他省海关申请其次子赴澳留学签证。

档案出处（澳大利亚国家档案馆档案宗卷号）：

Application by a Chinese resident of Derby named Ah Choon for permission for his two sons，NAA：A1，1912-13843

李焕、李盛兄弟

广东

　　李彩（Lee Choy）和Tommy Lee（李添，译音）是兄弟俩，前者生于一八六六年[1]，后者生于一八七六年[2]，广东人，具体是哪个县邑人氏，档案未有提及，但根据中山县籍学生李子兆（Lee Gee Chew）的留学档案可知，李彩是他们的伯父。[3]由此可以推论，李彩和李添也应该是香山（中山）籍。在李子兆档案中，他的父亲叫做李福（Lee Foon，或写成Lee Foo），一八九八年来澳。[4]李彩是李福的长兄，最早来澳，应该是在一八八四年，并在一九〇三年以前获得长期居留权。[5]一八九七年，他的其他几个兄弟一起从广东家乡来到澳大利亚发展，于鸟修威省（New South Wales）首府雪梨（Sydney）登陆入境，李彩协助他们先是在雪梨郊区充当菜农，随即立下脚跟；在他们获得第一桶金并都获得了在澳长期居留权后，李彩兄弟合力，于一九〇三年六月三十日在雪梨城里注册成立了一间公司，叫做"泰昌号"

---

① Lee Choy [includes 6 photographs showing front and side views] [box 116]，NAA：SP42/1，C1920/3615.

② Tommy Lee [includes 2 photographs showing front and side views] [box 111]，NAA：SP42/1，C1919/7711.

③ Gee Chew Students Passport - Naturalization Certificate，NAA：A1，1931/356。

④ Lee Foon [Chinese - arrived Cairns per CHONGSHA，18 Sep 1898. Box 22]，NAA：SP11/2，CHINESE/FOON LEE.

⑤ Application for Domicile Certificate by Lee Choy，NAA：A1，1903/7084.

（Tiy Chung & Company），售卖果蔬产品与杂货。①

一九一一年年初，李彩回到中国家乡探亲。②见到自己的儿子Lee Shing（李盛，译音）已经十二岁（一八九九年出生），而兄弟李添的儿子Lee Foon（李焕，译音）与李盛年龄相若，也到十二岁了，就想将他们都办到雪梨读书。于是，他写信将想法告诉在雪梨主持经营泰昌号的李添，希望由他在那里提出申请，待批复后，他便可以在返程时携带这两个孩子一起赴澳。对此提议，李添自然十分赞成。二月二十三日，李添致函外务部秘书，直接提出要把自己的儿子李焕和侄儿李盛申请来到雪梨留学，他以泰昌号作保，承诺负担两人在澳留学期间所有的费用，并按例缴纳海关保证金，希望能核发给他们三年的签证。

外务部通过雪梨海关和警察局了解到李添和李彩等几兄弟的情况，得知他们的财务状况良好，所经营的泰昌号商铺生意稳定，交易量大，有六个雇员为其工作，属于有信用且口碑较好的商行；此外，李氏兄弟为人亦好，买卖公平，邻里关系融洽。经核查无误后，外务部便于三月二十七日批复了李添提出的申请，并完全按照所请，给予他和李彩的儿子三年留学签证。

见到签证申请如此顺利，李添急忙通知兄长，由后者在国内通过香港的金山庄为两个男孩依次办理好出国所需的文件。经大半年的奔波，待一切准备就绪后，李彩便带着李焕和李盛从家乡去到香港，搭乘"奄派"（Empire）号轮船，于一九一二年二月一日抵达雪梨。

因泰昌号坐落在雪梨中国城喜街（Hay Street）一百号，李彩在店铺里将儿子和侄儿安顿好之后，便带他们注册入读基督堂学校（Christ Church School）。该校位于雪梨城里必街（Pitt Street），与喜街只相隔几个街区，走路去上学十分方便。根据校长的报告，这堂兄弟俩总是按时去到学校上课，

---

① 根据鸟修威省档案馆(NSW State Archives & Records)保存的该省工商局注册记录，https://records-primo.hosted.exlibrisgroup.com/permalink/f/1ebnd1l/INDEX1832715，其注册股东有李氏四兄弟(Lee Choy，Charlie Lee，James Lee，and Tommy Lee)和另外三位外姓人氏。

② Lee Young，Duck You，Jan Lee，Lim Jow，James OYoung Ping，Din Wing，Lee Hong，Ah Get and Lee Choy [Certificate Exempting from Dictation Test - includes left hand impression and photographs] [box 41]，NAA：ST84/1，1911/49/21-30.

也都按时完成作业，总体而言，在校表现和学业都令人满意。就这样，李焕和李盛波澜不惊地在这间学校读了三年，直到一九一四年年底学期结束。

一九一四年六月份时，李彩曾经写信给外务部秘书，表示自己身体欠安，有各种宿疾缠身，需要治疗和修养，医生也建议他回国休息一段时间。为此，他提出在其回国期间，希望外务部能批准其子李盛停学，将留学签证转为工作签证，即作为替工代理他在泰昌号商行中的位置，亦即照看他在商行中属于自己的那份利益。但外务部经调查后得知他还有其他兄弟在雪梨，也参与经营，即便他本人不在澳大利亚，根本不需要其子参与其间，也能保证商行的正常运转。六月底，外务部拒绝了这项申请，李盛也继续和堂兄弟李焕去往基督堂学校上学。

到一九一四年年底学期结束，也就意味着李焕和李盛的三年留学签证即将到期。但李彩认为两个男孩尚未完成学业，希望他们能继续在基督堂学校读下去，便委托雪梨的一间律师行代为申请额外一年的展签。一九一五年二月三日，外务部批复了申请。新学年开学后，李焕和李盛继续返回基督堂学校念书。

基督堂学校在一九一五年第一个季度提交的有关李焕和李盛的例行报告里，还显示出他们二人的表现与之前没有太大的差别；可是八月中旬提交的例行报告则显示，在第二季度共五十三天的上学日里，李焕和李盛分别缺勤三十三天和十五天；从七月五日到八月十三日的第三季度一半的时间里，总共二十九天的上学日，李焕就缺勤十三天。事实上，他们的缺勤，一方面是逃学在城里游逛，另一方面也是在泰昌号商铺里边帮忙售卖货品。外务部秘书接到报告后，认为这两个中国学生严重违反规定，立即报告给外务部长。后者对此行为非常震怒，于九月二日取消了李焕和李盛的留学签证，责令他们立即离境。

从申请儿子和侄儿赴澳留学到他们来到雪梨后的每年展签，都是由李添主导，因此，对于他们惹下的大祸，自然也由他来处理。在接到外务部的驱逐令之后，李添意识到无法抗拒，但因自己此时也正处于商行最忙的时候，兄长李彩又返回中国去了，他便聘请雪梨的列维律师（Mr. Levy）代为转圜，希望能让李焕和李盛延至明年二月初才离境回国，因为他们年初获得的签证有效期本来就是到那个时候截止，届时他正好应付完最繁忙的季节，也会陪着他们一起回去。他表示，在这段时间里，他保证会让儿子和侄儿在学校里认真读书，完成今年余下的课程。如果为此需要缴纳额外的保证金的话，他一定如数支付。经过律师与外务部一番沟通，事情有了转机。外务部长在十月五日决定，李焕和李盛可以保持其原有签证到明年二月十二日，但李添必须再向海关缴纳一百镑作为保证金，哥俩也必须按规定重返学校念书，决不能缺勤和打工。外务部秘书同时知会基督堂学校校长，向其说明外务部长的决定，要求他一旦发现这两位中国学生缺勤和其他违规的事情，立即通知外务部。而李焕和李盛也知道事态严重，乖乖地回到学校埋头读书，期间没有惹起任何麻烦，直到年底学期结束。

一九一六年一月二十九日，李焕和李盛在雪梨港口登上驶往香港的"圣阿炉滨士"（St. Albans）号轮船，回返中国。此时，距其入境时间仅差两天就满四年。原来李添说是要与他们一起回去中国，但档案中没有提到他是否同行。

三年后，李添于一九一九年一月十三日向澳大利亚内务部提出申请，希望准允儿子李焕前来雪梨协助他经营泰昌号商铺。他表示，因兄长李彩回国至今未回，而该商行的另一位股东又在去年病逝，现在人手短缺，无人递补，全部经营管理重担落到他一人身上。为此，他恳请内务部能核发工作签证给熟悉雪梨情况的前留学生李焕，让他前来协助工作，以减轻自己的负担，维护商行的正常运行。但内务部检索此前的档案，发现李焕虽然在雪梨留学近四年，但最后的在校表现并不令人满意，签证也曾经被取消，属于当局严防再次入境的人物。于是，二月十七日，内务部秘书正式函复李添，严拒了他的申请。李焕想重返澳大利亚的希望就此破灭，此后再未见到他与李盛重新进入澳大利亚的任何信息。

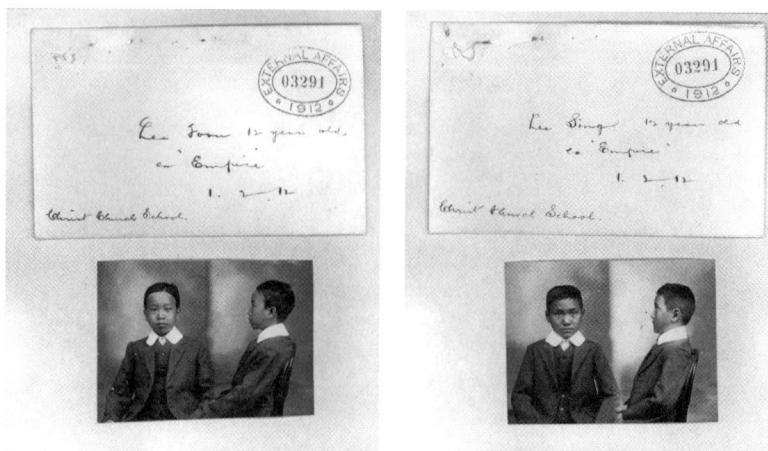

左为一九一二年二月一日，李焕抵达雪梨海关时呈交的照片；右为一九一二年二月一日，李盛抵达雪梨海关时呈交的照片。

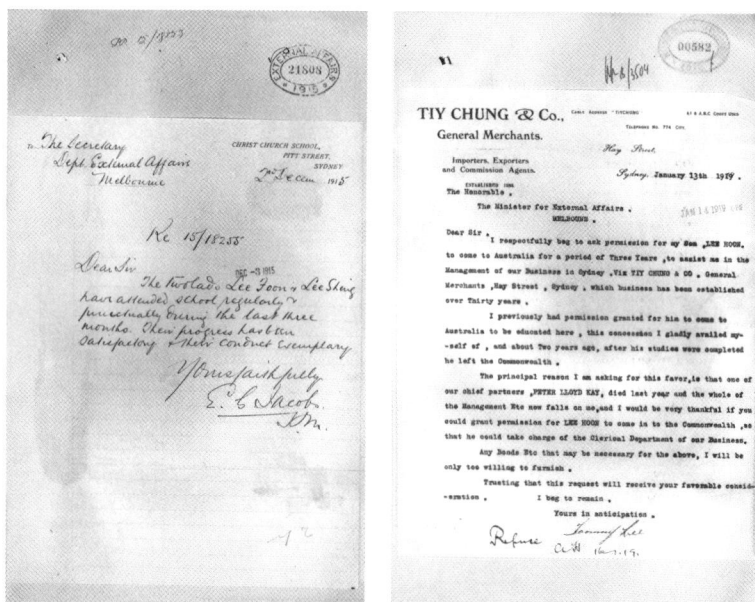

左为一九一五年十二月二日，基督堂学校校长提供给外务部秘书的报告，显示李焕和李盛在校表现令人满意；右为一九一九年一月十三日，李添致函内务部秘书，申请儿子李焕前来雪梨协助他经营泰昌号商铺。

档案出处（澳大利亚国家档案馆档案宗卷号）：

Lea Hoon & Lea Shing ex Certs，NAA：A1，1919/582

洪振强

广东

利用作为契约劳工赴澳工作的机会，而转为就地留学，也是当时在澳华人办理自己的子弟赴澳留学的一种方式。Ang Tee Keing（洪振强，译音）便是这样一个例子。

San Juan（圣胡安）是广东人，大约出生于一八七一年，但具体籍贯是哪个县邑不明。在年仅十四五岁之际（约在一八八五年），他便跟随乡人漂洋过海来到澳大利亚谋生，定居在西澳（Western Australia）[①]。或许是因为入澳时年纪轻，接受新事物的能力强，因而掌握英语的速度也比很多同乡要快，他很快便融入当地社会；或许也正因为如此，他在这里行世的名字就是英文名字"San Juan"。这是他给自己取的一个英文名，而其本名叫什么反而无人知晓，档案中也未有提及。从目前在澳大利亚档案馆里看到的民国初年（二十世纪一十至三十年代）在西澳北部珍珠养殖基

一九一七年，洪振强在申请转签证时提交给内务部的照片。

---

① San Juan [Chinese]，NAA：K1145，1911/91；UAN San - Nationality：Chinese - [Application Form for Registration as Alien]，NAA：PP14/3，CHINESE/JUAN S.

地布冧埠（Broome）的华人申办子弟赴澳留学者，基本上是广东省新宁（台山）县人氏，且姓氏集中于邝、伍、黄三姓。[1]从华人赴澳谋生宗亲乡人抱团发展的特点来看，圣胡安极有可能也是新宁县人，其姓氏也有可能属于上述三姓之一。但无论如何，圣胡安最终在西澳的布冧埠开设了一间商铺，雇有一华人协助经营管理。其房产是自置的，货物价值有两千镑，年营业额约四千镑，成为当地生活稳定财务自主的商家。更重要的是，大约在一九〇三年前后，他在布冧埠当地结了婚，妻子是日本裔。[2]因为布冧埠自从十九世纪八十年代末开始成为珍珠养殖基地后，该地的采珠人以及为此提供服务的行业便以华人、日本人、菲律宾人和马来人为主，是一个比较多元文化背景的社区，也为民族融合创造了条件。婚后，圣胡安和日裔妻子生育了一个女儿，一起生活在布冧。[3]

档案显示，到二十世纪一十年代，在广东老家，圣胡安的母亲仍然健在；他还有一个弟弟，成家后跟母亲住在一起。对于弟弟及姐妹家的孩子，圣胡安都比较照顾，尤其是对出生于一八九九年七月二十九日的洪振强（可能是其侄儿或者外甥），更是想方设法地栽培。先是让他在家乡接受教育，待到可以上中学时，又想办法将其办到新加坡读中学。他的名字Ang Tee Keing，事实上就是在新加坡期间按照当地以中国福建省为主之移民惯常所用

---

① 例如，二十世纪二十年代从广东省台山县去到西澳布冧埠留学读书的学生，计有：潮溪村的邝国桢(Quock Ching)、邝锡康(Fong Sik Hong)、邝锡槐(Fong Sik Wai)、邝保鋆(Fong Boo Quan)、邝振勋(Fong Chin Foon)、邝森昌(Sam Chong)、邝国平(Ben Fong)、邝锦棠(Kam Hong)、福长村的伍发优(Fatt You)和波浪塘村的伍均耀(Kwan You)、松树槐村的黄乐之(Wong Lock Chee)。详见：Ching, Quock - Students passport, NAA：A1, 1925/3196；Hong, Fong Sik - Chinese students passport, NAA：A1, 1925/3194；Wai, Fong Sik- Chinese student passport, NAA：A1, 1926/988；Fong Boo Quan - Student passport, NAA：A1, 1928/5662；Fong Chin Foon. Chinese Student's Passport, NAA：A1, 1927/612；Sam Chong - student passport, NAA：A1, 1929/9335；Fong, Ben - Student passport, NAA：A1, 1928/10345；Kam Hong - Chinese Student, NAA：A1, 1935/93；You, Fatt - Students passport, NAA：A1, 1926/20454；Kwan YOU - Student passport, NAA：A1, 1927/21147；Chee, Wong Lock - Student passport, NAA：A1, 1926/16263。

② Okame Juan (wife of San Juan) [Japanese], NAA：K1145, 1903/18；Mrs Okame San JUAN [Japanese] [Application for certificate of exemption from dictation test], NAA：PP4/2, 1928/1650；Okame San Juan [Japanese], NAA：K1145, 1926/24.

③ Helen San Juan [Japanese], NAA：K1145, 1926/23；Helena San JUAN (KUZUI) [Japanese] [Application for certificate of exemption from dictation test], NAA：PP4/2, 1939/476.

的发音写上去的，跟传统的粤语发音相距甚远，故此处"洪振强"的译名与我们所通常认知的四邑话和广府话的译音有很大差距。总之，圣胡安对侄儿（或外甥）洪振强的人生安排显然是有计划的，一步一步地向前推进。

一九一六年，洪振强十七岁，圣胡安想把他办到澳大利亚来读书。鉴于此时布冧埠的珍珠养殖业非常火爆，当地珍珠养殖公司纷纷从周边地区引进契约劳工，为此，圣胡安联络当地他所熟知并有生意往来的麦当劳和麦金纳养殖公司（Messrs McDonald & McKenna）作为雇主，将在新加坡读书的侄儿（或外甥）洪振强签约为该公司养珠小艇上的水手。待一切文件和手续办妥，洪振强便从新加坡搭乘"雪伦"（Sharon）号轮船，出马六甲海峡沿印度洋东部南下，于当年十一月六日在澳大利亚西海岸的布冧埠入境。

待在伯（舅）父家的店铺里休整了三个星期，并且也熟悉了周边环境，办好了入职手续之后，洪振强于十一月底去到上述公司工作。可是在两个星期后，公司便以他太年轻无法适应海上作业为由，与其解除了合同；为了延续合同使之能在澳有合法身份，圣胡安便安排他与当地另一家珍珠养殖公司——沾士克拉克公司（Messrs Jas Clarke & Co.）签了合同，工种和性质未变。与此同时，圣胡安便直接与中国驻澳大利亚总领事馆联络，央请总领事曾宗鉴出面，于当年十二月三十日向西澳海关提出申请，希望将洪振强的劳工签证转为留学签证，由他这个伯（舅）父作为其监护人和担保人，希望将他留在澳大利亚读书，尤其是学些经世致用的商业知识和技巧，以便将来有更好的前途。到一九一七年一月二十日，圣胡安更直接写信给内务部秘书，向其解释此事原委，希望能核发侄儿（或外甥）的留学签证。一个多月后，因未见到答复，圣胡安再次商请中国驻澳大利亚总领事馆出面交涉。三月二日，曾宗鉴总领事也致函内务部秘书，代表圣胡安正式提出申请。事实上，在接到圣胡安的申请后，内务部秘书便通过海关对他的监护人和财政担保人资格作了一番认真的调查，也找他的生意伙伴对其经营情况作了核对，确认各方面都符合条件，便于三月六日批复了申请，准允洪振强从务工签证转为留学签证，从其入境之日起算，有效期为十六个月。如果扣除自其入境到获得核发留学签证这段时间，实际上，其留学签证的有效期仍然是十二个月，到期后可以申请展签。

而在等待签证过程中，圣胡安便已经在布袜埠为侄儿（或外甥）找好了学校，在一九一七年新学年开学时，便让洪振强入读圣约翰修会书院（St. John of God Convent School）；待签证下来后，才得以正式注册。可能是在新加坡读书时便已经开始接受英语教育，因此，洪振强在这里的英语环境中读书并不吃力，总是获得好评，各科成绩优秀，而且保持全勤。到一九一八年二月二十六日，外务部很顺利地批复了他下一个一年的展签。

但从一九一八年新学年开学后，洪振强便从圣约翰修会书院退学，直接进入当地长老会纪博牧师（Rev. A. J. Kipper）的私塾上课，以期在英语能力和沟通技巧等方面有所提高。他在退学时并没有事先知会内务部，而圣约翰书院又直到六月份才将此事报告给内务部，为此，后者对此行为极为不满，指示海关前往核查，也顺便让其对这位中国学生提出警告，如再犯这样的错误，将会被遣返出境。

就在海关按照指示准备采取行动之时，突然发现，洪振强已经从私塾退学，也没有跟中国驻澳大利亚总领事馆和内务部打招呼，于六月二十七日在布袜埠港口登上"明德鲁"（Minderoo）号轮船，结束了一年半时间的留学生活，前往新加坡去了。

大约三年多到四年后，洪振强再次进入澳大利亚布袜埠，受雇于罗便臣与诺曼珍珠养殖公司（Robinson and Norman Ltd），还是充当水手，仍然属于契约劳工。这一次，圣胡安故伎重施，再次要求中国驻澳大利亚总领事馆出面，申请将其侄儿（或外甥）的签证性质改变。一九二二年四月六日，中国总领事魏子京致函内务部秘书，表示洪振强因不习惯海上作业，加上年纪尚轻，其伯（舅）父希望能让他趁此机会接受商业训练，进入他所经营的商铺中协助他，学习经商技巧，预期为两年，希望能将其务工签证转为商务签证。

内务部接到上述申请后，便与西澳海关协商，以确认此事是否可行。但因这个申请与五年前圣胡安提出的申请如出一辙，海关深信他是以此为由，要让侄儿（或外甥）去为自己的商铺打工；海关也由此反思，五年前接受申请，转变洪振强的务工签证为留学签证，实际上就是受了圣胡安的误导所致。因此，他们强烈反对批复此次申请。内务部秘书了解到上述信息及所获得的海关建议，自然十分赞同，遂于四月十九日复函，直截了当地予以拒绝。

洪振强的档案到此中止，不知道他是否在合同结束后返回了新加坡或者回到中国，而此后澳大利亚的档案记录中再无法查找到他的入境线索。至于他的伯（舅）父圣胡安，在上述内务部拒签决定后并没有任何表示；而且档案记录也表明，到一九二七年时，他在新加坡去世。[1]这一信息表明，他此前可能与新加坡有生意上的往来，或许这也是当年他可以将侄儿（或外甥）先行办理到此读书，并以此为跳板进入澳大利亚做工和读书的一个重要原因。

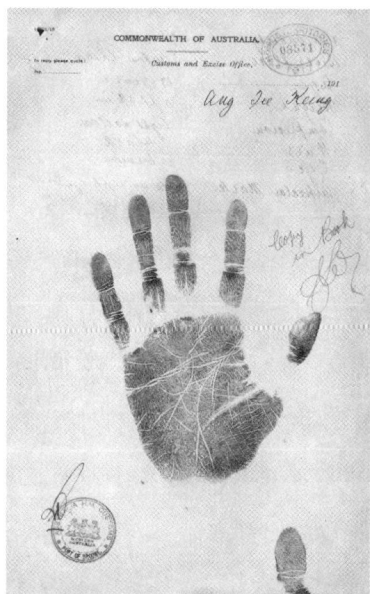

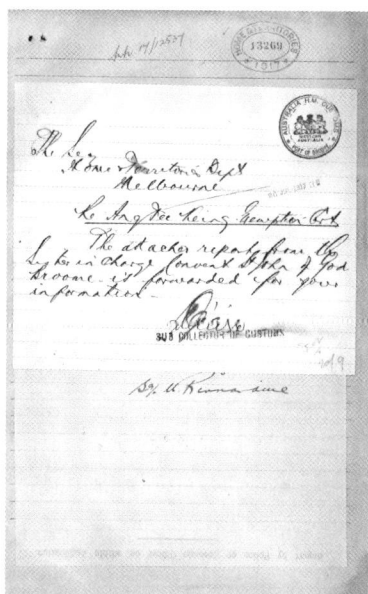

左：西澳海关于一九一七年要求一九一六年十一月六日入境的洪振强补摁的手印；右：一九一七年七月二十六日，圣约翰修会书院院长提交给内务部有关洪振强在校表现的报告。

档案出处（澳大利亚国家档案馆档案宗卷号）：

Ang Tee Keing Ex/c Exemption Certificate，NAA：A1，1922/6288

---

① San Juan - Death at Singapore，NAA：B13，1927/25398.

荣培、焕森兄弟

广东

阿昌（Ah Chong）生于一八七〇年四月二十四日，[1]他的兄弟叫阿盛（Ah Sing，或者写成Willie Ah Sing），出生年份不详，但从澳大利亚档案馆中一份看起来与其比较相近的宗卷来看，他应该是前者的弟弟，大约出生于一八七一年六月六日，[2]于一八九四年六月从广东家乡来到澳大利亚发展。阿盛从美利滨（Melbourne）登陆后，最终进入域多利省（Victoria）内陆西北部的乡村小镇谢朗埠（Terang）定居。而阿昌则定居于距谢朗埠不远的钵埠（Boort）。虽然阿昌的宗卷没有说明他何时抵澳，但从他与兄弟定居地相近，加上当时粤人赴澳谋生大多是兄弟或乡人结伴同行的情况来看，他赴澳的年份当与阿盛一样。此外，档案中也没有说明这兄弟俩的具体籍贯。当时在钵埠还有一位华人，名叫雷维合（Louey Way Hop），是新宁（台山）县大岗村人，一八九九年来到澳大利亚。[3]还是以当时粤人赴澳谋生通常都是抱团发展的特点来看，阿昌阿盛兄弟俩也很有可能是新宁人。此外，他们还有另外两位兄弟也都一起来到澳大利亚发展，并且也都是住在钵埠附近的镇子，

---

① CHONG Ah：Nationality - Chinese：Date of Birth - 24 April 1870：First registered at Boort，NAA：MT269/1，VIC/CHINA/CHONG AH/8.

② SING Ah：Nationality - Chinese：Date of Birth - 6 June 1871：Date of Arrival - June 1894：First Registered at Terang，NAA：MT269/1，VIC/CHINA/SING AH/4.

③ Louey Way Hop [Chinese - arrived Melbourne，c. 1899. Box 26]，NAA：SP11/2，CHINESE/HOP LOUEY WAY.

其中的一位兄弟名叫阿洪（Ah Hung），[1]另外一位则叫做阿林（Ah Lim，或者写成George Ah Lim）。[2]他们当中，阿昌和阿盛合伙经营一块菜地，阿洪独自打理一个菜园，阿林则在钵埠的西北相距有几十公里之远的小镇威奇普鲁夫埠（Wycheproof）经营一家果蔬店，而上述兄弟所经营的那些菜地都作为阿林商铺的上游供货商。只是在档案中，这一家人都有各自的名字，但却没有披露过其姓氏。

荣培（Wen Poy）是阿昌的儿子，生于一九〇〇年；焕森（Fon Shem）则是阿盛的儿子，比荣培小两岁，两人是堂兄弟关系。一九一〇年，阿盛回国探亲。可能是回国后看到儿子已经进入学龄，遂想将其带到澳大利亚留学，让其学习一些西方文化，至少通晓英语，将来返回家乡，无论是入仕或经商，皆有较大的上升空间。于是，他便与兄长阿昌合计，请其与钵埠的一位经营杂货的西人殷商荣斐德（W. H. Wingfield）先生商量，委托后者出面，向移民部代为申请自己的儿子焕森和阿昌的儿子荣培一起来澳留学。荣先生与阿昌和阿盛交往多年，自然十分愿意帮忙，遂于当年八月十七日代他们向移民部提出申请。

接到申请后，移民部将其转交给负责外侨入境管理的外务部处理。外务部通过钵埠警察派出所对阿昌兄弟的情况作了一番调查，结果显示对他们兄弟都有利。比如说，他们都属于守法公民，在当地的邻里关系也很好，上述两个孩子目前在中国都已进入当地学堂读书，如果准允他们来澳的话，也会将他们安排到威奇普鲁夫埠的公立学校就读。尽管如此，九月七日，外务部长否决了上述申请。至于拒绝的原因是什么，外务部秘书在给荣先生的批复信中没有对此做出任何说明。

荣先生见无法成事，只好将结果转告阿昌。阿昌就此事商之于在威奇普鲁夫埠开商铺的兄弟阿林，因为原本就想让他在经营店铺之余，照看在此间

---

[1] HUNG Ah：Nationality - Chinese：Date of Birth - 4 April 1875：Date of Arrival - December 1895：First Registered at Brown Hill Victoria，NAA：MT269/1，VIC/CHINA/HUNG AH/2.

[2] LIM Ah：Nationality - Chinese：Date of Birth - 1879：First registered at West Melbourne，NAA：MT269/1，VIC/CHINA/LIM AH/6.

公立学校上学的两个侄儿。阿林有一西人好友名叫潘若施（G. Penrose），是镇子上的殷商，在镇子上拥有一间名为麦当劳（G. M'Donald）号的商行，专营皮鞋、靴子、皮毛及乳制品。他得知情况后，自告奋勇地为其出头。潘若施于九月二十九日致函其好友澳大利亚联邦国会议员帕尔玛（A. C. Palmer），再由其转外务部长，表示阿林的侄儿目前在中国接受教育，其父辈只是希望将他们申请来澳大利亚学好英语，然后重点学习速记、簿记及打字等技巧，以便返回中国后可以当老师或经商。他认为这是人之常情，他们完全可以负担得起两个孩子的学费和路费等开销，应该予以成全为宜。目前阿盛本人在中国探亲，不久就将返回澳大利亚，希望外务部长重新考虑此前的决定，批复两个孩子的入境签证。

这一番申请还是起了很大的作用。外务部秘书接到潘若施的信后，再次通过当地警察派出所确认了阿林四兄弟都在域多利省属于守法公民，遂于十月十四日批准了上述申请。只是外务部秘书在处理申请时，将其理解为只是涉及阿昌的儿子荣培来留学，便只批准其子前来澳大利亚留学，期限是三年。

潘若施将喜讯告知阿林后，得知实际上他是希望将侄儿焕森也一并申请过来读书，也将填好表的两份申请一并交了给他。但潘若施可能对他们亲属之间的关系稀里糊涂，在十一月九日转交申请表和名字时，将荣培的名字拼写成"Wan Chung"，搞得外务部秘书一头雾水。虽然此前按照外务部长的要求批复了荣培的留学签证，现在也会按照前例核发焕森的留学签证，同样给予三年期限，但因潘若施上述信件中所用的荣培名字的拼音与此前不同，让他很犯难，遂于十一月十六日复函，请其澄清上述拼音是否指向同一人，抑或另有其人。因过了

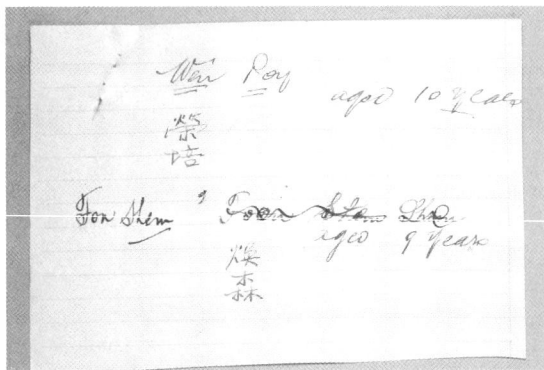

一九一〇年十一月底，潘若施将荣培和焕森的中英文名字及年龄提交给外务部秘书。

三个星期仍未接到回音，十二月八日，外务部秘书再次去函潘先生，请其对上述问题澄清为要。

直到这个月月底，潘若施才将两位中国学童的中英文名字一起告知外务部秘书，并澄清焕森实际上只比荣培小一岁而已。在外务部要求他将与焕森相关的资料转来外务部备案，以便为其核发正式的入境签证之后，潘先生于一九一一年一月十二日复函，告知已经转告阿林，由其具体与阿盛接洽办理此事，并直接与外务部联络。

荣培和焕森赴澳留学的档案到此中止，此后再也找不到与他们相关的任何文件宗卷。虽然他们都已经获得了入澳留学签证，但这计划也许只是其父辈的良好愿望而已，他们本人并没有准备好赴澳留学，此事最终被搁置起来。

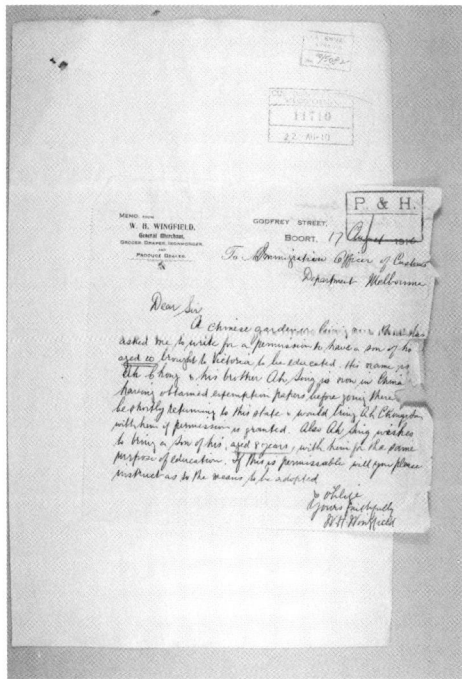

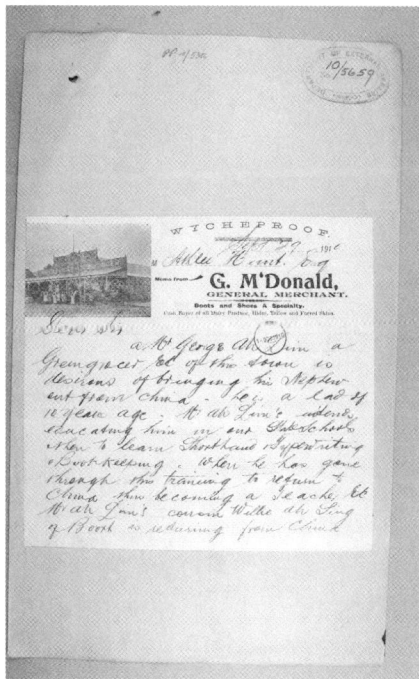

左为一九一〇年八月十七日，钵埠的荣斐德（W. H. Wingfield）先生代阿昌提出申请其子荣培及侄儿焕森赴澳留学；右为一九一〇年九月二十九日，威奇普鲁夫埠的潘若施（G. Penrose）先生代阿林提出申请其侄儿荣培及侄儿焕森赴澳留学。

一九一〇年十一月一日，阿昌和阿林填写的申请和担保焕森（左）和荣培（右）赴澳留学的申请表及担保书。

档案出处（澳大利亚国家档案馆档案宗卷号）：

Application for permission for George Ah Lim's nephew, NAA: A1, 1911/636

仕　佑

广东

在澳大利亚鸟修威省（New South Wales）西中部，有一个距雪梨（Sydney）三百一十多公里的镇子，名叫考纳（Cowra），因水源充足，气候适宜，加上又处于海拔三百米的台地上，是该省农作物和蔬果的生产基地。二十世纪一十年代时，有一位从中国广东来的移民名叫佐治生（George Son），已在此定居二十年左右，拥有一块超过二十公顷的大菜园，叫做Sun Sing Garden（新盛耕园），并经营与蔬果相关的生意，即在镇子上还开有一间商铺，除了售卖自产蔬果，还兼售其他杂货，有一定的规模。只是遍查澳大利亚档案，无法找到与佐治生名字相关的宗卷，因而他的中文名是什么，到底是何时进入澳大利亚，以及来自广东的哪个县邑，不得而知。①而所有与

① 在当时的居澳华人中，许多人行世之名，是与其商铺或公司名相一致的。如果佐治生在出入境时或者正式场合是用与其菜园相同的名字，即名叫"新盛"，那么，就有可能找到一些他的踪迹。据澳档一份宗卷显示，新盛生于一八七二年，二十四岁时(一八九六年)来到澳大利亚发展，从雪梨入境，在这里打拼八年之后便去到考纳镇，开始租地经营其菜园(见Sun Sing，NAA：SP42/1，C1910/3144)。而另外一份档案宗卷显示，他是在一八九九年抵澳，很可能是将6字看成了9字。见Sun Sing [Chinese - arrived Sydney，c. 1899. Box 40]，NAA：SP11/2，CHINESE/SING SUN；Sing，Sun [Chinese - (1) arrived Sydney in 1899；(2) arrived Sydney per Saint Goulburn in 1916] [Box 2]，NAA：SP605/10，103。无论如何，在一九〇六年时，他就获得长期居留权(见Kin Choy，Hing Yow，Charlie Kwong，Sun Sing，Chun Lock，Wong Lim，Pang Fook，Chow Get，Low See and Ah Gin [Certificate Exempting from Dictation Test - includes left hand impression and photographs] [box 9]，NAA：ST84/1，1906/41-50)；一九〇八年十二月初他从雪梨回国探亲，到次年底返澳。见：Jand See，Ah Sam，Pang Wah，Jow Yut，Willie Low Ton Wing，Lun Jone，Sun Sing，Lee Chew，Ah Hook and Yong Hip [Certificate Exempting from Dictation Test - includes left hand impression and photographs] [box 25]，NAA：ST84/1，1908/12/1-10。

他相关的信息，都只来自与本文相关的这个宗卷。

一九一九年，佐治生打算回国探亲，预期三年。早在一九一六年时，他就回国探亲一次，但只是去了半年左右；[1]在其离开考纳镇期间，其菜园的经营及生意的运作就交给他的一个叔叔代为管理（这表明他从广东赴澳发展是与家族中两辈人一起前来）。可是今年他想要回国探亲，他的叔叔就已经无法施予援手了。至于是什么原因，佐治生都没有给予说明，只是想着申请他在国内的儿子前来作为替工，在他回国探亲期间代其管理经营菜园和生意。据佐治生声称，其子名为Shu You（仕佑，译音），时年二十四岁，这就意味着其子是一八九五年出生，以及他赴澳发展之前便已结婚生子。为此，他于当年十月初向澳大利亚内务部提出申请，希望当局批复其子三年来澳工作签证。

内务部在接到申请后，获知佐治生的经营规模不小，也了解到申请者反映的无人可以替代经营之事属实，加上从当地警察派出所反映的这位中国人操行有据，为人谦和，口碑较好，便于十一月十一日批复了申请，给予其子仕佑三年工作签证。条件是：自其抵澳之日起算，先核发十二个月签证，到期可以申请展签，累计到三年为止；此外，佐治生须在其子抵澳后三个月内离境，在其返澳后一个月内，其子便应回国。

签证获批后，佐治生马上通知在国内的儿子仕佑，嘱其尽快申办护照和预订船票。后者在国内的办事效率也很高，不到三个月便一切就绪。一九二〇年三月一日，仕佑搭乘从香港起航的"山亚班士"（St. Albans）号轮船安抵雪梨。

可是在入关时，仕佑遇到了一个问题。即海关人员见仕佑个子小，看起来并没有超过二十岁，但他强调自己已经二十岁，并且已经结婚了。很显然，海关认为他的说法应该是比较接近事实的，而此前其父申请时说他已经二十四岁，恐怕是想让内务部觉得他已经足够成熟了，可以担负起替工的责

---

① Sun Chong，Ah Hong，On Hing，Chong Choy，Young Chew Len，Lee Bong，Shang Hin，Lee Lime，Sun Sing and Ah Em [Certificate Exempting from Dictation Test - includes left hand impression and photographs] [box 92]，NAA：ST84/1，1916/195/81-90.

任，因而把他的年龄往大了说去，这样有利于签证的批复。而当时在海关接他出关的，并非其父，而是佐治芝（George Chee），因佐治生管理菜地和店铺太忙，无暇前来接关，只能请佐治芝代劳。至于佐治芝是佐治生的兄弟抑或叔父，档案中没有提及，无从判断。①因此，当海关人员质疑仕佑年龄时，佐治芝解释道，前几年仕佑背上长了个东西，虽经治疗痊愈，但影响了长个子，这也是他让人看起来不像是到二十岁的原因。有移民局人员常与中国人打交道，过来看了一下也认为他大概是二十岁上下的年纪。由是，海关人员相信了上述解释。

按照签证条件，佐治生应该在六月初便已离境回国。但到六月底，内务部还没有收到海关就其离境日期的报告，遂下文到雪梨海关查询。过了一个月，海关反馈回来的信息是，经过三个多月的培训，佐治生也无法教会儿子如何管理和经营。为此，佐治生决定将其送返国内生活，而他本人原计划的回国探亲之旅也就只能暂时搁置。内务部接到上述消息，遂指示海关尽快获得仕佑的回国船期，督促他尽快离境。很快，海关确认仕佑已订妥九月十三日离境的"获多利"（Victoria）号轮船，准备好前往雪梨，登船离境。

可是就在仕佑准备登船之前两天，佐治生改变了主意。他先向内务部表示，希望能让他的儿子在澳大利亚留学，即将其工作签证改为留学签证，他将为此通过中国驻澳大利亚总领事馆正式向内务部提出申请。随后，中国驻澳大利亚总领事魏子京也在九月二十七日致函内务部秘书，正式提出申请。他表示，考纳镇当地学校校长已经同意让仕佑注册入读，希望内务部按例批复。虽然内务部刚开始还想以年龄为由，即去年佐治生申请时便已说明仕佑已达二十四岁而到今年他已经二十五岁，欲拒绝这一申请，但在海关提醒下，表明经移民局人士认定，仕佑今年最多也就是二十岁的年纪，因而也就打消了这个念头。随后，经过内部几个不同层级官员一番商讨，认为既然已经核发给仕佑总共三年的入境签证，就让他待够三年亦无妨，无非就是转换

---

① 佐治芝大约生于一八七八年，也是一八九六年来到雪梨发展。很可能，他就是佐治生(新盛)的弟弟，当时兄弟联袂赴澳发展，一起来到考纳镇充任菜农。见George Ah Chee [Chinese - arrived Sydney c. 1896. Box 17]，NAA：SP11/2，CHINESE/CHEE GEORGE AH。

一下签证性质而已。待内部达成共识之后，十二月一日，内务部秘书正式批复了申请，但签证有效期仍然是从仕佑入境的那一天起算；同时特别强调，这位中国年轻人只能在学校上学，不能协助其父亲经营管理生意。

从十月份开始，仕佑便获准入读考纳镇旁边的荷木坞公立学校（Holmwood Public School），但他只是读了两个来月，学校便到了放暑假之时。到一九二一年新学年开学后，他没有重返该校，而是转入考纳地区学校（Cowra District School）念书，不久再转入考纳中学（Cowra Intermediate High School）读初中课程。在这里，他在自己的名字前面增加了一个英文名，即跟他父亲一样，叫做佐治，全名就成了佐治仕佑（George Shu You）。

从学校提供的报告来看，除了生病或者恶劣天气之外，仕佑基本上能正常上学，有时候则以病假的形式缺勤，帮忙因病无法下床的父亲（或者伯父——由此开始，档案文件中就已经将佐治生和仕佑之间的关系从父子改为伯侄关系）照看店铺，两年多下来，前后累积也超过了一个月的时间。这种停课帮衬家里生意的情况，在乡村地区属于比较常见的现象，故内务部知道此事后也就比较宽容，隐忍不发，因而在一九二一年和一九二二年都按例核发给他展签。只是他原本就没有什么英语基础，一路读下来，学校的反映是，其英语的操说还有很大困难，尽管在一年多之后有一些提高，但仍然是进步甚微。

很快就到了一九二三年二月，仕佑的三年签证即将到期。此时，内务部便知会海关部门，让其通知仕佑尽快离境；同时内务部也表示，如果该中国留学生想展延签证，他必须对此前那么多天数的缺勤照看店铺做出合理的解释。直到五月十日，内务部长给予仕佑额外一年的展签。因没有文件显示佐治生是如何对内务部解释，又如何保证仕佑会全心全意地去上学，故难以判断内务部长批复展签的原因何在。只是仕佑仍然像以前一样，一旦需要，还是缺勤去守店或下地干活。到这一年十月份，他又因此缺勤近二十天。当内务部接到报告后，已经无法再容忍。十月二十五日，内务部秘书向海关发出指令，表示鉴于仕佑屡次违反规定，需责令他必须停止这种行为，不然就要将其立即驱逐出境。好在学校校长出面为仕佑说话，而且年底到次年初的学校报告也显示，他在学校各方面的表现都有长足进步，甚至在校操行也都很令人刮目相看。因此，在一九二四年二月，内务部长再次批复展签一年。

整个一九二四年，仕佑的表现还是跟以前一样。但在下半年里，他有连续两个月的时间未能到校上课，原因是他的父亲（或伯父）病得不轻，被送到雪梨住院，他就只好代其看守店铺。这一次，学校校长特地为仕佑说话，表示他这是迫不得已，但他在校表现则是非常令人满意的。为此，到一九二五年再次申请展签时，内务部有点犯愁了。最主要的一个问题是，仕佑入境时，海关人员从其相貌上判断他也就不过十五岁，后经他自述及佐治芝旁证，海关遂相信他接近或者已经二十岁，如果按照这个年龄，此时他已经超过二十四周岁了，已达中国留学生在澳留学最高年龄限制。为此，内务部想要知道，这位中国学生到底有多大年纪，具体是那一年出生的，最好能拿出其出生证明来，这样内务部便好决定是否继续批复展签。一九二五年四月，内务部指示海关去向佐治生询问此事；一个月后，未见回应，内务部秘书再次催问此事，一直到八月份仍然未见回音。这个时候，仕佑则继续上学，继续经常缺勤，但学校的报告也还都是为他说好话，尤其是在报告中仍然称仕佑为"男孩"。在这种情况下，内务部秘书便暂时先批复其十二个月的展签。直到十 ·月 日，考纳镇警察派出所才见到了佐治生，得知他此前几个月因为生病经常在雪梨住院治疗。对于他本人不在考纳时由其子顶班替他经营，他声称直到此时方才得知此事须先获得内务部同意方可，此后他会特别注意。在这样的情况下，警察也认为他说的是实情，遂不再纠结此事。而就仕佑的真实年龄向佐治生询问时，他承认，自己也不知道仕佑到底是哪一年出生的；最后警察直接向仕佑询问，他自称今年八月二十五日年满十五岁（亦即一九一〇年出生）。① 故到了这个时候，仕佑的真实年龄到底有多大，实际上已经成了罗生门。但无论如何，到一九二六年申请展签时，他再

---

① 考虑到注释(1)提到的佐治生一九〇九年年底从中国探亲回来的记录，如果他此行是回国结婚的话（假设他赴澳前尚未结婚），或者是出国十三年后才回国与结发妻子相聚，那么，他有一个儿子在一九一〇年出生，显然就是此次探亲的成果之一。因此，仕佑所称自己出生于这一年，应该是事实，可以采信。

一次获批，内务部似乎已经相信了他自述的真实年龄，即此时他才十六岁。在这段时间里，虽然他仍然像以前那样，还是在父亲（或伯父）生病的情况下经常缺勤，只是他的学习总算是有了些进步：比如说算术方面，能分清楚数字、数量和重量等；在英语上，终于可以作文了。这对校长来说，仅此两项进步，也确实是值得他向内务部夸耀的一件事。

转眼就到了一九二七年二月，又该是仕佑需要申请展签之时。可是等到四月份，仍然未见佐治生提出任何申请，内务部坐不住了，致函海关，请其督促仕佑的监护人采取行动；可是又等了一个多月，仍然未见海关对此有何回应，也没有收到中国驻澳大利亚总领事馆为这个学生提出的展签申请。实际上，自第一次为仕佑申请转换签证性质获准之后，中国总领事馆实际上就再也没有插手此事，此后的所有展签申请，都是由佐治生一手操办的。无奈之下，内务部遂于六月二十二日再次致函海关，请其直接与考纳镇警察派出所协商，派员直接找到佐治生，看看到底是什么问题，不然，仕佑的签证已经逾期四个月了。事实上，到了这个时候，内务部的几个不同层级的官员普遍认为，以此前仕佑总是经常不断地为佐治生看店干活的事实判断，这位菜农利用儿子（或侄儿）为其干活，已经忘了或者根本就顾不上要为他申请展签。

考纳镇派出所很快就找到了佐治生，此时他正在菜地里忙活着。对于此前海关遵照内务部指示曾经两次发函给他，询问他是否还要继续为侄儿申请展签而没有接到他的回复一事，佐治生避而不谈，只是向警察表示，当然是要申请继续展签；而当警察询问是否已向内务部提交了申请或者是何时提交申请，他回答说已经在上个星期就已致函海关，提交了申请，并请其转交内务部，希望再展签一年，并请警察去海关询问此事。既然如此，警察除了关照他一定要核查是否已经递交申请之后，遂按照程序，将调查结果转交给内务部。可是内务部在七月中旬接到上述报告后，左等右等，也未见海关转来佐治生的申请。到八月初，当得知海关实际上直到此时都一直没有收到佐治生声称的展签申请之后，内务部就开始询问海关，想知道当初仕佑抵澳入境时，其监护人应该按例向海关缴纳了一百镑作为保证金的具体保管情况；如果这笔钱在，此时应该存于何处。内务部是想获得上述保证金确切的资讯，以便在还没有收到佐治生展签申请的情况下，将其视为弃权，亦即不打算申请，也就是说，这意味着仕佑必须尽快走人，必要时，当局要将仕佑强行送回中国。如果到这一步，那就要动用这笔钱，为这位中国学生购买最近一艘驶往香港的客轮船票，将其遣送出境。就此事，内务部和海关之间，又公牍往返沟通达三月之久。直到这一年的十一月，佐治生最终也没有递交上来他所声称的展签申请；而仕佑本人则从年初到现在都一直在学校里继续上学念书，学校的报告仍然是对他的表现非常满意，但同时仕佑也继续在其父亲（或伯父）的菜园和店铺里为其工作。

一九二七年十一月二十九日，内务部最终做出决定，鉴于迄今为止未有接获任何展签申请，也就意味着仕佑不再需要留学签证。为此，他只能继续留居到今年十二月三十一日，在此日期前必须动身回国；如果不采取行动，则海关须动用那笔佐治生缴纳的保证金，为其购买最近的一艘驶往香港的班轮，将其遣送回国。根据此项指令，海关必须密切关注仕佑的行动，直到其离境。

到十二月十日，海关突然接到仕佑的一封来信。在信中，他对自己过去大半年里忘了申请展签表示道歉，但表示仍然想申请展签，希望看在他过去一直表现良好的份上，能够核发他一年的展签，意即有效期从今年二月一日到明年二月底截止。但是，他的这个申请实在来得太晚了。为此事，海关知会了他们两次，警察也提醒过他们一次，但他们对此都无动于衷。等到得知驱逐令下来，方才忙乱起来，再想亡羊补牢，已经无济于事。因此，当海关将上述申请转交给内务部时，得到的回答很明确：不予理睬。

一切都已无法挽回，那就只能按照内务部划好的道儿行走。一九二七年十二月三十一日，十七岁的仕佑从考纳镇赶到雪梨，在此登上当天起碇驶往香港的日本轮船"三岛丸"（Mishima Maru），离开留学七年的澳大利亚，返回中国。他的档案到此中止。

这个档案所涉及的仕佑，从申请时的年龄，到入境时自报的年龄，直到最后内务部派人直接询问而确认的年龄，竟然相差了十五岁，也算得上是个奇迹。而无论是海关人员抑或佐治生甚至去接关的佐治芝，居然都相信一个十岁的孩子的话，或者说帮助他说谎，让人确认他当时是二十岁，也真是令人惊奇。更让人不可思议的是，从一九二一年开始，他就经常缺勤而代替父亲（后来说是其伯父）经营店铺，到年纪稍大了点，又直接到菜园里干活。内务部从一开始就知道他的这些缺勤情况，但却对此表现出了高度的容忍和宽大，并且是一而再再而三地姑息，这与当时该部门严厉对待其他中国留学生的这种违规行为的做法明显不同，实在是罕见。

左为一九二七年一月三十一日，考纳中学校长给内务部的例行报告，特别说明仕佑在算术方面和作文方面有了进步；右为一九二七年六月二十八日，考纳镇警察派出所的调查报告，说明经询问，佐治生表示一周前已经致函海关，为仕佑提出展签申请。

档案出处（澳大利亚国家档案馆档案宗卷号）：

You，Shu - Educational e/cert，NAA：A1，1926/5292

雷俊吉

新宁独冈村?

　　学童Toon Gate（俊吉，译音）[1]大约出生于一九〇〇年十一月，据报是广东省新宁（台山）县独冈村人。[2]到其即将年满十一岁时的辛亥年间，俊吉已经在中国的学堂里念了好几年的书。

　　Louey Ah Shang（雷亚胜，译音）是俊吉的父亲，大约在一八八六年时便从家乡漂洋过海来到澳大利亚美利滨（Melbourne）发展。到澳大利亚联邦成立（一九〇一年）之前后，鉴于在经济上有了一定的基础，他在美利滨唐人街加入"鸿益雷鹏"木器行（Hung Yick and Louey Pong Co.），从事家具业生意，其股份价值为七百镑。由此看来，其财务状况应该不错。只是从澳大

---

① 　根据澳大利亚档案相关宗卷中与Toon这个拼音同名的中国人的中文名来判断，Toon的对应中文名应该是"俊"，比如Louey Toon(雷俊)和Jimmy Ah Toon(余俊)，见：LOUEY Toon：Nationality - Chinese：Date of Birth - 26 November 1868：Date of Arrival - 1890：Certificate Number - 170：Date of Issue - 21 January 1939 [Contains one black and white photograph]，NAA：B6531，LEFT COMMONWEALTH/1945-1947/LOUEY TOON；Certificate Exempting from Dictation Test (CEDT) - Name：Jimmy Ah Toon (of Charters Towers) - Nationality：Chinese - Birthplace：Canton，NAA：J2483，159/75。至于Gate这个拼音的对应中文名(或字)，从档案的宗卷里没有找到相对应的中文字，但Gate也相应地被写成Gatt或者Get(见：Ah Gate [also known as Ah Gatt and Ah Get] [includes 8 photographs showing front and side views and left and right thumb prints] [box 200]，NAA：SP42/1，C1927/2411)，由是，在澳大利亚的一份档案宗卷里，可以找到Gat的相对于中文字是"吉"，比如Loong Gat(黄龙吉)。见：Loong Gat - Students passport，NAA：A1，1932/192。据此，本文将Toon Gate转译为"俊吉"。

② 　此处的独冈，系根据档案中所记其出生地"Toe Kung, Sin Nen"英文拼音而来。这里的"Sin Nen"，显系"新宁"；而查新宁(台山)县所属之村庄名，唯有"独冈"村之读音与"Toe Kung"相近。

利亚档案馆藏资料里无法查找到与他相关的宗卷，而上述有限的信息也是本文宗卷里透露出来的。①虽然在本宗卷里，一直都没有提到俊吉的姓氏，但鉴于其父姓雷，其姓氏也就不言而喻了。

当儿子即将年满十一周岁时，雷亚胜觉得是到了将其申办来澳大利亚留学的时候了。一九一一年九月二十六日，美利滨的大律师拉扎儒士（Mark Lazarus）接受雷亚胜的委托，代为致函澳大利亚外务部，申请办理其子雷俊吉前来澳大利亚留学，计划让其入读位于加顿埠（Carlton）的末士准士学校（Rathdown Street State School），由其本人担保并负担其在澳留学期间所需学费及其他费用，并愿意为此向海关缴纳相应的保证金。在递交上述申请时，拉扎儒士大律师也请雷亚胜的合作伙伴雷鹏（Louey Pang）②就此申请出具推荐信，以示郑重其事。申请信也明确表示，希望能让雷俊吉入澳留学四年，期有所成。

外务部接到上述申请后，马上复函大律师拉扎儒士表示可以对此予以考虑；然后，立即指示域多利省（Victoria）的海关部门，嘱其通过当地警察派出所对雷亚胜的经济状况等逐一核实。十月九日，当地警察将核查报告呈送给外务部。从报告可以看出，雷亚胜在"鸿益"木器行中股份占到一半，口碑较好；该企业雇佣有八名工人，算得上有点儿规模，目前就有价值达二百镑的原木存货，显示出其订单充沛，效益不错。与许多在澳华人总是兄弟宗亲结伴而来澳洲发展有所不同的是，雷亚胜是单身前来，在此地没有亲戚。

在外务部接到上述警察报告后，雷俊吉的档案就此中止。

---

① 在一九一一年美利滨西城木行劝捐江皖水灾赈款名单中，有"亚胜"名列其中，表明亚胜在木行中的身份。见"赈款名列"，《警东新报》(The Chinese Times)，一九一一年四月二十二日，第八版。

② 雷鹏也是新宁县人，生于一八七二年九月八日，十六岁(一八八八年)时奔赴澳大利亚谋生，立足于美利滨，二十世纪初年前后从事家具业。后设立"雷鹏公司"(Louey Pang & Co.)从事果蔬业，也是国民党美利滨分部的负责人。详见：PANG Harry Louey：Nationality - Chinese：Date of Birth - 8 September 1872：First registered at Carlton North，NAA：MT269/1，VIC/CHINA/PANG HARRY/2；Mei-fen Kuo & Judith Brett，*Unlocking the History of The Australasian* Kuo Min Tang 1911-2013，Melbourne：Australian Scholarly Publishing Pty Ltd，2013，p. 11；郭美芬："二十世纪初澳洲都市化下华裔社群的'华侨'叙事与政治结社"，《"中央研究院"近代史研究所集刊》第71期（2011年），页173。

　　俊吉的最终赴澳留学结局如何，不得而知。按照惯例，如果担保人和监护人的经济状况良好，通常情况下，他们的子女申请来澳留学是可以获批的。比如，一九〇六年申请的林文贵（Lum Wen Khoey）、一九〇九年申请的苏流（Soy Low）、有安（You On）、亚振（Ah Gin）、黄亚盛（Wong Ah Shing）、黄北毓（Wong Pack Gooey）、以及一九一〇年的刘鹏（Lew Pon）和蔡平（Choy Ping或写成Choy Wai）等，都顺利获批。[①]但不幸的是，就在这个时候，外务部长对此前几年批复中国学生前来澳大利亚留学的做法深感不满，认为这与目前所推行的严厉限制亚裔人口的"白澳政策"严重不符，

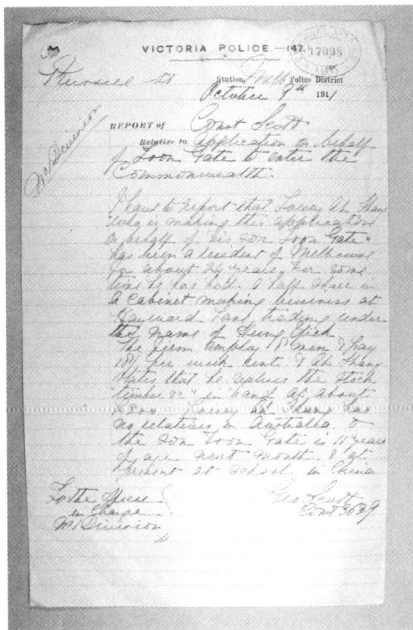

左为一九一一年九月二十六日，雷鹏为同乡亦即公司股东雷亚胜申请儿子雷俊吉赴澳留学而出具的推荐信；右为一九一一年十月九日，域多利州警察部门提交的对雷亚胜的核查报告。

---

① 　与这些赴澳留学生相关的澳大利亚档案宗卷，详见：Soy Low nephew of Lee Chin admitted for educational purposes，NAA：A1，1911/434；Ah Gin - Exemption Certificate，NAA：A1，1913/10088；Lum Wen Khoey Ex. Cert. Exemption Certificate，NAA：A1，1917/9644；You On - Exemption Certificate，NAA：A1，1912-15772；Wong Pack Gooey Exp. Certificate，NAA：A1，1916-30332；Lew Pon Exc Exemption Certificate，NAA：A1，1921/9236；Choy Wai - Exemption Certificate，NAA：A1，1916-11357.

于当年十月二十日表示，此后将不再批复这些中国学生进入澳大利亚留学。[①]
雷俊吉等待批复的日期，正好处在这个时间节点上，也就是正好撞在枪口上
了。由是，雷亚盛想让儿子雷俊吉前来澳大利亚留学的计划就不得不中止。
雷俊吉赴澳留学档案没有了下文，这恐怕就是主要原因。

　　档案出处（澳大利亚国家档案馆档案宗卷号）：

Application for permission for Toon Gate to enter the Cmth. for Educational
purposes，NAA：A1，1911/17098

---

① Ministerial Decisions Regarding the Admission of Chinese for Educational Purposes，NAA：A1，1911-17896.

黄　杰

广东

　　Wong Jahk（黄杰，译音）大约生于一九〇一年年初，其父亲名叫
Wong You（黄祐，译音）。黄祐约在一八九三年前后赴澳发展，从美利滨
（Melbourne）登陆入境，随后不久进入域多利省（Victoria）东北部的农业
小镇比奇沃寺（Beechworth）立下脚跟，并在此开设一小店长达十年。他
于一九〇八年左右搬到美利滨，入股到开设于中国城小博街（Little Bourke
Street）上的进出口商行"怡昌隆"（Yee Cheong Loong）号，占股为四分之
一，勤勉经商，经济稳定，颇受好评。[①]档案中没有说明黄祐的籍贯。从十九
世纪末二十世纪初美利滨唐人街上的商人多是来自广东省四邑地区，而粤人
出国时同族宗亲联袂前往、邑内乡亲抱团发展的特点来看，黄祐显然也应是
四邑人。根据澳大利亚国家档案馆所藏的六百多份二十世纪初粤人赴澳留学
档案中所显示出来的学生姓氏分布，表明黄姓学生及其家长们集中于美利滨
者，多为籍贯为新会县者，由此推测，黄祐和黄杰的原籍是新会县的可能性

---

① 澳大利亚国家档案馆中，与"Wong You"相关的宗卷很多，但基本上与本文所述及的年龄和地点
都对不上号，唯有下面这份宗卷显然与其相关。据这份宗卷，黄祐生于一八六七年，第一次世界
大战期间登记外侨时，他是在美利滨唐人街。详见：YOU George Wong：Nationality - Chinese：
Date of Birth - 1867：First registered at Little Bourke Street，NAA：MT269/1，VIC/CHINA/YOU
GEORGE。在一九一二年美利滨捐款名录中，有"黄天祐"在列。很可能，本文中的黄祐是黄
天祐之名的简化。而遍查当时美利滨华文报纸上的捐款名录，只有黄天祐这一个名字可以对应
得上黄祐之名。见"澳洲国民捐告白 美利滨第二次认捐国民捐芳名列左"，《爱国报》(Chinese
Times)，一九一二年八月二十四日，第十六版。

较大，或者说其籍贯属于四邑。

一九〇九年七月二十八日，鉴于美利滨的芬克、贝斯特与霍尔律师行（Fink，Best & Hall Solicitors）在当地颇具名声，每每在为当地华人申请政府的准允方面通过率较高，黄祐便委托该行向外务部申请儿子黄杰前来美利滨留学。黄祐此时申请办理儿子黄杰来澳，有一定的内情。一方面是因为黄祐在家乡的妻子半年多前不幸病逝，在家乡虽有亲戚，但难以托付；另一方面则在于想趁此机会将儿子办理来澳大利亚留学，学习英语和西方文化。因考虑到年方八岁半的儿子刚刚进入学龄，他便在申请中说明希望儿子能在此完成中小学课程，为其申请十年期的留学签证。虽然外务部了解到了黄祐财务状况不错，为人也很好，但一上来就申请十年签证，未免口气太大，此前很少有这样申请入境签证者，因而在八月九日拒绝了申请。

对于这样的结果，黄祐感到很失望。他马上找到在唐人街上最有名望的华人牧师张卓雄（Rev. Check Hong Cheong），请他帮忙再向外务部主管官员申述，希望得以转圜。八月二十日，外务部秘书回复张卓雄牧师，外务部长维持原议。黄祐仍然寄望于芬克、贝斯特与霍尔律师行对上述决定提出质疑，进一步申述其请领签证理由。八月二十八日，芬克、贝斯特与霍尔律师行再次致函外务部长，先是将原先申请十年签证的诉求减为五年，再找到相同条件之其他人的申请都得以获批签证入澳留学一事相诘，申诉黄杰处于同样的条件和环境，何以受到如此不公的待遇？或许是上述质疑让外务部长的立场有所松动，加上申请入澳留学的年限也缩短了一半，算是给了官方一个台阶下，为此，一个月后，外务部长改变了此前的拒签态度，同意给予黄杰五年的留学签证。具体的操作方法是：待其抵澳后，先核发一年签证，到期后再根据需求申请下一年度的展签，外务部核准后批复，如此年复一年地申请，直到五年期满。

有了这样的结果，黄祐遂以最快的方式通知家人为儿子办理赴澳护照等出国文件。经半年多时间的申请办理，黄家终于从两广总督府那里拿到了出国护照，便将黄杰从乡下送到香港，在事先联络好的监护人照料下，搭乘蒸汽船驶往澳洲，于一九一〇年六月三十日抵达美利滨入境。黄祐去到海关，协助将儿子办理出关，然后将其带往怡昌隆号商行住下。

自当年七月十三日开始，九岁的黄杰注册入读位于美利滨埠东山区（Eastern Hill）的圣匹书馆（St. Peter's School）。在此后的两年时间里，他在这间学校一直保持正常的出勤率，在校表现也很好。但从一九一三年第一学期开始，他在学校的表现尚属正常，可是出勤率却大打折扣。仅在当年的四到五月两个月里，他就有十七个半天旷课。但自六月份开始，他又回复正常上课，此后的三个月里，再也没有缺勤。虽然外务部对上述旷课行为非常关注，但鉴于学校的报告里再没有不利于他的说法，故在八月份仍然按照惯例，批准了他的留学签证展延。

从一九一四年新学年开始，黄杰转学到加顿埠末士准士学校（Rathdown Street State School，Carlton）。该校位于美利滨大学（University of Melbourne）附近，距唐人街也就二十来分钟的步行距离，上学也算是很方便。可是，当年六月中旬学校提供给外务部的报告则显示，大约有一半左右的上学日里，学校里根本就不见黄杰之踪影，不知他去了什么地方。从学习进程来看，其英语进步也很缓慢。外务部接到报告后，连忙指示海关去找该学生的监护人，需要他对黄杰的旷课原因做出解释。如果没有正当理由，外务部将不会核发其签证展延，并且要考虑将其遣返中国。就在这时，学校又报告说，黄杰现在已经返回学校上课，再没有旷课现象发生。有鉴于此，外务部秘书表示，再批复他下一年度的十二个月展签，有效期至明年八月二十二日。但该签证是有条件的：海关必须去与黄祐特别说明，一旦其子再

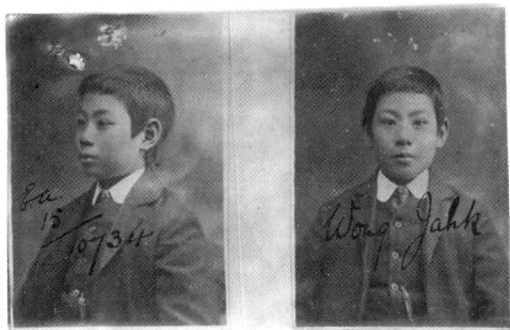

一九一五年七月，黄祐提供给外务部的黄杰照片

次旷课违规，外务部将不再姑息，会立即取消其签证。可能是慑于上述警告，在余下的半年时间里，黄杰表现得规规矩矩。

也许是在末士准士学校旷课太多，黄杰不好意思再继续读下去，便从一九一五年开始，又转学回到圣匹书馆。可是在上半年里，他的出勤情况又回到了一九一三年的状态。到六月二十三日，他总共有九十一个半天旷课。具体地说，二月份十八天；三月份十四天；四月份十八天；五月份二十六天；六月份至今十五天。鉴于此前出现过这样的问题，外务部和海关已经对其发出过警告，外务部秘书认为当局将不再姑息此事，遂于七月二日决定，在八月二十二日其签证到期之前，黄杰必须要离境回国。随后，他将此决定发到海关，由其监督黄祐配合执行。

就在这个紧急时候，芬克、贝斯特与霍尔律师行于八月五日致函外务部，解释说直到外务部遣返命令下来，黄祐才得知儿子旷课的事情，因为他这段时间都是在放学的时段里才回到家里，因而其父亲以为他是像以前那样在正常上学。据了解，黄杰的旷课是受一位年龄比他大一些的中国学生的影响，因后者近期要返回中国，就将其从学校里带出去，从而导致了这种旷课事情的发生。现在这位中国学生已经离境回国了。从黄祐的角度来看，他原本就希望给儿子一个良好教育，故恳请外务部再给他儿子一个机会，亦即再核发十二个月的留学签证，从而使之完成原先申请的五年留学计划。作为监护人，他计划把儿子送入另一间私立学校即苏格兰书院（Scotch College）念书；届时，他将会与学校约定，一旦黄杰出现旷课现象，就立即与他联络，他将立即采取措施，定将违规行为消灭在萌芽状态。尽管黄祐表示愿意再支付海关额外的保证金以支持其子之转校读书，但外务部长维持原议，表示不再核发留学签证，坚持让黄杰在八月二十二日之前离境。否则外务部将指示有关部门采取行动，强制执行。

黄祐知此事已不可逆转，只好遵令安排儿子的船期。原本在黄杰签证有效期截止日就有一艘轮船离港驶往香港，外务部也指定他搭乘该轮离境，但在八月十七日，黄祐致函外务部秘书，向其申请退订该轮之船票，改订九月四日启航的"衣时顿"（Eastern）号轮船，因为他还有一些收尾的手续尚未办妥。对此，外务部秘书次日便答复，外务部长批复了这一延期出发的申请。

在随后的一个月时间里，因外务部同意了黄杰可延期到九月离境，就按程序再补发给他延期签证。因程序问题，迁延时日，最后外务部决定，他最迟不能超过十月十六日离境。而因船期的缘故，最终黄杰改订"山亚班士"（St. Albans）号轮船，于一九一五年十一月二日登船返回中国。

黄杰的留学档案到此中止。他原本计划来澳留学五年，但因其旷课导致严重违规，不得不提前回国，总计在澳留学时间为四年半。

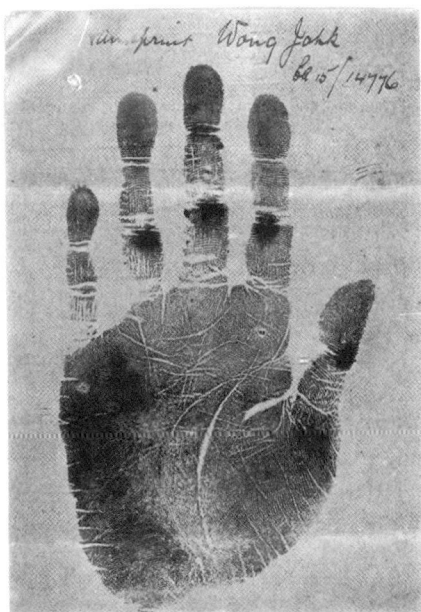

左为一九一〇年七月十三日，圣匹书馆校长提供给外务部的例行报告，显示黄杰在校表现良好；右为一九一〇年六月三十日，黄杰入境美利滨时所留的手印。

档案出处（澳大利亚国家档案馆档案宗卷号）：

Wong Jahk - Extension Cert，NAA：A1，1915/21232

汝 荣

台山？

一九一七年六月二十九日，年约十五岁（大约出生于一九〇二年）的汝荣（Yu Wing）搭乘从香港启程的"长沙"（Changsha）号轮船抵达澳大利亚的雪梨（Sydney），计划在此中转，准备搭乘另外的一艘轮船去往南太平洋群岛的飞枝（Fiji）。

汝荣只是他的名字，至于其姓氏，档案中没有提及。在汝荣乘船抵达雪梨后为其作保、使其获得临时入境一个月签证而可以登陆上岸的担保人，是新宁（台山）籍华商余荣（Yee Wing，或者称Ah You或Peter Yee Wing）。余荣出生于一八六二年，[1]早在一八七七年便从家乡来到澳大利亚发展，落脚于雪梨，于一八八三年于乌修威（New South Wales）殖民地入籍，[2]为其日后发展奠定了基础。后来，他投身商业，经商致富，娶当地西妇为妻，生育七个孩子，[3]成为雪梨著名的商行泰生果栏（Tiy Sang & Co.）的主要股东和总经理。为更好地经营果栏的上下游商业链，泰生果栏也像当时雪梨的永安果栏（Wing On & Co.）和永生果栏（Wing Sang & Co.）一样，在周边的南太平

---

① Ah Tock，Sing King，Ah You，Joe Sing，Ah Kim，Ah Tong，Ah Zwong，Wong Joy Yee，Chang Ting and Willie Low Ton Wing [Certificate of Domicile - includes left hand impression and photographs] [box 8]，NAA：ST84/1，1905/251-260.

② Yee Wing (Ah You). – Naturalization，NAA：A1，1916/12445.

③ Peter Yee Wing and seven children [Edith Clara，George Cyril，William James Beck，Robert Phillip，Thomas Albert，Peter and Edward Ronald. Include photographs and left and right thumb prints of each child except Edward Ronald.] [box 132]，NAA：SP42/1，C1921/10113.

洋岛屿一带购地，再从广东家乡雇人去到那些地方，将其开辟成为果蔬种植园，主要种植香蕉，以供应雪梨及周边市场之需。[1]本文的主人公汝荣，就是属于为上述种植园的生产和经营之需而被送往飞枝的一位未成年者。从这种入境者和担保者之间的关系来判断，汝荣显然也应该是台山县人。只是因为档案中没有提及其姓氏，无法确定他与余荣是否同宗，或者是余荣的其他方面的亲戚，又或者是与其宗族有一定关系的同邑乡亲。

在汝荣登陆雪梨后不久，余荣见其年纪太小，就想让他先留在这里，进入开设在城里的基督堂学校（Christ Church School）读书，以便接受一年正规的西方教育，结业后再去飞枝。事实上，七年前余荣就办理过他的侄儿（也可能是外甥）有安（You On）从中国来到雪梨，进入上述学堂念书，学成后再将他送往飞枝发展。[2]从道理上说，虽然可以在汝荣抵达飞枝后再送他进入当地由传教士开办的学堂读书，但根据余荣的经验，在那个经济和文化都比较落后的地方，教育条件有限，他觉得在那里读三年书才能比得上在雪梨读一年的效果。于是，七月二日，余荣便致函内务部秘书，为汝荣留在雪梨读书申请留学签证，并表示为其留澳可按规定在海关缴纳相应的保证金。尽管余荣在雪梨也算得上是有头有脸颇具名望的华商，但内务部秘书并不买账，次日便复函予以拒绝。

眼看无法达到目的，余荣便转向中国驻澳大利亚总领事馆求助，希望通过正式的外交渠道使汝荣留在雪梨读书。七月十三日，中国总领事曾宗鉴给内务部秘书发去一封公函，还是以上述理由申请汝荣留下来读一年的书，并表示泰生果栏会支付其所有在澳留学期间的费用，余荣也会充任其监护人，在其读完一年后，会按计划送其前往飞枝就业。由于是中国总领事亲自出面，内务部秘书便将此事交由相关几个层级官员评估。这些官员认为上述申请理由可以接受，泰生果栏也算是相当有名的商行，海关部门与该公司打交道甚多，对该公司的信誉很了解，并且此前也是以上述理由批复了有安的留

---

[1] Yee Wing [also known as Ah You, includes photograph]，NAA：SP42/1，C1914/7447.

[2] You On - Exemption Certificate，NAA：A1，1912/15772.

一九一七年时的余荣照片

学申请，便建议内务部长考虑该项申请。此前的外侨事务由外务部管理，现在才刚刚转交由内务部负责，当时的规定是，中国学生赴澳留学须年满十七岁。刚刚接手此项业务的内务部长萧规曹随，谨守规定，不愿意越雷池半步。因此，七月二十五日，他否决了其下属的建议，正式拒绝了上述留学签证申请。

余荣接到拒签通知后，知道已经无法改变内务部长的决定，便不再尝试其他途径，而是按计划安排汝荣的下一段行程。八月二日，汝荣在雪梨港登上"莱武卡"（Levuka）号轮船，直驶飞枝。

汝荣获准在雪梨停留中转的签证有效期是一个月，余荣本来计划利用这段时间为其申请在澳留学，因为此前或此后都有乡人据此申请成功，比如两年后雪梨的平满（Ping Mong）成功申请其子凌珠（Ling Chu）[1]留在雪梨读书。但很不幸，他递交申请的时间节点不是很合适，汝荣的申请遭拒，便只能按照计划去往原定目的地。也许，他到那里接受英语教育后，便留在当地发展了。

---

[1]　Ping Mong Educn Ex/c Exemption Certificate for Son，NAA：A1，1922/19291.

左为一九一七年六月二十九日，汝荣入境雪梨时提交的照片；中为一九一七年七月二日，泰生果栏股东余荣致函内务部秘书，为汝荣申请十二个月的留学签证，想让他进入雪梨的基督堂学校读一年的书；右为一九〇五年余荣申请的回头纸。

档案出处（澳大利亚国家档案馆档案宗卷号）：

Yu Wing Educn Excert Education Exemption Certificate，NAA：A1，1917/13767

吴宝光

广东

在这份档案中，只是知道吴宝光（Wu Pao Kwong）大约出生于一九〇三年，具体出生日期则没有披露；他的父亲在二十世纪二十年代之前便在澳大利亚鸟修威省（New South Wales）的雪梨埠（Sydney）发展，只是档案中既没有披露其做何营生，也没有提供其姓名，只有一处提及他在雪梨经商。从吴宝光出生的年份来看，按照广东人赴澳发展的规律，即赴澳若干年后方才得以回乡结婚生子，再重返澳洲打拼，吴宝光的父亲极有可能是在十九世纪末就已去到那里，逐步站稳脚跟后得以发展的。

根据本文所涉档案，在一九二五年之前，吴宝光便已在中国接受过良好的教育。他先是在广州读完了广东大学（Canton University，亦即中山大学的前身）之后，去到上海的中国公学（Chung Kwok University，或者China National University）读了一年。一九二五年六月廿四日，他拿到了北洋政府外交部特派驻沪交涉员许沅签发的护照，号码为沪字第叁肆伍贰号，准备赴澳留学。

似乎吴宝光并没有通过在雪梨的父亲向中国驻澳大利亚总领事馆提出申请赴澳留学，而是在即将搭船启程时才直接与中国总领事馆联络。一九二五年十一月二十三日，中国驻澳大利亚总领事魏子京致函内务部秘书，将吴宝光的情况作了一番介绍，并郑重知会，这位二十二岁的中国留学生次日便要随着其从香港搭乘的"黄埔"号（Whampoa）轮船抵埠，打算在此进入大学进修更高层次的课程，特请内务部转告海关，准其登陆入境；待其安顿下来之后，中国总领事馆会与内务部联络，再告知这位中国留学生将要进入哪一所大学就读。尽管此事来得比较突然，同时其年龄距中国学生在澳留学的最高年限二十四岁已经不远，但考虑到这位中国学生本身具备较好的语言能力，且已在中国接受过高等教育，来此也是进入大学就读，并且入境手续齐备，内务部自然不能拒绝，仍然将其作为正常的赴澳留学生对待。于是，十一月二十五日，内务部正式通知海关，指示后者按例准予这位中国学生登陆入境，核发其·年有效期的留学签证，并为此同时知会了魏子京总领事。

而事实上，吴宝光按照原先的计划，已在十一月二十四日乘坐"卡鲁鲁"（Calulu）号轮船抵达雪梨港口。海关可能是此前已经接到了内务部秘书的口头通知，当天便为吴宝光办理了入境手续，让其顺利入关；其他的手续，可能是在次日接到内务部的正式通知后再行补办。前往海关接吴宝光入境者，是当时的两位东莞籍商人，即中国城德信街（Dixon Street）五十一号的荣记号（King Young & Co.）老板吴金荣（Harry Young）①和在矜布炉街（Campbell Street）五十四号开设肉店的陈荫（Chun Yum，又写成Charlie Young）。后者是东莞县圆头山村人，一八九六年漂洋过海到澳大利亚发展，②经济实力强劲，此时也是位于雪梨的第五届鸟修威中华总商会的理事。③通常来说，来接关者大多为亲戚或同乡。由此看来，吴金荣很可能就是吴宝光的父辈或同宗亲戚，如此，其籍贯也就应该是东莞县。最终，吴宝光住进了荣记号商行里。虽然档案中没有说明吴父是做何生意，但吴宝光

---

① Harry Young [Chinese - arrived Brisbane，May 1899. Box 47]，NAA：SP11/2，CHINESE/YOUNG HARRY [1]。根据这份档案宗卷可知，吴金荣于一八九九年来到澳大利亚发展。另一份与其相关的宗卷则显示，吴金荣大约出生于一八八二年。见：Harry Young，Law Yean，Yee Fong，Mow Young，Lum Yet，Ah Yee，Jong Ching，Ah Gee，Li Lee and K H Hendrick [Certificate Exempting from Dictation Test - includes left hand impression and photographs] [box 50]，NAA：ST84/1，1912/81/51-60。而吴金荣是荣记号司理兼主要股东，则主要见诸于二十世纪二十年代后半期雪梨的报刊报道。见："东莞公义堂启事"，载雪梨《东华报》(Tung Wah Times)，一九二七年十一月二十六日，第三版。

② 关于陈荫，详见：Charlie Young [also known as Charles and Charley]，NAA：SP42/1，C1930/8546；Chun Wing - Student Passport [1cm]，NAA：A1，1923/26348。

③ "中华总商会第五届职员照像"，《东华报》(Tung Wah Times)，一九二〇年二月廿一日，第九版。

能住在这里，表明他的父亲有可能就是吴金荣；即便不是，后者与其父之间也应当具有相当的密切关系，亦即兄弟关系或宗亲关系，也就是顺理成章的事情。

待一切安顿下来后，因此时事实上已经进入澳大利亚各大中小学校考试然后放暑假的季节，无法入学，吴宝光便于十二月十一日致函内务部秘书，告之其本人打算在明年开学后将前往美利滨（Melbourne），入读美利滨大学（Melbourne University），计划用三到四年时间在此完成经济学科的学士文凭课程，学成后便返回中国工作，希望能获得批准。内务部秘书接信后，通过海关等部门调查得知，吴宝光早在读大学之前便英语流利，显然是在教会学校接受的初等和中等教育，遂表示此事需等待中国总领事馆的最后通知，再决定给予他多长时间的留学签证。一九二六年三月二十九日，魏子京总领事果然如约致函内务部秘书，告知吴宝光没有去美利滨大学，而是就近入读雪梨大学（Sydney University），就读经济系一年级课程。

随后，内务部再次通过海关了解到，吴宝光在雪梨大学的所有课程都是安排在晚间上课。对于内务部来说，当时最担忧之事，便是中国学生利用其留学签证在澳打工，而吴宝光的课程是在晚上，嫌疑很大。因此，内务部秘书接到报告后，便于五月二十日指示海关去核查这位中国学生为何不是利用白天时间去上课，以及是否利用这种课程安排，白天在什么商行企业打工。经过三个多月的公文往返来回拉锯以及多方核查，到了八月中旬，海关才最终弄清楚了吴宝光之所以将所有课程都选定在晚间上课，并非是他个人的决定，而是雪梨大学白天的课程只为文学院的学生开设，而经济系的学生只能选择夜间上课。海关还了解到，即便白天有很多时间，但吴宝光却并没有在任何一间商行打工，而是将所有时间都用于课程学习和应付作业上面。换言之，这是一位勤于钻研课程认真学习的好学生。这样就解除了内务部秘书的顾虑，因此，到这一年十一月，当魏子京总领事按例为吴宝光申请下一年度的留学签证展延时，他很爽快地予以批复。

可是，原先雄心勃勃想在澳大利亚读满三到四年大学拿下一个海外文凭的吴宝光，在认真就读一个学年的经济学课程之后，却在次年打了退堂鼓。

就在新学年开学后不久，一九二七年三月二十四日，吴宝光致函内务部秘书，告诉说他决定不再继续就读雪梨大学的课程了，也就是说结束其在澳大利亚的留学生涯。鉴于留学签证的规定是一旦停止上学或者说退学，就应该在一个月内订妥船票回国，为此，他请求内务部再给他四个月的续签证，以便其利用这个机会对澳大利亚的商业情况做一个比较详细深入的了解，以比较其与中国之异同，为他回国后进入商业领域以进口更多的澳大利亚产品预做准备。内务部接到信函后，责成海关前往了解这位中国学生要求延长四个月签证的依据何在。海关很快就派人去到荣记号商行，见到了住在商行宿舍里的这位中国学生。据他说，一方面是年初以来身体健康状况欠佳，使其萌生退意；另一方面之所以要申请四个月的展签，是想届时陪同其叔父一起回国。可是当内务部要求海关提供其叔父的相关资料时，赫然发现他的叔父此前只是荣记号的雇员，在其商铺中担任店员，已经在去年初回国探亲，至少还有六个月左右才能返回。而根据海关人员的观察，他在此期间似乎也没有出外打工，而是每天都四出探亲访友或出外写生作画。经过多方面调查和商讨，内务部几个不同层级的官员达成共识，决定取消其签证，要求吴宝光尽快离境回国。对此，内务部秘书于六月二十九日正式将此决定通知海关，要求他们尽快地为这位中国学生安排近期离境的船只。

就在海关准备展开行动之际，吴宝光于七月八日再次致函内务部秘书，希望将其离境日期延至十月份。他在信中表示，此前曾申请四个月展签以便考察澳大利亚商业情况，但显然这个时间还是远远不能够使其对这里的情况作深入的了解，希望将其签证再延三个月至十月份。之所以到那个时候，还有另外一个原因是与其父亲有关。他表示，他的父亲此时因没有英语流利的助手协助的话便无法在雪梨做好生意，刻下只有他能够顶上去协助父亲。他的叔父要到十月份方才可以回到雪梨，届时他就可以脱身，让叔父来协助父亲做生意。这是这份档案唯一的一次提到他的父亲，但经营的是什么性质的生意却没有予以说明，但至少透露出来是与荣记号有极大的关联。内务部本来就已决定他尽快回国，此时他反而还要申请延签，显然是不可能的事。为此，内务部秘书随即于七月十五日复函，断然拒绝了他的要求，并表示要他必须立即动身离境。

眼见如此,吴宝光知道大势已去,只好做离境准备,但他还是耍了一个花招,于七月二十六日函告内务部秘书,告知他将订妥下一班驶往香港的"天叮"(Tanda)号轮船离境回国。内务部秘书一查,得知下一班"天叮"号轮船驶往香港的航期,排期等到十月十五日,事实上也就是吴宝光上次信中所申请要待在澳大利亚所需的时间,自然不想让他如此取巧,遂于八月三日给他下通牒,坚称按规定他必须搭乘就近的一艘离境船只回国。他在通知中还详细告知,这个月十三日和十七日分别有"圣亚班士"(St. Albans)和"太平"(Taiping)号轮船离境赴港,要求他无论如何要选择其中一艘离境回国。为了使吴宝光感受到上述通牒不能打折扣,内务部秘书还同时通知雪梨海关监督此事的执行。

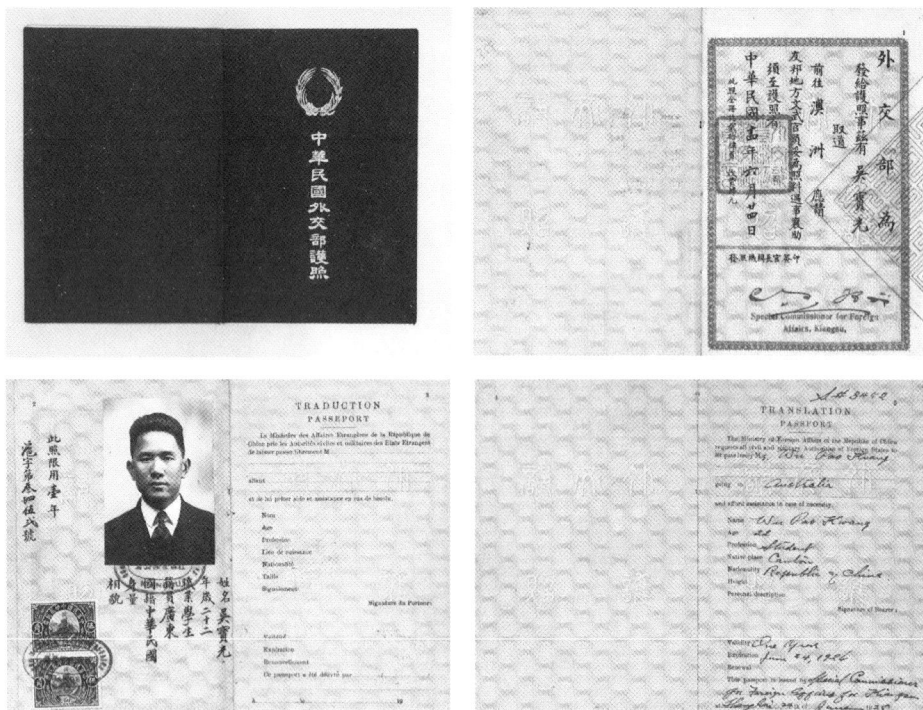

一九二五年六月廿四日,北洋政府外交部特派驻沪交涉员许沅给吴宝光签发的护照封面和内页。

事已至此,显然是再也没有回旋余地了。由是,吴宝光遂不再作他想,按照内务部的指引,购妥"太平"号轮船的票,收拾好行装,于一九二七年八月十七日在雪梨港口登上轮船，告别父亲及荣记号商行诸人，结束了他来澳不到两年的留学生涯，返回中国。

档案出处（澳大利亚国家档案馆档案宗卷号）：

Kwong，Win Pao - Students passport，NAA：A1，1926/20040

陈瑞庆

广东

　　陈瑞庆（Chan Sue Hing）是广东人，大约出生于一九〇三年。他的父亲是否曾经赴澳谋生，档案文件中未有提及，但他有一个叔叔，名叫陈柱臣（Chan Chee Sung）。虽然在澳大利亚国家档案馆里找不到与陈柱臣英文名字相关的宗卷，但在二十世纪初年鸟修威省（New South Wales）首府雪梨（Sydney）的华商中，陈柱臣也算得上是一位风云人物。一九一九年年底，陈柱臣被选为第五届鸟修威中华总商会副会长。[①]能被选举进入中华总商会的理事会，自然都是经商致富者，其所在商号也应是比较有名气者。根据资料，此时的陈柱臣是位于雪梨城区矜布炉街（Campbell Street）上"源泰号"（Yuen Tiy & Co.）商行的主要股东，该商行的另一个大股东是东莞籍商人叶同贵（Gilbert Yet Ting Quoy），[②]他也是第五届鸟修威中华总商

副會長陳柱臣
CHEE SUNG

　　一九一九年当选为鸟修威中华总商会副会长的"源泰同记"商行主要股东陈柱臣照片。

---

①　"中华总商会第五届职员照像"，载雪梨《东华报》(Tung Wah Times)，一九二〇年二月廿一日，第九版。

②　有关叶同贵的详细情况，见：Application for Domicile Certificate by Gilbert Yet Ting Quoy，NAA：A1，1903/7344。

会的理事。源泰号又名源泰同记（Yuen Tiy Tong Kee，亦写为Yuen Tiy Tong Kee），最早是在十九世纪末年就已开设，并在一九〇三年经鸟修威省工商局重新注册登记，①注册时共有四位股东，陈、叶二人是其后加入；一九二一年时因董事会更选，再重新注册，主要股东就只剩下陈、叶两人；②但至少在一九一〇年时，该商行就已经由陈、叶二人主导。③因叶同贵还有另外一间著名的"利生公司"（Lee Sang & Co.），出售蔬果和日用杂货，也经营进出口贸易，有相当的规模。④由是，源泰号就主要由陈柱臣打理。

鉴于当时华商合股多以地缘乡谊和宗亲而连在一起，叶同贵既是东莞人，陈柱臣自然也是来自东莞。⑤也就在陈柱臣当选鸟修威中华总商会副会长的前几年，他的侄儿陈瑞庆已经从广东家乡去到了纽西兰（New Zealand）读书。陈瑞庆是如何去到那里读书的，又是何时去的，因澳大利亚档案中没有说明，不得而知。但这一信息表明，他有家人此前去到了纽西兰发展，并且也在那里有了不俗的表现，在财政上比较富裕，不仅能有金钱寄送家乡赡养家人，接济亲属，还能把家中年轻的一代办到那里留学读书，惠及宗亲家族。

一九二〇年七月十三日，中国驻澳大利亚总领事魏子京致函澳大利亚内务部秘书，为时年十七岁的陈瑞庆申请留学签证。他在函中表示，陈瑞庆出生于广东，目前人在纽西兰读书，希望进入澳大利亚深造，目标是进入雪

① https://records-primo.hosted.exlibrisgroup.com/permalink/f/1ebnd1l/INDEX1837915.

② https://records-primo.hosted.exlibrisgroup.com/permalink/f/1ebnd1l/INDEX1837918.

③ 叶同贵与陈柱臣共同主持的"源泰同记"商行广告，见"源泰同记"，《东华报》(Tung Wah Times)，一九一〇年二月十二日，第八版。

④ 见：GILBERT YET TING QUOY [correspondence of the Collector of Customs relating to immigration restrictions] [2 pages] [box 6]，NAA：SP42/1，C1903/10361；Ah Shooey (Deniliquin NSW)，Loney Back Keong (Deniliquin NSW)，Pang Fong Chong (Sydney NSW)，Key Yee (Wyalong NSW)，Ah Lum (Fook Lum) (Goulburn NSW)，Key Yu (Wyalong NSW)，Tye Sing (Kogarah NSW)，Gilbert Yet Ting Quoy (North Sydney NSW)，Robert Gordon (Sydney NSW)，John Kniaid (Redfern NSW) and Michael Mallick (Redfern NSW) [Certificate of Domicile - includes left hand impression] [box 1]，NAA：ST84/1，1903/1-10。

⑤ 见："雪梨中华商会职员履历册"，藏Chinese Chamber of Commerce of New South Wales，Noel Butlin Archives Centre，Open Research Library，Australian National University，https://openresearch-repository.anu.edu.au/handle/1885/11483。

梨的斯多德与霍尔斯商学院（Stott & Hoare's Business College）念书。从上述信息可以判断，陈瑞庆显然已经在纽西兰留学多年，已经具备相当的英语学识能力。魏总领事在申请函中也特别说明，源泰号的主要股东陈柱臣是签证申请者的叔叔，他会作为陈瑞庆来澳留学期间的监护人和财政担保人；为此，希望内务部尽快批复此项申请，以便该中国留学生能早日前来就读。内务部接到申请后，了解到陈柱臣目前是中华总商会的负责人之一，也有相当的经济实力，申请者的年龄和英语能力以及担保者的资格都符合规定，自然不会对此予以拒绝。七月三十日，内务部批复了申请，准予陈瑞庆入境留学三年，但每次签证为期一年，到期可以申请展签。按照当时的规定，其担保人须向海关缴纳一百镑保证金，到其结束留学离境后可以取回本金。

在纽西兰的陈瑞庆接到中国驻澳大利亚总领事馆转过去的入境许可后，马上做好了赴澳准备。在完成了该学年第二学期的课程之后，他搭乘"里弗赖纳"（Riverina）号客货混装船，于九月二十七日抵达雪梨。虽然海关按照规定核发给他入境签证，但因其在入关卫生检疫时被发现罹患了疥癣，一入关，检疫局就将其送入医院治疗。可能因感染程度较深，他在医院里一直治疗了四个月左右，直到一九二一年一月二十五日，经检查痊愈之后，才被准允出院。

一九二〇年二月廿一日，源泰同记在雪梨《东华报》上的广告。

一九二二年二月七日，已经来到澳大利亚将近半年的陈瑞庆，终于赶在新学年刚刚开学时，注册入读位于雪梨尼尔森湾路（Nelson Bay Road）的兰域预科学校（Randwick Preparatory School），而不是其叔叔陈柱臣早就已经为其报名准备就读的斯多德与霍尔斯商学院。种种迹象显示，他选择这间预科学校，是准备进一步充实自己，为日后进入更好的大专院校做好准备。

根据学校提供给内务部的例行报告，他在上学期间，总是衣冠整洁，礼貌有加，举止有度，待人和气，从不缺勤，潜心向学，学习成绩也都令人满意。为此，一九二一年十月份，当中国总领事馆代其申请留学签证展延时，因早就接到过学校递交上来的在校表现的报告，内务部已经对这位中国留学生的学习有了基本的了解，故无须核查，很爽快就予以批复。

看来一切都在按部就班地进行，陈瑞庆应该在接下来的日子里修完在兰域预科学校所选的课程，然后再进入他心仪的大专院校进一步深造。在这一年接下来的两个月，他也确实完成了预定的课程。可是，在当年十二月七日，亦即学校刚刚结束课程进入暑假阶段时，陈瑞庆却收拾好行李，在雪梨港口登上驶往香港的"获多利"（Victoria）号轮船，返回中国去了。[①]

从其入境到离境，陈瑞庆总计在澳留学的时间只有一年零二个月，而因

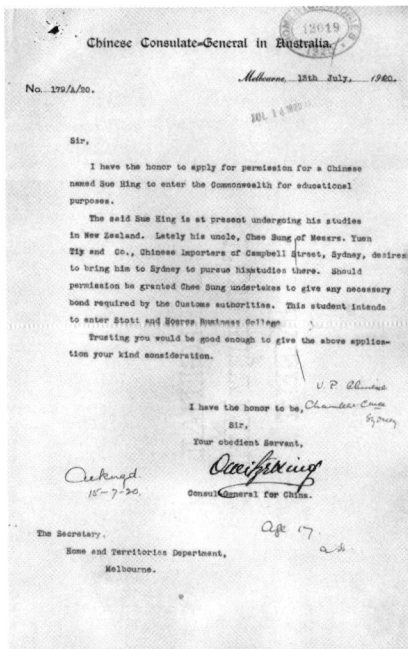

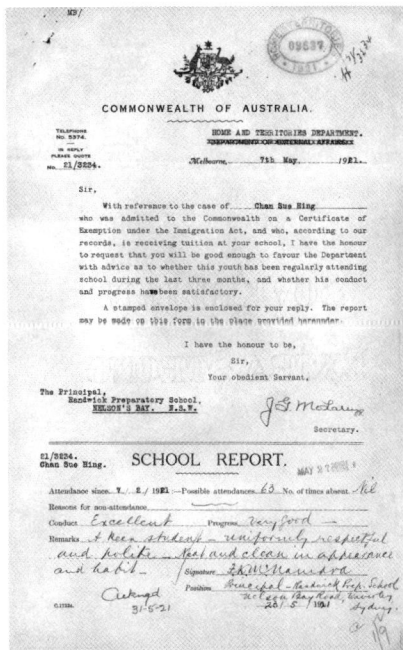

左为一九二〇年七月十三日，中国驻澳大利亚总领事魏子京致函澳大利亚内务部秘书，为时年十七岁的陈瑞庆申请入澳留学签证；右为一九二一年五月二十三日，兰域预科学校校长给内务部的例行报告，显示陈瑞庆在校表现良好。

① Chun Yee，Sue Hing，Tom Young，King Fun，Way Fun，Wong You，Sue Tuck or Sue Duck，Sing War，Wah Hum and Go Wood [Certificate Exempting from Dictation Test - includes left hand impression and photographs] [box 137]，NAA：ST84/1，1921/303/81-90.

住院治疗花了近四个月时间，他的在校学习正好是一个学年的三个学期。离开澳大利亚回国时，他没有申请再入境签证，这就意味着他不会重返澳大利亚继续念书，而是有了新的目标。此后，澳大利亚国家档案馆里也找不到与其相关的任何线索。

档案出处（澳大利亚国家档案馆档案宗卷号）：

Sue Hing. Education Exemption certificate，NAA：A1，1921/25452

刘　新

广东

一九一九年十二月二十六日，一位名叫Law Sun或者Lau Sun（刘新，译音）的中国学生，搭乘"依时顿"（Eastern）号轮船抵达美利滨（Melbourne）口岸，声称时年十七岁（生于一九〇三年），是到此留学的。海关经进一步询问得知，该人是广东人，未说明是哪个县邑人氏，他从广东去到香港，在那里搞到一份香港政府出具的赴澳留学证明，就这样来到澳大利亚。当该轮船抵达北领地（Northern Territory）的打运埠（Darwin）时，他曾经想在那里上岸入境；后因故未成，就随船一直航行，最终抵达美利滨。海关此前没有碰到过这样的例子，遂立即报告内务部。移民官员及后来奉命与其接触的警察都对其所称年龄表示了怀疑，认为他也就不过十一二岁左右，但内务部通过经常接触中国人的海关稽查人员核查，后者确认刘新提供的年龄应与其所称相符，因而

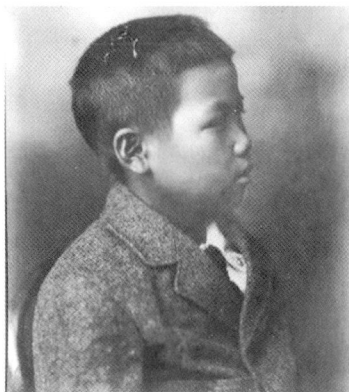

一九一九年十二月二十六日，刘新闯关美利滨海关时提交的照片，自称十七岁。

内务部采信了这种说法；而其所持的证明也是香港当局所发，为真实原件，毋庸置疑。最终，内务部批准刘新入境，并给予其一年的留学签证。

入境后，刘新就直接去到域多利省（Victoria）内陆矿镇巴辣辣埠（Ballarat），住进其祖父War Sam（和岑）位于该埠主街（Main Street）五十号的家里。和岑出生于一八六四年五月二十四日，他至少在一九一六年起就在巴辣辣埠发展，①作为中草医，在其所居住的这条街上设馆，悬壶济世，兼售中草药及杂货。②事实上，他也就成了刘新在澳留学的监护人和财政担保人。

在其住处附近有一间韩芙蕾街公立学校（Humffray Street State School），名声好，学风佳，一九二〇年新学年开学时，和岑便安排孙子刘新注册入读该校。根据校长在当年七月二十八日提交给内务部的例行报告，显示刘新的英语阅读和操说都相当不错，学习上没有太多的障碍。由此可见，在来澳之前，刘新显然已经接触过英语。校长也在报告中特别提到，老师都认为，他看起来根本就不像十七岁，显然应该不会超过十二岁。尽管都对其真实年龄提出质疑，但内务部并没有直接回应此事，当年底刘新提出展签申请时，也顺利地获得内务部的批复。③

刘新在这间学校一直读了下来，年复一年地获得内务部的展签。一九二二年中，他升读五年级，学校认为他天性聪慧，与同学相处得宜，遵守校规，穿戴得体，作业完成得很好，其学业表现在同年级中排在前列，是潜心学习的好学生。他在这里一直读到一九二三年年底，也由此而拿到了下一年度的展签。

---

① WAR Sam：Nationality - Chinese；Date of Birth - 24 May 1864；First registered at Ballaarat East，NAA：MT269/1，VIC/CHINA/WAR SAM. 在澳大利亚档案馆里，目前只找到这一份档案与其相关。

② 从当地报纸上，可以找到和生在巴辣辣埠行医的最早记录是一九一六年。见："TO MR SAM WAR. CHINESE HERBALIST. 160A Main Street，Ballarat"，in *The Ballarat Courier*，Friday 24 November 1916，p 3，Article. 此外，当地历史学家考证的早期在域多利省开业的中草医生，名单中就有和岑。见："Chinese Herbalists in Victoria 1850's – 1930's"，in https://chineseruralvictoria.wordpress.com/2009/01/05/list-of-chinese-herbalists-in-victoria-1850s-1930s/。

③ Law Sun - application for extension of Certificate of Exemption from Dictation Test [Item contains 4 photographs][17 pages]，NAA：B13，1920/24724.

但是，进入一九二四年，刘新没有在新学年开学时重返学校上学，而是从巴辣辣埠赶到美利滨，于二月九日登上驶往香港的"获多利"（Victoria）号轮船，返回中国。[①]

按照刘新此前在学校的学习进度，他在上一年底已经读完了小学七年级的课程。如果按照他所声称的年龄，此时已经二十岁，自然不愿意继续再与比自己小很多的当地学生一起上课；而在校方看来，包括从他入境时照片判断，他此时不过十四岁左右，和同班级的同学基本上是同龄人。因此，刘新来澳留学的年龄，也跟此前提到的仕佑（Shu You）来澳做工和留学时的年龄一样，成了一个谜。[详见：You，Shu - Educational e/cert，NAA：A1，1926/5292]

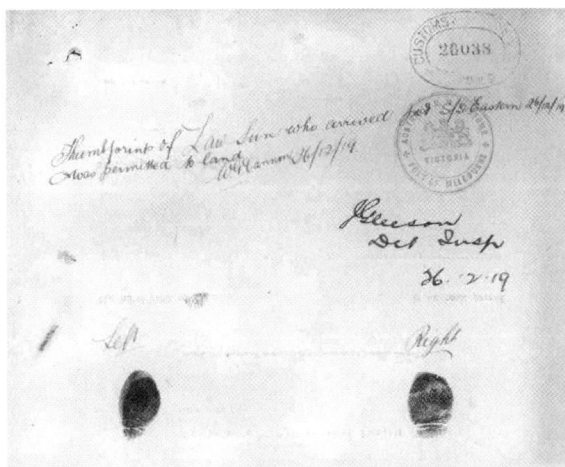

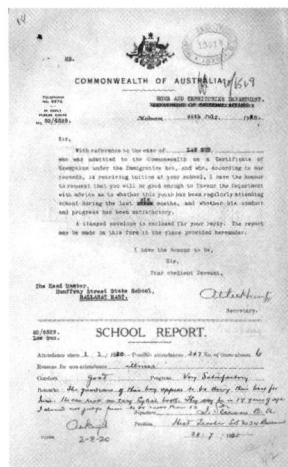

左为一九一九年十二月二十六日，刘新在美利滨海关获准入境时摁下的指印；右为一九二〇年七月二十八日，韩芙蕾街公立学校校长提交给内务部的例行报告，除了对刘新的表现和学业包括英语能力表示满意，也质疑其真实年龄，认为他不超过十二岁。

档案出处（澳大利亚国家档案馆档案宗卷号）：

Ah Fong - Son of Law Moon - Also Law Sun - Education and business exemptions，NAA：A1，1924/7247

---

① Law (Lau) Sun - Arrived Melbourne S.S. "Eastern" 26.12.1919 - Left Commonwealth at Thursday Island per S.S. "Victoria" 24.2.1924，NAA：B13，1924/109.

陈有方

广东

这是一份不完整的留学档案宗卷，主要是留学生的出生年份、籍贯难以判断，就连其中文名也是按照译音对待。此外，该留学生如何进入澳大利亚的，也语焉不详，本文只能根据现有的这一份档案宗卷提供的线索，加上一些合理的考证与推测，尽可能地梳理出其在澳留学的轨迹。

Chan You Fong（陈有方，译音）大约出生于一九○三年，具体籍贯不详，因陈姓是珠江三角洲和四邑地区的大姓，很难判断他是何县人氏。仅有的一点线索显示，到一九二○年时，据称因其父母皆亡，遂于当年上半年去到香港，搭船前往纽西兰（New Zealand），准备投靠在那里的亲友谋生。但是，当他经过长途的航海旅程抵达纽西兰大埠屋仑（Auckland）时，因无入境签证，被拒绝登岸入境，遂乘原船返回，于当年六月一日抵达澳大利亚的雪梨埠（Sydney），准备在此中转，再搭乘其他轮船回国。

期间，他经雪梨希仔结（Haymarket）区喜街（Hay Street）九十二号泰利果栏（Tie Lee & Co.）股东Chin Quong（陈光，译音）具结担保，[1]获准临时入境。可能身体本来就羸弱，加上舟车劳顿，入境后陈有方就病倒了，经查

---

[1] 此时的泰利果栏大股东是余命章，乃四邑人氏。如是，陈有方之籍贯也有可能是四邑。见："四邑会馆增建两旁辅庙劝捐小引"，载雪梨《广益华报》（Chinese Australian Herald），一九○三年九月十二日，第三版。但在一九二二年八月八日，泰利果栏被增城人为主而组成的广荣昌号（Kwong Wing Chong & Co.）全盘收购，成为其子公司，由朱松庆、刘和护司理。见："买受生意声明"，载雪梨《东华报》（Tung Wah Times），一九二二年八月十二日，第六版。

确认是患了支气管性哮喘。好在这里有他的亲友，也有同邑乡亲施予援手，将其送进医院，并紧急联络中国驻澳大利亚总领事馆介入此事。通过中国总领事馆和当地律师行的努力，加上医院提供的医疗住院证明，澳大利亚内务部最终给予他在澳停留六个月的临时入境签证。

按照入境规定，陈有方的签证有效期是到十一月三十日，在此日期前他须安排好船期离境。可是，到当年十二月过去了，内务部没有接到任何有关他离境的消息，也不知道他到底在干什么。澳大利亚政府当时严防中国人入境，入境之后的中国人如果违规打工的话，也是要受到严厉追究的。而如果陈有方病情没有得到缓解，仍然住院的话，也需要继续提供医生证明；在此情况下，内务部也可以酌情对其签证予以展延。一九二一年一月十二日，由于陈有方签证过期一个多月了都没有消息，内务部遂致函海关，嘱其核查这位年轻的中国人目前的情况到底如何，并特别强调，如果其人已经康复，就要敦促他必须立即离境。但公文发出去后，一直未见回应；在此后的三个月时间里，内务部多次发函海关，皆泥牛入海，未见有任何回音。直到四月十八日，海关方才正式就此事回复内务部。海关在报告函中表示，自去年底以来，陈有方已经出院，但并没有出外打工，而是去到鸟修威省（New South Wales）的内陆小镇吧咧时埠（Bathurst）疗养。海关相关人员在此之前已经与陈有方多次联络过，也得到他口头上表示要在今年三月份搭乘"域多利"（Victoria）号或者"坚郎那"（Kanowna）号轮船回国，但实际上一直没有成行；最近他又说要乘四月初启航的"圣亚班士"（St. Albans）号轮船离境，可是该船现已离港，他也没有上船；目前来说，下一班离境驶往香港的轮船是"太原"（Taiyuan）号，就看他是否已经订妥了这班船离境了。虽然消息姗姗来迟，但无论如何，经过三个多月的不断函催，内务部终于得到了陈有方仍然待在澳洲尚未离境的消息。

就在内务部准备采取强制措施，要将陈有方遣返中国之际，内务部接到了位于吧咧时埠的圣博德兄弟会书院（St. Patrician Brothers' School）院长于四月十九日的来信，告知陈有方已经注册入读该书院，主要目的就是提升英语的写作能力，其在校的各方面表现都很令人满意。一个星期后，中国驻澳大利亚总领事魏子京也致函内务部秘书，告知陈有方申请在澳留学，并已获得上述书院的接纳。他在函中还表示，陈有方之所以选择去吧唎时埠读书，是因为他的父亲Chun Choy（陈才，译音）在该埠经商，可以负担其子留学期间所有的开销，但其监护人则仍然是担保其临时入境的泰利果栏股东陈光。鉴于这一年开始澳大利亚实施《中国留学生章程》，开放澳大利亚教育给那些居澳华人之在华子弟赴澳留学，故魏子京总领事此时提出上述申请，符合当时的情势，内务部当不会对此予以拒绝。但内务部秘书接到信后，却从中发现了一个问题，即去年在为陈有方申请入境临时签证时，中国总领事馆曾声明其父母双亲皆亡，怎么此时又冒出一个父亲来呢？是其中有诈还是中国总领事馆出错？必须先对此问题予以澄清，方才可以决定批复与否。为此，他于五月四日复函，就上述问题提出质疑。五月九日，魏子京总领事回复说，是其秘书在翻译时搞错，陈才是陈有方的伯父。[①]内务部秘书见生米已经煮成熟饭，只能顺势而为，便于五月十三日批复了申请。也就是说，陈有方正式获得在澳留学签证，有效期为十二个月。不过，由于他的上一个签证有效期是到去年十一月三十日截止，新的签证应该从十二月一日开始起算，故这个转换的学生签证，其起算日期就从这一天开始，有效期到一九二一年十一月三十日。当然，按照当时的《中国留学生章程》条例，每一年签证到期后，如果该学生仍然选择继续留学，且其在校表现和学业都令人满意的话，可以通过中国总领事馆申请展签；如此，可年复一年地继续申请，直到该留学生到达允许在澳就学的最高年限即年满二十四周岁为止。

可是，到一九二一年年底，就在刚刚接到陈有方本人通过在雪梨的担保人泰利果栏的陈光为其申请下一年的展签后不久，内务部就于十二月十二日接到海关稽查官员的一份报告，谓在吧唎时埠见到两个年轻的中国人在当地的Chun Tooey Garden（陈拓菜园，译音）做工，其中之一便是十七岁的陈

---

① Chun Choy – readmission，NAA：A1，1916/21795. 从这份档案宗卷可见，陈才是在一八八六年之前便来到澳大利亚发展，一九〇六年申请回国前已经是澳大利亚长期居民，在吧唎时埠经商，有一商铺，价值四百镑。此处陈才的中文名字是从吧唎时致公堂名单上所得。一九二一年六月吧唎时致公堂成立，其文事科备科（即"候补"）为张信陈才。见"开会纪盛"，《民国报》(Chinese Republic News)，一九二一年六月十八日，第六版。

有方（前述有关其出生年份便是据此推算而来）。按照规定，中国留学生在
澳留学期间是不允许打工的。但具体到陈有方在学期间是利用此签证打工，
还是偶尔为之，则还需要进一步的调查才能下结论。为此，内务部秘书指示
海关去到学校核查，看他到底在学校的出勤情况如何。很快，当地警察便配
合海关得知了陈有方的在校出勤情况。根据其伯父与圣博德兄弟会书院的安
排，他每周去书院上学三天，其余时间便由其兄长（即堂兄）安排在他们的
菜园充当菜农。这样的结果已经远远超出了不允许中国学生在学期间打工的
规定，且在过去的大半年时间里，无论是学校本身，还是学生以及他的监护
人，都如此明目张胆去这样安排，这是内务部不愿意看到也不能接受的。为
此，一九二二年二月三日，内务部秘书复函泰利果栏的陈光，表示陈有方此
前大部分时间不是上学而是做工，已经严重违规，内务部长决定不给予展
签，而且还要求他必须在二月底之前离境回国。

在内务部做出决定后不久，圣博德兄弟会书院院长德利（C. J. Daly）先
生于二月八日致函内务部秘书，告知陈有方业已在一月三十日新学年开学时
返校上学，并按照正常每周五天上学的规定按时到校上课。他在信中表示，
之前的每周三天上学是因其监护人在注册时便说明主要是为了提高其英语水
平，其余时间还要在家学习中义及相关的课程，这也是经他本人同意的。根
据他的观察，这位中国学生事实上很愿意学习，也显示出其渴望学习的意
愿，其在校表现也都非常令人满意。为此，他希望内务部能接受陈有方现在
的上学安排，取消原先让他回国的决定，继续核发留学签证给他，以期能让
他完成学业。陈光也在同一天致函内务部秘书，一方面表示，圣博德兄弟会
书院与陈有方的五天上学制安排，实际上早在内务部长的决定之前便已达
成，并非是为了应付上述决定而临时凑合的措施，说明书院还是非常愿意他
继续留下来完成学业；另一方面，就此前的三天上学其余时间在家学中文的
安排，作为监护人和学生本人，皆以为此事是已经过书院报内务部获得同意
的，因而就一直这样做了下来。换言之，他们并不是主观上有意违规，而事
实上的违规是无意造成的。陈光在信中强调说，他只是想将此事的来龙去脉
一一摆出来，还是要请内务部最终定夺。他也向内务部保证，如果能给陈有

方一个机会继续留下来读书的话，之后他会在遵守规定上特别注意。

接到上述两封来信后，内务部秘书接受了解释并对内务部长作了详细说明。最终，内务部长取消了此前的决定，重新核发给陈有方十二个月的留学签证，到期后可再续。随后，内务部秘书于二月二十一日将此决定通告了陈光和德利先生，并通知海关为陈有方办理延签事宜。事情就这样得以转圜，获得完美的结果，陈有方自然也不敢怠慢，总是正常出勤，学习努力，各方面表现令人满意。他在该书院一直读到这一年的八月。

从一九二二年八月起，陈有方便离开吧唎时埠，前往雪梨。走之前，他将去向告诉了内务部，并表示到那里择校之后再向内务部报告。十月三日，他致函内务部秘书，告知已经在西距雪梨约七十公里的小镇米兰沟（Menangle）住下来，准备从十月十七日开始正式进入米兰沟公立学校（Menangle Public School）就读。在余后的两年多时间里，他的在校学习算得上很认真，也与同学关系搞得很好，学校只是认为他的英语尚未达到很熟练的地步，从而拖累了他在学业上取得更大的进步。他在这里一直读到一九二四年年底学期结束。

一九二五年新学年开学的第一天，陈有方去到米兰沟公立学校告诉校长，他要跟一位亲戚前往纽西兰，为此要从这间学校退学。自此之后，校长就再未见到这位中国学生。由是，三月十五日，校长便致函内务部秘书报告此事，并告知陈有方的一个哥哥此前接替陈光充当其监护人，现住于距此不远的皮克顿（Picton）小镇。内务部就此事马上启动程序，查出陈有方此时就住在皮克顿，与他的兄长或堂哥陈才[①]住在一起，便准备采取行动，要将其拘留遣返。四月二十日，米兰沟公立学校校长再函内务部秘书，告知陈有方已重返学校念书，原因是他碰到财务困难，一时间无法前往纽西兰，只得将计划搁置。如此，内务部遂继续批复陈有方的展签。此后的一年时间里，陈有

---

① 中国总领事魏子京刚开始为陈有方申请留学签证时，曾表示陈才是陈有方的伯父，而米兰沟公立学校校长则说他是陈有方的哥哥。问题是海关人员也认同此说，亦未见内务部对此表示异议。根据此前档案中也曾提到过陈有方有兄长(堂兄)，那么就有一个可能：这一位在皮克顿的"兄长"，显然应该就是陈才的儿子，即陈有方在吧唎时埠与其一起下地到菜园干活而被海关稽查官员碰到的那位。很可能他是沿用父亲的全名作姓，因而也被称为"陈才"。

方继续在该校读书，期间校长的每次报告皆对其在校表现表示满意。

一九二六年七月，陈才以自己生病为由，让陈有方代他管理菜地，陈有方便遵命退学。对此，米兰沟公立学校校长自然不高兴，将此事报告给内务部秘书。而海关经调查，从医生那里确认陈才确实生病，认为陈有方退学事出有因；但内务部秘书对此并不认同，坚持他必须返回学校继续念书，否则只能将其遣返。十月二十九日，他正式将此决定告诉海关和学校，由后者向陈有方转达此意。陈有方见此，只好重返学校继续读书。

到一九二七年二月，当中国总领事馆按例为陈有方申请展签时，内务部发现他差不多要满二十四周岁，这是中国学生在澳留学之最高年龄，故三月十四日内务部长决定不再为其核发展签，要求他尽快安排船期，返回中国。内务部秘书的要求显然是严格遵守章程的规定，看起来陈有方也确实没有别的选择，应该收拾行装，准备离境。可是在四月二十八日，中国总领事魏子京致函内务部秘书，告知陈有方的堂哥陈才此前因病在中国宣告不治身亡，其父也同时被害身亡，[①]留下其妻子在澳，经济异常困难。而此前他们的伯父也返回中国探亲去了（也就是说，除了原先陈有方的伯父陈才之外，他与堂兄还有一位伯父，亦即陈才的兄弟），由是，在其伯父返回澳大利亚之前，她无力为陈有方回国购买船票；可是按照计划，他们的伯父要在一年后方才可以回来。有鉴于此，魏子京总领事特向内务部申请，希望能破例给陈有方展延一年的签证，使其可以留待其伯父返回后再行离境。

对于内务部来说，这是一个新情况，需要予以核实，并调查此时陈有方在澳到底在做什么，以便定夺如何回复上述申请。根据内务部的指示，海关几经周折，用了两个月左右的时间才从当地警察派出所那里得知，其堂兄陈才确实已亡，但不是死于中国，而是死在皮克顿家里；而陈有方此时住在雪梨城里，具体住址不知，但他每天都从雪梨城里搭乘火车回到米兰沟公立学校上学，并没有受雇于任何地方做工。根据上述情况，内务部秘书于七月四

---

① 在这份档案的前面文件中就说明陈有方的父母双亡，此处再曝其父与其兄同时死亡，且内务部亦未就此事提出质疑，不知何故，存疑。因为只有中国总领事的文件中出现"父亲病亡"这个信息，也可以理解为是其堂兄的父亲，即老陈才病亡。这样或许更合乎逻辑。

日函复魏子京总领事，明确告知，内务部长鉴于陈有方已经超龄，不同意其继续留在澳大利亚；由于他的签证有效期是到去年十二月一日截止，早已超过半年有余，因此内务部决定他必须立即离境。至于此前魏总领事在函中所言其嫂子无力支付其船资，内务部秘书表示这也不是一个问题，因陈有方在一九二〇年入境时，其担保人在海关缴纳了一百镑作为担保金，现仍由海关保管，为此，其离境船资可从此项金额中扣除。

也就在这个时候，米兰沟公立学校校长致函内务部秘书，希望让陈有方待到今年年底再离开澳大利亚。对此，内务部秘书便指示海关核查，看陈有方是否在这段时间里协助其嫂子经营菜地，并请告知其伯父的姓名备查。八月底，警察派出所提交了一份报告，显示陈有方在一九二七年五月底便已退学，住在雪梨，地址不明。惟据米兰沟公立学校校长所知，陈有方在雪梨城里受雇于一间果栏，周薪为三镑十五先令，除自己生活所需之外，余皆交给其嫂子所用。几天之后，通过雪梨城里的派出所，警察找到了在此间一中餐馆打工的陈有方，从而证明米兰沟公立学校校长所提供的信息有误，但其薪水收入则与其说法没有差别。也是在这个时候，警察才得知其病亡堂兄的英文全名是Charlie Chan Choy（无法查找到与此名相关的档案宗卷，本档案宗卷此前所提供他的名字一直都是Chun Choy）。至于其嫂子，目前是住在雪梨城里，有三名幼子需要抚养，故陈有方每周提供三十五先令给她，作为养育孩子的费用。此外，警察也打探到了他们的伯父全名是Charlie Choy Lee（在澳大利亚国家档案馆中，无法查找到与其名相关的宗卷），已于一九二六年七月返回中国探亲。海关据此翻查记录，最终于十月四日确认，当时他是以Choy Lee之名于八月在雪梨港乘船回国。[①]按照当时申请回国探亲所核发的回头纸上所批复的离境年限通常都是三年计，则其返澳最快也要在明年之后。由于上述核查的耽搁，此时距米兰沟公立学校校长为陈有方所申请的年底离境日期也就剩下一个多月的时间，内务部长遂于十月十八日同意了申请，准

---

① Lee Bong，Wong Kew Jim，War Son or Ah Soon，Choy Lee，Chan Yin，Dan Kang，Lee Sam，Mah Wong and George Kong Sing [Certificate Exempting from Dictation Test - includes left hand impression and photographs] [box 188]，NAA：ST84/1，1926/404/91-99.

允这位中国青年滞留到本年度的最后一天，但特别强调，这是最后的决定，届时陈有方必须离境回国。

可是，直到一九二八年二月，内务部也没有见到海关报告陈有方离境的消息，遂下文催问缘故。不久，就接到米兰沟公立学校校长的复函。他在复函中说，因其去年年底休假，直到今年新学年开学，才见到内务部去年对陈有方留澳的决定，为此他将与陈家联络，看看是什么情况，再提供最后的报告。到三月六日，该校长再次致函内务部秘书，告知陈才夫人自丈夫去世后一段时间里因健康状况恶化，确实需要小叔子陈有方打工来获得财政支持，现在她的身体得以康复，已经获得了一份兼职工作，这样就可以不再需要小叔子打工挣钱为其支付孩子的抚养费，而陈有方便可利用其打工所挣的钱购买回国船票。对于上述解释，内务部秘书并不满意，认为此前内务部长就已表明态度，陈有方的船资不应该从其打工所挣之钱中支付，而应由其担保人存放在海关的保证金中扣除；他认为，上述有关陈有方的解释，实际上是这位中国青年在拖延时间打工赚钱。因此，他在三月二十九日致函海关，请其直接从该项保证金中扣除船资，立即给陈有方安排船期出境。

然而，过了一个多月，内务部并没有得到海关的回复，却在五月十一日接到了陈有方的来信。他在信中表示，因其供职的餐馆老板破产，欠他有一百镑的薪水，至今无法获得。因此，他恳请内务部长再给他六个月的延签，以便挣得一笔钱购买回国船票。如蒙批复，他将不再申请任何延签，届时一定离境。事实上，从其上一个签证有效期截止日到此时，已经过了五个多月，而距其所申请的六个月时间也只是剩下两三个星期而已，无论批复与否，都意味着陈有方只能在此之后的几个星期内离境。既然如此，内务部秘书遂于同月十七日批复了他的请求，但在复函中特别强调，届时必须立即离境。内务部秘书同时指示海关，密切关注陈有方的离境日期；如果届时他没有离境，须在一个星期内报告内务部，然后对其采取强制措施。

纷扰了一大段时间的延签问题就此解决。陈有方没有食言，他在获得内务部确认了其延签申请使之在澳的滞留居住合法之后不到两天，亦即一九二八年五月十九日，正好碰上有"彰德"（Changte）号轮船从雪梨驶往香港，遂收拾行装，登上该轮，离开生活了八年之久的澳大利亚。雪梨海关谨遵指示，待陈有方离境之后，立即向内务部报告，最终销除此案。

　　陈有方是由过境旅客而转变为留学生的一个例子。他在澳居留几近八年，但真正在校念书的时间是六年，其余时间不是养病，便是打工。

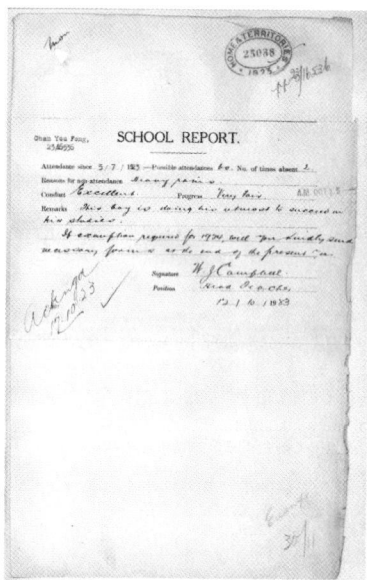

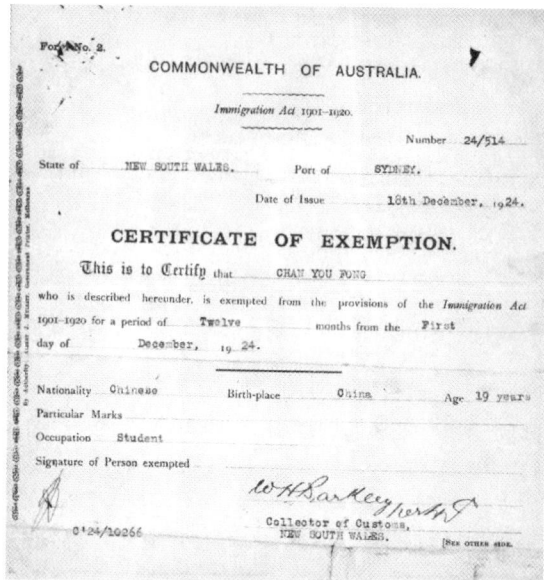

左为一九二三年十月十二日，米兰沟公立学校有关陈有方的在校表现报告；右为一九二四年十二月十八日，乌修威省海关给陈有方核发的一年有效期的"免试纸"，等同于他的留学签证。

档案出处（澳大利亚国家档案馆档案宗卷号）：

Chan You FONG - Students passport，NAA：A1，1927/4407

凌　珠

东莞？

Ling Chu（凌珠，译音）生于一九〇四年，父亲名Ping Mong（平满，译音），[1]是做杂货销售和肉店小买卖生意的。一九二〇年时，他的生意是在雪梨（Sydney）埠矜布炉街（Campbell Street）五十号，只是无法得知其店名叫什么。因无法在澳大利亚国家档案馆中找到与其相关的档案，对有关他何时来到澳大利亚以及籍贯等情况，也无从得知。从现在可以找到的六百多份二十世纪上半期粤人赴澳留学档案中，可以发现，其父辈在与平满同一时期经营肉店生意并且将店铺开在上述街道者，还有·位名叫陈荫（Charlie Young）的东莞籍商人，他在该街四十八号亦即在平满店铺的隔壁开设一肉店，名"合记号"（Hop Kee）。[2]从粤人在外发展喜同邑乡人抱团的特点来看，平满、凌珠父子亦跟陈荫一样，很有可能也是东莞县人。

一九二〇年六月十日，在父亲的安排下，十六岁的凌珠搭乘从香港启航赴澳的"太原"（Taiyuan）号轮船抵达雪梨，准备在此中转，等待换乘另外的轮船，前往澳大利亚的海外领地新几内亚（New Guinea）的首府亚包埠

---

[1]　在一九一八年由澳大利亚华商组织的中澳船行集资筹股的商人名单中，有一人名"吴平满"，与本文的Ping Wong可以对应得上。见"谨将中澳公司被选各人名开列"，《东华报》(Tung Wah Times)，一九一八年八月三日，第七版。

[2]　Chun Wing - Student Passport [1cm]，NAA：A1，1923/26348；Charlie Young [also known as Charley] [includes 8 photographs showing front and side views and left and right thumb prints] [Issue of CEDT in favour of subject] [box 249]，NAA：SP42/1，C1930/1965.

（Rabaul），到那里寻找发展机会。因等船需时，父亲平满便提前为儿子申请到一个月的临时入境签证，住进他在矜布炉街上的店铺里。七月十五日，平满致函内务部秘书，表示他想让儿子留在澳大利亚读书，而不是让他继续前往亚包。为此，他希望内务部能准允其子留下来，核发给他留学签证。六天之后，内务部秘书复函，直截了当地拒绝了他的申请。

但接到拒签信后的平满并不气馁，仍然继续申请，只是改变了策略，并且只为儿子申请半年留学签证。他于八月二日再次致函内务部秘书，表示他最近的一项计划是在亚包和雪梨两地进行商业布局，需时为半年左右，希望在这段时间里内务部能特别准允其子留在雪梨，一边就近入学读书，一边等待他结束上述安排，然后就将他带回中国去。如果能获准并需要为此向海关缴纳一定数额保证金的话，他一定会毫不犹豫地立即执行，满足相关要求。这一次，内务部秘书并没有直接拒绝，而是在征询了内部几个不同层级官员的意见之后，认为提议合情合理，便于八月十一日批复了申请。批复的条件是：按平满的要求，在六个月的签证到期后，凌珠便应该返回中国。

一俟获准留澳读书，凌珠便注册入读位于雪梨城里的斯多德与霍尔斯商学院（Stott & Hoare's Business College）。因在整个一九二〇年下半年的日子里，他都正常到校上学，在校表现也规规矩矩，学习也有所进步，而他本人也非常适应这里的留学环境，想在此多读两年，以便完成预定课程。商学院校提交的例行报告上，没有显示出他在英语上有什么大的问题，表明他在赴澳前就已经在一定程度上接触过英语，对英语学习有了一定的认识。

到其六个月签证到期后，中国驻澳大利亚总领事馆便应平满之要求，向内务部申请展签，希望能继续让其子在此学院读下去。一九二一年二月二十一日，中国总领事魏子京致函内务部秘书，提出了上述申请。因从这一年开始，澳大利亚开始正式实施《中国留学生章程》，开放居澳华人之在乡子弟入澳留学，由中国驻澳大利亚总领事馆具体经办这些学生的护照签发及签证评估。在刚刚实施章程的头几年，一旦中国总领事馆评估通过的签证申请，也就意味着是符合留学条件者，内务部都会满足要求，核发签证。因此，这次接到魏子京总领事的申请后，内务部秘书没有按照此前的六个月签证期限的批复条件，坚持要求凌珠离境回国，而是按照程序审核后，于同月二十八日批准了申请，给予凌珠十二个月的展签，而且到期后还可继续申请展签。这也就意味着凌珠可以像其他中国学生一样，可根据自己的需要在澳读完所选修的课程。

到一九二一年九月十一日，在商学院提交的例行报告上，虽然表明凌珠的学业仍然相当优秀，但也列明他曾经有二十六天的旷课，并特别就此旷课的原因作了说明。院长在报告中告诉内务部，凌珠向商学院表示，这个时间是他因经商需要而去了新几内亚和域多利省（Victoria）。内务部接到报告后，觉得其理由有问题，遂立即行文鸟修威省（New South Wales）海关，请其就此问题进行调查，找出凌珠旷课的真正原因。可是，在此后的三个月里，虽经内务部的多次催促，但直到当年年底澳大利亚各学校学期结束时，鸟修威省海关才在十二月十五日提交了对此事的调查报告。海关人员就旷课一事找到凌珠时，他一口否认曾经说过因经商需要而去了新几内亚和域多利省。他向海关稽查人员表示，他只是曾经告诉过任课老师，父亲对他在商学院的学业进步不大很不满意，表示如果他不争气就要送他去新几内亚。他同时也承认，自己确实去过域多利省，但此去不是因经商之故，而是去到那里探望亲戚。也就是说，他的旷课不是因为经商。随后，海关人员也就上述问题找到了商学院的任课老师。对此，后者强调说，这位中国学生的英语口语表达能力不够，他不确定是否自己理解错了凌珠的意思。在其从域多利省探亲回来后不久，凌珠也意识到商学院对其旷课有所不满，便于十月二十四日转学到库郎街公学（Crown Street Public School）读书去了。海关稽查人员从库郎街公学了解到，到放暑假前的近两个月时间里，凌珠的在校表现令人满意，学业进步很大。

对于上述结果，内务部秘书经过一番权衡，决定不采取行动，而是叮嘱鸟修威省海关，要对凌珠的旷课行为提出警告，如再违规，当局将取消其签证，将其遣返回中国。到一九二二年新学年开学后，库郎街公学校长致函内务部秘书，认为凌珠是一位好学的中国青年，已经重返该校上学，学校很期望他继续读下去，希望内务部核发给他展签。与此同时，中国驻澳大利亚总领事魏子京也在二月中旬递交公文，为凌珠展签提出申请。在这种情况下，内务部秘书也乐得顺水推舟，便于二月二十二日批复了给他新的一年留学签证展延。

一九二二年八月十六日，十八岁的凌珠致函内务部秘书，希望批准他停学两到三个月的时间，让他可以前往南太平洋群岛的飞枝（Fiji）探亲，待结束探亲后再回来澳大利亚继续学业。内务部和海关经过两个星期的公文往返多次讨论，最后于月底批复了他的申请，但条件是：他不能利用这个探亲时间在那里受雇或从事商务活动；同时，在其返回澳大利亚之后，只能待到这一年的最后一天。换言之，其留学签证有效期是到一九二二年十二月三十一日止，他必须在此之前离开澳大利亚。于是，凌珠在做了一番安排后，便于当年十月二十六日，在雪梨港口登上"尼亚加拉"（Niagara）号轮船，驶往飞枝。

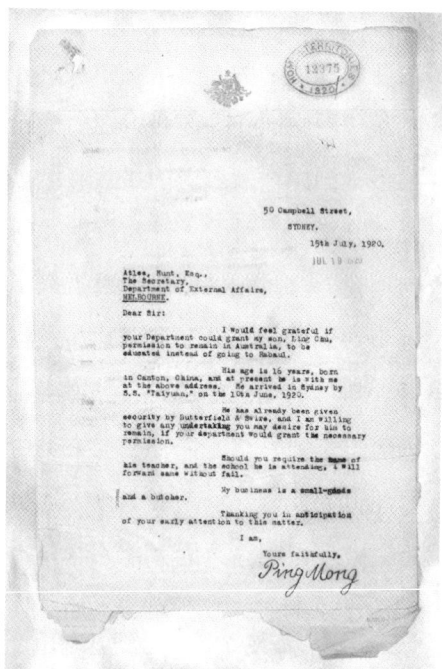

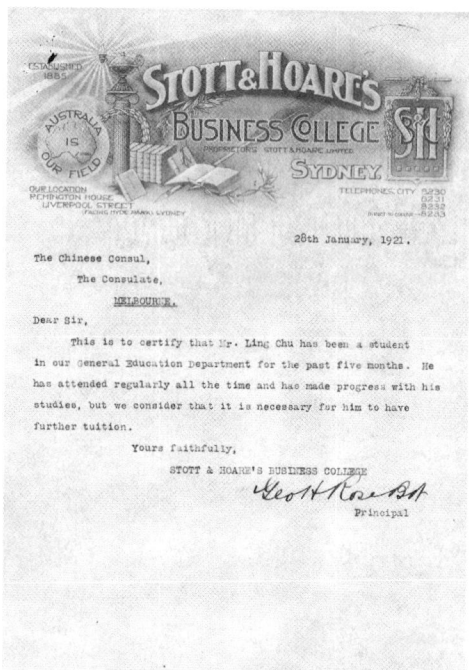

左为一九二〇年七月十五日，平满致函内务部秘书，申请让六月十日抵达雪梨的儿子凌珠留在澳大利亚读书，而不是让他继续前往新几内亚的亚包；右为一九二一年一月二十八日，位于雪梨的斯多德与霍尔斯商学院给中国驻澳大利亚总领事馆的公文，希望后者为凌珠继续在该商学院学习而向澳大利亚内务部申请展签。

　　凌珠的留学档案到此中止，这也意味着他在澳大利亚不到两年半的留学生涯就此结束。在澳大利亚国家档案馆里，未能找到他此后返回这个国家的出入境记录。也许，他此去飞枝是早就计划好的，就是为自己在那里寻求发展机会，并且也很可能达成目的，就此留在了那里。

档案出处（澳大利亚国家档案馆档案宗卷号）：

Ping Mong Educn Exc Exemption Certificate for Son，NAA：A1，
1922/19291

麦　景

几利伯群岛

　　自十九世纪六十年代在雪梨（Sydney）开设以来，"安昌号"（On Chong & Co.）便是当地华商中颇具实力的公司；而且该商号还从十九世纪八十年代开始，便开通从雪梨至太平洋中位于赤道附近横跨东西南北半球区域的几利伯群岛（Gilbert Islands）的航运，在此设立分号，进行贸易，开采矿产。[1]广东人Loo Tom Fin（刘堂欢，译音）早在一八七〇年左右便从家乡来到澳大利亚，抵埠后在鸟修威省（NEW South Wales）发展，不久就受雇于安昌号，此后一直在该商号服务，[2]并且成为其中一位股东，拥有二艘来往于几利伯群岛与雪梨之间客货混装的三桅帆船。[3]

　　而George King（佐治景）则是于一八九四年前后从广东来到澳大利亚谋生，进入鸟修威省（New South Wales）内陆地区的杨埠（Young），受雇于安

----

① Henry Evans Maude，"The Co-operative Movement in the Gilbert and Ellice Islands：A Paper Read to the Seventh Pacific Science Congress，Auckland，New Zealand，February，1949"，South Pacific Commission，1949，p.65.

② 鸟修威省档案馆(NSW State Archives & Records)所藏记录，刘堂欢于一八八三年一月三十日加入澳籍。见：https://search.records.nsw.gov.au/permalink/f/1ebnd1l/INDEX1420525。但在澳大利亚华文报纸的报道中，无法找到与其名发音相对应的名字。

③ 在本宗卷里，他的名字仅仅是Tom Fin，只是在另外一份与澳大利亚及周边海岛间船务公司相关档案宗卷里，显示出"安昌号和刘堂欢"的名字，才出现他的姓氏Loo(刘)。详见：In the matter of the Commonwealth Conciliation and Arbitration Act and in the matter of the Merchant Service Guild of Australasia and the Commonwealth Steamship Owners Association；Adelaide Steamship Company Limited；Union Steamship Company of New Zealand Limited；Australasian United Steam Navigation Company Limited；Huddart Parker Limited；McIlwarith McEacharn and Company Proprietary Limited and others，NAA：A10072，1916/19。

昌号在该地区开展商务活动，并由此加入澳籍；五年后，他受安昌号委派，前往几利伯群岛，驻扎于当地，成为该地分号的地区经理，同时也担任几利伯群岛与雪梨往来商船的押货主管。能够得到安昌号的信任，大抵也可以说是其主要股东重用的结果。而在当时以乡谊宗亲为主要联谊纽带关系的时代，同乡和同宗就起了很大作用。因安昌号主要股东叶炳南（Ping Nam）是增城县人，^①那么，佐治景也是增城人的可能性就极大。

佐治景在几利伯群岛居住期间，迎娶了一位混血女子为妻，Mack King（麦景，译音），又名Toong Win（松云，译音），便是他们在几利伯群岛所生的儿子，出生于一九〇四年。待儿子长到十岁时，为让孩子记住中国的根，佐治景便将其送回广东老家，学习中国语言和文化。

过了三年，佐治景考虑到儿子已经在国内熟悉了中文，应该是将其送到澳大利亚接受正规教育的时候了，遂将此意告知刘堂欢，后者对此十分赞同，并愿意充当孩子的监护人。一九一七年十二月三日，刘堂欢致函澳大利亚内务部秘书，代佐治景提出申请，希望核发其子麦景三年的留学签证，进入雪梨临近唐人街的库郎街公学（Crown Street Public School）就读。

内务部秘书通过海关了解到，佐治景已入澳籍，他是可以申请儿子前来澳大利亚留学的；而提供担保的安昌号经济实力强，财务方面有保障；监护人刘堂欢居澳逾四十七年，个人也具有较高的财政能力，与华社及主流社会的商务机构联系密切。也就是说，所有这一切都表明，上述各方面都符合规定的要求。于是，内务部秘书便于十二月十八日批复了上述申请，核发麦景三年的入澳留学签证。

佐治景本来想让儿子尽快从国内前来澳洲读书，但不知何故，麦景却一拖再拖，直到两年半之后，他才从香港搭乘"依时顿"（Eastern）号轮船，于一九二〇年六月十六日抵达雪梨。虽然他的签证批复已经过期，但鉴于其父亲是澳大利亚永久居民，加上安昌号的声望，最终海关还是让他入境，并

---

① Ping Nam，Mary Rosina Victoria Nam，William Henry Ping Nam，Pearlie Muriel Ping Nam，Sylvia Eveline Ping Nam [includes 2 photographs and left hand print of each family member] [box 85]，NAA：SP42/1，C1915/8162.

按照规定颁发给他一年的留学签证。鉴于此前他获得的是三年留学签证，因此，他签证到期后可申请展签，直至期满。

　　十六岁的麦景在刘堂欢家安顿好后，便于六月二十一日注册入读库郎街公学。他跟此前在此读书也是来自几利伯群岛的周佐治（George Foon）作伴，[①]每天一起去到学校上学读书，从不旷课。学校提供的例行报告显示，麦景在学校里各项表现和学业都还令人满意。

　　一九二一年中，内务部按例批复了他的下一年度展签。就在刚刚拿到展签之后不久，麦景便从库郎街公学退学，于当年八月三日在雪梨港口搭乘安昌号所拥有的"圣左治"（St. George）号轮船，跟周佐治一起离开澳大利亚，返回几利伯群岛，结束了一年多的留学生涯。

一九二一年六月七日，库郎街公学校长提供给内务部有关麦景在校表现与学业的例行报告。

档案出处（澳大利亚国家档案馆档案宗卷号）：

Mack King（Hoong Win）Educn. Exc Educational Exemption Certificate，NAA：A1，1921/16442

---

① 　Joe Foon & Family Exc's. Exemption Certificates，NAA：A1，1921/16437.

雷天华

新宁？

雷天华（Tien Wah）生于一九〇四年一月十九日，七岁时父亲去世，在中国家乡只剩下他和母亲两人。好在他有个一八八二年出生名叫杰克·雷（Jack Louey）的叔父，早在一八九九年便漂洋过海来到澳大利亚发展，从美利滨（Melbourne）登陆入境，[①]先是与人合股做木工，制作家具，挣得第一桶金后，便在小博街（Little Bourke Street）五十五号租房，开设了一间杂货果蔬店，名为"振兴隆号"（Gin Hing Loung & Co.），生活稳定，经济上比较宽裕。因他只有一个兄长，故在兄长去世后不断接济寡嫂，同时将兄长唯一的儿子视同己出。档案中没有说明雷天华的父亲是在澳大利亚抑或中国去世，也没有说明其在中国的籍贯具体是哪个县邑；而上述杰克·雷的回头纸档案也只是记录其为广东人，亦无法证实他是来自哪个县份。但根据当时赴澳尤其是去到美利滨谋生的雷姓多来自新宁（台山）县，且多集中在美利滨都市地区及其所属的域多利（Victoria）省各地乡镇的情况来看，雷天华极有可能是新宁人。

杰克·雷眼见侄儿日益长大，而且因为欧洲大战导致中国与美、英关系密切，故深信日后对受过良好教育的青年需求一定日殷，便决定为侄儿提供

---

① LOUEY Jack：Nationality - Chinese：Date of Birth 1882：Arrived 1899：First registered at Russell Street Melbourne，NAA：MT269/1，VIC/CHINA/LOUEY JACK. 无法查找到振兴隆号东主及各股东的中文名，且在美利滨的雷姓华商众多，无法比对其中文名。

最好的教育，尤其是想让其学好英语，便从一九一七年开始准备材料，比如由其客户以及当地警察出具推荐信，以证明他本人属于守法公民以及经商历世极具诚信。待这些材料齐备之后，他便委托美利滨的史密斯与埃默顿律师行（J. M. Smith & Emmerton Solicitors & Notaries）作为其代理，于一九一七年一月八日向外务部提出申请，办理其侄儿赴澳留学，由他本人提供全额资助，在澳留学期间将与他住在一起。可是仅仅两天后，外务部便回绝了上述申请。

虽然申请受挫，但杰克·雷并不气馁，决定换一家律师行重新申请。当年四月十一日，同样是位于美利滨的芬克、贝斯特和霍尔律师行（Fink, Best & Hall Solicitors）再次受托作为代理，向外务部申请其侄儿雷天华的赴澳留学签证。该律师行在申请信中表明，自兄长去世后，杰克·雷一直负责寡嫂和侄儿的生活费，时间一长，其侄儿已经视叔父为养父，并按照其安排接受教育及人生指引。与此同时，杰克·雷也对侄儿的未来发展越来越上心，非常希望将其接来在自己身边成长。他相信，以其现有的经济能力，定能让他在澳洲获得良好的教育，以便将来出人头地。为此，他恳切希望外务部能批复其侄儿来澳留学三年，让其先入读圣匹书馆（St Peter's School），待英语能力提高之后，再转入环境较好的公立学校就读。律师行希望外务部长重新考虑上述申请，从而满足杰克·雷的愿望。与四个月前一样，外务部在一个星期后就拒绝了此项申请，并告诉说，此前的那家律师行已经就此事申请过了，当局对此类申请都不会考虑批复。

但是，芬克、贝斯特和霍尔律师行对回复并不买账，将此事直接捅给了律师出身的众议员罗伯特·贝斯特爵士（Sir Robert Best）。后者是澳大利亚著名律师和政客，自澳大利亚联邦成立后，成为首批参议员之一达十年之久，直到一九一〇年；就在卸任参议员后的这一年，他又获选成为代表靠近美利滨北部的联邦选区——库雍（Kooyong）的众议员。他在听取芬克、贝斯特和霍尔律师行代理此事的来龙去脉之后，于四月十七日直接致电外务部秘书过问此事，希望他重新考虑此项申请。四月二十日，外务部秘书致函贝斯特爵士，告知拒签的原因是当时规定中国学生赴澳留学的年龄须在十七岁至二十四岁之间，雷天华才十三岁，因不符合规定，故无法获批。

当然，鉴于此时雷天华只有十三岁，距十七岁的年龄限制确实尚有较大距离，贝斯特爵士对此无话可说。但两年之后，他觉得已经年届十五岁的雷天华距这个年龄已经不远，是可以赴澳留学了。于是，一九一九年三月二十日，他再次致电接管此前外务部负责的外侨管理事务的内务部，要求重新考虑批复其入境签证，希望对于其赴澳年龄的限制给予适当放宽。内务部秘书对此事不敢怠慢，于四月十五日致函贝斯特爵士解释说，即便退一步说，可以忽略其年龄而批复申请，也还需证明监护人具有澳大利亚永久居留资格和足够的财务负担能力；此外，中国学生来了之后不能打工，只能专心读书。上述回复，就意味着如果提出正式申请，内务部当会考虑批复雷天华的入澳留学签证。

在获得贝斯特爵士对上述回复的反馈和支持后，当年四月二十八日，芬克、贝斯特和霍尔律师行再次致函内务部长，确认杰克·雷具备澳大利亚永久居民身份以及充裕的经济支付能力，并保证一旦雷天华此时来美利滨留学，其叔父绝对不会让其侄儿出外打工，再次呼吁给予这位年轻的中国学生入境签证。内务部官员在翻查此前一段时期里的记录时，发现外务部长和后来的内务部长事实上也对一些年龄低于此限制的中国学生破例核发了入境签证，因而建议对此申请予以通融。经过一番讨论，并由海关对杰克·雷的财务状况再次做了进一步的核实之后，内务部长于五月九日批复了上述申请，秘书便在三天后将此决定正式函告芬克、贝斯特和霍尔律师行。由是，经过两年的接力申请，雷天华终于获准入澳留学，时限为三年，但每次签证有效期为一年，期满后需每年申请展签。

尽管签证申请花费了两年多的时间才成功，但不知何故，拿到签证后的雷天华并没有及时收拾行装赴澳留学，而是又等了一年多的时间，才不紧不慢地去到香港，搭乘"长沙"（Changsha）号轮船，于一九二〇年八月十六日抵达美利滨港口。因一年多之前海关便接到了内务部的通知，有其入境批文备份记录在案，便让十六岁的雷天华顺利入境，同时按例给予其十二个月的留学签证。

三年前，当申请侄儿来澳留学时，杰克·雷曾表示要先送其入读圣匹书馆；但待雷天华抵达美利滨后，他改变了主意，没有让其去私立学校注册，而是直接选择位于美利滨城北加顿埠（Carlton）的末士准士学校（Rathdown Street State School），让他于九月二十七日正式进入这家公立学校读书。学校校长提供的例行报告显示，雷天华的算术非常好，英文的写作也不错，英语其他方面的基础课程也都有所进步，是个学习认真的学生。到一九二一年年底，经过一年半左右的学习，他的英语水平达到小学三年级的程度。按照校长的说法，他与在该校读书的其他中国学生相比，算不上是聪颖的学生，最主要的一个原因，是那些中国学生入学的年龄都比他要小很多，因而学英语上手快，进步也快。

可是在一九二二年新学年开学后不久，雷天华便从上述学校退学，告诉校长他要回国。然而，海关等了两个月也没有他离境的信息，遂去末士准士学校询问，方才得知他尚未成行；经海关警告上述行为严重违规之后，便再由学校出面，让他返校继续上了几个星期的课。

到这一年六月二十二日，雷天华从美利滨去到雪梨（Sydney），从那里搭乘"尼亚加拉"（Niagara）号轮船前往飞枝（Fiji），而非此前他所说的返回中国。此时已经十七岁的雷天华也许因为已经无心在校跟比自己小很多的学生一起上学，而想要出来社会闯荡；但要在澳大利亚留下来实属不易，便由叔父安排，去到有亲友的飞枝，[①]或许在那里可以有其发展的余地。

雷天华的赴澳留学档案到此中止，此后在澳大利亚的出入境记录再也找不到与其相关的任何线索。

---

① 据居澳华商同时期报告，在飞枝首府苏化(Suva)，亦有一"振兴隆"号商行，且"华商以振兴隆为巨擘"。见余文厚："南太平洋所历续"，《民国报》(Chinese Republic News)，一九二四年十一月十五日，第五版。

一九一七年年初，杰克·雷申请侄儿雷天华赴澳留学时所提供的这位小留学生照片。

一九二一年八月十一日，末士准士学校校长提供的有关雷天华在校表现的报告。

档案出处（澳大利亚国家档案馆档案宗卷号）：

Tien Wah Educn Exc Education Exemption Certificate，NAA：A1，
1922/11675

恩尼斯黄

广东

恩尼斯黄（Ernest Wong）是广东人，生于一九〇五年，具体籍贯是哪个县邑不得而知。他大约是在一九一九年年底前后从中国去到南太平洋上的英国殖民地飞枝（Fiji），想投靠那里的亲友，准备在那里读书和发展，但只能在那里待两年，无法续签。两年后，他只能离开那里回国。可是当时飞枝和香港还没有直航的轮船，通常都是在澳大利亚中转，而雪梨（Sydney）是最主要的中转口岸。于是，一九二一年十二月二十七日，他从飞枝乘船抵达雪梨，需要在此等待驶往香港的船只，因此，澳大利亚海关准允其入境一个月。

在澳大利亚，恩尼斯黄有一些亲戚，而最直系的是他的伯父，名叫Thomas W. Young（黄容江，译音），[①]只是他此时并非住在雪梨，而是定居在昆士兰省（Queensland）东南部靠近鸟修威省（New South Wales）边界的小镇士丹托（Stanthorpe），在那里开设一间名叫Sing Sing & Co.（生生号）

---

① 检索澳大利亚档案馆相关目录，未能找到任何与这个名字相关的宗卷，无法判断其确切的中文名。查在鸟修威省(New South Wales)北部和昆士兰省边界地区经商的华商群体中，有一人名黄容江，或许就是此人。见"捐助两江荒灾劝捐小启"，《东华报》(Tung Wah Times)，一九一一年三月四日，第八版。而从第一次世界大战时期作为外侨在士丹托镇登记的中国人名单上检索，也找不到可以与这个英文名对应得上的名字；唯有一人或许与黄容江的家族相关，特别标明此人是在镇子上开店，名叫Won On(黄安，译音)，此时已经年过六十岁，可能是黄容江的长辈。详见：On，Won - Nationality：Chinese [Occupation - Fruiterer，Green Grocer] [DOB 1859] - Alien Registration Certificate No 4 issued 25 April 1917 at Stanthorpe，NAA：BP4/3，CHINESE ON WON。

的店铺维生。于是，恩尼斯黄获准上岸入境后，在雪梨亲戚家稍事安顿，即
提供给海关相关的通讯联络地址之后，便直接乘车去到士丹托镇，跟伯父住
在了一起。

按照正常程序，准允入境等待中转的人士须在一个月内订好船票，随时
准备离境。可是，一个月过去了，恩尼斯黄没有走。海关到处寻找他，最后
从他落脚的地方找到了他的去处，方才得知他去了离雪梨有七百多公里之遥
的昆士兰小镇士丹托。海关对于他这种不打招呼乱跑也不按时离境的临时入
境者非常生气，将此事报告给了内务部，请示处理办法。内务部指示安排好
最近一艘前往香港的轮船，订好舱位，然后将其押解上船，强行驱逐出境。
于是，海关查到三月十八日有去往香港的"山亚班士"（St Albans）号轮船
启程，便于三月四日通知恩尼斯黄，要求他回到雪梨，到那一天便登船离
澳；如果拒不服从，将会被逮捕押往船上。

就在这个关键时刻，Charles W. See（唐泗，译音）出面为其解围。①唐
泗与恩尼斯黄的伯父黄容江是好朋友，他们此前都在一起经商，互相之间
既是朋友，也是生意上的伙伴。唐泗当时住在鸟修威省的暨涟弥士埠（Glen
Innes），这里也是比较靠近昆士兰省的边界。在恩尼斯黄接到海关通知之
后，唐泗从黄容江那里得知了情况，也碰巧此时正好是新学年开学不久，恩
尼斯黄已经在伯父所在镇的学校里注册入学，校长也很乐意接受其入学，为
此，唐泗决定帮助这个中国青年。他于三月十一日写信给内务部秘书，代表
黄容江为恩尼斯黄求情，希望准允这位年轻的中国人留在澳大利亚留学读
书。三月十七日，就在内务部原定要对恩尼斯黄执行强制离境措施的前夕，
他再发电报给内务部长，请其暂缓执行，他随后会有详细的报告来说明此
事。接着，他把跟中国驻澳大利亚总领事馆联络此事的信息告诉内务部，
表示相信前者已经就此事与内务部沟通过；其次，他详细说明恩尼斯黄去
到士丹托镇的过程，因为他就只有黄容江这样一个直系长辈亲属在此；再

---

① 在澳大利亚国家档案馆里找不到与其英文名字相匹配的宗卷，只是知道唐泗为在澳大利亚鸟修威
省北部乡村地区出生的第二代华人，并成为以暨涟弥士埠为中心的华商群中的一人。见"捐助中
国云南省护国军政府军饷名列：暨连弥时埠"，《东华报》，一九一六年五月六日，第八版。

次，恩尼斯黄才十七岁，正是读书求知识的年龄，此前在飞枝时曾在当地学校中读了两年书，现时他在伯父所在地的士丹托公立学校（Stanthorpe State School），与校长联络表示希望就读，显示出其对知识的渴望，也为当地学校所接纳，应予成全为要。

这一番紧急公关起到了很大的作用；加上一年前澳大利亚就实施《中国留学生章程》，准允居澳华人申请其在乡子弟来澳留学读书，只要中国驻澳大利亚总领事馆提出申请，加上有当地亲属充当监护人和财政担保人，澳大利亚府内务部是应该核发其留学签证的。为此，内务部长当天便叫停了此前发布的强制遣返令，转而核发给恩尼斯杨留学签证，有效期一年，从其入境的那一天起算，到期可以申请展签。但内务部长也明确表示，恩尼斯黄在入境后不按规定报备并申请延签，就直接跑去昆士兰省，其做法完全违规，应该受到训诫；他还强调，虽然此次内务部不再追究此事，但下不为例，此后必须完全遵守中国留学生在澳留学期间的各项规定，尤其是不能协助其伯父经营管理他的店铺生意。无论如何，恩尼斯黄由此留在了士丹托镇读书。

一九二一年十二月二十七日，恩尼斯黄入境时向雪梨海关提交的个人照片。

当年五月七日，士丹托公立学校的校长芮德（H. Wright）按例向内务部提交了报告，详细说明恩尼斯黄的在校表现。他在报告中表示，这位中国学生十分聪颖好学，尤其是对学习英语、算术和地理课程，兴趣盎然，同时还学习簿记和速记课程。具体的学习安排是：他没有去正规课堂上课，而是每天在放学之后的时间里到校一个半小时，接受校长本人提供的私人教授和辅导，而恩尼斯黄则在校长指导下，阅读所有能够找到的英文书籍，了解机械原理、计量和度量单位以及其他相关的知识。校长的报告本意显然是炫耀这

位中国学生如何用功，而他则因以自己的学识关照和指导这个年轻人广泛涉
猎各种不同门类的知识，成效显著，亦颇感自豪。

但内务部接到上述报告后，却是另外的一番感受。因为芮德校长的报告
显示出恩尼斯黄并非作为正式的在校学生每天正常到校上课，而是接受私人
辅导，这与《中国留学生章程》中规定必须是全日制学生的要求明显不符。
为此，内务部秘书于五月二十五日下文到海关，请其派员调查此事，首先要
警告这位中国学生，必须去到学校正常上课；如有不从，将取消其留学签
证，立即遣返回国。

但是，海关通过士丹托镇警察派出所的调查报告显示，上述安排是由校
长主导的。原因很简单，即该公立学校只是小学性质，而恩尼斯黄的年龄太
大，如果跟年龄比他小十岁左右的孩童一起上课，根本就不合适，对内对外
都不好；而校长的安排，也是煞费苦心，但实际上也保证了恩尼斯黄每天去
上课，只是方式有所不同；与此同时，校长推荐和交代给他的阅读书籍及布
置的相关作业实际上一点儿也不比在校生少。换言之，在白天正常上学时间
里，这位年轻的中国人也必须要完成校长相应留交的作业，根本无暇帮忙伯
父经营生意。校长认为，这种方式的教学，对这位学生是很有用的，实际上
比正常上课学得还要多，而且恩尼斯黄的进步是非常显著的。有鉴于此，警
察部门和海关都觉得在乡镇环境里，这样的安排也无可挑剔，建议内务部接
受这一现实。七月二十一日，内务部接受了建议，特别准允了上述安排。

于是，恩尼斯黄就在士丹托公立学校接受校长的特别指导，学习一切可
能涉及的科目；校长定期向内务部提交的报告，都显示出他的各项表现一直
都令人满意。为此，在年底签证即将到期时，内务部为其展签一年。到了第
二年年底，情况依然如故，恩尼斯黄还进入规模极小而学生人数有限的士丹
托工学院（Stanthorpe Technical College），正式就读簿记课程，因而再获签
一年。

一九二四年十月十九日，十九岁的恩尼斯黄结束了在士丹托镇的特别
留学课程，告别了校长芮德，也告别了让他得以在澳留学的伯父黄容江，去
到昆士兰省首府庇厘士彬（Brisbane），在此搭乘停靠该港口的"依时顿"

（Eastern）号轮船，驶往香港回国。临走之前，他通过芮德校长把自己的行程安排通告了内务部和海关，结束了他在澳大利亚近三年的留学生涯。

左为一九二二年三月十一日，唐泗（Charles W. See）写信给内务部秘书，代表黄容江（Thomas W. Young）为恩尼斯留在澳大利亚读书求情；右为一九二二年五月十七日，士丹托公立学校的校长芮德（H. Wright）向内务部提交的报告，详细说明他给恩尼斯黄的特别课程安排以及这位中国学生的令人满意表现。

档案出处（澳大利亚国家档案馆档案宗卷号）：

Wong，Ernesto - Educational [0.5cm]，NAA：A1，1924/29338

富　灿

广东

Jack Hing（积庆）生于一八八二年，未及弱冠，便追随乡人的步伐，于十九世纪末年从广东家乡来到澳大利亚发展。一八九八年，他从香港乘船在昆士兰省（Queensland）的庇厘士彬埠（Brisbane）登陆入境。[①]此后，他落脚于鸟修威省（New South Wales）的雪梨埠（Sydney），在靠近唐人街的李士威街（Reservoirs Street）八十三号，开设一家销售蔬果和杂货的商铺，就以其本人的名字命名，叫做"积庆号"商行（Jack Hing & Coy），不久后就已具有一定的经济能力，生活稳定。只是档案中没有给出过其姓氏，无法判断他姓什么；同时，档案中也只是提到积庆来自广东省，但具体是哪个县邑，也没有写明。但检索雪梨华文报纸当时的记载，在民国七年中国国民党澳洲雪梨支部职员表中，写明其会计员为"林积庆"，[②]显然这个名字便是本文的Jack Hing。而在几年后另外一篇涉及香山县招商的报道中，说明旅居雪梨邑商林积庆作为公司代表，在澳洲协助招股。[③]如果上述英文名字与中文名字是同一个人，那就可以确定其籍贯为香山（中山）县。

按照当时青壮年粤人赴澳发展的通常做法，如果谋生安顿顺利并抓住了机会，一般在澳打拼五到十年获得长居权益之后，都会积攒一点儿钱回乡探

---

① Jack Hing [Chinese - arrived Brisbane, June 1898. Box 25], NAA：SP11/2, CHINESE/HING JACK.
② "中国国民党澳洲雪梨支部职员表"，《民国报》(Chinese Republic News)，一九一八年一月二十六日，第六版。
③ "香山歧隆车路招股之进行"，《东华报》(Tung Wah Times)，一九二三年六月二日，第七版。

亲，继而娶妻生子，林积庆亦不例外。他于澳大利亚联邦成立后没几年，便回到家乡结婚，于一九〇七年生下儿子Foo Chan（富灿，译音）。但不幸的是，几年后其妻染病去世，儿子由其家中长辈代为抚养。到一九一九年，眼见儿子已经十二岁，已在澳打拼二十年之久的林积庆想一尽为父之责，并想让他在澳大利亚接受英语教育，便于当年八月七日致函澳大利亚内务部长，向其诉说自己的想法，希望在其子成长的最关键几年，为其提供来到雪梨接受教育的机会，待其学成，便可让他回到中国拓展生意。为此，他恳请内务部长能批准其子赴澳留学签证。

为了加强申请的力度，林积庆也通过西人朋友找到新晋国会议员艾博特（P. P. Abbott）先生。后者刚刚从第一次世界大战时的轻骑兵营长（陆军中校）职位上退役，在重返律师行开始战前就已执业的律师事务不久，便碰上澳大利亚联邦大选而成为国会议员。挟军功和律师业务所积累的巨大影响力，他在政界和法律界长袖善舞。[1]艾博特先生得知林积庆的事情后，予以大力支持。八月二十二日，他致函时任内务部长戈林（P. McM. Glynn），请其为林积庆的申请开绿灯。

或许是来自同僚的督促，内务部长受理此项申请后，通过海关对林积庆的情况做了一番了解，确认他具备监护人的资格，财务担保不成问题，其子也符合条件来澳留学。九月二十二日，他决定核发富灿的留学签证，给予他总计三年的在澳留学时间，每次签证有效期为十二个月，期满后可申请展签，直到三年期限届满。当然，如果到期仍需继续留下来完成未尽学业的话，还可以再行申请展签。随后，内务部长将此信息告知艾博特先生，也将结果通知了林积庆。

林积庆拿到批复通知后，赶紧跟在国内的家人联络，由他们去向中国外交部特派广东交涉员公署申请儿子富灿的护照。待一切手续就绪，已经是一年之后。一九二〇年十月二十八日，十三岁的富灿搭乘从香港启程的"获多

---

[1]　详见：Terry Hogan，"Abbott，Percy Phipps（1869–1940）"，*Australian Dictionary of Biography*，National Centre of Biography，Australian National University，http://adb.anu.edu.au/biography/abbott-percy-phipps-4962/text8231，published first in hardcopy 1979，accessed online 11 May 2020。

利"（Victoria）号轮船抵达雪梨。因海关早在去年就存有内务部对他的签证批文备件，待核对无误后，让其顺利入境，并按规定核发给他一年的留学签证。林积庆从海关将儿子接出来后，一起回到李士威街上的商铺里。

鉴于积庆号商铺所在街道临近库郎街公学（Crown Street Public School），林积庆便安排儿子富灿于十一月一日开始入读这间学校。在入澳前，富灿没有任何英语基础，但经在这间学校半年左右的学习，他已经开始可以慢慢地阅读课文，写作也有了进步。从一九二一年下半年起，他便给自己取了一个英文名，叫做亨利·金（Henry King），英语能力也有了很大的提高，故在年底很顺利地获得了内务部展签。到一九二二年，他开始可以正常阅读英文书籍，算术也有了很大的进步，因而在十一月又得以获内务部批复展签。

左为一九二〇年十一月一日，库郎街公学校长提供给内务部的有关富灿在校表现和学习情况的例行报告；右为一九二一年，林积庆申请的回头纸，表明他在当年十月一日回中国探亲，到一九二三年五月十四日才返回雪梨。

但是，一九二三年一月十三日，新学年尚未开学，富灿就于当天在雪梨港口登上驶往香港的"衣时顿"（Eastern）号轮船，回国去了。其留学档案到此中止。那么，是什么原因让他仅仅在雪梨完成了两年的课程，刚刚适应了英语环境的学习就匆忙回国？档案中没有披露其父林积庆是否与他同船离境，亦没有任何信息表明他离境前后曾经申请了再入境签证。但一份澳大利亚的档案显示了当时林积庆的情况，即早在一年多之前，他便已回国，直到一九二三年五月方才返回雪梨。[①]据此只能推测，可能是林积庆回国后发现有事，急需儿子返回方才可以解决，比如说他的父母非常想念孙子，非常需要他回来。为此，林积庆不得不临时起意，急召儿子回国。而原来内务部长批复富灿至少可以在此留学三年的时间，他也只能提前结束。

档案出处（澳大利亚国家档案馆档案宗卷号）：

Jack Hing. Education Exemption Certificate for Son，NAA：A1，1923/1591

---

① Jimmy Ah So，Jack Pine，Hoon You，Jack Fong，Lum Jopp，Lim Nean or Zuem Mai，Willie Wong Howe，Gock Nam，Jack Hing and Sun Chong Lee [Certificate Exempting from Dictation Test - includes left hand impression and photographs] [box 143]，NAA：ST84/1，1921/315/21-30.

周佐治

几利伯群岛

早在一八八三年，广东人Joe Foon（周垣，译音）就从家乡去到太平洋中位于赤道附近横跨东西南北半球区域的几利伯群岛（Gilbert Islands），在那里经商。根据记载，去到那块刚刚被英国人占领尚未开发的海岛上经商的中国人，最早可以追溯的就是在十九世纪八十年代，其主力是以澳大利亚雪梨（Sydney）为基地的"安昌号"（On Chong & Co.）主导该地区的船运贸易和矿产开采。[1]由此看来，周垣显然是最早一批去到该群岛的中国人，是开发该群岛的中国人先驱；也因为他较早来到这里，自然而然地也成为"安昌"号开设在该群岛的分号经理。鉴于安昌号的主要股东叶炳南（Ping Nam）是增城县人，[2]老股东刘汝兴（Yee Hing）也是增城县人，[3]跟他们关系密切并得以获委重任者，通常都是他们的同宗或同乡。由是，周垣有可能是增城人，至少是其邻近的珠三角地区其他县邑人氏。

作为"安昌"号的职员，周垣得以经常来往于几利伯群岛与雪梨之间，并经常充当"安昌"号商货船上的押货主管。[4]此后，原籍新宁（台山）县的

① Henry Evans Maude，"The Co-operative Movement in the Gilbert and Ellice Islands：A Paper Read to the Seventh Pacific Science Congress，Auckland，New Zealand，February，1949"，South Pacific Commission，1949，p.65.

② Ping Nam，Mary Rosina Victoria Nam，William Henry Ping Nam，Pearlie Muriel Ping Nam，Sylvia Eveline Ping Nam [includes 2 photographs and left hand print of each family member] [box 85]，NAA：SP42/1，C1915/8162.

③ Yee Hing，NAA：SP42/1，C1910/5777.

④ Joe Foon [box 28]，NAA：SP42/1，C1909/2111.

雪梨富商余荣（Yee Wing）①作为大股东的公司"泰生"号（Tiy Sang & Co.）也进入几利伯群岛做生意，由是，从一九一四年起，周垣转而成为余荣所属公司在几利伯群岛的代理人。而且由于长期驻扎在几利伯群岛，周垣还娶了一当地土妇为妻，与其生育了四个混血子女。在这四个孩子中，生于一九〇八年的是个男孩，名叫George Foon（赵佐治）。早在一九一二年，周垣便通过"安昌"号股东叶炳南等人的安排，将妻小由几利伯群岛接到雪梨小憩了一段时间，再由此过境转往香港，让妻子带着孩子回中国接受几年中国传统教育。

　　一九一八年，儿子周佐治十岁了，周垣希望他能到雪梨接受正规的英语教育，预期留学时间为三年。作为周垣的东家，余荣对此决定大为支持，便主动作为代理操办此事。八月十六日，他代周垣向澳大利亚内务部提出申请，特别说明由他的泰生号担保并负担周佐治的所有学费，也会将其安置在安昌号的另一位股东Loo Tom Fin（刘堂欢）②家里居住，并由后者作为孩子的监护人，让周佐治就近上学。因余荣在雪梨华社中具有较大的影响力，与当地许多大商家都有很好的关系，无论是海关和内务部对他都比较熟悉，因此，在核对周垣的情况之后，内务部秘书便于九月十八日批准了此项申请。

　　此时的周佐治在几利伯群岛与母亲住在一起。他的母亲接到签证后，便马上安排儿子乘坐来往于几利伯群岛与澳大利亚间的"天波"（Tambo）号轮船，于当年十一月一日抵达雪梨。余荣等人去到海关，为其办理入关手续并接往住处。而周垣本人也在一周后乘坐太古洋行运行的"太原"（Taiyuan）号轮船，从香港来到雪梨。他是随船押货去到香港后再转回来的，预计在本月二十五日再乘坐儿子来时的那艘"天波"号轮船，返回几利伯群岛家里。于是，他就利用在雪梨停留过境的机会，会同东家余荣等人，

---

① Yee Wing (Ah You). – Naturalization，NAA：A1，1916/12445.

② 关于刘堂欢与安昌号关系，详见：In the matter of the Commonwealth Conciliation and Arbitration Act and in the matter of the Merchant Service Guild of Australasia and the Commonwealth Steamship Owners Association；Adelaide Steamship Company Limited；Union Steamship Company of New Zealand Limited；Australasian United Steam Navigation Company Limited；Huddart Parker Limited；McIlwarith McEacharn and Company Proprietary Limited and others，NAA：A10072，1916/19。

左为一九二一年四月八日，库郎街公学校长提供给内务部有关周佐治在校表现与学业的例行报告；右为一九〇〇年的周垣照片。[1]

为儿子选择好位于雪梨城里沙希厘区（Surry Hills）的库郎街公学（Crown Street Public School），供其入读。但鉴于此时距当地学校放暑假也就剩下不到一个月的时间，他遂决定让儿子在次年新学年开学后才正式入读。内务部接到周垣和余荣的报告，觉得这个学期即将结束，即便入学也是混日子，因为已经进入考试阶段，没有什么课程可上，也就认可了此项安排。

一九一九年新学年开学后，周佐治正式注册入读库郎街公学。他在这里读了两年半多一点的时间，即从这一年到一九二一年。学校提交给内务部的例行报告显示，他上课认真，遵守校规，各项学业和在校表现都很令人满意，算得上是一位用功学习的好学生。

原本周垣希望儿子能在雪梨的正规学校读上三年的书，为其日后发展打下一个良好的基础，但是，十三岁的周佐治并没有充分利用好澳大利亚内务

---

① Photographic negatives - Joe foon [1 negative]，NAA：B6443，1221.

部给他的三年留学签证，而是在一九二一年八月三日，便在雪梨港口登上安昌号所拥有的"圣左治"（St George）号轮船，驶往几利伯群岛回家去了。和他一起走的，还有另外一位也是出生和居住在几利伯群岛的广东人后裔麦景（Mack King）。[1]

周佐治的留学档案到此中止。

档案出处（澳大利亚国家档案馆档案宗卷号）：

Joe Foon & Family Exc's. Exemption Certificates，NAA：A1，1921/16437

---

① Mack King (Hoong Win) Educn. Exc Educational Exemption Certificate，NAA：A1，1921/16442.

钟左治

广东（几利伯群岛）

　　钟左治（George Young Fat），一九一〇年十一月二十日出生于英国在南太平洋中部的属地几利伯群岛（Gilbert Islands，通常叫做"吉尔伯特群岛"）上的达马那岛（Tamana Island）。他的父亲名叫钟扬发（Young Fat），具有香港出生证，属于英国属土公民。钟姓在广东省珠江三角洲及四邑分布较广，故无法推测其父辈是哪一个县邑之人氏。钟扬发早在一八七九年左右便来到澳大利亚谋生，从域多利省（Victoria）入境，并于一八八四年便在该殖民地入籍，具有澳大利亚公民身份。他先是在域多利的品地高（Bendigo）埠经商，然后逐步转到鸟修威省（New South Wales）中西部地区的乡镇卡西利斯（Cassilis）、冈德盖（Gundagai）、康多柏林（Condobolin）、答布（Dubbo）等地经商开店。一九一二年，钟扬发获聘为在几利伯群岛一间船运公司的货运主管，前后在此工作达五年之久。在此期间，他在达马那岛娶了当地土女为妻，共生了三个儿子，其中包括钟左治。当左治六岁（一九一七年）时，他们全家从几利伯群岛返回雪梨，随后并一起回中国探亲。

　　在家乡将儿子安顿好后，钟扬发便于一九一八年一月一日回到澳大利亚，进入鸟修威省西北部地区的农业重镇答布埠，因为在这里他和兄弟Duck

Jam（钟细贤）①开设有一间日用杂货商铺，名为"华益号"（Wah Yeck & Co.），②在他离开澳大利亚期间，一直由兄弟负责经营。当时，他是把三个儿子留在中国而只带着夫人一起回来的。虽然其夫人是几利伯群岛岛民出身，但并不具备澳大利亚永久居民资格，刚开始随丈夫入境澳大利亚时，获得的只是临时入境签证。因此，当钟扬发回到答布埠之后，便与兄弟商量，由后者向海关申请回头纸，表示准备返回中国探亲，而在其离开后的生意则须由嫂子即钟扬发夫人接手，这样就可以为其申请在澳居住较长一些的时间。接到申请后，内务部经一番核对考察，确认钟细贤确实需要回国探亲。一九一八年三月二十八日，内务部决定，最多可以给予钟扬发夫人三年的签证，有效期至一九一九年年底，但一次签证只给予一年的期限，需要每年期满后申请展签。到一九二○年一月初，经钟扬发的申请，内务部再于当月二十三日决定核发给她六个月的展签。随后，经进一步申请，内务部再将其签证展延到次年三月三十一日，亦即在原先承诺三年签证的基础上再展延三个月的时间。

就在这个时候，钟扬发通过亲戚安排，将其留在中国的儿子钟左治送到香港，搭乘"华丙"（Hwah Ping）号轮船，于一九二一年二月六日抵达雪梨（Sydney）。钟扬发提前去到海关，向海关说明其子是准备前往几利伯群岛，在此等候换船前往该地。但因该地人口稀少，往返班轮等候时间也长，最快的一班船要到三月底才能开航，故向海关申请其子临时入境，获得批准。然后，他便将儿子带往答布，随即安排进入答布埠公立学校（Dubbo Public School）念书。由于儿子的到来，钟扬发再向内务部申请妻子的展签，

---

① Ah Hook，Zuock Doing，Ah Shung，Charlie Ah Hue，Gum Jam，Ah Jewp，Duck Chong，Yet Hing，Sam Lee and Woo Zuoy [Certificate Exempting from Dictation Test - includes left hand impression and photographs] [box 13]，NAA：ST84/1，1906/421-430. 这份档案宗卷中的"Duck Chong"（钟德，译音），应该就是"Duck Jam"，说明他在一九○六年申请回头纸，返回广东家乡探亲。但根据雪梨华文报纸所刊一九一五年捐款赈灾名录，来自答布埠华益号的捐助者名字是钟细贤，显然就是Duck Jam。见："雪梨中华总商会筹赈广东水灾捐"，载雪梨《东华报》(Tung Wah Times)一九一五年八月二十八日，第六版。

② 据鸟修威省档案馆(NSW State Archives & Records)所藏该省工商企业十九世纪末二十世纪初注册记录，华益号正式注册日期是一九○五年七月二十日，股东有二人，名字是Cook Jing，William Davey James。见：https://search.records.nsw.gov.au/permalink/f/1ebnd1l/INDEX1835509。

获准延长三个月到六月三十日止。

待上述事情办妥后，钟扬发便要办理儿子左治的事情了。四月十三日，他致函内务部秘书，表示在几利伯群岛已经没有生意，其妻小即便去到那里也生活无着；而此间之"华益号"商行生意，在几年前其兄弟曾申请回国探亲而将生意留给他一人经营，他也由此而获内务部批复其妻子留下来协助他一道经营，但其兄弟因各种各样的原因一直无法成行，恐怕要等到次年方才可以返回。尽管如此，他仍然希望内务部能批准其妻继续留下来与其一起生活。此外，其子左治也因久未与母亲在一起，失落巨大，现在来到这里，希望内务部能批准他留在当地读书。内务部秘书接到上述信函后，对其处境也很同情，经报告给内务部长，于四月二十八日再特批钟扬发太太十二个月的延期签证，有效期至次年七月一日，并表示这是最后的决定，到期不再续签。而对于其子钟左治的留学之事，处理起来就容易得多。因为从这一年开始，澳大利亚实施《中国留学生章程》，开放给居澳华人之在华子女赴澳留学，只要按照程序申请，符合规定，都会获批，何况此时钟左治事实上已经获准进入答布埠公立学校就读了。

获得内务部在儿子入学问题上开放绿灯之后，钟扬发便准备好材料，于七月十四日填妥申请表格，以"华益号"商铺作保，允诺每年为儿子留学所需提供膏火五十镑（而在英文栏目上，则特别写明是足镑金额），就读于答布埠公立学校。因在此之前中国总领事馆就已经接获钟扬发就此事的咨询，故在接到申请后，八月四日，总领事魏子京便为钟左治签发了一份号码是76/S/21的中国学生护照。八天后，内务部在该护照上钤盖了入境签证章，随后便按照规定，将护照保管起来。不过，在内务部通知海关为钟左治办理免试纸后，海关人员不知何故将其姓名写成了"吴伟"（Ng Wei）。为此，钟扬发与该海关几番书信往返，要求将其名字改正过来。

到这一年十一月一日，钟扬发致函内务部秘书，告知其妻带上儿子左治，加上在答布埠生下的女儿艾薇（Ivy），已于十月二十九日在雪梨登上"约翰·威廉氏"（John Williams）号轮船前往几利伯群岛看望亲戚。为此，他希望内务部能为其妻小三人返澳核发再入境签证。他表示，其妻小在那里没有收入，只依靠他在此间经营的商铺维生，如果不能回来，他们将无以为生。他还表示，他的另外一个儿子威廉（William）正处于学龄，刻下也通过中国总领事馆申请来澳留学护照，希望内务部对上述申请予以批复。

一九二一年年初，钟扬发向内务部申请儿子钟左治在澳留学读书时附上的照片。

但是，钟太太回去探亲不到两个月，便带着孩子于当年圣诞节前夕即十二月二十三日回到了雪梨。因内务部并没有对钟扬发此前的请求及时回复，故海关只准允钟太太临时短期登陆入境。为此，一九二二年元旦刚过，钟扬发就在一月三日致函内务部秘书，希望他能尽快回复并批复此前的申请和要求。内务部有钟太太的记录，此前核发给她的签证有效期是到今年六月三十日，但何以此前抵境时海关只给她短期入境签证，内务部秘书也不明白，遂于一月十四日函询海关。而事实上，此前一日海关已经递交了报告，告知只是按照惯例，给予他们一个月的临时入境签证，具体如何处理他们的签证事宜，还需等待内务部的最后决定。当内务部秘书了解到上述情况后，便指示海关仍然将钟太太的签证延至六月三十日，而钟左治的签证是从去年二月六日入境之日起算，即将到期，便也同样顺延一年。至于他们的女儿艾薇，因是在澳大利亚出生，无须签证。事情就这样得以解决。钟左治按时回到学校上学，在算术和英语写作方面表现都还算令人满意，但英语的阅读和拼写能力较弱，需要延请教师个别辅导，以期能早日克服这些困难。

　　但眼见妻子的签证即将到期，钟扬发于六月二十四日致函海关和内务部，希望考虑到他的家庭情况，能特批其妻继续留在答布。尽管钟扬发的家庭情况值得同情，但内务部认为，像他这样的情况并非个例，此前内务部长已经破例对其给予了特别照顾，此时已没有任何理由再让其留在澳大利亚，特别是他以兄弟需回乡探亲为由而申请妻子留下来代为照看生意，实际上只是一个借口，他的兄弟事实上根本就不想回中国探亲，四年过去了，仍然未曾离澳，便很能说明问题。更进一步说，她在去年年底能回去几利伯群岛看望亲戚，也表明她即便回到那里，也并非无法生存。考虑到要安排其回中国或者是返回几利伯群岛的船票事宜，尚需一定的时日，内务部秘书便于七月十一日复函钟扬发，表示可以酌情将其妻的签证展延到九月三十日。虽经几番努力，钟扬发只能将妻子留在身边待几年，但最终仍然无法为其申请到在澳大利亚长期居留。对此结果，这位中国老移民心情沮丧至极。

　　只是祸不单行，屋漏还逢夜雨。一九二二年八月十九日，钟扬发的"华益号"商铺突遭火灾，所有货物被烈火吞噬，房屋被毁，他顿时变得一无所有。[1]遭此祸后，钟扬发和兄弟钟细贤一方面收拾残局，再张罗钱财及通过借贷，准备在答布埠另觅地点开设新店；另一方面，他也以在这样的情况下其妻无法离境而需与他在一起共克时艰为由，于十月初再向内务部提出申请，展延太太的签证。在这种情况下，内务部秘书非常理解钟扬发的心情，遂于十一月四日批复了他的申请，给其妻再次展延六个月的签证。

　　可是就在这个时候，内务部秘书得知钟左治已于十月三日便从答布埠公立学校退学，但去向无法得知，便通知海关查找。一九二三年一月八日，海关回复说，钟左治已在去年十月份死亡，钟太太带着女儿将于本月十三日从雪梨搭乘"衣时顿"（Eastern）号轮船离境前往中国。到当月二十八日，海关再函内务部秘书，对此前所说钟左治死亡一事予以更正，表示当时死亡的是钟扬发，而非其子。海关报告中没有说明其死因，但从他在去年十月初还向内务部申请妻子的签证展延一事以及准备重整旗鼓开设新店来看，表明其

---

① 对于这场大火，当地传媒给予了及时报道。见："Big Fire at Dubbo", in *The Daily Express* (Wagga Wagga，NSW) Tuesday 22 August 1922 p 1。

死亡与身体健康无关，极有可能是遭火灾重创之后欲东山再起而遇到了极大困难，导致其不幸身亡。[1]而海关在报告中也说明，钟太太离境时，携带着幼女及儿子，后者便是钟左治。她不是返回几利伯群岛，而是前往亡夫的家乡广东省，显然是按照中国传统携带孩子回去认祖归宗，而且她还有另外两个孩子仍然留在那里。其中的一个儿子威廉，此前钟扬发曾经表示要通过中国总领事馆申请赴澳留学签证前来答布，此时也渺无音讯，估计是申请材料尚未准备就绪，因其不幸身亡，也就不了了之。

钟佐治的留学档案到此中止。

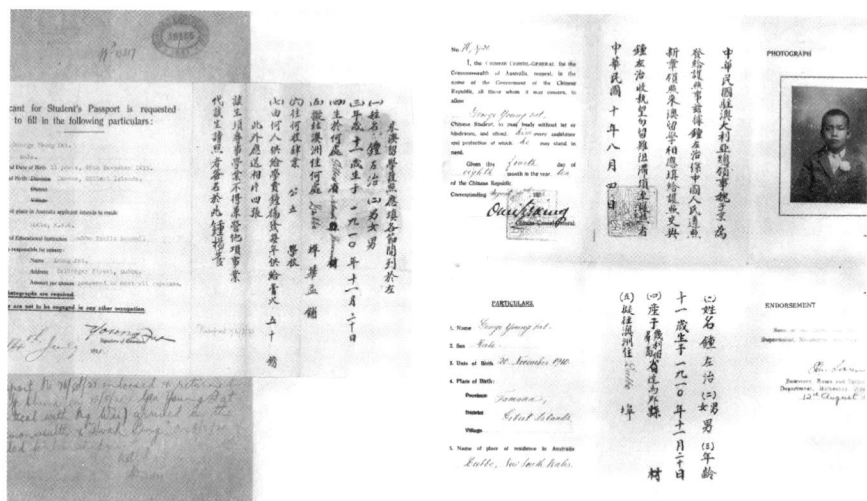

左为一九二一年七月十四日，钟扬发填表向中国驻澳大利亚总领事馆申办儿子赴澳留学所需护照和签证；右为当年八月四日，中国驻澳大利亚总领事魏子京给钟左治签发的中国学生护照。

档案出处（澳大利亚国家档案馆档案宗卷号）：

Mrs. Young Fat. Exemption Certificate George Young Fat Student's Passport，NAA：A1，1923/1593

---

[1] 当地英文报纸报道华益号宣布破产，钟扬发之死或与此有关。随后就由钟细贤一人独自处理清盘等善后事宜。见："Bankruptcy"，in *The Daily Telegraph* (Sydney，NSW)，Friday 5 January 1923 Page 4。

关立仕

广东

Willie Quan Li Shu（关立仕，译音）生于一九一一年，籍贯不详。其父名为Guan Yin Nam（关荫南，译音），职业是菜农，二十世纪一十年代便在雪梨（Sydney）北部伊士活（Eastwood）区窝子巷（Watts Lane）经营一块菜园，名为"裕华园"（Yee Wah & Co.）。因无法从澳大利亚国家档案馆里找到任何与其相关的个人宗卷，故无法得知其籍贯以及何时赴澳发展。从档案馆中所藏的六百多份广东学子赴澳留学宗卷里，从检索到的几位关姓学生及家长的籍贯是来自香山（中山）县和开平县来推测，本文主人公属于上述两县中任何一县的可能性都有。而通常能在二十世纪一十年代站稳脚跟并经营起自己的生意，是需要一定时间的原始积累，方才可以达成上述目标。他们这类人大多都是十九世纪末到二十世纪初年就已踏足澳大利亚，方才有机会以及时间获得自身发展。由此也可以推测，关荫南也应该是在一九〇一年澳大利亚联邦建立之前便已抵达此间，从而逐渐有了自己的生意。

一九二〇年十月十三日，年方九岁的关立仕搭乘从香港赴澳大利亚的"坚那拿"（Kanowna）号轮船抵达雪梨，想要在此转道前往纽西兰（New Zealand）。父亲关荫南为其申请了一个月的临时入境签证，获准后便在此登陆，住进紧挨着伊士活区隔邻莱德区（Ryde）的房子里。一个月后，关荫南以儿子年纪太小、对其前往纽西兰读书而由其亲戚照料极不放心为由，致函内务部秘书，希望将儿子留在雪梨接受四年左右的教育，入读莱德公立学校（Ryde Public School），也便于自己照顾这个儿子，请求给他核发留学签证。

接到申请后，内务部秘书没有拒绝，而是行文雪梨海关，请其对关荫南的情况做一个调查，以便厘清他是否具备监护人和财政担保人的资格。海关接到指示后，确认了关荫南的情况，并且通过警察局得知他没有不良记录，属于守法遵纪的商人；此外，他们还派人去到莱德公立学校找到校长询问，后者也表示愿意接受这位小留学生入读。十二月二十日，海关将结果报告给内务部。但内务部秘书对为何关立仕不去纽西兰而留在澳大利亚有疑问，不知他在纽西兰是什么样的亲戚，为何关荫南此前放心儿子前往，而在其抵达雪梨之后就不放心了呢？带着这样的疑问，一九二一年一月六日，内务部秘书致函中国驻澳大利亚总领事馆，希望予以解答。三个星期后，中国驻澳总领事魏子京复函谓，关荫南送子往纽西兰，目的是让其去那里留学，内心是很不情愿的，因为澳大利亚此前规定，中国学生只有到年满十七岁了才能前来留学；鉴于其子目前正当学龄，即便关荫南在纽西兰的亲戚属于远亲，为了儿子的正常读书及未来着想，他只得这样做。魏总领事在函中强调，现在好了，《中国留学生章程》在今年正式实施，准允居澳华人办理其在华子弟前来澳大利亚留学，关荫南就可以根据这个章程办理其子之留澳上学，这样可以免掉其以往的担心，由他安心地照顾在此读书的儿子。内务部秘书接到信函后，也意识到自今年开始，政策就开始有所改变，此前的一些疑问也就不成为问题了。于是，他便在二月七日批复了关立仕的留学签证，有效期从其入境之日起算。当然，按照规定，每次签证为期一年，期满可再申请展签。

此时正好是一九二一年新学年刚刚开始不久，获得留学签证的关立仕便在父亲的安排下去到莱德公立学校念书。此后的三年时间里，他在学校正常出勤，也表现得聪颖好学，各科作业完成得很好，学校对其在校表现非常满意。而且因刚刚进入学龄，接受新语言能力也较强，他很快便在英语听说上大有进步，也能与当地学生打成一片。因此，每年十月份，内务部都很爽快地批复其展签申请。

到一九二四年新学年开学后，关荫南没有让儿子继续返校上课，而是向内务部申请儿子的再入境签证，因为他本人已经决定要回国探亲，也已经订好了船票，计划在家乡待三年，因而要将十三岁的儿子关立仕一并带上，让他回国继续接受中文教育。鉴于儿子还需要回来雪梨完成未竟的学业，他已向学校退学，但要求保留其学位，同时向内务部申请准允其子三年后重返留学。这样的安排合情合理，内务部便于二月七日批复了申请。二月十三日，关立仕便跟着父亲在雪梨港口登上驶往香港的"丫罅乎罅"（Arafura）号轮船，返回中国。

关立仕的留学档案到此中止，他总计在澳留学三年。此后再未见到他入澳的记录。

一九二一年七月一日，莱德公立学校校长提交给内务部的例行报告，显示关立仕在校表现和学业成绩令人满意。

档案出处（澳大利亚国家档案馆档案宗卷号）：

Willie Quan Li Shu - Education exemption certificate，NAA：A1 1924/5331

萧　鸾（爱莲）

中山？

本档案中的女孩子叫Shiu Luen（萧鸾，译音），大约是在一九二三年出生。萧鸾来自南太平洋群岛飞枝（Fiji），但她具体是出生于飞枝，还是在中国出生后随父母去到那里，则无法得知。档案中虽然提到其父亲，但未透露其姓名，只是知道他在二十世纪三十年代初的时候在飞枝首府苏瓦（Suva）附近当菜农。档案中也没有提及萧鸾的籍贯，因当地华人基本上来自中山县和周围的珠江三角洲及四邑地区，而萧姓属于珠玑巷南迁的七十多姓氏之一，分布亦广，故无法确定其籍贯具体是珠江三角洲和四邑的哪个县邑。只是目前从澳大利亚档案馆中所搜集到的有关萧姓青少年赴澳留学的档案宗卷，都是来自中山县，[①]据此，从大概率上说，萧鸾亦极有可能是中山人氏。

根据档案，萧父因长期在家虐待女儿，经中国驻飞枝领事馆副领事郑观陆（C. L. Cheng）干预，一九三五年时被当地法庭罚款，并将萧鸾从家中解救出来。换言之，就是将其监护权转交给他人。可是在当时的飞枝，要找到一家能履行这样职责的华人家庭并不容易。由是，郑观陆挺身而出，将萧鸾

---

① 例如，来自中山县南文村的萧自强(Sue Gee Kean)、萧权生(King Sang)、萧有开(Andrew Sue)、萧有安(Willie Sue)、萧耀辉(Sue Yow Fay)，见：Sue Gee Kean. Student exemption，NAA：A659，1939/1/1277；King Sang - Student's Passport，NAA：A1, 1933/136；Andrew SUE - Student passport，NAA：A1, 1927/16695；Sue, Willie - Students passport，NAA：A1, 1926/11898；Fay, Sue Yow - Student passport，NAA：A1, 1926/15566；塔园村的萧祥(Sue Chong)，见：Sue CHONG - Students passport，NAA：A1, 1927/13080；以及石岐的萧国仪(Sue Kurk Yee)和大涌村的萧萃贤(S Yiu)，见：Sue Kurk Yee - Student exemption [0.25cm]，NAA：A433，1939/2/852及Yiu，S - Student on Canton passport，NAA：A1，1926/11418。

接到自己家中，由太太收养和监管这个女孩子。郑观陆是在澳大利亚出生的第二代华人，祖籍广东省中山县谷镇（今三乡），[①]在雪梨（Sydney）经商时就积极参与当地国民党和华社事务，于一九二三年二月二十六日获孙中山委任为雪梨中国国民党支部干事；[②]此后，他从澳大利亚前往飞枝发展，得以在一九三四年被委任为中国政府驻飞枝的代表，即成为领事馆的官员，为当地侨胞服务。除了副领事这个官职之外，他的籍贯或许也是使他最终收留萧鸾的原因之一。这也是将这位小女孩推测为中山人的另一个考量因素。

　　档案中没有提及萧鸾的母亲。按照常情，在子女受到父亲虐待的情况下，法庭是应该将其判交由母亲监护照顾，但这里仅提到萧鸾个人被收养，而没有提到或者顾及她的母亲。推测起来，极有可能她的母亲原来也在苏瓦，但此时已经过世；或者是来此探亲因签证到期而返回了中国家乡，只把女儿留下，才会出现这样的情况。

　　一九三五年十月，因为飞枝当地欧人所开设的学校并不开放给华人男童，郑观陆鉴于两个儿子在苏瓦无法进入好的学校读书，便计划让太太带着儿子返回雪梨居住，以便他们能进入当地的好学校念书。因萧鸾被解救后便与郑家住在一起，郑氏夫妇将其视同己出，也希望给她提供最好的教育，故决定将其一并带往雪梨读书，由郑太太（Mrs Amy Cheng）担任其在澳留学期间的监护人，后者对此安排亦满心欢喜，十分愿意与郑太太同行。在这种情况下，郑观陆便向中国驻澳大利亚总领事陈维屏求助，希望为萧鸾申请赴澳留学的入境签证。陈维屏总领事接到郑观陆的求助之后，便于十月八日致函内务部秘书，将情况作了介绍，特别强调萧鸾已经成为郑氏夫妇领养的女儿，而郑太太已经打理好行囊，计划两周后便从苏瓦搭船前来雪梨，故希望内务部对此事予以特别考虑并尽快批复萧鸾的来澳留学签证。鉴于郑氏夫妇及子女皆为在澳出生，出入境不受限制，且郑氏具有较强的财政能力，还具备中国外交官的身份，而且也允诺负担萧鸾的全部留学费用，故内务部秘书

----

①　见："中山市华侨大事记"，载《中山文史》第20辑。
②　"委任董直等职务状"，载秦孝仪主编：《国父全集》第八册，台北：近代中国出版社，1989年，第379页。

对萧鸾的赴澳留学事给予特别重视，并未按照惯例要求核查监护人的财政状况，三天之后便对申请予以批复，只是强调她必须入读一间政府认可的私立学校。接到回复后，陈维屏总领事自然十分高兴，马上应允待萧鸾抵澳后选好学校便立即知照内务部备案。

接到陈维屏总领事的通知后，郑观陆便于十月二十四日给萧鸾签发了一份中国学生护照，号码是224187；当天，澳大利亚驻苏瓦专员公署也根据内务部的指示，相应地核发了一份入境签证，号码是45/35，有效期一年。待入境手续办妥，郑太太便带着两个儿子和萧鸾从苏瓦登上驶往澳大利亚的新型豪华快速海洋轮船"卢林"（Lurline）号，于十一月五日抵达雪梨。因海关此前便接获内务部对他们入关的批复通知，萧鸾得以顺利入境。而就在这个时候，海关也得知萧鸾已经有了一个英文名，叫做Eileen（爱莲），也写成Eileen Luan（爱莲·鸾）或者Eileen Shiu（萧爱莲）。

经过两个多星期的联络和考察，郑太太为萧鸾选择了天主教会主办的圣方济吴苏乐女书院（St Frances Ursuline's School）入读。只是已经到了十一月的下旬，距离学校放暑假只有不到一个月，学生都进入期末复习考试阶段，书院希望她等到次年新学期开学后才正式注册入学。于是，郑太太先将此事报告给海关，由后者转告内务部报备。内务部秘书同意上述安排，决定待明年开学后再去核查这位中国女学生的学习和在校表现等情况。

待到一九三六年新学期开学后，萧鸾如期进入圣方济吴苏乐女书院读书。从书院提交给内务部的例行报告看，萧鸾聪颖好学，各方面表现优秀；老师特别提到她家教甚严，对其自身学习和在校表现影响很大，也是其努力学习的动力。就这样，她在这里顺利地读完一个学年的课程。

这一年十一月二日，距其留学签证尚有三天就到期时，郑太太便致函雪梨海关，并不是为萧鸾申请展签，而是告知其本人近期打算前往中国探亲和办理私事，预期为一年，希望将干女儿萧鸾一并带上。为了让她能再返雪梨的书院读书，郑太太希望能核发给这位小女孩再入境签证。待接到海关转来的申请后，内务部秘书认为无须核发再入境签证，因为该留学签证是每年到期时再申请展签，一旦她从中国返回，可重新申请，届时再予以批复即可。

郑太太得到正面的答复后，只得照此办理。待这一年学期结束，进入假期，郑太太便在十二月十二日携十三岁的萧鸾，登上从雪梨港出发的"利罗"（Nellore）号轮船，驶往香港，再转回中山探亲。[①]郑观陆在几天前正好从飞枝回澳，要在此中转去中国公干，也同船前往。[②]而这个时间，刚刚是在萧鸾从飞枝前来澳大利亚留学一年之后不久，而她也正好是在圣方济吴苏乐女书院读完了一个学年。

可是，此后澳大利亚档案中再也找不到萧鸾的任何入境信息，而有关她的在澳留学档案也到此中止。

一九三六年四月六日，圣方济吴苏乐女书院院长提供给内务部的例行报告，显示萧鸾在校学习努力，其严格的家教助其学风可嘉，在校表现令人满意。

---

① Miss Shin Luen [also known as Eileen Shun], Wong Goon Bing, Lam Yung [issue of Certificate of Exemption in favour of subjects], Wong Lai Yee [ex AWATEA], Ngan Ting Fong, Wong Kwan Wy, Ng Ting Fong, Ly Ving Kong, Madame Wong Loi Tai and child, Ly Tham Yan, Kong Sia Tai, Lin To, Cheung Tin Pang [also known as Ah Foo], Chan Kan Pang, Shan A. Koo, Chan Ming Sum, Madame Wong Yau and child, Wun Kiaou, Tsin Si Kiau, Bibi, Tsifu and Ah Joe [ex MAKURA] [all subjects departed ex NELLORE from Sydney on 14 December 1936] [box 334], NAA：SP42/1，C1936/8211.

② Mr C. L Cheng [Chinese passenger for transhipment and enroute to China] and Thomas Anthont Boucher [re-entry permit] [arrived ex WANGANELLA in Sydney on 8 December 1936] [box 334], NAA：SP42/1，C1936/7893.

左为晚年的郑观陆先生照片，右为二十世纪三十年代位于苏瓦的国民党支部大楼。①

档案出处（澳大利亚国家档案馆档案宗卷号）：

Shiu Luen ex-c，NAA：A1，1935/9928

---

① 转引自孙嘉瑞："斐济华人历史——毁家纾难见忠贞"，载斐华网：https://www.fijichinese.com/history/memory_of_old_chinese.htm。

附录一　澳大利亚国家档案馆所藏珠三角其他县市赴澳留学生档案目录

高要

Ah Chew - student passport，NAA：A1，1929/10175

Cho，Lau Hi（aka Jo，Hi）- Canton Students passport，NAA：A1，1924/20125

Choy Ching Wah，NAA：A2998，1952/2969

Choy Wah - Students Ex/c，NAA：A1，1938/32980

Chun Leu FUN - Students passport，NAA：A1，1927/4063

Chung Nung HOON - Student passport，NAA：A1，1927/16800

Fook，Ung Jang（aka King，George）- Students passport，NAA：A1，1924/20127

Hing，Sue Quing - Student passport，NAA：A1，1926/16208

Harold Tong - Student exemption [10 pages]，NAA：A433，1939/2/16

Hall Park FOON - Student passport，NAA：A1，1927/16801

Hin Wing - student passport，NAA：A1，1929/10176

Hong Fook Wing Student's Passport，NAA：A1，1931/5495

Hong Fook Wing [includes 2 photographs showing front view and left and right thumb prints] [box 163]，NAA：SP42/1，C1924/5333

Sam，V Law - Student passport，NAA：A1，1928/9083

Too，Lee Shoy – Education，NAA：A1，1926/3851

Yee Sea - Student exemption [9 pages]，NAA：A433，1941/2/2199

Yee Sea [application for permission to enter the Commonwealth for subject] [issue of Certificate of Exemption in favour of subject] [box 450]，NAA：SP42/1，C1941/5165

香港

Chapman Lo - Student exemption [0.25cm]，NAA：A433，1946/2/942

Chun Wah educational exemption certificate，NAA：A1，1931/1485

Leong，Wai Piu born 1916 - nationality Chinese - arrived in Sydney on CHANGTE [no arrival date stated]，NAA：BP9/3，CHINESE LEONG W P

Leong Wai Piu - Nationality：Chinese - Arrived Sydney on S.S. Changte 20 December 1948，NAA：BP25/1，LEONG W P CHINESE

Leslie Hocktien - student passport，NAA：A1，1929/3651

Lowe，G Buck Way - Student passport，NAA：A1，1928/9729

M.M. Monica Moonie Kung（M. Ah Mouy）Exc，NAA：A1，1922/13754

Moon，Loo - Student passport，NAA：A1，1926/15259

Pang Chung Hon - Student [24 pages]，NAA：A433，1950/2/2867

Un Shiu LUN - Student passport，NAA：A1，1934/1169

Wai Piu Leong - Student [0.5cm]，NAA：A433，1950/2/1049

广州

Sook YEE - Student passport，NAA：A1，1934/1163

W. B. Mee Sing. Student's Passport，NAA：A1，1935/9704

Louie Ai Wen - Student exemption [0.5cm]，NAA：A433，1947/2/4112

南海

Leong Ah HOO - Student passport，NAA：A1，1927/21153

Choy，Lung Sha - Student's passport，NAA：A1，1928/4067

其他县市（无法确定籍贯）

Ack，Hsu Chee（aka Lock，Charlie）- Exemption certificate，NAA：A1，1924/19797

Ah Fong - Son of Law Moon - Also Law Sun - Education and business exemptions，NAA：A1，1924/7247

Ah Gin - Exemption Certificate，NAA：A1，1913/10088

Ah On Ex/C Permission to enter Australia，NAA：A1，1919/13563

Ah Shong（Ng Ping Seung）Exemption Certificate，NAA：A1，1916/8329

Ang Tee Keing Exc Exemption Certificate，NAA：A1，1922/6288

Application by a Chinese resident of Derby named Ah Choon for permission for his two sons，NAA：A1，1912/13843

Application for permission for George Ah Lim's nephew，NAA：A1，1911/636

Application for permission for Toon Gate to enter the Cmth. for Educational purposes，NAA：A1，1911/17098

Chan You FONG - Students passport，NAA：A1，1927/4407

Chapman，B B - Admission of Chinese student，NAA：A1，1923/29220

Choy Wai - Exemption Certificate，NAA：A1，1916/11357

Chun Poy - Extension Certificate，NAA：A1，1915/15611

H Kee Yip - Education exemption [3cms]，NAA：A433，1946/2/1418

Ham Ah Sing & Ah On Ex/C's，NAA：A1，1926/20120

Jack Hing. Education Exemption Certificate for Son，NAA：A1，1923/1591

Joe Foon & Family Exc's. Exemption Certificates，NAA：A1，1921/16437

Kwong Hon, An - Admission as student, NAA: A1, 1926/5932

Kwong, Win Pao - Students passport, NAA: A1, 1926/20040

Lea Hoon & Lea Shing ex Certs, NAA: A1, 1919/582

Leung Tin Fook Ex emption Certificate, NAA: A1, 1915/872

Lew Pon Exc Exemption Certificate, NAA: A1, 1921/9236

Lum Wen Khoey Ex. Cert. Exemption Certificate, NAA: A1, 1917/9644

Mack King（Hoong Win）Educn. Ex/c Educational Exemption Certificate, NAA: A1, 1921/16442

Moon Fon - Extension Certificate, NAA: A1, 1915/16711

Mrs. Young Fat. Exemption Certificate George Young Fat Student's Passport, NAA: A1, 1923/1593

Ping Mong Educn Ex/c Exemption Certificate for Son, NAA: A1, 1922/19291

Quong Shing - Exemption Certificate, NAA: A1, 1916/26733

Shiu Luen ex/c, NAA: A1, 1935/9928

Soy Low nephew of Lee Chin admitted for educational purposes, NAA: A1, 1911/434

Sue Hing. Education Exemption certificate, NAA: A1, 1921/25452

Tien Wah Educn Ex/c Education Exemption Certificate, NAA: A1, 1922/11675

Tien Wah - Departure from Sydney per S.S. "Niagra" 22.6.1922, NAA: B13, 1922/10587

Willie Quan Li Shu - Education exemption certificate, NAA: A1, 1924/5331

Wing Quong - ExCert. Educational Purposes, NAA: A1, 1916/16215

Wong, Ernesto - Educational [0.5cm], NAA: A1, 1924/29338

Wong Jahk - Extension Cert., NAA: A1, 1915/21232

Wong Pack Gooey Exp. Certificate, NAA: A1, 1916/30332

Teo，Wong - Exemption certificate，NAA：A1，1925/4672

Yee Chong Lock - Student on passport，NAA：A1，1918/8665

YIP Harry Kee：Nationality - Chinese；Date of Birth - 15 August 1896；
First registered at Kangaroo Flat，NAA：MT269/1，VIC/CHINA/YIP HARRY

You On - Exemption Certificate，NAA：A1，1912/15772

You，Shu - Educational e/cert，NAA：A1，1926/5292

Yu Wing Educn Ex/cert Education Exemption Certificate，NAA：A1，
1917/13767

附（522驻墨尔本领事馆档案）：

扫描号：522-0029；册名：雷道昌之子雷伦修（Louey Lun-Shou）来澳求
学事

附录二 本书所涉澳大利亚地名与街名中英文对照

英文街名、地名	原译名	现译名
Adelaide	克列	阿德莱德
Alexandria	亚力山打	亚历山大
Aloomba	丫路坝镇	
Auburn	奥本	
Auckland	屋仑	奥克兰
Ballarat	孖辣、巴辣、巴辣辣	巴拉瑞特
Bathurst	把打池、巴打池、吧咑时	
Beechworth	比奇沃寺	
Bendigo	品地高	
Boort	钵埠	
Botany	布达尼	
Botany Bay	布达尼湾	
Botany Road	布达尼路	
Box Hill	博士山	箱山
Brisbane	庇利殊彬、庇厘士彬	布里斯本
Brighton	布莱顿	
Broome	布冧	
Cairns	坚市、坚士	凯恩斯
Carlton	加顿、架顿、卡顿	
Campbell Street	矜布街、矜布炉街、金宝街、钦布炉街	金宝街

英文街名、地名	原译名	现译名
Canterbury Road		坎特伯雷路
Cassilis		卡西利斯
Caulfield	考飞区	
Charlotte Street	夏洛特街	
Condobolin		康多柏林
Cooktown	谷当	
Cowra	考纳	
Crown Street	库郎街、高浪壬的街、邝浪街	
Croydon	柯罗屯	
Darlinghurst		达令赫斯特
Darwin	打运埠	达尔文
Derby	德比	
Dixon Street	德信街	
Dubbo	塔咘、答布、德宝	
Dulwich Hill	杜里奇希	杜里奇山
Eastern Hill	东山	
Eastville	伊石围	
Eastwood	伊士活	
Exhibition Street	益市比臣街	
Fiji	菲芝、飞枝	斐济
Fort Street	炮台街	
Forest Lodge	福斯特小筑	
Front Street	前街	
George Street	左治大街、佐治大街	
Geraldton	者利顿	
Gilbert Islands	几利伯群岛	吉尔伯特群岛
Glen Innes	暨涟弥士埠	
Green Hills	绿岭	
Gundagai		冈德盖
Gunnedah	冈尼达埠	

英文街名、地名	原译名	现译名
Heffernan Lane	贴奋巷	
Harbour Street	海港街	
Harris Street	哈里斯大街	
Hay Street	喜街、禧街	喜街
Haymarket	希仔结	
Hayward Lane	海华巷	
Hobart	可拔、好拔	霍巴特
Home Hill	霍姆希	
Innisfail	烟厘时菲炉	
James Street	占士街	
Kangaroo Flat	袋鼠坪	
Kew	丘埠	
Kogarah	科格拉	
Koondrook	昆德鲁克镇	
Kooyong	库雍	
Launceston	兰主慎、兰市屯	
Latrobe Street	礼列立街	
Leichardt	莱契德	
Little Bourke Street	小博街	
Liverpool	利物浦	利物浦
Lonsdale Street	兰市地街、兰慎大街	
Main Street	主街	
Mascot	马士科特	
Matraville	马特拉围	
Maytown	梅镇	
Menangle	米兰沟	
Melbourne	美利滨、美利伴、美利畔、美尔钵、尾利伴、尾利畔、尾唎伴、尾利扳、尾利宾	墨尔本
Middle Park	中园	
Mourilyan	茅里堰	

英文街名、地名	原译名	现译名
Narrandera		那兰德纳
Nelson Bay Road		尼尔森湾路
New Guinea	新几内亚	
New South Wales	鸟修威、纽所委、鸟沙威、了沙威	新南威尔士
New Zealand	纽西兰	新西兰
Northern Territory		北领地
Palmer River	白马河	
Picton	皮克顿	
Pitt Street	必街、辟市街	
Port Darwin	砵打运	达尔文港
Port Douglas	道格拉斯港	
Queensland	昆使兰、坤士栏、昆士兰	昆士兰
Rabaul	亚包	腊包尔
Randwick	兰域	
Redfern	红坊	
Reservoir Street	李士威街	
Ringarooma	灵格鲁马	
Ringwood	令坞	
Rockdale	洛克岱	
Rose Bay	玫瑰湾	
Rowe Street	罗街	
Russell Street	罗苏街	
Ryde	莱德	
South Australia		南澳
St Johns Street	圣约翰斯大街	
St Kilda	圣科达	
Stanthorpe	士丹托	斯坦索普
Stevens Road	史蒂文斯路	
Strahan	石翠良	
Strathfield	斯特拉斯菲尔德	

英文街名、地名	原译名	现译名
Suva	苏化、苏瓦	苏瓦
Surry Hills	沙厘希, 沙厘希山、沙梨山	萨里山
Sydney	雪梨	悉尼
Tamana Island	达马那岛	塔马纳岛
Tasmania	他省、塔省、他市民夜省	塔斯马尼亚
Thursday Island	达士埃仑、珍珠埠、礼拜四岛	星期四岛
Townsville	汤士威炉、汤士威、汤士威路	
Ultimo	欧田模、欧提摩	
Victoria	域多利	维多利亚
Victoria Market	域多利市场	
Wagga (Wagga Wagga)	获加(获架)(获架获架, 获加获加)	
Waterloo	花吜噜、花打噜	滑铁卢
West End	威时燕	
Western Australia	西澳	西澳洲
William Street	卫廉街、威廉大街	
Wycheproof	威奇普鲁夫埠	

附录三　本书涉及珠三角其他县市籍留学生入读学校中英文对照

学校英文名	学校中译名
Big Hill State School	大丘公立学校
Boyd Business College	包以德商学院
Boy's State School，Cairns	士低士姑芦坚时童子小学校
Branxholm State School	布朗克斯埗公立学校
Cairns Boys School	坚市男校
Cairns State School	坚市公立学校
Carlton Advanced School	卡顿专馆学校
Caulfield Grammar School	考飞文法学校
Central State School，Queenstown	皇后镇中央公立学校
Central Technical School	中央技校
Central Training College	中央培训学院
Chinese School of English	中英学校、英华学校、华英学校
Christian Brothers' College	基督兄弟会书院
Christ Church School	基督堂学校、基督圣会书馆
Church of England Grammar School	圣多马文法学校
Commercial Intermediate High School	商务中学
Commercial School，Crown Street	库郎街贸易学堂
Cooktown State School	谷当埠士的学校、谷当皇家学校
Cowra District School	考纳地区学校
Cowra Intermediate High School	考纳中学

学校英文名	学校中译名
Crown Street Public School	库郎街公学
Derby State School	德比公立学校
Dubbo Public School	答布埠公立学校
Forest Lodge Public School	福斯特小筑公立学校
Fort Street Public School	炮台街公立学校
Geraldton State School	者利顿公立学校
Glebe Technical School	纪聂技校
Humffray Street State School	韩芙蕾街公立学校
Holmwood Public School	荷木坞公立学校
Holy Trinity Church of England Grammar School	圣三一文法学校
Innisfail State School	烟厘时非炉公立学校
Italian Convent School	意大利婴堂
Junior Technical School，Gardener Road	园丁路初级技校
Marist Brothers High School	圣母兄弟会中学
Marist Brothers School	圣母兄弟会书院、圣母昆仲会男校、圣母兄弟会学校
Melbourne University	美利滨大学、尾利伴大学
Metropolitan Business College	都市商学院
Menangle Public School	米兰沟公立学校
Miss Solomon's Kindergarten Advanced School	所罗门小姐学前班优等学校
Nudgee College (Christian Brothers' College，St Joseph's Nudgee)	纳吉书院(基督兄弟会书院)
Port Douglas State School	道格拉斯港公立学校
Patrician Brothers' Convent，Mt. Carmel	加美乐山圣博德兄弟会书院
Presbyterian Mission School (P. W. M. U. School)	长老会学校
Public High School，Wagga	获加公立中学
Public School，Wagga Wagga	获加获加公立学校

学校英文名	学校中译名
P. W. M. U. School	长老会学校、长老教会学校、长老会书馆、长老书馆、基督堂学校、列地博街学校、尾植学校
Queen's College	皇仁书院
Randwick Preparatory College	兰域预科学院
Randwick Preparatory School	兰域预科学校
Rathdown Street State School，Carlton	加顿埠末士准士学校
Ryde Public School	莱德公立学校
Scotch College	苏格兰书院
Scots College	诗可词书院
St. Augustine College	圣奥古斯丁书院
St. Barnabas Day School	圣巴拿巴学校
St. Frances Ursuline's School	圣方济吴苏乐女书院
St. John of God Convent School	圣约翰书院
St. John's School	圣约翰学校
St. Mary's Convent School	卡示力学校
St. Monica's School	圣莫尼卡书院
St. Patrician Brothers' School	圣博德兄弟会书院
St. Patrick's College	圣博德书院、士匹列学校
St. Paul's College	圣保罗书院
St. Peter's College	圣伯多禄书院
St. Peter's School	圣匹书馆
St. Stephen's College	圣士提反书院
Stanthorpe State School	士丹托公立学校
Stanthorpe Technical College	士丹托工学院
Stott & Hoare's Business College	斯多德与霍尔斯商学院
Stott's Business College	司铎茨商学院
Strahan State School	石翠崀公立学校
Sydney Church of England Grammar School	雪梨圣公会文法学校
Sydney Grammar School	雪梨文法学校

学校英文名	学校中译名
Sydney University	雪梨大学
Technical College，Ultimo	欧提摩工学院
The Convent School	天主教会学校
Trinity Grammar School	三一文法学校
University of Melbourne	美利滨大学
Waterloo Public School	花打噜皇家学校、和(华)打噜公立学校
Wesley Ladies College	卫斯理女书院
Working Men's College (Workingmen's College)	工人学院
Zercho's Business College	泽口商学院

附录四　珠三角其他县市籍侨胞通常搭乘的来往中澳间及澳大利亚与周边岛国间之班轮一览

班轮英文名	原有中文(译)名	通用译名
Ake Maru	阿克丸	
Aki Maru	安艺丸	
Hitachi Maru	日立丸	
Kagaa Maru	溪后丸	
Kasuga Maru	春日丸	
Kitano Maru	北野丸	
Kumano Maru	熊野丸	
Mashima Maru	真岛丸	
Mishima Maru	三岛丸	
Nikko Maru	日光丸	
Sado Maru	西渡丸	
Tango Maru	丹后丸	
Yawata Maru	八幡丸	
Yoshino Maru	吉野丸	
Changde	彰德号	
Changsha	长沙号	
Hwah Ping	华丙号	
Lingnan	岭南号	
Namsang	南生号	

班轮英文名	原有中文(译)名	通用译名
Nanking	南京号	
Shansi	山西号	
Sui Sang	瑞生号	
Taiping	太平号	
Taiyuan	太原号	
Whampoa	黄埔号	
Yochow	岳州号	
Yunnan	云南号	
Aldenham	普嗹士窝炉地麻	奥登翰号
Aorangi		奥朗基号
Arafura	丫剌夫剌、丫拿夫拉、丫罅乎罅、鸦拿夫拿	阿拉弗拉号
Boardventure		博德纨鹊号
Brisbane Centaur	庇厘士彬号	布里斯本号 马人号
Charon		卡戎号
Calulu		卡鲁鲁号
Dimboola		町布拉号
Eastern	衣士(市)顿号、衣时顿号、依时顿号	东方号
Empire	炎派号、奄派号	帝国号
Gascoyne		加斯科涅号
Gilbert Islands		几利伯群岛号
Gorgon		蛇发女妖号
Joseph Sims		若瑟暹氏号
Kanowna	坚郎那号、坚那拿号	坎诺娜号
Levuka		莱武卡号
Lurline		卢林号
Maheno		马希诺号
Manuka		麦卢卡号
Marama		玛纳玛号、马剌马号
Mataram		马踏浪号

班轮英文名	原有中文(译)名	通用译名
Maungunui		蒙哥雷号
Minilya		米李利亚号
Minderoo		明德鲁号
Montoro		蒙托罗号
Nauru Chief		瑙鲁酋长号
Nellore	利罗号	奈罗尔号
Neptuna		海王星号
Niagara		尼亚加拉号
Paroo		巴鲁号
Poonbar		鹏霸号
Riverina		里弗赖纳号
Scharnhorst		夏恩霍斯特号
Sharon		雪伦号
Sierra		羲娜号
Sonoma		松诺玛号
St Albans	圣柯炉(露)滨号、圣阿炉滨士号、山亚班士号、圣丫路彬号	圣澳班司号
St George	圣左治号	
Sulton		苏尔坦号
Tambo	添甫号	天波号
Tanda	吞打号、天叮号、天打号、丹打号	昙达号
Ventura		范杜拉号
Victoria	获多利号	维多利亚号
Ulimaroa		乌里马洛号
Wanganella		万家奈拉号
Westralia		西澳号
Wyandra	寰雅号	

附录五　珠三角其他县市留学生档案基本情况统计

高要

姓名	所属村、镇	出生日期	申照日期	发照日期	签证日期	抵达日期	父亲/担保人/铺头	来澳地点/学校	结局
刘熙祖 Lau Hi Cho (Hi Jo)	马安村	1902-12-20	1921-06-08	1921-06-08	1921-06-08	1921-07-22 Victoria	堂兄Tang Kap	雪梨Sydney Trinity Grammar School	1924-07-08 Victoria回国
苏观庆 Sue Quing Hing	黎槎村	1903-10-11	1921	1921-05-19 43/S/21	1921-05-26	1921-09-22 Victoria	苏鳌Sue Goe Milli Latin号商铺	雪梨三一文法学校 Trinity Grammar School	1927-01-15 Tanda回国
吴进福 Ung Jang Fook (George King)	赤水塘村	1906-02-13	1921	1921-08-22 97/S/21	1921-08-26	1922-06-21 Eastern	吴松秀Harry King Chun Sow松秀商铺	雪梨Sydney Sydney Grammar School	1924-07-08 Victoria回国
陈联芬 Chun Leu Fun	马安村	1909-03-13	1922-09-02	1923-04-26 251/S/23	1923-04-27	1924-03-19 Ling Nam	栗利Luck Lee 栗利铺	雪梨Sydney Boyd Business College	1928-02-18 Taiping回国
李瑞图 Lee Shoy Too	澄湖村	1910-03-15	1922-04-20	1923-04-11 247/S/23	1923-04-27	1923-09-20 Eastern	李趋Lee Chue 和兴铺 War Hing & Co.	雪梨基督圣会书馆 Christ Church School	1927-04-22 Taiping回国

续表

姓名	所属村、镇	出生日期	申照日期	发照日期	签证日期	抵达日期	父亲(担保人)铺头	来澳地点/学校	结局
吴福荣 Hong Fook Wing	禄兰村	1910-08-05	1923-04-16	1923-09-05 330/S/23	1923-09-08	1924-05-22 St Albans	吴炼(吴灿廷)Hong Can Ten, 俊豪木铺	雪梨花打噜皇家学校 Waterloo State School	1931-08-19 Taiping回国
刘三 V Lau Sam	白土村	1913-08-15	1923-08-19	1925-03-13 415/S/25	1925-03-28	1926-09-27 Taiping	刘华甫(伯)Wah Poo 协安铺 Hip On & Coy	昆士兰谷当 Cooktown, Qld State School 皇家学校	1929-10-26 Taiping回国
钟能宽 Chung Nung Hoon	龙剑村	1915-06-05	1927-08-01	1927-08-26 488/S/27			钟桂馨Kwai Hing 桂兴铺	昆士兰汤士威路Townsville, Queensland	1927-11-24 因无财政能力而拒签
何伯宽 Hall Park Foon	旺洞村	1917-08-16	1927-07-08	1927-08-26 487/S/27	1927-10-27		何旺Hor Wong 亚力山打阿旺铺	雪梨花打噜皇家学校 Waterloo State School (Chinese School of English)	获签后无下文
显来 Hin Wing	宋龙村	1918-02-15	1929-10-31	1929-11-06 562/S/29	1929-12-20 拒签		广德Quong Duck 俊豪铺Sam Loong's Garden	雪梨、英华学校 (Chinese School of English)	拒签
亚昭 Ah Chew	宋龙村	1919-06-26	1929-10-31	1929-11-06 561/S/29	1929-12-09 拒签		石珍 Sack Jan 积臣果子铺 C. Jackson	雪梨 英华学校(Chinese School of English)	拒签
蔡华 Choy Wah	槎岗村	1922-11-22	1938-12-09	1939-02-27 No.437828	1939-03-02		蔡乐Choy Lock Yee War Garden	雪梨、英华学校 (Chinese School of English)	获签后无下文

姓名	所属村、镇	出生日期	申照日期	发照日期	签证日期	抵达日期	父亲/担保人/铺头	来澳地点/学校	结局
余瑞 Yee Sea	高要 未具村名	1925	1941-07-30	1941-09-08 No.1014229	1941-09-22		伯苏达才 (Dart Choy)、和兴铺 War Hing & Co.	雪梨华英学校 Chinese English School	获签后无下文
苏奂国 Harold Tong	宽郊村	1927-03-23	1939-02-07	1939-04-19 No.437850	1939-05-02		父苏同 (Chue Tong)、和泰公司 War Tiy & Co.	雪梨亚力山打 Alexandra Patrician Brothers' Convent	获签后无下文
蔡清华 Choy Ching Wah	肇庆市	1930-08-18	1946-09-30	1947-05-23	1947-05-29	1948-01-12 山西号	叔蔡文梓Ah Young 新生利阿园Sun Sing Wah Garden, Kogarah	雪梨华英学校Chinese School of English	最终留澳

15人

香港籍

姓名	所属村、镇	出生日期	申照日期	发照日期	签证日期	抵达日期	父亲/担保人/铺头	来澳地点/学校	结局
龚梦妮 Monica Moonie Kung	香港	1896-09-30	1915-02-06		1915-04-01	1915-04-12 St Albans	雷亚妹Ah Mouy 雷美好1887-04-26	美利滨Melbourne Wesley Ladies College	1918-03-06 最终留澳

续表

姓名	所属村、镇	出生日期	申照日期	发照日期	签证日期	抵达日期	父亲/担保人/铺头	来澳地点/学校	结局
陈华 Chun Wah	香港	1902	1911-01		1911-01-09	1911-11-08 Empire	Uncle Henry Fine (1879 in NSW), Store keeper 24 yrs	雪梨Sydney Forrest Lodge Public School.	1931-07-22 Changte回国
甄鎏满 Loo Moon	香港	1910-05-12		1921-10-25 115/S/21	1921-11-16	1924-08-27 St Albans	Ah Goe, Launceston	他省Strahan, TAS State School, Strahan	1927-08-17 太平号回国
刘北惠 Lowe G Buck Way	香港	1914-12-04	1923	1923-12-20 366/S/23	1923-12-28	1924-10-28 太原	刘瀚生Hung Sing 合昌出入口货行 Hop Chong & Co.	昆士栏坚士埠 Cairns QLD Boys State School, Cairns 土低土姑芦童子小学校	1929-01-21 Tanda回国
赵圩基 Leslie Hocktien	香港	1915-01-15	1922-03-08	1922-11-15 198/S/22	1922-11-22	1923-05-10 Victoria	赵昊氏Mrs M Hocktein, 广裕荣号Kwong Yee Wong & Co. (father: Chew Hocktein)	谷岑埠, QLD 土的学校Cooktown State School	1930-07-26 Tanda回国
阮兆伦 Un Shiu Lun	香港	1918-10-22	1932-02-15	未明	1932-03-15	1932-06-12 太平	阮其薪Un Ki So 美珍Mee Chun & Co.	美利伴 Christian Brothers' College, Melbourne	1935-06-12 Nellore for HK
卢伟文 Chapman Lo	香港	1929-01-26	1941-06-02	1941-08-21 No.1014220 1946-05-10 No.335840	1941-08-27 1946-06-18		卢积荣Frederick Lew Ah Tong 同生号商铺(Tong Sing & Co.)	坚时Cairns, QLD	获签后无下文

续表

姓名	所属村、镇	出生日期	申照日期	发照日期	签证日期	抵达日期	父亲/担保人 铺头	来澳地点/学校	结局
梁惠标 Leong Wai Piu	香港	1932-01-25	1948-09-14	1948-10-25 No.428079	1948-11-12	1948-12-20 彰德	梁惠基Leong Wai Kei Lee Leong Brothers Ltd李梁梁兄弟进出口行	雪梨St Patrick's College Nudge College, Brisbane	1951年后无下文
彭忠汉 Pang Chung Hon	香港	1935-11-06	1948-07-15	1948-08-18 No.428041	1948-08-31	1949-03-10 Shanxi	叔彭洪湛 Pang Hung Jarm, 新中国餐馆 Modern China Café	雪梨中英学校 Chinese School of English	1951-08-14 太平号去香港

9人

广州

姓名	所属村、镇	出生日期	申照日期	发照日期	签证日期	抵达日期	父亲/担保人 铺头	来澳地点/学校	结局
陈淑仪 Sook YEE	广州	1919-08-21	1932-04-18	1932-06-27 No.122520	1932-06-30	1933-05-02 彰德	George Chun Tie左沿陈泰	汤士威路埠Townsville 士匹列学校 (St Patrick's College)	1935年5月后没有了消息 太平洋战争前另名返澳并留居

续表

姓名	所属村、镇	出生日期	申照日期	发照日期	签证日期	抵达日期	父亲/担保人/铺头	来澳地点/学校	结局
黄炳乾 William Binkuen Mee Sing (Wong Binkuen)	广州	1922-11-10	1935-09-28	1935-10-18 No.223889	1935-10-23		黄英业 D. Mee Sing 美利兄弟木号号木铺 Mee Lee Bros	庇厘士彬Brisbane Central Training College	获签后无下文
雷霭文 Louie Ai Wen	广州	1924-08-10	1938-11-01	1938-12-30 No.437786	1939-01-13	1939-03-06 彰德	Louie Hoy Mun D.Y. Name欧阳南 Onyik Lee & Co.安益利商行	雪梨中英学校 Chinese School of English	1947-07-19 Boombar回国

南海

姓名	所属村、镇	出生日期	申照日期	发照日期	签证日期	抵达日期	父亲/担保人/铺头	来澳地点/学校	结局
梁亚湖 Leong Ah Hoo	佛山镇 龙位村	1910-02-10	1923-07-23	1923-10-30 344/S/23	1923-11-05	1924-12-19 Eastern	梁亚协Ah Hep 协隆木铺	美利滨长老会学校 PWMU School	1928-07-07 Tanda回国
梁社财 Lung Sha Choy	南海县 岐阳村	1911-04-11	1921-01	1921-01-28 1/S/21	1921-02-02	1922-05-11 Arafura	梁亚仓(梁榕作 Leong Ah Took) 协隆木铺	尾利伴Melbourne 公立学校Public School	1928-07-07 Tanda回国

其他

姓名	所属县邑	出生日期	申照日期	发照日期	签证日期	抵达日期	父亲/担保人/铺头	来澳地点/学校	结局
苏流 Soy Low	香山?	1890	1909-08-31		1909-11-11	1910-07-10 Taiyuan	See Chin 郑润全 Cane farmer, Green Hills, Qld	昆士兰坚时埠Cairns, Qld Private tuition	1910-12-27 Empire for HK
夏民育 Hsia Min-yu	未明	未明	1920-12-08	1922-12-20 12/2/(17)	1920-12-22	1923-02-04 Yoshino Maru	B.B. Chapman贾薄萌	雪梨 Sydney University	1923-11-23 Yoshino Maru 回国
满焕 Moon Fon	广东	1892-06-15	1911-09-29		1912-03-07	1912-09-10 Nikko Maru	Sing See Quong Hie Shing & Co.	美利滨Melbourne St Peter's School	1915-08-14 Taiyuan回国
广盛 Quong Shing	广东 (新宁?)	1895	1909-11-20		1909-11-23	1911-10-23 Aldenham 普喱土窝炉地麻	叔伍明元Ng Samuel Ming Goon(Samuel Goon), Cabinet maker	美利滨Melbourne St John's School	1916-10-13 Tango Maru 回国
Wong Teo 黄焘	广东	1895	1906-10-22		1906-10-31	1907-08-23	Daniel Wong Men Chee 黄绵始, Tim Young & Co. 添杨果栏	美利滨Melbourne St Peter's School	1916-10-04 Ventura 赴美
有安 You On	新宁?	1895	1909-12-02	未明	1910-01-13	1910-05-12 太原	泰生号Tiy Sang & Co. (余荣Yee Wing)	雪梨Sydney Christ Church School	1912-08-29 Levuka去飞枝
黄亚盛 Wong Ah Shing	新宁?	1895	1909	未明	1910-01-17	1910-05-02 Eastern	黄茉旺Samuel Wong (Cousin)	美利滨Melbourne St Peter's School	1915-08-19 Empire回国

续表

姓名	所属县邑	出生日期	申照日期	发照日期	签证日期	抵达日期	父亲/担保人/铺头	来澳地点/学校	结局
黄北毓 Wong Pack Gooey	新宁？	1896	1909	未明	1910-01-17	1910-05-02 Eastern	黄米旺Samuel Wong Tiy Sang 泰生号	美利滨Melbourne St Peter's School	1916-11-22 Gilbert Islands 前任儿利伯群岛
伍炳常 Ng Ping Seung	广东	1896	1910-04-20		1910-05-24	1911-07-06 Taiyuan	伍鸿煜Hong Youk Quong Num Lee 广南利号	乌修威省架埠Wagga Wagga, NSW Wagga Public High School	1916-03-15 Eastern回国
亚振 Ah Gin	新会？	1896	1909-07	未明	1909-09-04	1910-02	新华隆Sun Wah Loong	美利滨Rathdown Street State School	1913-02-12 Yawata Maru 回国
刘鹏 Lew Pon	台山？	1896	1910-04-28	未明	1910-06-08	1910-09-15	Lew Tsze 刘泽 (Harry Tilly) Produce merchant	美利滨 St Peter's School Rathdown Street State School	1916-01-17, St Albans离境（1916-06-10 Eastern[离境时因私藏黄金在雪梨查出被捕受审]，1919-12-05乘St Albans再次入境，1921-05-12乘Atua赴Fiji)

姓名	所属县邑	出生日期	申照日期	发照日期	签证日期	抵达日期	父亲担保人/铺头	来澳地点/学校	结局
荣光 Wing Quong	广东	1896	1911-04-06		1911-05-03	1912-06-05 Taiyuan	兄蔡耀光George Jay 天利号木铺 (Tin Lee)	雪梨, Christ Church School	1916-06-10 Eastern回国
刘其叶 Kee Yip	台山?	1896-08-15	1914	未明	1914-06-25	1915-06-03 太原	父刘育文 William Foun	域多利省品地高埠 Bendigo Big Hill State School	1919-07-04 St Albans回国
林文贵 Lum Wen Khooey	广东	1896-12-09	1906-10-19	未明	1906-10-24	1907-08-23	父林就Lum Chew, 叔林添会Lum Tim Heung Horp Hing Cabinet maker蒙兴木铺	美利滨Melbourne St Peter's School	1917-04-20 Tango Maru 回国
陈培 Chan Poy	广东	1897	1908-09-07	未明	1908-12-05	1908-09-07 Eastern	Chun Wah (Ah Wah) 陈利, Nam Sang Loong南生隆	昆士兰省利顿埠 Geraldton Qld Innisfail State School, Qld	1915-01-01 Hitachi Maru 回国
蔡平(蔡惠) Choy Ping (Choy Wai)	广东	1897	1910-11-16	未明	1911-01-05	1911-05-24 Empire	Choy Too蔡图 Butcher 10 yrs Entered OZ 20 yrs	Sydney雪梨 Waterloo Superior Public School	1916-01-29 St Albans 回国
亚峰 Ah Fong	广东	1898	1909-11-30		1910-01-12	1910-07 Eastern	Law Moon刘文 Brighton Gardener	美利滨Melbourne St Peter's School	1913-04-10 Kumano Maru 去香港

续表

姓名	所属县邑	出生日期	申照日期	发照日期	签证日期	抵达日期	父亲/担保人/铺头	来澳地点/学校	结局
区光汉 Au Kwong Hon	广东	未知	1922-11-14		1922-11-23	1923-04-01 Eastern	Federal Foreign Missionary Committee of the churches of Christ	南澳克列埠Adelaide, SA Church of Christ in Sydney	1926-04-23 Tango Maru 去香港
梁天福 Leung Tin Fook	广东	1898	1909-10-05		1909-11-06	1910-04-27 Eastern	黄任鸿 W o n g Loong, Tiy Sang & Co. 泰生果栏	雪梨Sydney Christ Church School	1914-11-24 Joseph Sims, 未知去向
余庄乐 Yee Chong Lock	广东	1898	未明	1914-06-05	未明	1915-08-08 Taiyuan	余明礼Yee Men Lie Sun Kwong Hing & Co.，新广兴号	雪梨Dulwich Trinity Grammar School	1918-07-17 Sonoma 赴美
雷伦修 Louey Lun-shou	新宁?	1898	1910		1910-08-19		雷道昌O. Chong	美利滨，架顿第二千 六百○五号公立学堂	无进一步档案，不知是否成行
陈亚安 Chin Ah On	广东	1898	1905-06-26		1910-04-08	1911-03-24 St Albans	陈沔See Wong, C.H. & S. Warley & Co.和利公司	雪梨Sydney St Barnabas Day School	1915-11-27 Empire回国
Ham Ah Ging (Ah Shing) 谭亚祁(亚盛)	广东	1899	1910-02-14		1910-03-10	1910-07-26 Eastern	George Ham Show Ping Wing Shing Cabinet making manufacture 谭兆平，永盛木业	美利滨Melbourne，Vic St Peter's School	1920-04-01 Victoria回国 1921-06-28 重返

续表

姓名	所属县邑	出生日期	申照日期	发照日期	签证日期	抵达日期	父亲/担保人/铺头	来澳地点/学校	结局
许志德 Hsu Chee Ack	广东	1899	1910-05-05		1910-06-08	1911-01-16 Changsha	Ah Lock 许亚乐 广泰盛 许振 Hoey Gin	美利滨 Melbourne St Peter's School	1929-07-05 Tanda回国
润丰 See Fong	广东	1899	1912-06-25		1912-07-30		梁亚全(Ah Choon)	他省德比埠 Derby, Tasmania	1912-07-30 拒签
李焕 Lee Foon	广东	1899	1911-02-23		1911-03-27	1912-02-01 Empire	Tommy Lee 李添 泰昌号 Tiy Chong & Co	Sydney 雪梨 Christ Church School	1916-01-29 St Alban回国
李盛 Lee Shing	广东	1899	1911-02-23		1911-03-27	1912-02-01 Empire	李彩 Lee Choy 泰昌号Tiy Chong & Co	Sydney 雪梨 Christ Church School	1916-01-29 St Alban回国
洪振强 Ang Tee Keing	广东	1899-07-26	1917-01-20		1917-03-06	1916-11-06 Charon	Uncle San Juan 圣胡安	西澳布林埠Broome, WA. St John of God Convent School	1918-06-27 Minderoo 住新加坡。
荣招 Wen Poy	广东	1900	1910-08-17		1910-10-14		亚昌 Ah Chong (father) George Ah Lim (Uncle)	域多利省钵埠 Boort, Victoria	1911-01-12表示提供进一步资料，后无下文
仕佑 Shu You	广东	1900 (1910)	1919-10-01		1919-11-11	1920-03-01 St Albans	George Son 佐治生(新盛), Sun Sing Gardner	鸟修威省岑纳埠 Cowra, NSW	1927-12-31 Mishima Maru 回国

姓名	所属县邑	出生日期	申照日期	发照日期	签证日期	抵达日期	父亲/担保人/铺头	来澳地点/学校	结局
雷俊吉 Toon Gate	新宁	1900-11	1911-09-26				Louey Ah Shang 亚胜 Hung Yick & Louey Pong Cabinet Manufacturer	美利滨Melbourne	1911-10-10 后没有了下文
锦昌 Gim Chong	广东	1901	1912-06-25		1912-07-30		梁亚全(Ah Choon)	他省德比埠 Derby, Tasmania	1912-07-30 拒签
黄杰 Wong Jahk	新会?	1901	1909-07-28	未明	1909-09-22	1910-06-30	黄祐(Wong You) 怡昌隆Yee Cheong Loong	美利滨Melbourne St Peter's School	1915-11-02 St Albans回国
Ah On (Wing Shin) 谭亚安(永盛)	广东	1902	1919		1920	1921-06-28 St Albans	George Ham Show Ping Wing Shing Cabinet furniture manufacture 谭兆平, 永盛木业	美利滨Melbourne, Vic St Peter's School	1928-03-10 Changte回国
焕森 Fon Shem	广东	1902	1910-08-17		1910-11-16		亚盛Ah Sing (father) George Ah Lim (Uncle)	域多利㙟埠 Boort, Victoria	1911-01-12表示提供进一步资料, 后无下文
汝荣 Yu Wing	广东(新宁?)	1902	1917-07-02		1917-07-25 拒签	1917-06-29 长沙	泰生号Tiy Sang & Co. (余荣Yee Wing)	Sydney雪梨 Christ Church School	未成功, 按计划乘Levuka进飞枝

续表

姓名	所属县邑	出生日期	申照日期	发照日期	签证日期	抵达日期	父亲/担保人/铺头	来澳地点/学校	结局
吴宝光 Wu Pao Kwong	广东（不明）	1903	1924	1925-06-24 沪字第叁肆伍贰号	1925-11-24	1925-11-24 Calulu	雪梨茶记号 King Young & Co.	雪梨大学 Sydney University	1927-08-17 太平号回国
陈瑞庆 Sue Hing	广东（东莞?）	1903	1920-07-13		1920-07-30	1920-09-27 Riverina	Chee Sung叔叔陈柱臣 Yuen Tiy & Co.源泰同记	Sydney Stott & Hoares Business College	1921-12-07 Victoria回国
刘新 Law Sun	广东	1903	1919		1920-01-19	1919-12-26 Eastern	祖父War Sam和岑 Ballarat (Herbalist)	Ballarat Vic., Humffray Street State School	1924-02-09 Victoria回国
陈有方 Chan You Fong	广东（不明）	1904	1921-04-27	未明	1921-05-13	1920-06-01 From NZ	Chun Choy陈才 Tie Lee & Co.泰利果栏陈光 (Chin Quong)	Bathurst Patrician Brothers School	1928-05-19 彰德号回国
凌珠 Ling Chu	东莞?	1904	1920-07-15	未明	1920-08-02	1920-06-10 Taiyuan	Ping Mong平满 雪梨肉店Butcher	雪梨Stott & Hoare's Business College	1922-10-26 Niagara 赴飞枝
麦景 Mack King (Toong Win松云)	广东（不明）	1904	1917-12-03		1917-12-18	1920-06-16 Eastern	George King佐治景 On Chong& Co. 安昌号 Tom Fin刘堂欢	雪梨 Crown Street Public School	1921-08-03 St George 赴几利伯群岛
雷天华 Tien Wah	台山?	1904-01-19	1917-01-08	未明	1919-05-12	1920-08-16 长沙	叔杰克·雷 Jack Louey 振兴隆号Gin Hing Loung & Co.	美利滨 St Peter's School (Rathdown Street State School)	1922-06-22 Niagara 赴飞枝

续表

姓名	所属县邑	出生日期	申照日期	发照日期	签证日期	抵达日期	父亲/担保人/铺头	来澳地点/学校	结局
恩尼斯黄 Ernest Wong	广东	1905	1922-02		1922-03-17	1921-12-27	伯父Thomas W Young Sing Sing & Co.	昆士兰Stanthorpe Qld Stanthorpe State School	1924-10-19 Eastern回国
富灿 Foo Chan	广东(不明)	1907	1919-08-07	未明	1919-09-22	1920-10-28 Victoria	Jack Hing林积庆 Jack Hing & Co. 积庆号	雪梨Sydney Crown Street Public School	1923-01-13 Eastern回国
周佐治 George Foon (Tepurea Tio Foon)	几利伯群岛	1908	1918-08-16		1918-09-18	1918-11-11 Tambo	余荣Yee Wing On Chong & Co 安昌号 Loo Tom Fin (刘堂欢)	雪梨 Crown Street Public School	1921-08-03 St George赴儿利伯群岛
钟左治 George Young Fat	几利伯群岛达马那县Gilbert Is.	1910-11-20	1921-07-14	1921-08-04 76/S/21	1921-08-12	1921-12-23 John William	Young Fat钟扬发 Hwah Yeck & Co. 华益号	答布埠Dubbo, NSW 答布公立学校 Dubbo Public School	1923-01-13 Eastern回国
关立仕 Willie Quan Li Shu	广东	1911	1920-11-27		1921-02-07	1920-10-13 Kanowna	Quan Yin Nam关荫南 Yee Wah & Co.	雪梨 Ryde Public School	1924-02-13 Arafura回国
萧鸾 Shiu Luen (Eileen Shiu)	广东(香山？)	1923	1935-10-08	1935-10-24 No.224187	19345-10-11	1935-11-05 Lurline	C. L. Cheng郑观陆 (驻斐济副领事) Mrs Amy Cheng 郑太太	St Frances Ursuline's School, Sydney 圣方济吴苏乐修女会书院	1936-12-12 Nellore回国

后　记

　　从十年前开始，笔者就根据澳大利亚国家档案馆的收藏，搜集与早期中国赴澳留学生相关的档案。鉴于自澳大利亚联邦在一九〇一年成立后实施"白澳政策"所造成的结果，到太平洋战争爆发之前，在澳中国移民人数已经锐减，而来澳留学的中国学生人数也因战争阻隔而趋于消停，因而便把档案搜集的范围限定在战前的时代。通过数年间在首都堪培拉的澳大利亚国家图书馆总馆及墨尔本、悉尼和布里斯本等分馆的不断寻觅、查询、筛选，总计找到七百多份中国学生赴澳留学的档案。因搜寻档案的工作是在笔者工作之余点点滴滴地进行，且笔者住在布里斯本，在地理位置上就不具优势，而澳大利亚幅员广大，各档案馆远近不一，为此必需的旅行和住宿花费甚巨，且能够争取到的资助又十分有限，虽尽己所能地进行此项搜寻工作，但事实上无法将目前所有上架的中国学生留学档案全部收集齐全，有些遗漏亦在所难免。

　　在已经搜集到的档案宗卷中，剔除部分属于西南太平洋岛国的中国移民家庭办理其子女赴澳留学的档案以及部分虽涉及中国学生赴澳留学但极不完整的宗卷之外，尚有六百五十个左右的中国学生宗卷比较完整。其中除了几十份涉及清末时期（二十世纪初年）就开始入澳留学及若干份涉及战后几年间赴澳读书的留学生宗卷，绝大部分是战前民国时期的赴澳留学档案；而且，这些留学生大都是来自广东省香山（中山）、新宁（台山）、新会、开平、鹤山、东莞、增城、高要、惠阳、南海等县及广州市，包括部分来自香港但仍被视为中国公民的留学生；还有些无法确定具体县邑的留学人员，但他们大体上也来自珠三角和四邑地区。由是，通过对这些档案的整理分类，以及参照澳大利亚相关的档案及其他文献对一些问题予以甄别考证，以每个留学生的留学经过分篇撰写，始成这套《民国粤人赴澳大利亚留学档案全述》，依次分为《台山卷》、《新会卷》、《开平卷》、《中山卷》、《东莞、增城、惠阳卷》及《珠三角其他县市卷》。

非常感谢《广东华侨史文库》将笔者上述整理的档案资料及研究成果列入其出版计划，从而使之能与读者见面，为有兴趣研究澳大利亚华人历史的学者进一步探讨与此相关的问题提供一些线索。而将这项成果推荐给《广东华侨史文库》者，则是五邑大学的张国雄教授。七年前，他得知笔者在进行上述档案的搜集、整理和研究时，就给予鼓励和支持，并吸纳笔者成为他领导的五邑大学广东侨乡文化研究中心的兼职教授，提供力所能及的资助。不仅如此，广东侨乡文化研究中心的所有人员都十分关注此书的撰写和出版。事实上，本套丛书的出版，也应该是广东侨乡文化研究中心的成果。

这套丛书固然是聚焦于民国时期中国学生赴澳留学的整个过程以及所涉及的相关问题，但因在办理留学过程中，其留学监护人和财政担保人的情况也必须要列入参考。事实上，后者都是华商，他们当时的财务状况和商业网络也应该是十分重要的研究内容，因为十九世纪下半叶和二十世纪上半叶的澳大利亚华商社会，就是由遍布城乡的大大小小的来自中国移民中之生意人组成。为此，这些华商网络的经营状况和演变，以及与侨乡或祖籍国的互动联系，也构成了澳大利亚商业和社会发展的一个重要组成部分，应该是下一步需要关注的重点，也是本书编撰并出版的目的之一。期望有学者能进入这一领域，共同研究。

本套丛书经十年之功，方才得以完成并出版，没有家人的充分理解和全力支持是无法走到这一步的。谨以此书，献给与我风雨同行三十多年的内子杨弘。

粟明鲜

二〇二〇年十二月十日